le Livre rouge

INVENTAIRE DE LA FAUNE MENACÉE EN FRANCE

Ouvrage réalisé sous le parrainage du ministère de l'Environnement,
Direction de la nature et des paysages et Direction de l'eau.

MINISTÈRE DE
L'ENVIRONNEMENT

le Livre rouge

Inventaire de la faune menacée en France

Office National des Forêts

WWF

MUSÉUM NATIONAL D'HISTOIRE NATURELLE

NATHAN

Sous la direction de

Hervé Maurin, directeur du Secrétariat de la faune et de la flore (SFF)
du Muséum national d'histoire naturelle (MNHN).

Avec la collaboration de

Philippe Keith, ingénieur agronome,
biologiste au Conseil supérieur de la pêche (CSP) et au SFF-MNHN, chargé de mission au ministère de l'Environnement.

Rédaction

Préface : Jean-François Terrasse, directeur scientifique du Fonds mondial pour la nature (WWF-France).
Introduction, conclusion : Hervé Maurin.
Mammifères : Marie-Charlotte Saint Girons, présidente de la Société française pour l'étude et la protection des Mammifères (SFEPM).
Oiseaux : Marc Duquet, biologiste et ingénieur écologue, Ligue pour la protection des Oiseaux (LPO).
Reptiles et Amphibiens : Patrick Haffner, ingénieur d'études au SFF-MNHN, membre de la Société herpétologique de France (SHF).
Poissons d'eau douce et marins : Philippe Keith.
Insectes : Robert Guilbot, directeur de l'Office pour l'information éco-entomologique (OPIE).
Mollusques : Philippe Bouchet, professeur au MNHN, laboratoire de biologie des Invertébrés marins et malacologie.
Autres Invertébrés : Philippe Keith.
Traitement des données et cartographie : Emilia Gavazzi, Jean-François Brulard, Horace Da Costa et Patrick Haffner ; Laurence Dauvin, Guilène Procida et Philippe Perchaud du SFF/MNHN.

Illustrations

Virginie Calviac : pages 92 à 99.
Jean Chevallier : pages 30 b à 34, 48, 50 h, 60 b, 64 à 66, 71 m, 73.
François Desbordes : pages 49, 50 b à 60 m, 67 à 69, 72 h, 74.
François Guiol : pages 127 à 136 mh.
Gilbert Hodebert : pages 124, 136 mb à 149.
Dominique Mertens : 158,159.
Jeane Montano-Meunier : pages 22 à 30 h, 35 à 43, 78 à 87, 151, 153 à 155.
Serge Nicolle : 61 à 64 h, 70 à 71 h, 72 m et b.
Victor Nowakowski : 105 à 119.

Conception graphique et réalisation : Jean Yves Grall.

Sommaire

C'est en 1966 que le premier « livre rouge » a vu le jour (suivi depuis par beaucoup d'autres) sous l'impulsion de l'Union internationale pour la conservation de la nature. C'est seulement en 1983 que le premier tome du *Livre rouge des espèces menacées en France*, consacré aux seuls Vertébrés, était publié par le Secrétariat de la faune et de la flore du Muséum national d'histoire naturelle avec le soutien du WWF-France. Le deuxième tome suivait en 1987 ; il traitait des espèces marines et littorales menacées englobant l'ensemble de la flore et de la faune. En 1988, c'est la section française du Conseil international pour la protection des oiseaux qui complétait cet inventaire par le *Livre rouge des Oiseaux menacés des régions françaises d'outre-mer*, abordant pour la seule classe des Oiseaux le domaine immense de ces faunes tropicales et subantarctiques, le plus souvent insulaires, au taux d'endémisme très important. Le dernier en date publié en 1992 faisait le point sur la situation des Poissons d'eau douce de France avec un bilan des introductions.

Le présent *Inventaire de la faune menacée en France* est une mise à jour et une refonte complète de nos connaissances ; onze ans après, il s'est enrichi des recherches récentes sur la faune des Vertébrés de France (DOM-TOM non compris), et, pour la première fois, il nous donne un aperçu général de la situation de ces groupes immenses et encore mal connus que sont les Invertébrés. Au total, 169 Vertébrés et 181 Invertébrés font l'objet d'une note ou d'une monographie.

Ces ouvrages sont devenus des classiques et des outils de référence pour tous ceux que préoccupe l'avenir des espèces. Rouge comme danger ; ces livres pourraient n'être qu'un lugubre catalogue de nos erreurs de gestion, de notre cupidité et de notre soif de destruction : en somme un constat d'échec. C'est plutôt dans un esprit constructif qu'ils ont été conçus afin d'envisager, chaque fois qu'il est possible, la réparation des dégâts infligés à la nature.

Le renforcement de la législation sur la protection de la nature, une meilleure tolérance envers la faune sauvage ont néanmoins permis, grâce au travail de fourmi déployé par tant d'associations, le retour spontané ou voulu de plusieurs espèces qui avaient disparu partiellement ou totalement de notre pays : le Loup, le Lynx, le Phoque veau marin, le Balbuzard pêcheur, la Spatule blanche, l'Oie cendrée, la Grue cendrée, la Grande Aigrette, etc., sont réapparus ces dix dernières années.

Mais si nous n'avons perdu aucune espèce animale dans le même temps, pour beaucoup d'autres, le déclin se poursuit inexorablement avec la dégradation ou la perte de leur habitat : Saumon, Ours, Râle des genêts, Orchidées et tant de plantes menacées.

La coédition de cet ouvrage par le WWF s'inscrit dans sa mission : conserver la nature et les processus écologiques, et, pour cela, préserver la diversité génétique des espèces et la diversité des écosystèmes. Dans l'intérêt de toute vie sur terre, le WWF préconise une utilisation durable des ressources renouvelables, la lutte contre les pollutions et le gaspillage par une prise de conscience globale permettant de renverser les processus de dégradation de notre planète.

Il faut maintenant établir des plans d'actions permettant le rétablissement d'une flore et d'une faune abondantes et diversifiées, reconnues comme un élément du patrimoine naturel et une richesse économique digne d'être transmise à nos descendants. De tels plans existent sur le papier dans quelques rares cas (pour le Saumon, pour l'Ours !) mais sont toujours combattus au nom du prétendu développement économique, à court terme, opposé à la conservation de la nature.

Souhaitons que ce livre permette l'émergence d'une volonté politique se dotant des moyens financiers et de structures indépendantes pour que la conservation des espèces et de leurs habitats devienne un facteur de développement durable.

Jean-François Terrasse

Directeur scientifique du WWF-France

Introduction

Le concept de « livre » revêt des aspects très variés. Les livres peuvent ainsi prendre la forme de répertoires qui constituent parfois des catalogues de personnes illustres et d'événements importants. Il en est ainsi des « livres d'or » qui recueillent les noms célèbres ou les commentaires élogieux. Mais les « livres d'or » peuvent également changer de couleur en virant au « livre rouge ». Au-delà de toute connotation politique, la couleur rouge qui les caractérise alors, comme des feux de signalisation routière, est porteuse d'un signal de danger. Danger pour certaines espèces de faune ou de flore, sur lesquelles l'attention est attirée. Danger aussi pour l'homme, qui, longtemps, a eu tendance à dilapider inconsidérément le patrimoine naturel qu'il a reçu de ses ancêtres et dont il porte la responsabilité, pour lui-même et ses enfants.

L'*Inventaire de la faune menacée en France* est un « livre rouge ». Il représente un cri d'alarme en faveur des espèces de faune les plus menacées sur le territoire métropolitain. Ces espèces voient leurs populations régresser très fortement, parfois jusqu'à un niveau critique de survie ou une disparition totale. Ce « livre rouge » résulte de la poursuite d'une collaboration très fructueuse entre le Muséum national d'histoire naturelle (MNHN) et les Éditions Nathan, commencée avec l'*Inventaire de la faune de France* – coédité en 1992 – et poursuivie grâce au soutien du Fonds mondial pour la nature (WWF-France). Le ministère de l'Environnement a apporté quant à lui son parrainage à l'entreprise.

Bien que l'ouvrage ait le triste privilège de faire l'inventaire des espèces qui sont menacées ou ont disparu de France métropolitaine, il ne doit pas être considéré par le lecteur comme une nécrologie mortifère, mais comme un bilan vivant des connaissances ; connaissances qui ne cessent d'évoluer dans le temps et dont il était important de présenter une mise à jour accessible à tous. Pour cela, l'*Inventaire de la faune menacée en France* a été voulu à la fois encyclopédique et pédagogique. En effet, l'ouvrage n'est pas réservé aux seuls « amateurs éclairés » ayant déjà accès à des sources documentaires très spécialisées; il est au contraire utilisable par toute personne s'intéressant au devenir de la faune menacée et voulant disposer d'une information complète et fiable dans ce domaine. Même si la situation de la faune française est, par bien des aspects, préoccupante et même si l'ouvrage a été rédigé par des spécialistes soucieux de sa sauvegarde, l'*Inventaire de la faune menacée en France* ne se veut ni conciliant, ni polémique à l'excès. Il se contente de proposer un bilan analytique de la situation, en essayant de conserver le recul et l'objectivité qui doivent caractériser tout travail scientifique. S'il est d'accès aisé pour tout lecteur non spécialiste, l'ouvrage n'en reste pas moins précis et rigoureux, ne sacrifiant pas plus au catastrophisme facile qu'à l'optimisme béat.

Un modèle qui a fait ses preuves

Le concept de « livre rouge » – ou *Red data book* – a été créé par l'Union internationale pour la conservation de la nature (UICN), organisation mondiale à caractère non gouvernemental, fondée en 1948 à Fontainebleau sous le nom d'Union internationale de protection de la nature. Ce type d'approche a fait progressivement son chemin puisqu'il a été largement repris, en particulier au niveau de l'Europe, par diverses structures intergouvernementales comme l'Union européenne, le Conseil de l'Europe ou la Commission économique pour l'Europe des Nations Unies. Chacune de ces structures a ainsi établi des livres ou listes rouges pour ses besoins propres. Par ailleurs, bon nombre de pays et d'organisations non gouvernementales dans le monde ont adopté le modèle de l'UICN pour leurs bilans faunistiques et floristiques nationaux.

En France, le ministère de l'Environnement a soutenu depuis une dizaine d'années la réalisation de livres rouges traitant des grands groupes d'espèces sauvages menacées sur le territoire national. C'est ainsi que, dès 1983, grâce à l'appui du ministère, et avec l'aide financière du Fonds mondial pour la nature (WWF-France), le Secrétariat de la faune et de la flore (SFF-MNHN) a édité un premier tome traitant des Vertébrés. Un second tome, traitant des espèces marines et littorales, est paru en 1987. Plus récemment, en 1992, le Conseil supérieur de la pêche – avec son réseau de 700 gardes-pêche –, le ministère de l'Environnement, le CEMAGREF et le SFF se sont associés pour mettre à jour et compléter largement le chapitre des Poissons d'eau douce du premier bilan de 1983. La synthèse qui en a résulté a permis de faire un point détaillé des connaissances, non seulement sur les espèces menacées mais aussi sur les nombreuses espèces de poissons d'eau douce introduites en France depuis le XIXe siècle. S'inscrivant dans la même dynamique, un livre rouge de la flore paraît en 1995 ; ses deux tomes traitent de 1 000 espèces, soit plus de 20 % de la flore métropolitaine. Des livres ou listes rouges ont également été publiés dans quelques régions ou départements français ; un certain nombre d'autres sont actuellement en cours d'élaboration. Ces travaux sont menés à l'initiative des Associations d'étude et de protection de la nature, qui bénéficient souvent du soutien des Directions régionales de l'Environnement, des Parcs nationaux et des Parcs naturels régionaux ainsi que des Conseils régionaux et généraux. Mais les départements et territoires d'outre-mer n'ont eux-mêmes pas été oubliés. C'est ainsi que, grâce à la contribution d'une quinzaine de chercheurs français, un *Livre rouge des Oiseaux des régions françaises d'outre-mer* a été publié en 1988 par le Conseil international pour la protection des Oiseaux.

Les données sont collectées par des réseaux de spécialistes

La synthèse présentée dans ce « livre rouge » est le résultat du travail d'une équipe de spécialistes, chercheurs ou ingénieurs soucieux d'intégrer les problèmes soulevés par la conservation de la nature dans leur démarche professionnelle. Mais ce travail de synthèse repose en amont sur un effort essentiel de collecte de données sur le terrain. Cette collecte est assurée en permanence par les réseaux de naturalistes qui œuvrent avec passion pour la sauvegarde du patrimoine naturel : la Société française pour l'étude et la protection des Mammifères, la Société d'études ornithologiques en France, la Ligue pour la protection des Oiseaux, le Fonds d'intervention pour les Rapaces, la Société herpétologique de France, l'Office pour l'information éco-entomologique, pour ne citer qu'elles. Ces associations déploient depuis plus de vingt ans des efforts considérables pour l'acquisition et la mise à jour des informations qualitatives, et quantitatives, indispensables à la connaissance des innombrables espèces sauvages. Elles œuvrent également pour l'identification et la description des zones de grand intérêt biologique, exceptionnelles par leur biodiversité (ZNIEFF, ZICO, zones « directive Habitats »...).

Très tôt, le dynamisme des structures nationales a généré une multitude d'associations au niveau régional ou départemental, malheureusement trop nombreuses pour pouvoir être citées et remerciées toutes. Leurs membres sont toujours très actifs dans le cadre des inventaires d'espèces et de zones, et en particulier de l'inventaire des Zones naturelles d'intérêt écologique faunistique et floristique qui a permis d'identifier et de décrire – sous la coordination du SFF – 14 000 zones abritant des espèces, ou associations d'espèces, de grand intérêt patrimonial. Plus récemment, des regroupements d'associations régionales ont été à l'origine de la création des Conservatoires régionaux des espaces naturels, structures de droit privé qui s'efforcent d'acquérir et de gérer collectivement certaines de ces zones.

Il faut également mentionner le rôle important que jouent, dans la collecte des données, les réseaux de garderie ou les techniciens des grands organismes publics, gestionnaires ou utilisateurs du patrimoine naturel : l'Office national de la chasse, l'Office national des forêts, le Conseil supérieur de la pêche, le Conservatoire de l'espace littoral et des rivages lacustres... Ils apportent, dans leurs domaines respectifs, des informations de terrain récentes ; ces informations sont précieuses, car elles représentent – ou doivent représenter – des compléments très significatifs aux données déjà collectées par les réseaux de naturalistes.

La faune française de métropole est composée de plus de 600 espèces de Vertébrés (Mammifères, Oiseaux, Reptiles, Amphibiens et Poissons d'eau douce). Les Invertébrés sont quant à eux innombrables : un recensement précis du seul groupe des Insectes a permis d'en identifier récemment 39 000 espèces. Certains groupes sont encore très mal connus, pour lesquels des espèces nouvelles sont découvertes et décrites très régulièrement par les spécialistes. Pour le grand ensemble des micro-organismes, toute tentative de dénombrement exhaustif des espèces existantes paraît quant à lui irréaliste ; les spécialistes préfèrent alors limiter leur travail de recherche aux nombreuses « souches » déjà connues comme auxiliaires ou ennemies de l'homme. De fait, l'ampleur de la tâche nécessite la définition de priorités. Pour la faune, le ministère de l'Environnement, aidé des naturalistes, consacre surtout ses efforts à l'étude – et la conservation – de tous les Vertébrés en régression, ainsi qu'à quelques groupes d'Invertébrés comportant des espèces très menacées et protégées. Inversement, l'intérêt va porter également sur les espèces exploitées, soumises à des prélèvements par la chasse ou la pêche, ainsi qu'à celles qui commettent des dégâts ou dérangent l'homme dans ses activités de production (agriculture, élevage...) comme dans sa vie courante (loisirs, patrimoine bâti, santé...). Toutes ces espèces, faisant l'objet d'une attention particulière, sont dites « sous surveillance biologique ». Mais pour mieux comprendre leur situation actuelle, il est important d'analyser dans le détail l'histoire de chacune d'entre elles. Un gros travail de dépouillement, systématique et coordonné, de toutes les données contenues dans la littérature et les collections des muséums est donc nécessaire. Ce travail de valorisation du « patrimoine scientifique » existant est réalisé actuellement par des spécialistes, sous la coordination du SFF, pour les divers groupes de Vertébrés ainsi que pour quelques groupes d'Invertébrés.

Un traitement des données adapté au livre rouge

Le Secrétariat de la faune et de la flore a été créé en 1979 au Muséum national d'histoire naturelle, sur l'impulsion du ministère de l'Environnement. Il a reçu pour mission d'organiser l'inventaire permanent de la faune et la flore en France. Une bonne partie de son action porte sur le développement de collaborations avec les producteurs de données et les réseaux de collecte, regroupés dans un Réseau national faune-flore. Le SFF s'est en effet fixé pour objectif principal de centraliser, standardiser et traiter au sein de sa banque de données FAUNA-FLORA, et selon des règles déontologiques strictes, toute l'information à caractère patrimonial qui existe déjà ou se collecte au jour le jour en France.

C'est à partir des connaissances ainsi valorisées, largement complétées par le savoir de nombreux experts, qu'une première synthèse avait été publiée en 1983 pour les Vertébrés.

Définition des catégories de menace utilisées
(UICN, *Red List of threatened animals*, 1990)

Espèces disparues ☒

Espèces dont aucune observation n'est signalée depuis une période significative, propre au groupe concerné.

Espèces strictement menacées

Espèces en danger ▽

Espèces ayant déjà disparu d'une grande partie de leurs aires d'origines et dont les effectifs sont réduits à un seuil minimal critique. Ces espèces sont menacées de disparition si les causes responsables de leur situation actuelle continuent d'agir.

Espèces vulnérables Ⓥ

Espèces dont les effectifs sont en forte régression du fait de facteurs extérieurs défavorables. Ces espèces sont susceptibles de devenir en danger si les facteurs responsables de leur vulnérabilité continuent d'agir.

Autres catégories

Espèces rares Ⓡ

Espèces qui ne sont pas immédiatement menacées d'être vulnérables ou en danger mais dont les populations sont limitées du fait d'une répartition géographique réduite qui les expose à des risques.

Espèces au statut indéterminé ?

Espèces pouvant être considérées comme en danger, vulnérables ou rares, mais dont le manque d'information ne permet pas de confirmer ce statut.

Espèces à surveiller 👁

(catégorie supplémentaire)

Créée par les auteurs de l'ouvrage, elle correspond aux espèces protégées, donc sensibles ; sans être toujours menacées, elles méritent une attention particulière.

L'*Inventaire de la faune menacée en France* de 1994, réalisé sous la direction scientifique du SFF, constitue en premier lieu une mise à jour du bilan de 1983. Mais l'ouvrage représente plus qu'une simple actualisation, puisque l'ensemble des données aujourd'hui disponibles a considérablement gagné en volume comme en qualité, en particulier grâce au développement des coopérations interorganismes. Les connaissances se sont affinées, des lacunes géographiques ont été comblées, des points d'interrogation levés. Les traitements informatiques ont également intégré bon nombre de données historiques. Enfin, pour la première fois, le groupe des Invertébrés a été abordé, non pas dans sa totalité du fait de l'ampleur de la tâche, mais par le biais des espèces protégées au niveau national et européen.

Chaque groupe – Mammifères, Oiseaux, Reptiles et Amphibiens, Poissons, Insectes, Mollusques, autres Invertébrés – a été traité par un spécialiste, sous la direction d'un comité de rédaction. Six coordonnateurs se sont appuyés sur les données disponibles au SFF, mais aussi sur le savoir de nombreux collègues, parmi les plus compétents dans la discipline. Le « livre rouge » est donc structuré par chapitre, des Mammifères aux Invertébrés. Chaque chapitre commence par une introduction, qui brosse un rapide panorama des espèces menacées, reproductrices sur le territoire métropolitain, et des principales causes de régression et de disparition. Ces textes introductifs sont accompagnés de la liste rouge des espèces sélectionnées, indexées selon les divers statuts de menace. Pour plus de clarté, l'ensemble des listes rouges est présenté ici, de la page 15 à la page 17. Les coordonnateurs de l'ouvrage sont bien sûr conscients de l'acuité des problèmes posés par la protection des espèces dans les départements d'outre-mer. Toutefois, compte tenu de la spécificité de la faune des DOM, le comité de rédaction a préféré limiter la portée de l'inventaire au territoire métropolitain.

Il était important de réaliser, comme c'est l'habitude dans les livres rouges, une classification des espèces par degré de menace. Celui-ci n'est pas toujours identique : certaines d'entre elles sont au bord de la disparition, alors qu'à l'opposé d'autres ont des populations limitées, donc vulnérables, mais non dramatiquement menacées. Dans un souci de compatibilité avec les travaux récents menés un peu partout dans le monde, et en particulier en France, la nomenclature qui a servi de base est celle de l'UICN dans la version en vigueur depuis 1990, comportant cinq statuts de menace différents (tableau ci-contre). Compte tenu de l'évolution très récente des réflexions menées par les ornithologistes autour de ces notions, un certain nombre d'adaptations ont dû toutefois être réalisées peu avant l'impression de l'ouvrage. Ces adaptations permettent d'assurer la compatibilité avec les nouveaux critères développés par Rocamora *et al*. (*in Statut de conservation des espèces d'oiseaux en France et priorités nationales,* LPO et Birdlife, titre provisoire). Outre la catégorie espèces « disparues » (☒), les catégories « en danger » (▽) et « vulnérable » (Ⓥ) regroupent les espèces considérés comme strictement menacées ; celles-ci sont définies, pour les Oiseaux, par le nombre de couples reproducteurs sur le territoire métropolitain (voir tableau page 13). Les deux autres catégories classiques de l'UICN, espèces « rares » (Ⓡ) et espèces « au statut indéterminé » (?) ont été conservées. Enfin, le comité de rédaction a introduit parfois une classe supplémentaire, espèces « à surveiller » (👁), qui sont protégées, donc sensibles, sans être toujours strictement menacées; potentiellement fragiles, elles méritent une attention toute particulière.

Après l'introduction de chaque chapitre, les espèces sont passées en revue selon l'ordre systématique adopté dans l'Inventaire de la faune de France, précédemment cité. Chaque espèce est illustrée par un dessin en couleurs, une carte de répartition selon le maillage départemental, sauf pour certaines espèces aquatiques. Dans certains cas, les auteurs ont eu recours à des cartes historiques, des cartes régionales ou des histogrammes pour mieux illustrer leur propos. Indexées selon leur statut de menace par le biais d'un pictogramme, chaque espèce est traitée sous forme d'une fiche comportant son nom français et latin, ainsi que sa place dans la classification du monde vivant. Les fiches rassemblent les connaissances essentielles concernant la distribution actuelle, l'évolution historique et les menaces qui pèsent sur l'espèce, ainsi

Catégories de menaces pour les Oiseaux

Les catégories de menace ont été définies par BirdLife (Tucker *et al.*), les seuils numériques ayant été adaptés à l'échelle de la France par le service études et recherche de la LPO. Ces catégories sont fonction de la taille des populations françaises nicheuses, de la tendance d'évolution de leurs effectifs et de leur distribution en France au cours de la période 1970-1990.

En danger (a, b ou c).
a. Population française en fort déclin *et* inférieure à 1 000 couples nicheurs.
b. Population française en déclin *et* inférieure à 250 couples nicheurs.
c. Population française inférieure à 50 couples nicheurs et très vulnérable, du fait de sa très petite taille, aux facteurs suivants :
- fragmentation de la population et rupture des structures sociales ;
- perte de la diversité génétique ;
- fluctuations aléatoires des niveaux de populations ;
- dérangements, destructions et interférences liées à l'homme.

Vulnérable (a, b, c, d ou e).
a. Population française en fort déclin *et* comprise entre 1 000 et 10 000 couples nicheurs.
b. Population française en déclin *et* inférieure à 1 000 couples.
c. Population française stable ou en augmentation *et* inférieure à 250 couples.
d. Population française inférieure 50 couples nicheurs *et* en augmentation, vulnérable du fait de sa petite taille (*cf.* facteurs précédemment décrits).
e. Population nouvellement installée sur notre territoire (depuis 1970), mais toujours vulnérable du fait de sa très petite taille (population inférieure à 50 couples).

Rare
Population française stable ou en augmentation *et* inférieure à 1 000 couples nicheurs, menacée du fait de sa petite taille (*cf.* facteurs précédemment décrits).

Statut indéterminé ou à préciser
Espèce dont la taille de la population ou les tendances d'évolution sont encore mal connues, et susceptible d'être classée dans les catégories « rare », « vulnérable » ou « en danger ».

Sont considérées en « fort déclin » les espèces dont les effectifs ou ladistribution ont diminué de plus de 50 % entre 1970 et 1990. Sont considérées « en déclin », les espèces dont les effectifs ou la distribution ont diminué de 20 à 50 % de leurs effectifs ou de leur distribution initiale entre 1970 et 1990.

que les mesures de conservation prises (voir le tableau de la page 14) ou qui seraient à prendre pour en assurer la sauvegarde. Dans le cas des Invertébrés, les rédacteurs ont dû procéder à certains regroupements d'espèces comportant des affinités très fortes. Une petite liste des références bibliographiques spécialisées termine généralement chaque fiche; ces références sont reprises par groupe, en fin de volume, dans une bibliographie globale qui s'achève par quelques ouvrages généraux. En dernier lieu, un index des espèces citées facilite la recherche des utilisateurs.

Quelques éléments pour un bilan des espèces menacées

Sauf une exception (Anguille), le « livre rouge » ne prend en considération que les espèces reproductrices de façon régulière sur le territoire métropolitain ou dans les eaux marines proches des côtes. Les reproducteurs occasionnels, ainsi que les espèces non reproductrices – comme certains migrateurs – sont exclus de la synthèse proposée, mais peuvent être évoqués à l'occasion. Quelques sous-espèces ont également été traitées ou citées à titre exceptionnel, car elles correspondent à des populations biologiquement ou écologiquement très particulières (Cerf de Corse, Truite de mer, Truite de Corse), parfois protégées (Invertébrés).
Mais la réalisation d'un bilan faunistique nécessite la comparaison de deux états : un état récent – 1994 en l'occurrence – correspondant aux connaissances actuelles, comparé à un état ancien, pouvant être fixé de façon variable dans le temps. La notion d'espèce disparue n'a en particulier de sens que si l'on précise à quelle période il est fait référence. Dans les chapitres, seules ont été retenues les disparitions constatées depuis la seconde moitié du XIXe siècle ; les disparitions antérieures ne sont qu'évoquées dans la conclusion. Il est par ailleurs nécessaire de préciser depuis combien de temps une espèce ne doit pas avoir été revue pour pouvoir être considérée comme disparue. En raison de la grande diversité des cas, le comité de rédaction a laissé à l'auteur de chaque chapitre le soin de fixer lui même ce paramètre, qui est fonction de la biologie de chaque espèce et des travaux de référence disponibles.
Chaque chapitre de l'*Inventaire des espèces menacées en France* tire son propre bilan des causes et conséquences des menaces qui pèsent spécifiquement sur les espèces de son groupe. Il est cependant intéressant de présenter au lecteur quelques données de synthèse.
Le tableau de la page 17 montre que les Vertébrés disparus ou strictement menacés (statuts « en danger » et « vulnérable ») représentent 117 espèces, soit 19 % des Vertébrés de France métropolitaine (hors Poissons de mer). Depuis la seconde moitié du XIXe siècle, 8 espèces ont disparu, soit 1,3 % des Vertébrés de France. Parmi ces 8 espèces, 7 fréquentaient le milieu aquatique (mer ou eau douce). Les 109 espèces les plus menacées correspondent respectivement aux statuts « vulnérable » (65 %) et « en danger » (35 %). C'est sur elles que doivent

Principales mesures concernant
la protection de la faune sauvage en France

Conventions internationales

Protection directe :

– Convention de Bonn, relative à la conservation des espèces migratrices.
L'annexe I concerne les espèces migratrices menacées d'extinction, devant faire l'objet d'une protection immédiate.
L'annexe II concerne des espèces migratrices dont l'état de conservation est défavorable et pour lesquelles une coopération internationale est nécessaire.

– Convention de Berne, relative à la conservation de la vie sauvage et du milieu naturel de l'Europe.
L'annexe II énumère les espèces animales strictement protégées.
L'annexe III énumère les espèces animales dont l'exploitation doit être réglementée en vue de leur protection.

Protection indirecte par le contrôle du commerce :

– Convention de Washington (CITES), relative à la réglementation du commerce international des espèces de faune et de flore sauvages menacées d'extinction (annexe I) ou vulnérables (annexe II).

Textes communautaires

– Directive Oiseaux, relative à la conservation des oiseaux sauvages et de leur habitat.
L'annexe I dresse la liste des espèces devant faire l'objet de mesures spéciales de conservation, notamment en ce qui concerne leurs habitats qui doivent être classés en Zones de Protection Spéciales.
L'annexe II dresse la liste des espèces pouvant être chassées.
L'annexe III dresse la liste des espèces pouvant être commercialisées.

– Directive Habitats, Faune, Flore, concernant la conservation des habitats naturels ainsi que de la faune et de la flore sauvages.
L'annexe II désigne les espèces animales et végétales d'intérêt communautaire devant faire l'objet de Zones Spéciales de Conservation.
L'annexe IV désigne les espèces animales et végétales d'intérêt communautaire qui nécessitent une protection stricte.

Protections nationales

Elles relèvent du Livre II (nouveau) du Code rural relatif à la protection de la nature, qui permet l'établissement de listes nationales et/ou régionales d'espèces protégées.

se concentrer les urgences de protection ; de fait, un certain nombre d'entre elles font déjà l'objet de programmes de sauvegarde ou de recherche. Les espèces des catégories « rare » et « au statut indéterminé », devraient faire l'objet d'un effort particulier de connaissance. Les espèces qui ont été classées « à surveiller » par le comité de rédaction du « livre rouge », nécessitent elles aussi, comme leur intitulé l'indique, une « surveillance biologique » adaptée. Le tableau montre également que les classes proportionnellement les plus menacées sont celles des Amphibiens (35 % des espèces, toutes liées étroitement à l'eau), des Poissons d'eau douce (25 % des espèces, dont les migrateurs et les espèces les plus sensibles à la pollution) et des Mammifères (24 % des espèces, dont les grands carnivores et cétacés ainsi que de nombreuses chauves-souris).
Comme le précise le chapitre correspondant, l'ouvrage ne prétend pas proposer une analyse complète du groupe des Poissons marins. Cette impossibilité est due au manque de données historiques, ainsi qu'aux difficultés rencontrées pour l'obtention d'informations significatives sur les populations actuelles à l'échelle nationale. Seule une dizaine d'espèces, pour lesquelles les données sont relativement nombreuses, ont pu être considérées comme menacées. Il en est de même pour les divers groupes d'Invertébrés, pour lesquels les connaissances sont encore nettement insuffisantes, compte tenu du grand nombre d'espèces concernées. Le parti qui a été pris de ne traiter que les espèces faisant l'objet de mesures de protection nationales ou européennes ne permet pas de proposer des éléments de synthèse identiques à ceux des Vertébrés, comme le précise le chapitre introductif de ces groupes.
Le lecteur n'aura pas manqué de constater, en parcourant cette introduction, combien l'œuvre déjà réalisée est fondamentale, mais également combien le travail qui reste à accomplir est énorme. Le sort des espèces menacées passe à l'évidence à la fois par une collecte permanente de données actualisées et par l'organisation systématique des connaissances disponibles. Dans le cadre de ses missions, le Secrétariat de la faune et de la flore mène de front ces deux priorités, grâce à la participation essentielle du Réseau national faune-flore.

Hervé Maurin
Directeur du Secrétariat de la faune et de la flore
du Muséum national d'histoire naturelle

Liste rouge de la faune disparue et menacée en France métropolitaine

Espèces disparues

3 Mammifères	
Phoque moine	*Monachus monachus*
Bouquetin des Pyrénées	*Capra pyrenaica*
Baleine des Basques	*Eubalaena glacialis*
2 Oiseaux	
Érismature à tête blanche	*Oxyura leucocephala*
Pygargue à queue blanche	*Haliaeetus albicilla*
1 Reptile	
Tortue caouanne	*Caretta caretta*
2 Poissons d'eau douce	
Aphanius d'Espagne	*Aphanius iberus*
Cyprinodonte de Valence	*Valencia hispanica*

Espèces en danger

9 Mammifères	
Rhinolophe de Mehely	*Rhinolophus mehelyi*
Vespertilion des marais	*Myotis dasycneme*
Ours brun	*Ursus arctos*
Loutre	*Lutra lutra*
Vison d'Europe	*Mustela lutreola*
Lynx	*Lynx lynx*
Loup	*Canis lupus*
Phoque veau marin	*Phoca vitulina*
Marsouin	*Phocoena phocoena*
22 Oiseaux	
Blongios nain	*Ixobrychus minutus*
Canard pilet	*Anas acuta*
Sarcelle d'été	*Anas querquedula*
Gypaète barbu	*Gypaetus barbatus*
Aigle de Bonelli	*Hieraaetus fasciatus*
Faucon crécerellette	*Falco naumanni*
Marouette poussin	*Porzana parva*
Marouette de Baillon	*Porzana pusilla*
Glaréole à collier	*Glareola pratincola*
Pluvier guignard	*Charadrius morinellus*
Combattant varié	*Philomachus pugnax*
Bécassine des marais	*Gallinago gallinago*
Sterne de Dougall	*Sterna dougallii*
Guifette noire	*Chlidonias niger*
Pingouin torda	*Alca torda*
Macareux moine	*Fratercula arctica*
Ganga cata	*Pterocles alchata*
Hibou des marais	*Asio flammeus*
Pic tridactyle	*Picoides tridactylus*
Alouette calandre	*Melanocorypha calandra*
Traquet rieur	*Oenanthe leucura*
Pie-grièche à poitrine rose	*Lanius minor*
2 Reptiles	
Émyde lépreuse	*Mauremys leprosa*
Vipère de Séoane	*Vipera seoanei*
3 Amphibiens	
Salamandre de Lanza	*Salamandra lanzai*
Pélobate brun	*Pelobates fuscus*
Grenouille des champs	*Rana arvalis*
2 Poissons d'eau douce	
Esturgeon commun	*Acipenser sturio*
Apron	*Zingel asper*
1 Poisson d'eau de mer	
Raie blanche	*Raja alba*
78 Insectes	
Leste enfant	*Sympecma paedisca*
Agrion de mercure	*Coenagrion mercuriale*
Gomphe à pattes jaunes	*Gomphus flavipes*
Leucorrhine à front blanc	*Leucorrhinia albifrons*
Leucorrhine à gros thorax	*Leucorrhinia pectoralis*
Leucorrhine à large queue	*Leucorrhinia caudalis*
Criquet rhodanien	*Prionotropis rhodanica*
Grand Dytique	*Dytiscus latissimus*
Barbot ou Pique-prune	*Osmoderma eremita*
Carabe à reflets d'or	*Chrysocarabus auronitens* ssp. *subfestivus*
Carabe de Solier	*Chrysocarabus solieri*
Aphaenops (34 espèces)	*Aphaenops* sp.
Hydraphaenops (14 espèces)	*Hydraphaenops* sp.
Apollon	*Parnassius apollo*
Solitaire	*Colias palaeno*
Pieride de l'Æthionène	*Pieris ergane*
Nacré de la Canneberge	*Boloria aquilonaris*
Nacré de la Bistorte	*Proclossiana eunomia*
Damier des Knauties	*Euphydryas (Eurodryas) desfontainii*
Damier de la Succise	*Euphydryas (Eurodryas) aurinia*
Damier du Frêne	*Euphydryas (Eurodryas) maturna*
Fadet des Laîches ou Œdipe	*Coenonympha oedippus*
Daphnis ou Fadet des tourbières	*Coenonympha tullia*
Mélibée	*Coenonympha hero*
Bacchante	*Lopinga achine*
Cuivré de la Bistorte	*(Lycaena) Helleia helle*
Cuivré des marais	*(Lycaena) Thersamolycaena dispar*
Protée ou Azuré des mouillères	*Maculinea alcon*
Azuré de la Sanguisorbe	*Maculinea telejus*
Azuré du Serpolet	*Maculinea arion*
Azuré des paludes	*Maculinea nausithous*
Écaille des marais	*Diacrisia (Rhyparioides) metelkana*
3 Mollusques continentaux	
– *	*Renea bourguignatiana*
Hélix de Corse	*Helix ceratina*
– *	*Margaritifera auricularia*
1 Echinoderme	
Oursin diadème	*Centrostephanus longispinus*
1 Crustacé	
Grande Cigale de mer	*Scyllarides latus*

* Nom vernaculaire restant à créer

Espèces vulnérables

15 Mammifères	
Grand Rhinolophe	*Rhinolophus ferrumequinum*
Petit Rhinolophe	*Rhinolophus hipposideros*
Rhinolophe euryale	*Rhinolophus euryale*
Grand Murin	*Myotis myotis*
Petit Murin	*Myotis blythi*
Vespertilion de Capaccini	*Myotis capaccinii*
Vespertilion à oreilles échancrées	*Myotis emarginatus*
Vespertilion de Bechstein	*Myotis bechsteini*
Noctule commune	*Nyctalus noctula*
Noctule de Leisler	*Nyctalus leisleri*
Barbastelle	*Barbastella barbastellus*
Minioptère de Schreibers	*Miniopterus schreibersi*
Phoque gris	*Halichoerus grypus*
Petit Rorqual ou Rorqual à museau pointu	*Balaenoptera acutorostrata*
Rorqual commun	*Balaenoptera physalus*
29 Oiseaux	
Puffin des Anglais	*Puffinus puffinus*
Océanite tempête	*Hydrobates pelagicus*
Butor étoilé	*Botaurus stellaris*
Crabier chevelu	*Ardeola ralloides*
Cigogne noire	*Ciconia nigra*
Cigogne blanche	*Ciconia ciconia*
Spatule blanche	*Platalea leucorodia*
Oie cendrée	*Anser anser*
Nette rousse	*Netta rufina*
Eider à duvet	*Somateria mollissima*
Harle bièvre	*Mergus merganser*
Élanion blanc	*Elanus caeruleus*
Vautour percnoptère	*Neophron percnopterus*
Balbuzard pêcheur	*Pandion haliaetus*
Râle des genêts	*Crex crex*
Grue cendrée	*Grus grus*
Grand Gravelot	*Charadrius hiaticula*
Barge à queue noire	*Limosa limosa*
Chevalier gambette	*Tringa totanus*
Mouette mélanocéphale	*Larus melanocephalus*
Goéland d'Audouin	*Larus audouinii*
Goéland cendré	*Larus canus*
Pigeon biset	*Columba livia*
Coucou geai	*Clamator glandarius*
Cochevis de Thékla	*Galerida theklae*
Hirondelle rousseline	*Hirundo daurica*
Rousserolle turdoïde	*Acrocephalus arundinaceus*
Fauvette à lunettes	*Sylvia conspicillata*
Rémiz penduline	*Remiz pendulinus*
4 Reptiles	
Cistude d'Europe	*Emys orbicularis*
Tortue d'Hermann	*Testudo hermanni*
Lézard ocellé	*Lacerta lepida*
Vipère d'Orsini	*Vipera ursinii*
8 Amphibiens	
Triton alpestre	*Triturus alpestris*
Triton crêté	*Triturus cristatus*
Triton marbré	*Triturus marmoratus*
Sonneur à ventre jaune	*Bombina variegata*
Pélobate cultripède	*Pelobates cultripes*
Pélodyte ponctué	*Pelodytes punctatus*
Crapaud vert	*Bufo viridis*
Rainette verte	*Hyla arborea*
15 Poissons d'eau douce	
Lamproie marine	*Petromyzon marinus*
Lamproie de rivière	*Lampetra fluviatilis*
Grande Alose	*Alosa alosa*
Alose feinte	*Alosa fallax* ssp.
Saumon atlantique	*Salmo salar*
Truite de mer	*Salmo trutta trutta*
Omble chevalier	*Salvelinus alpinus*
Ombre commun	*Thymallus thymallus*
Brochet	*Esox lucius*

Espèces vulnérables Ⓥ (suite)

Bouvière	*Rhodeus sericeus*
Toxostome	*Chondrostoma toxostoma*
Loche de rivière	*Cobitis taenia*
Anguille	*Anguilla anguilla*
Lote de rivière	*Lota lota*
Blennie fluviatile	*Blennius fluviatilis*
9 Poissons de mer	
Squale bouclé	*Echinorhinus brucus*
Grande Roussette	*Scyliorhinus stellaris*
Pocheteau gris	*Raja batis*
Pocheteau noir	*Raja oxyrinchus*
Raie bouclée	*Raja clavata*
Raie lisse	*Raja brachyura*
Hippocampe moucheté	*Hippocampus ramulosus*
Mérou	*Epinephelus marginatus*
Corb	*Sciaena umbra*
21 Insectes	
Gomphe à cercoïdes fourchus	*Gomphus graslinii*
Gomphe serpentin	*Ophiogomphus cecilia*
Cordulie à corps fin	*Oxygastra curtisii*
Criquet hérisson	*Prionotropis hystrix* ssp. *azami*
Rosalie des Alpes	*Rosalia alpina*
Carabe à reflets cuivrés	*Chrysocarabus auronitens* ssp. *cupreonitens*
Carabe doré de Provence	*Carabus auratus* ssp. *honnorati*
Trichaphaenops (5 espèces)	*Trichaphaenops* sp.
Petit Apollon	*Parnassius phoebus*
Semi-Apollon	*Parnassius mnemosyne*
Diane	*Zerynthia polyxena*
Proserpine	*Zerynthia rumina*
Porte-queue de Corse	*Papilio hospiton*
Alexanor	*Papilio alexanor*
Moiré des Sudètes	*Erebia sudetica*
Isabelle de France	*Graellsia isabellae*
Écaille-brune ou Matrone	*Pericallia matronula*
6 Mollusques continentaux	
– *	*Solatopupa psarolena*
– *	*Vallonia enniensis*
– *	*Vertigo moulinsiana*
– *	*Myxas glutinosa*
– *	*Pisidium pseudosphaerium*
Mulette	*Margaritifera margaritifera*
3 Mollusques Marins	
Arapède géante	*Patella ferruginea*
Nacre	*Pinna nobilis*
Datte de mer	*Lithophaga lithophaga*
2 Crustacés	
Écrevisse à pattes rouges	*Astacus astacus* ssp. *astacus*
Écrevisse à pieds blancs	*Austropotamobius pallipes* ssp. *pallipes*

* Nom vernaculaire restant à créer

Espèces "rares" Ⓡ

9 Mammifères	
Taupe aveugle	*Talpa caeca*
Desman	*Galemys pyrenaicus*
Musaraigne alpine	*Sorex alpinus*
Molosse de Cestoni	*Tadarida teniotis*
Vespertilion de Brandt	*Myotis brandti*
Sérotine bicolore	*Vespertilio murinus*
Sérotine de Nilsson	*Eptesicus nilssoni*
Hamster commun	*Cricetus cricetus*
Lièvre variable	*Lepus timidus*
23 Oiseaux	
Puffin cendré	*Calonectris diomedea*
Puffin de Méditerranée	*Puffinus yelkouan*
Cygne tuberculé	*Cygnus olor*
Sarcelle d'hiver	*Anas crecca*
Fuligule morillon	*Aythya fuligula*
Vautour fauve	*Gyps fulvus*
Aigle royal	*Aquila chrysaetos*
Aigle botté	*Hieraaetus pennatus*
Faucon pèlerin	*Falco peregrinus*
Huîtrier pie	*Haematopus ostralegus*
Chevalier guignette	*Actitis hypoleucos*
Goéland railleur	*Larus genei*
Sterne hansel	*Gelochelidon nilotica*
Guillemot de Troïl	*Uria aalge*
Grand-Duc d'Europe	*Bubo bubo*
Chevêchette d'Europe	*Glaucidium passerinum*
Rollier d'Europe	*Coracias garrulus*
Pic à dos blanc	*Dendrocopos leucotos*
Traquet oreillard	*Oenanthe hispanica*
Merle bleu	*Monticola solitarius*
Tichodrome échelette	*Tichodroma muraria*
Niverolle alpine	*Montifringilla nivalis*
Tarin des aulnes	*Carduelis spinus*
4 Reptiles	
Hémidactyle verruqueux	*Hemidactylus turcicus*
Algyroïde de Fitzinger	*Algyroides fitzingeri*
Lézard de Bedriaga	*Lacerta bedriagae*
Lézard des Pyrénées	*Lacerta bonnali*
5 Amphibiens	
Euprocte des Pyrénées	*Euproctus asper*
Euprocte de Corse	*Euproctus montanus*
Spélerpès brun	*Speleomantes ambrosii*
Discoglosse corse	*Discoglossus montalentii*
Discoglosse sarde	*Discoglossus sardus*
4 Poissons d'eau douce	
Truite à grosses taches	*Salmo trutta macrostigma*
Barbeau méridional	*Barbus meridionalis*
Blageon	*Leuciscus (Telestes) soufia*
Aphanius de Corse	*Aphanius fasciatus*
48 Mollusques continentaux	
– *	*Arganiella exilis* (*Horatia exilis*)
– *	*Avenionia brevis*
– *	*Belgrandiella pyrenaica*
– *	*Bythinella bicarinata*
– *	*Bythinella carinulata*
– *	*Bythinella pupoides*
– *	*Bythinella reyniesii*
– *	*Bythinella vesontiana*
– *	*Bythinella viridis*
– *	*Bythiospeum articense*
– *	*Bythiospeum bressanum*
– *	*Bythiospeum diaphanum*
– *	*Bythiospeum garnieri*
– *	*Fissuria boui*
– *	*Hauffenia minuta*
– *	*Hydrobia scamandri*
– *	*Litthabitella elliptica*
– *	*Moitessieria juvenisanguis*
– *	*Moitessieria lineolata*
– *	*Moitessieria locardi*
– *	*Moitessieria puteana*
– *	*Moitessieria rayi*
– *	*Moitessieria rolandiana*
– *	*Moitessieria simoniana*
– *	*Paladilhia pleurotoma*
– *	*Paladilhiopis bourguignati*
– *	*Palacanthilhiopsis vervierii*
– *	*Plagigeyeria conilis*
– *	*Pseudamnicola anteisensis* (*Corrosella anteisensis*)
– *	*Pseudamnicola klemmi*
– *	*Platyla foliniana*
– *	*Renea gormonti*
– *	*Renea moutonii*
– *	*Renea paillona*
– *	*Renea singularis*
– *	*Abida secale ssp ateni*
– *	*Chondrina megacheilos*
– *	*Solatopupa cianensis*
– *	*Solatopupa guidoni*
– *	*Truncatellina arcyensis*
– *	*Cryptazeca monodonta*
– *	*Cryptazeca subcylindrica*
– *	*Hypnophila remyi*
– *	*Macularia saintyvesi*
Otala de Catalogne	*Otala punctata*
– *	*Norelona pyrenaica*
– *	*Trissexodon constrictus*
– *	*Vitrea pseudotrolli*

* Nom vernaculaire restant à créer

Espèces au statut indéterminé ❓

13 Mammifères	
Crossope ou Musaraigne de Miller	*Neomys anomalus*
Crossope ou Musaraigne aquatique	*Neomys fodiens*
Grande Noctule	*Nyctalus lasiopterus*
Putois	*Mustela putorius*
Genette	*Genetta genetta*
Campagnol amphibie	*Arvicola sapidus*
Rat noir	*Rattus rattus*
Lièvre d'Europe	*Lepus capensis*
Dauphin bleu et blanc	*Stenella coeruleoalba*
Dauphin commun	*Delphinus delphis*
Grand Dauphin	*Tursiops truncatus*
Dauphin de Risso	*Grampus griseus*
Globicéphale noir	*Globicephala melaena*
4 Oiseaux	
Pic mar	*Dendrocopos medius*
Merle de roche	*Monticola saxatilis*
Fauvette orphée	*Sylvia hortensis*
Crave à bec rouge	*Pyrrhocorax pyrrhocorax*
2 Reptiles	
Lézard des souches	*Lacerta agilis*
Vipère péliade	*Vipera berus*
2 Amphibiens	
Salamandre noire	*Salamandra atra*
Alyte accoucheur	*Alytes obstetricans*
2 Poissons d'eau douce	
Able de Heckel	*Leucaspius delineatus*
Loche d'étang	*Misgurnus fossilis*
1 Poisson de mer	
Ange de mer commun	*Squatina squatina*

Espèces au statut indéterminé ? (suite)

12 Insectes	
Cordulie splendide	*Macromia splendens*
Magicienne dentelée	*Saga pedo*
Graphodère à deux lignes	*Graphoderus bilineatus*
Grand Capricorne	*Cerambyx cerdo*
Zygène cendrée ou Zygène rhadamanthe	*Zygaena rhadamanthus*
Zygène de la Vésubie	*Zygaena brizae* ssp. *vesubiana*
Nacré tyrrhénien	*Fabriciana elisa*
Laineuse du Prunellier	*Eriogaster catax*
Sphinx de l'Épilobe	*Proserpinus proserpina*
Sphinx de l'Argousier	*Hyles hippophaes*
Écaille funèbre	*Phragmatobia (Arctinia) caesarae*
6 Mollusques continentaux	
– *	*Cyrnotheba corsica*
Escargot de Raspail	*Tacheocampylaea raspaili*
Escargot de Nice	*Macularia niciensis*
Escargot de Quimper	*Elona quimperiana*
– *	*Laminifera pauli*
– *	*Unio turtoni*
1 Mollusque marin	
– *	*Pinna rudis*

* Nom vernaculaire restant à créer

Espèces "à surveiller"

21 Mammifères	
Vespertilion de Daubenton	*Myotis daubentoni*
Vespertilion à moustaches	*Myotis mystacinus*
Vespertilion de Natterer	*Myotis nattereri*
Sérotine commune	*Eptesicus serotinus*
Pipistrelle commune	*Pipistrellus pipistrellus*
Pipistrelle de Nathusius	*Pipistrellus nathusii*
Pipistrelle de Khul	*Pipistrellus khuli*
Pipistrelle de Savi	*Pipistrellus savii*
Oreillard septentrional	*Plecotus auritus*
Oreillard méridional	*Plecotus austriacus*
Belette	*Mustela nivalis*
Hermine	*Mustela erminea*
Martre	*Martes martes*
Blaireau	*Meles meles*
Écureuil roux	*Sciurus vulgaris*
Chat sauvage	*Felis silvestris*
Marmotte des Alpes	*Marmota marmota*
Castor d'Europe	*Castor fiber*
Bouquetin des Alpes	*Capra ibex*
Cachalot	*Physeter macrocephalus*
Ziphius	*Ziphius cavirostris*
20 Reptiles	
Phyllodactyle d'Europe	*Phyllodactylus europaeus*
Tarente de Mauritanie	*Tarentola mauritanica*
Seps tridactyle	*Chalcides chalcides*
Orvet fragile	*Anguis fragilis*
Lézard vert	*Lacerta viridis*
Lézard vivipare	*Lacerta vivipara*
Lézard hispanique	*Podarcis hispanica*
Lézard des murailles	*Podarcis muralis*
Lézard des ruines	*Podarcis sicula*
Lézard thyrrénien	*Podarcis tiliguerta*
Psammodrome algire	*Psammodromus algirus*
Psammodrome d'Edwards	*Psammodromus hispanicus*
Couleuvre verte et jaune	*Hierophis viridiflavus*
Coronelle lisse	*Coronella austriaca*
Coronelle girondine	*Coronella girondica*
Couleuvre d'Esculape	*Elaphe longissima*
Couleuvre à échelons	*Elaphe scalaris*
Couleuvre de Montpellier	*Malpolon monspessulanus*
Couleuvre vipérine	*Natrix maura*
Couleuvre à collier	*Natrix natrix*
11 Amphibiens	
Salamandre commune	*Salamandra salamandra*
Triton palmé	*Triturus helveticus*
Triton ponctué	*Triturus vulgaris*
Discoglosse peint	*Discoglossus pictus*
Crapaud commun	*Bufo bufo*
Crapaud calamite	*Bufo calamita*
Rainette méridionale	*Hyla meridionalis*
Grenouille agile	*Rana dalmatina*
Grenouille de Lessona	*Rana lessonae*
Grenouille de Pérez	*Rana perezi*
Grenouille rieuse	*Rana ridibunda*

Répartition du nombre d'espèces de Vertébrés par classe de menace (hors Poissons de mer)

Statut de menace UICN / Classes de Vertébrés	Disparu	En danger	Vulnérable	Total des espèces disparues ou strictement menacées	*En % de la faune de France Vertébrés**	Rare	Indéterminé	À surveiller (catégorie supplémentaire)
Mammifères	3	9	15	27	*24 % des Mammifères*	9	13	21
Oiseaux	2	22	29	53	*15 % des Oiseaux*	23	4	-
Reptiles	1	2	4	7	*19 % des Reptiles*	4	2	20
Amphibiens	0	3	8	11	*35 % des Amphibiens*	5	2	11
Poissons d'eau douce	2	2	15	19	*25 % des Poissons d'eau douce*	4	2	-
Total	**8**	**38**	**71**	**117**	**soit 19 % des Vertébrés**	**45**	**22**	

* Espèces reproductrices non occasionnelles en France métropolitaine (eaux marines comprises pour Mammifères et Reptiles) = 611 espèces

Nombreuses sont les menaces qui pèsent actuellement sur la faune des Mammifères de France. La plus importante et la plus répandue est incontestablement la modification des paysages qui ont tendance à s'uniformiser et à se banaliser. La suppression des écotones diminue considérablement la diversité des Mammifères; le Chat sauvage disparaît avec les forêts, le Campagnol roussâtre avec les lisières des bois; l'arasement des talus du bocage chasse les espèces de rongeurs, d'insectivores et de petits carnivores qui les utilisaient comme abri ou cheminements. Il serait facile de multiplier les exemples.

Une autre menace est constituée par la pollution et par la destruction des ressources disponibles. L'emploi massif des insecticides a considérablement diminué la biomasse utilisable par les chauves-souris. La pléthore de nitrates que les terres agricoles sont incapables d'assimiler arrive un jour ou l'autre à la mer avec toute la pollution qui en résulte... Quant aux résidus organochlorés et aux métaux lourds, ils s'accumulent dans les tissus des prédateurs en extrémité de chaîne alimentaire, perturbant la reproduction et, à l'extrême, pouvant même tuer les individus. Les loutres et les visons dans les cours d'eau, mais aussi les cétacés et les phoques des eaux côtières en sont les victimes. La forte diminution qui se manifeste chez les marsouins a peut-être son origine dans la grande pollution de nos estuaires.

La pression humaine toujours croissante, avec son cortège d'allongements du réseau routier et le développement des surfaces bâties, est une autre cause de diminution des populations animales.

Par kilomètre d'une route nationale de l'ouest de la France, on a pu déterminer le nombre des Mammifères victimes du trafic : chaque année, des dizaines de rongeurs, chauves-souris et insectivores (hérissons) et quelques petits carnivores (belette surtout) disparaissent; le trafic routier est la première cause de mortalité de la loutre dans le marais Poitevin (49 sur 67 cas de mortalité observés).

En revanche, la pression de chasse a tendance à diminuer (plans de chasse suivis pour les grands Ongulés) et à faire l'objet d'un contrôle plus rigoureux. Certes, les abus demeurent, mais, dans l'ensemble, les lois sur la protection de la nature ont amélioré quelque peu la situation. Il reste pourtant un gros point noir : il concerne la destruction des « nuisibles ». Souvent mal compris, plus souvent encore ignorés, les textes de lois de protection pêchent malheureusement par une application insuffisante dont font les frais les belettes, les martres, les putois et autres prétendus nuisibles.

Il existe d'autres menaces plus ou moins ponctuelles, pesant localement sur les populations de Mammifères. On peut citer, sans prétendre être complet, l'abattage des arbres creux qui supprime les abris des chauves-souris, la suppression des bâtiments en ruine qui donnaient asile aux espèces rupicoles, l'utilisation des filets dérivants qui capturent les petits cétacés, le recalibrage des rivières et le débroussaillage des rives qui suppriment abri et nourriture, ou encore les dérangements causés par un tourisme de plus en plus pratiqué et insuffisamment réglementé.

Une menace peu visible et le plus souvent ignorée est celle de la pollution génétique due au « renforcement » de populations par l'apport d'individus provenant d'autres populations habitant des régions éloignées. Dans bien des cas, ces animaux, génétiquement adaptés à des milieux différents (par exemple, des lièvres des steppes danubiennes lâchés dans une zone de bocage atlantique), sont fortement handicapés et disparaissent rapidement. Le problème est plus grave lorsqu'il s'agit d'individus aptes à survivre dans le milieu considéré. Même dans ce cas, leur génotype est le plus souvent quelque peu différent de celui de la population indigène et, lors du croisement avec celle-ci, les descendants ont un génotype hybride, à valeur adaptative presque toujours inférieure à celle de chacun des parents. Enfin, si les introductions sont répétées, les hybrides étant contre-sélectionnés, le génotype exogène finira par remplacer le génotype indigène, et la disparition de celui-ci correspond à une perte de la biodiversité. *A fortiori,* bien entendu, si les animaux relâchés proviennent d'élevages. Ces renforcements de populations sont donc le plus souvent inopportuns et, s'ils sont réellement indispensables, ils doivent être faits à partir de populations génétiquement aussi proches que possible de la population à renforcer. S'il n'y a plus rien à faire pour le Lièvre, depuis longtemps sujet à des importations anarchiques, le problème se pose pour l'Ours.

De toute façon, tant que les causes de la disparition ou de la raréfaction d'une espèce n'ont pas été éliminées, il est vain de vouloir la réintroduire ou renforcer ses populations déclinantes.

En 1994, on recense 60 espèces de Mammifères protégées en France (73 si l'on compte les espèces marines accidentelles), soit 52,2 % des espèces françaises. Or, dans ce chapitre, 49 espèces seulement ont été retenues comme menacées à des degrés divers. La contradiction n'est qu'apparente. Tout d'abord, la protection de certaines espèces par la loi de protection de la nature de 1976 (et ses décrets et arrêtés d'application) a permis à certains Mammifères, en particulier des Carnivores, de consolider leurs populations (Fouine), voire d'étendre quelque peu leur aire de répartition (Genette, Chat sauvage). Il faut y ajouter le fait que les législateurs se préoccupaient assez peu des espèces réputées nuisibles (Grand Hamster, Rat noir) et de leur devenir. De là quelques différences en plus ou en moins dans les deux listes.

Le cas des espèces introduites doit aussi être considéré. Trois espèces ont été introduites accidentellement ou volontairement en France au XXᵉ siècle et commencent à s'implanter sans qu'il soit possible d'évaluer si elles sont responsables de dommages notables étant donné le petit nombre des individus. Ce sont, un Carnivore, le Raton laveur *(Procyon lotor),* qui vient d'Amérique ; un Lagomorphe, le Lapin de Floride *(Sylvilagus floridanus),* originaire d'Amérique ; un Ongulé, le Cerf sika *(Cervus nippon)* venu d'Asie. Deux Rongeurs, l'Écureuil asiatique *(Callosciurus sp.)* venu d'Extrême-Orient – présent uniquement au cap d'Antibes – et le Tamias *(Tamias sibiricus),* et un Ongulé, l'Hydropote *(Hydropotes inermis)* sont quant à eux restés tellement localisés qu'ils peuvent être considérés comme marginaux pour la faune de France. Les autres espèces introduites, loin d'être menacées, sont, au contraire, devenues, par leur prolifération, des fléaux pour la faune et la flore indigènes, voire pour l'agriculture : ce sont le Vison américain, le Rat musqué et le Ragondin. Ils illustrent le danger des introductions abusives et n'ont pas non plus leur place dans la liste rouge des Mammifères menacés. De même, les Cétacés et Pinnipèdes occasionnels sur nos côtes ne sont pas traités. Le Chien viverrin *(Nyctereutes procyonoides),* originaire d'Asie, est, quant à lui, un nouveau venu en France, et un très petit nombre d'individus a été observé. Faut-il le considérer comme une espèce menacée à cause de son extrême rareté ou bien estimer au contraire que, puisqu'il étend spontanément son aire de répartition vers l'ouest à partir de l'Europe orientale et centrale, où il a été introduit au début du XXᵉ siècle, il est en pleine phase de colonisation et ne nécessite aucune

Liste rouge des Mammifères disparus ou menacés en France métropolitaine

Disparus	☒
Phoque moine	*Monachus monachus*
Bouquetin des Pyrénées	*Capra pyrenaica*
Baleine des Basques	*Eubalaena glacialis*
En danger	⚠
Rhinolophe de Mehely	*Rhinolophus mehelyi*
Vespertilion des marais	*Myotis dasycneme*
Ours brun	*Ursus arctos*
Loutre	*Lutra lutra*
Vison d'Europe	*Mustela lutreola*
Lynx	*Lynx lynx*
Loup	*Canis lupus*
Phoque veau marin	*Phoca vitulina*
Marsouin	*Phocoena phocoena*
Vulnérables	V
Grand Rhinolophe	*Rhinolophus ferrumequinum*
Petit Rhinolophe	*Rhinolophus hipposideros*
Rhinolophe euryale	*Rhinolophus euryale*
Grand Murin	*Myotis myotis*
Petit Murin	*Myotis blythi*
Vespertilion de Capaccini	*Myotis capaccinii*
Vespertilion à oreilles échancrées	*Myotis emarginatus*
Vespertilion de Bechstein	*Myotis bechsteini*
Noctule commune	*Nyctalus noctula*
Noctule de Leisler	*Nyctalus leisleri*
Barbastelle	*Barbastella barbastellus*
Minioptère de Schreibers	*Miniopterus schreibersi*
Phoque gris	*Halichoerus grypus*
Petit Rorqual ou Rorqual à museau pointu	*Balaenoptera acutorostrata*
Rorqual commun	*Balaenoptera physalus*
Rares	R
Taupe aveugle	*Talpa caeca*
Desman	*Galemys pyrenaicus*
Musaraigne alpine	*Sorex alpinus*
Molosse de Cestoni	*Tadarida teniotis*
Vespertilion de Brandt	*Myotis brandti*
Sérotine bicolore	*Vespertilio murinus*
Sérotine de Nilsson	*Eptesicus nilssoni*
Hamster commun	*Cricetus cricetus*
Lièvre variable	*Lepus timidus*
Indéterminés	?
Crossope de Miller ou Musaraigne de Miller	*Neomys anomalus*
Crossope ou Musaraigne aquatique	*Neomys fodiens*
Grande Noctule	*Nyctalus lasiopterus*
Putois	*Mustela putorius*
Genette	*Genetta genetta*
Campagnol amphibie	*Arvicola sapidus*
Rat noir	*Rattus rattus*
Lièvre d'Europe	*Lepus capensis*
Dauphin bleu et blanc	*Stenella coeruleoalba*
Dauphin commun	*Delphinus delphis*
Grand Dauphin	*Tursiops truncatus*
Dauphin de Risso	*Grampus griseus*
Globicéphale noir	*Globicephala melaena*
À surveiller	👁
Vespertilion de Daubenton	*Myotis daubentoni*
Vespertilion à moustaches	*Myotis mystacinus*
Vespertilion de Natterer	*Myotis nattereri*
Sérotine commune	*Eptesicus serotinus*
Pipistrelle commune	*Pipistrellus pipistrellus*
Pipistrelle de Nathusius	*Pipistrellus nathusii*
Pipistrelle de Khul	*Pipistrellus khuli*
Pipistrelle de Savi	*Pipistrellus savii*
Oreillard septentrional	*Plecotus auritus*
Oreillard méridional	*Plecotus austriacus*
Belette	*Mustela nivalis*
Hermine	*Mustela erminea*
Martre	*Martes martes*
Blaireau	*Meles meles*
Écureuil roux	*Sciurus vulgaris*
Chat sauvage	*Felix silvestris*
Marmotte des Alpes	*Marmota marmota*
Castor d'Europe	*Castor fiber*
Bouquetin des Alpes	*Capra ibex*
Cachalot	*Physeter macrocephalus*
Ziphius	*Ziphius cavirostris*

protection en territoire français ? Un choix devenait nécessaire. Les éditeurs de ce volume ont décidé, non de négliger mais de signaler simplement les espèces introduites dont la reproduction dans la nature est, sinon tout à fait constatée, du moins extrêmement probable.
Bien entendu, les espèces en semi-captivité introduites ou réintroduites pour la viande (Bison dans le Massif central), le défrichement des sous-bois (Lama) ou la reproduction en vue d'une recolonisation ultérieure de l'habitat d'origine (Cheval de Prezwalski) n'ont pas été traités.
Certaines espèces ne semblent plus menacées, mais leur protection doit pourtant être maintenue sous peine de voir à nouveau leurs populations diminuer. On pourrait les appeler des « espèces à surveiller » ou fragiles. Les Carnivores fournissent de bons exemples de ce genre de situation ; le Chat sauvage en France continentale (la situation du Chat sauvage en Corse est au contraire très critique), la Martre, l'Hermine et la Belette sont tout particulièrement dans ce cas. Mais il existe aussi d'autres espèces concernées comme le Vespertilion de Daubenton, le Vespertilion à moustaches, le Vespertilion de Natterer, la Sérotine commune, la Pipistrelle commune, la Pipistrelle de Nathusius, la Pipistrelle de Khul, la Pipistrelle de Savi, l'Oreillard septentrional, l'Oreillard méridional, le Blaireau, l'Écureuil, la Marmotte, le Castor, le Bouquetin des Alpes, le Cachalot et le Ziphius.
Il est incontestable que ces espèces, jadis considérées comme communes, puis devenues rares, ont vu leurs populations se stabiliser à un niveau acceptable. Mais si la protection partielle ou totale dont elles jouissent venait à faire défaut, il est prévisible que la situation s'inverserait à nouveau et que l'on assisterait à un déclin des populations. Les espèces qui répondent à cette analyse ne sont donc pas menacées au sens propre du terme, mais nécessitent, pour se maintenir à un niveau satisfaisant, une protection adaptée.
Le cas de la Corse est particulier. Certaines des espèces qui composent sa faune sont menacées sur l'île alors qu'elles prospèrent sur le continent. C'est le cas du Chat sauvage. Il est devenu extrêmement rare – il en resterait moins d'une centaine sur l'île. Les causes de sa raréfaction sont la réduction des espaces boisés et leur morcellement, une forte pression de piégeage et de chasse de ce carnivore considéré abusivement comme nuisible. Il convient d'y ajouter le maintien d'un grand nombre de battues au sanglier qui dérangent les animaux et accroissent la mortalité des portées par le recours aux meutes de chiens. De plus, le grand nombre des chats harets crée peut-être une certaine concurrence pour la nourriture car, en Corse, les Rongeurs sont peu nombreux et peu différenciés étant donné l'absence de campagnols. Le Chat sauvage est intégralement protégé dans toute la France depuis 1981 et figure à l'annexe II de la convention de Berne et à l'annexe IV de la directive Habitats. Le Conseil de l'Europe, en décembre 1992, a recommandé à la France « de s'attacher à protéger l'espèce, plus particulièrement en Corse, et d'entreprendre une campagne de sensibilisation en direction des populations rurales et des chasseurs ».
Le Cerf, quant à lui, a disparu de Corse vers 1970. Des individus importés de Sardaigne et appartenant à la même sous-espèce prospèrent actuellement en enclos. Le repeuplement de l'île à partir de cette souche est envisagé.
Le Mouflon, au contraire, fait encore partie de la faune de Corse, d'où il a toutefois failli disparaître à la suite d'une pression de chasse excessive assortie d'un braconnage intense. En 1967, on évaluait la population à moins de deux cents individus. Des mesures de protection, mal appliquées, avaient été prises dès 1950 pour préserver cette population devenue squelettique. Elles sont toujours en vigueur et, appliquées plus rigoureusement, ont sans doute sauvé l'espèce dans son habitat d'origine. En France continentale, les mouflons importés de plus ou moins longue date sont soumis aux plans de chasse depuis 1963 ; en Corse, la chasse en est interdite toute l'année.
Cet ouvrage ne traite que des espèces récemment disparues, en fait au cours des deux derniers siècles. Pourtant, depuis les temps historiques, bien des Mammifères se sont éteints, le plus souvent par action directe de l'homme. Ce sont des Ongulés comme le Cheval sauvage ou Tarpan *(Equus ferus)*, l'Aurochs *(Bos taurus)*, le Bison d'Europe *(Bison bonasus)*, mais

aussi le Pika de Corse *(Prolagus sardus),* un Lagomorphe. Le Hérisson d'Afrique du Nord *(Erinaceus algirus)*, sans doute introduit mais dont la reproduction a été prouvée très localement en France méditerranéenne, ne peut quant à lui être considéré comme une espèce réellement disparue.

Si l'on considère les espèces disparues et celles qui se trouvent actuellement dans une situation critique, on observe que les ordres les plus menacés sont ceux des Carnivores, des Mammifères marins et des Chiroptères. Les autres, à savoir les Insectivores, les Rongeurs, les Lagomorphes et les Ongulés sont relativement plus à l'abri, soit à cause de leur caractère prolifique (portées nombreuses des Rongeurs) ou de l'innocuité de leur action (Insectivores). Les Chiroptères, malgré leur longue espérance de vie, font les frais à la fois des insecticides et de la frayeur qu'ils inspirent. Les Ongulés sauvages sont considérés comme bêtes de chasse et donc importantes réserves de viande ou, au contraire, comme des concurrents pour le bétail comme le furent l'Aurochs et le Bison. Les Carnivores, en revanche, sont regardés comme des nuisibles, le plus souvent sans intérêt nutritionnel mais concurrents directs pour l'homme car ils s'attaquent parfois au petit gibier, aux troupeaux et aux élevages de volailles mal protégés. Certains constituent aussi des rivaux pour les pêcheurs (phoques et Loutre). Le cas des Cétacés s'apparente quelque peu à celui des Ongulés ; ils sont tués pour la nourriture. Quant aux prédateurs directs possibles de l'homme, comme le Loup et l'Ours, ils furent éliminés certes pour protéger les troupeaux et disparurent aussi en tant que destructeurs potentiels de l'homme, mais surtout en tant que concurrents. Comme on le voit, celui-ci est, en dernière analyse, le principal et le plus souvent l'unique responsable de la disparition de certaines espèces de mammifères en France.

Marie-Charlotte Saint Girons

Remerciements

Le docteur P. J. H. Van Bree (Amsterdam) a accepté de revoir ce texte.D. Masson et R. Duguy ont fourni de précieux renseignements sur l'état des populations de Chauves-souris et de Mammifères marins. Les données récoltées par les membres de la Société française pour l'étude et la protection des Mammifères (S.F.E.P.M.) ont constitué la base de ce travail. Nous adressons à tous nos vifs remerciements.

Taupe aveugle

Talpa caeca Savi, 1822

O. Insectivores

F. Talpidés

R

Distribution actuelle. Les deux espèces de taupes qui habitent la France sont difficiles à différencier. La présence en France de la Taupe aveugle a été longtemps controversée. Des travaux récents montrent que l'espèce est présente dans la région méditerranéenne, au moins dans le département des Alpes-Maritimes (forêt de Turini) et peut-être un peu plus à l'ouest, toujours non loin de la côte méditerranéenne. Il n'existe aucune taupe en Corse. On ignore les limites altitudinales de l'espèce. En Europe, la Taupe aveugle est un animal de la région méditerranéenne où son aire de répartition est scindée en deux. La partie occidentale englobe toute la péninsule Ibérique, la partie orientale comprend, outre les Alpes-Maritimes, le nord de l'Italie, le sud de la Suisse, la côte nord de la mer Adriatique et la Grèce. L'espèce n'a colonisé aucune des îles méditerranéennes.

Évolution historique et menaces. On ne connaît rien de l'évolution historique de la Taupe aveugle en France, pas plus d'ailleurs que de l'importance de ses populations. Le peu de trouvailles porte à croire que l'espèce est rare, ce qui est peut-être erroné, localement du moins. Quoi qu'il en soit, l'interruption qui apparaît au niveau du Languedoc et du Roussillon témoigne de la fragilité d'une espèce dont l'aire de répartition est discontinue.

Mesures de conservation. La Taupe aveugle n'a aucun statut de protection particulier en France.

Références bibliographiques.
Grulich, 1971.

Desman

Galemys pyrenaicus (Geoffroy, 1811)

O. Insectivores

F. Talpidés

R

Distribution actuelle. Le Desman des Pyrénées est l'une des curiosités de la faune française par sa morphologie et son mode de vie. Cet insectivore aquatique habite les rivières aux eaux fraîches et claires des Pyrénées. Il colonise les cinq départements qui constituent la face nord de la chaîne à des altitudes généralement supérieures à 400 m. Sa limite supérieure est difficile à préciser ; il peut vivre au-dessus de 2 000 m si la « dérive » (Invertébrés aquatiques amenés par les torrents, en particulier des Trichoptères) demeure importante. Le Desman n'habite nulle part ailleurs en France. En revanche, on le retrouve dans le nord de la péninsule Ibérique, jusqu'au Portugal. Il y est plus rare et ne colonise aucun autre massif montagneux au monde.

Évolution historique et menaces. On a trouvé des fossiles de Desman bien au nord de son aire actuelle de répartition. L'espèce aurait occupé autrefois tout le bassin de l'Adour ; les torrents pyrénéens constituent un ultime refuge où elle s'est peu à peu cantonnée. Elle est considérée actuellement comme en recul sans que l'on sache vraiment pourquoi. En 1970-1971, on a pu constater dans les cours d'eau pyrénéens une chute brutale des populations, qui ne retrouvèrent que lentement un niveau acceptable. Les causes de cette diminution brutale sont sans doute à rechercher dans des changements des conditions de vie. La pollution est faible en altitude, mais non négligeable (salage des routes, eaux usées des villages et des usines). Il faut y ajouter le déboisement et la sécheresse des dernières décennies. Les torrents pyrénéens, autrefois vifs toute l'année, sont parfois à sec l'été et subissent au moment des orages un afflux d'eau capable d'entraîner toute la faune sur son passage. La brutale ouverture des barrages a les mêmes conséquences. Même les Invertébrés ne résistent pas à de tels changements de débit, et la « dérive » devient rare, d'où un manque de nourriture. Certains auteurs invoquent également une augmentation du nombre de certains prédateurs. À tout cela vient s'ajouter la recherche de cet animal par des collectionneurs peu scrupuleux.

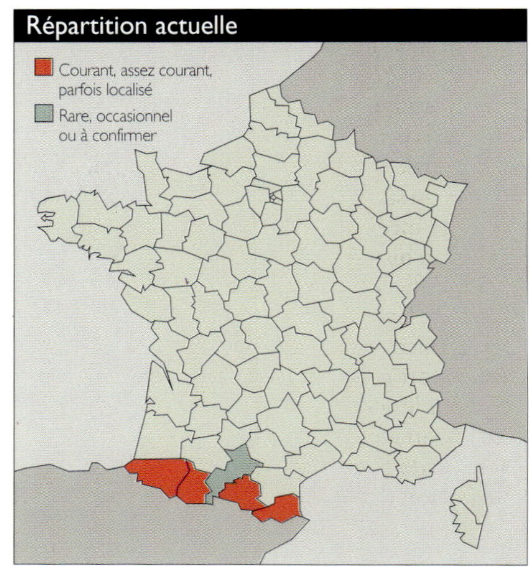

Mesures de conservation. Les menaces qui pèsent sur le Desman ne sont donc pas négligeables. L'espèce – une relique dans les Pyrénées – est tentante étant donné sa physiologie très particulière. Elle est entièrement protégée en France depuis 1981 et figure aux annexes II et IV de la directive Habitats et à l'annexe II de la convention de Berne. Le ministère de l'Environnement finance actuellement un programme d'étude et de protection du Desman dans le cadre du suivi des espèces « sous surveillance biologique ».

Références bibliographiques.
Bertrand, 1993 ; Peyre, 1956 ; Richard, 1976 ; Richard, 1986.

Musaraigne alpine

Sorex alpinus Schintz, 1837

O. Insectivores

F. Soricidés

Distribution actuelle. La Musaraigne alpine, petit insectivore très mal connu en France, n'est signalée avec certitude que dans deux départements français : le Doubs et la Haute-Savoie. Elle habite les fentes et les crevasses creusées dans les berges des ruisseaux forestiers, entre 250 et 2 400 m d'altitude. Étant donné la rareté des populations, en France du moins, sa répartition n'est pas connue avec exactitude. En Europe, on a trouvé la Musaraigne alpine dans les régions montagneuses du centre et de l'ouest (Alpes, Carpates, Harz) et dans les Balkans. Une donnée ancienne dans les Pyrénées espagnoles (massif de la Maladetta) est sans doute inexacte.
Évolution historique et menaces. On ignore tout de la répartition ancienne de la Musaraigne alpine ainsi que de ses effectifs passés et actuels en France. Aucune étude ne lui a été consacrée. En raison du fractionnement de son aire de répartition et de son habitat spécialisé, l'espèce est sans doute menacée.
Mesures de conservation. La France se trouve à l'extrémité occidentale de son aire discontinue de répartition et, par là même, la protection rigoureuse des milieux qu'elle occupe serait souhaitable. Aucune mesure ne la protège actuellement.

Références bibliographiques.
Desmet, 1981 ; Spitzenberger, 1978.

Crossope ou Musaraigne de Miller

Neomys anomalus (Abrara, 1907)

O. Insectivores

F. Soricidés

Distribution actuelle. Les naturalistes ont longtemps pensé que la Crossope de Miller était une musaraigne aquatique des hautes montagnes, en France du moins. On sait maintenant que l'espèce habite aussi les Ardennes, les Vosges (Haute-Saône) et le Jura (Doubs) ainsi que les Pyrénées, le Massif central et les Alpes, mais elle a été découverte récemment en Normandie. On peut l'observer en altitude entre 200 et 2 000 m environ. Dans le reste de l'Europe, son aire de répartition est discontinue ; on la rencontre des sierras de la péninsule Ibérique aux montagnes d'Europe centrale et dans les Balkans, mais aussi, à faible altitude, du sud de l'Allemagne à l'Ukraine. Aucune grande île méditerranéenne n'a été colonisée.
Évolution historique et menaces. La Crossope de Miller, difficile à différencier de la Crossope commune, est légèrement moins inféodée à l'eau que cette dernière, mais son mode de vie est très voisin. En fait, fort peu de travaux lui ont été consacrés. Même les limites de son aire de répartition sont encore imparfaitement connues.
Mesures de conservation. Du fait de son aire de distribution discontinue (dans l'état actuel de nos connaissances, du moins) et de l'apparente faiblesse de ses effectifs, la Crossope de Miller doit être considérée comme menacée mais insuffisamment connue. L'espèce est intégralement protégée en France.

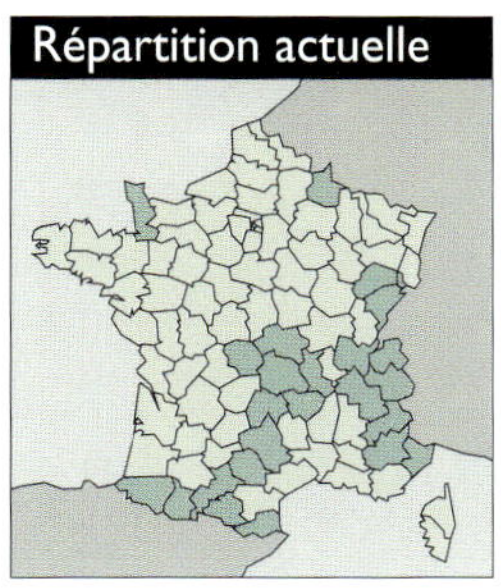

Références bibliographiques.
Van Laar, 1983 ; Van Laar et Daan, 1976 ;
Rode et Cantuel, 1945.

Crossope ou Musaraigne aquatique

Neomys fodiens (Pennant, 1871)

O. Insectivores

F. Soricidés

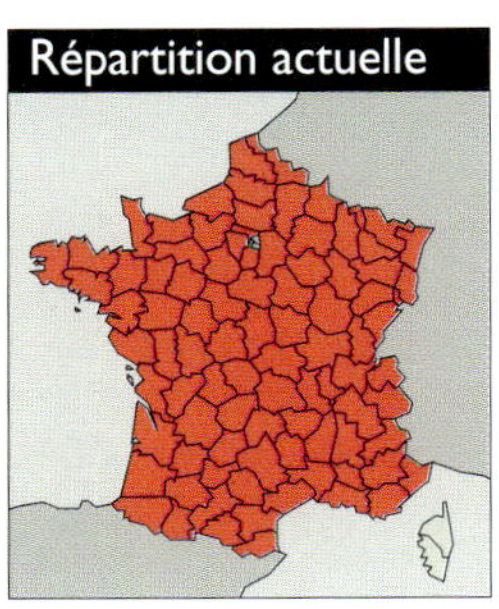

Distribution actuelle. La Crossope, petit insectivore bien adapté à une vie semi aquatique, fréquente toute la France, à l'exception de la Corse et des îles de la côte atlantique. En montagne, on peut la rencontrer jusqu'à plus de 2 000 m. Sa densité est la plus forte en régions humides, et la plus faible en bordure de la Méditerranée, sauf en Camargue. L'espèce est largement répandue en Europe. Elle est absente de toutes les îles méditerranéennes et de la plus grande partie de la péninsule Ibérique dont elle ne fréquente que l'extrême nord, de la Grèce et des côtes de la mer Noire. Au nord, elle est absente d'Irlande et des côtes septentrionales de la péninsule scandinave et de la Russie.
Évolution historique et menaces. On ne connaît pas grand-chose sur l'état des populations. Aucun travail n'a été consacré à cette espèce en France. Il semble que la Crossope commune ait tendance à remplacer la Crossope de Miller, arrivée en Europe avant elle.
Mesures de conservation. L'espèce est entièrement protégée en France, bien que les menaces qui pèsent sur ses populations ne concernent guère que l'assèchement des zones humides.

Références bibliographiques.
Rode et Cantuel, 1945.

Grand Rhinolophe

Rhinolophus ferrumequinum
(Schreber, 1774)

O. Chiroptères

F. Rhinolophidés

Distribution actuelle. Le Grand Rhinolophe occupe toute la France, y compris la Corse, et monte au moins jusqu'à 2 000 m en montagne. Il gîte dans les grottes, dans les caves et, en ce qui concerne les colonies maternelles, dans les combles des bâtiments. C'est une espèce d'Europe moyenne et méditerranéenne. On la retrouve à l'ouest de l'Angleterre, mais pas en Irlande. Elle se raréfie au nord des Alpes et des Carpates et ne fréquente pas la Scandinavie. On l'a trouvée, en revanche, en Afrique du Nord et en Asie, jusqu'au Japon.
Évolution historique et menaces. Le Grand Rhinolophe était autrefois très commun en France, particulièrement dans l'Ouest. Depuis quelques décennies, sa densité diminue. Des colonies, autrefois riches de plusieurs centaines d'individus, ne comptent plus que quelques unités ou disparaissent. Une étude réalisée sur une période de vingt-huit ans en Ardèche montre que, sur cinq sites régulièrement visités, la population est restée pratiquement stable de 1953 à 1967, puis n'a cessé de décroître. En 1980, le Grand Rhinolophe a disparu de ces cinq sites. Cette diminution des effectifs est imputable aux nombreux dérangements qu'a subis l'espèce, à l'aménagement des grottes et à la réfection des bâtiments anciens. L'emploi des pesticides a nettement contribué à la raréfaction de sa nourriture.

Mesures de conservation. Comme toutes les chauves-souris, le Grand Rhinolophe est protégé en France depuis 1981. En Europe, il est protégé par la convention de Berne (annexe II) et la directive Habitats (annexes II et IV).

Références bibliographiques.
Faugier, 1981.

Petit Rhinolophe

Rhinolophus hipposideros (Bechstein, 1800)

O. Chiroptères

F. Rhinolophidés

Distribution actuelle. Le Petit Rhinolophe habite toute la France, y compris la Corse. Il atteint 2 000 m dans les Alpes. L'espèce, sédentaire, vit presque en commensale de l'homme, occupant les combles des bâtiments en été, les caves et autres lieux frais en hiver. En Europe, cette petite chauve-souris vit dans les régions méridionales et moyennes. On la trouve jusqu'en Irlande et au Benelux, mais pas au Danemark ni en Scandinavie. Elle existe dans le sud de l'Allemagne et en Europe centrale. Elle occupe les péninsules et les îles méditerranéennes et se retrouve en Afrique du Nord et en Asie jusqu'au Cachemire.

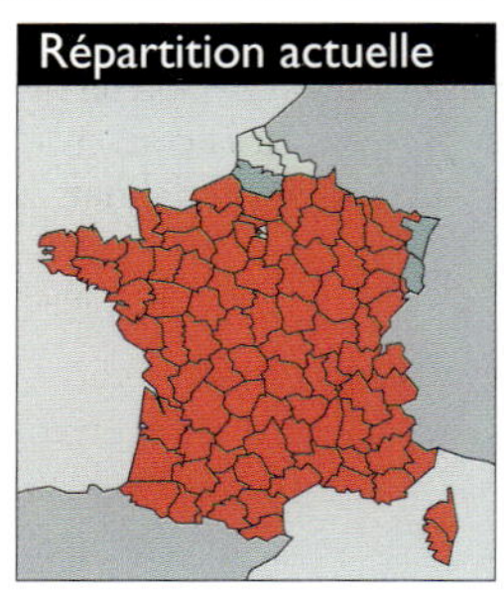

Évolution historique et menaces. Le Petit Rhinolophe, autrefois très commun en France, a vu sa population diminuer nettement au cours des dernières décennies. Ce phénomène a été noté dans toutes les régions où les populations ont été régulièrement suivies : Ardèche, région méditerranéenne, Centre-Ouest. Le sud de la France semble le plus touché. Les causes de cette raréfaction sont les dérangements que subit l'espèce, les aménagements des cavités pour le tourisme ou leur transformation en champignonnières ou en carrières souterraines, les pesticides… Vivant au contact de l'homme, le Petit Rhinolophe est aussi exposé à la malveillance humaine, souvent fondée sur l'ignorance.
Mesures de conservation. Comme toutes les chauves-souris, le Petit Rhinolophe est protégé en France depuis 1981. En Europe, il est protégé par la convention de Berne (annexe II) et la directive Habitats (annexes II et IV).

Références bibliographiques.
Faugier, 1981.

Rhinolophe de Mehely

Rhinolophus mehelyi Matschie, 1901

O. Chiroptères

F. Rhinolophidés

Distribution actuelle. Le Rhinolophe de Mehely, une chauve-souris de la région méditerranéenne, est devenu extrêmement rare en France. Il a été signalé autrefois en Maine-et-Loire et dans la Sarthe. L'atlas national de 1984 n'a pu localiser que deux points habités dans les Bouches-du-Rhône et un seul en Corse. Ultérieurement, l'espèce a été signalée dans les Pyrénées-Orientales, l'Hérault, le Gard et le Lot. En Europe, sa répartition est très morcelée : centre-est de l'Espagne, Sardaigne, Sicile, nord de la Grèce, Roumanie. On la retrouve en Afrique du Nord et, en Asie, jusqu'à l'Iran.
Évolution historique et menaces. On ignore tout de l'importance des populations qui colonisaient sans doute autrefois toute la région méditerranéenne. Depuis quelques décennies, on a assisté à une diminution progressive de leur nombre et de leur importance. Dans les années 1970, le Rhinolophe de Mehely n'existait plus qu'en Provence. Actuellement, il est possible que l'espèce puisse exister dans la région méditerranéenne.

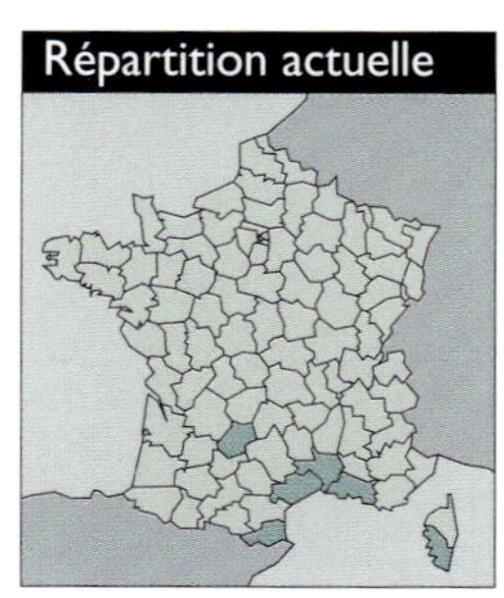

Mesures de conservation. Aux causes « classiques » de disparition s'est ajoutée la rareté de cette espèce qui en fait une proie pour les collectionneurs. De plus, les individus vivent toute l'année par petits groupes dans des cavités et sont plus vulnérables aux dérangements. C'est de tous les rhinolophes de France l'espèce la plus menacée. Comme toutes les chauves-souris, il est protégé en France depuis 1981. En Europe, il est protégé par la convention de Berne (annexe II) et la directive Habitats (annexes II et IV).

Références bibliographiques.
Strinati, 1958.

Rhinolophe euryale

Rhinolophus euryale Blasius, 1853

O. Chiroptères

F. Rhinolophidés

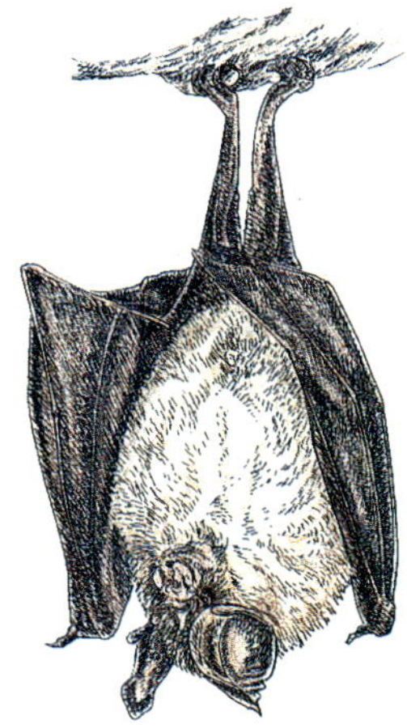

Distribution actuelle. Le Rhinolophe euryale vit en France au sud d'une ligne joignant Rennes à Colmar. Cette espèce sédentaire, de mœurs plus grégaires que *R. mehelyi* et *R. hipposideros,* habite les cavités souterraines en hiver, les combles et les greniers en été. En Europe, le Rhinolophe euryale vit dans toute la région méditerranéenne, y compris dans les îles. On l'observe également en Afrique du Nord et jusqu'à l'Iran à l'est.

Évolution historique et menaces. Le Rhinolophe euryale a vu ses populations diminuer considérablement – nettement plus que celles du Grand et du Petit Rhinolophe. En Ardèche, où cette espèce était bien représentée, 1 000 individus environ ont été recensés entre 1953 et 1967 et seulement 13 entre 1967 et 1980, appartenant à 4 colonies aujourd'hui disparues. L'espèce a pratiquement déserté la Sarthe, mais se maintiendrait mieux en Midi-Pyrénées. Malheureusement, au lieu des grandes colonies qui existaient il y a une trentaine d'années, on ne rencontre le plus souvent que des individus isolés et éparpillés. Les causes de cette raréfaction demeurent mal connues. Il semblerait que cette espèce soit plus sensible aux pesticides que le Grand et le Petit Rhinolophe. Le Rhinolophe euryale est donc particulièrement vulnérable.

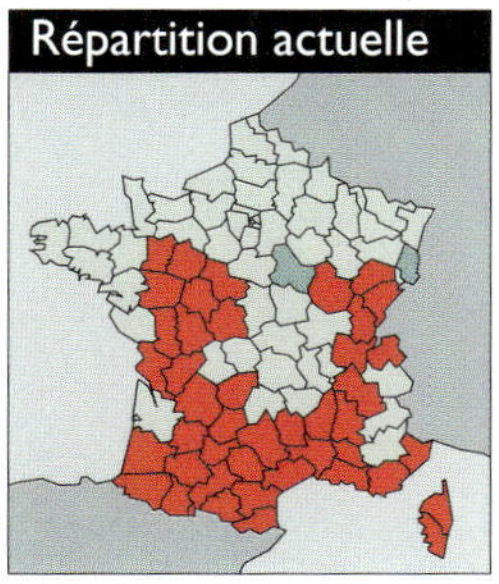

Mesures de conservation. Comme toutes les chauves-souris, le Rhinolophe euryale est protégé en France depuis 1981. En Europe, il est protégé par la convention de Berne (annexe II) et la directive Habitats (annexes II et IV).

Références bibliographiques.
Beaucournu, 1955 ; Beaucournu, 1957 ; Faugier, 1981.

Molosse de Cestoni

Tadarida teniotis Rafinesque, 1814

O. Chiroptères

F. Molossidés

Distribution actuelle. Le Molosse de Cestoni, une grande chauve-souris insectivore, vit sur toute la côte méditerranéenne, y compris en Corse. Il a été signalé dans la vallée du Rhône, jusqu'à l'Ain. Il monte assez haut en montagne – il a été capturé plusieurs fois au col de Bretolet (2 200 m) qui sépare la Haute-Savoie de la Suisse. En Europe, il occupe la péninsule Ibérique, à l'exception de la chaîne cantabrique, la côte occidentale de l'Italie, l'est de l'Adriatique et toutes les grandes îles méditerranéennes. À l'est, son aire de répartition s'étend en Asie, jusqu'au Japon. Il colonise aussi l'Afrique du Nord.

Évolution historique et menaces. On ignore tout de l'évolution des populations en France. La présence de cette espèce dans notre faune européenne est surprenante. C'est une chauve-souris rare dont la répartition exacte et le mode de vie sont mal connus. Elle est capable de voler loin et longtemps (on l'a retrouvée à Jersey), mais ne semble pas tenter de coloniser des zones en dehors de la Méditerranée. Elle vit dans les murailles et les ruines et peut donc se trouver menacée par la rénovation des bâtiments.

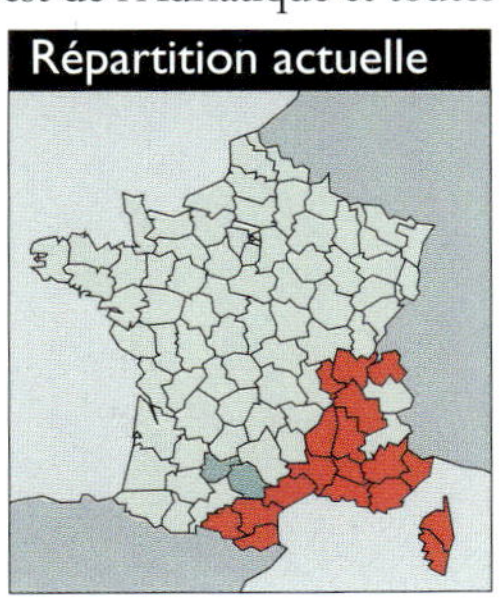

Mesures de conservation. Le Molosse de Cestoni est entièrement protégé depuis 1981 au même titre que les autres chiroptères de France. En Europe, il est protégé par la convention de Berne (annexe II) et la directive Habitats (annexe IV).

Références bibliographiques.
Aellen, 1966.

Courant, assez courant, parfois localisé

Rare, occasionnel ou à confirmer

Grand Murin

Myotis myotis (Borkhausen, 1797)

O. Chiroptères

F. Vespertilionidés

Distribution actuelle. Le Grand Murin occupe toute la France, y compris la Corse. On a trouvé des individus jusqu'à environ 2 000 m d'altitude (1 600 m dans les Alpes, 2 200 m dans les Pyrénées). Il occupe la plus grande partie de l'Europe, sauf le nord, ne pénètre que peu dans le sud de l'Angleterre et ne dépasse qu'occasionnellement la latitude d'Amsterdam. On le rencontre à l'est jusqu'au Proche-Orient. Il n'est pas signalé en Afrique du Nord. Cette grande chauve-souris semble peu difficile dans le choix de son gîte, et ses nombreux déplacements ne peuvent être assimilés à des migrations.

Évolution historique et menaces. Bien qu'assez fréquent localement, le Grand Murin voit ses populations diminuer. Dans le département de l'Ardèche, au cours des années 1960, on comptait une dizaine de colonies de parturition. En 1980, il n'en restait que cinq. De même en Corse, des colonies de reproduction, qui groupaient autrefois un très grand nombre d'individus, n'abritent plus aujourd'hui qu'une quarantaine de femelles avec leurs jeunes.

Les auteurs attribuent cette désertion aux dérangements que subit l'espèce dans les grottes et les carrières souterraines qu'elle fréquente.

Mesures de conservation. Quoique présente dans toute la France, l'espèce apparaît menacée, ce qui justifie pleinement la protection totale dont elle fait l'objet en France, comme toutes les chauves-souris depuis 1981. En Europe, elle est protégée par la convention de Berne (annexe II) et la directive Habitats (annexes II et IV).

Références bibliographiques.
Faugier, 1981 ; Noblet, 1987.

Petit Murin

Myotis blythi (Tomes, 1857)

O. Chiroptères

F. Vespertilionidés

Répartition actuelle

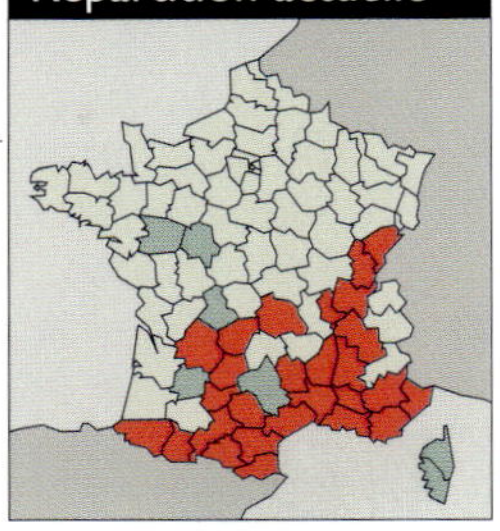

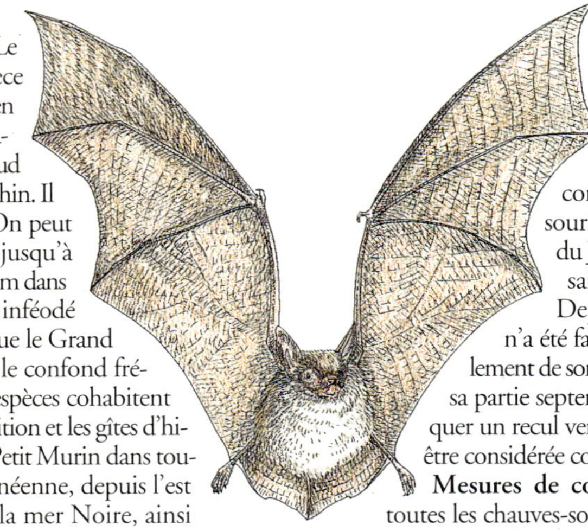

Distribution actuelle. Le Petit Murin, une espèce plutôt méridionale, vit en France au sud du 48e parallèle, ligne joignant le sud du Finistère au Haut-Rhin. Il existe aussi en Corse. On peut le trouver en altitude jusqu'à près de 2 000 m (1 960 m dans le Vercors). Il est plus inféodé aux régions chaudes que le Grand Murin avec lequel on le confond fréquemment ; les deux espèces cohabitent dans les lieux de parturition et les gîtes d'hivernage. On trouve le Petit Murin dans toute la région méditerranéenne, depuis l'est de l'Espagne jusqu'à la mer Noire, ainsi que dans les grandes îles. Plus au nord, son aire de répartition est morcelée. On le retrouve en Afrique du Nord et à l'est jusqu'à la Chine.

Évolution historique et menaces. Comme on le confond souvent avec le Grand Murin, il est bien difficile de se faire une idée précise de l'état de ses populations. Les quelques données que l'on possède font état d'une régression de l'espèce. C'est ainsi que l'on connaissait cette chauve-souris dans le département du Jura où elle se reproduisait entre 1948 et 1960. Depuis, aucune trouvaille n'a été faite. De plus, le morcellement de son aire de répartition dans sa partie septentrionale pourrait indiquer un recul vers le sud. Elle doit donc être considérée comme vulnérable.

Mesures de conservation. Comme toutes les chauves-souris, le Petit Murin est protégé en France depuis 1981. En Europe, il est protégé par la convention de Berne (annexe II) et la directive Habitats (annexes II et IV).

Références bibliographiques.
Beaucournu, 1965.

Vespertilion de Capaccini

Myotis capaccinii (Bonaparte,1837)

O. Chiroptères

F. Vespertilionidés

Distribution actuelle. Le Vespertilion de Capaccini est une espèce méridionale débordant quelque peu le biome méditerranéen. On le trouve en Provence, en Languedoc-Roussillon, aux confins septentrionaux des Pyrénées et dans la vallée du Rhône jusqu'au sud de Lyon. Il habite également la Corse. Il recherche les milieux humides et vit le jour en milieu souterrain. Ses limites altitudinales ne sont pas connues. En Europe, il est répandu à l'ouest le long de la côte espagnole de Catalogne, en Italie, en Yougoslavie et dans les îles méditerranéennes : Baléares, Sardaigne, Crète. En région méditerranéenne orientale, son aire de répartition est plus morcelée. On retrouve le Vespertilion de Capaccini au Moyen-Orient et en Afrique du Nord.

Répartition actuelle

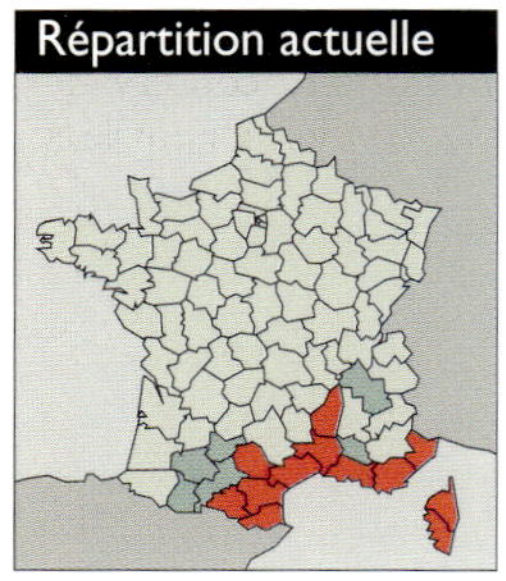

Évolution historique et menaces. Cette chauve-souris est donnée comme rare, et ses effectifs sont en régression dans toute la région méditerranéenne, sans que l'on puisse évaluer avec quelque précision le degré de la menace qui pèse sur elle. Certaines colonies ont été détruites par les collectionneurs d'animaux rares. Ce phénomène de capture, ajouté aux causes plus « classiques » de mortalité – dont le recalibrage des rivières méditerranéennes –, suffirait à expliquer la régression de cette espèce.

Mesures de conservation. Comme toutes les chauves-souris, le Vespertilion de Capaccini est protégé en France depuis 1981. En Europe, il est protégé par la convention de Berne (annexe II) et par la directive Habitats (annexes II et IV).

Références bibliographiques.
Courtois et al., *1993 ; Medard, 1993.*

Vespertilion des marais

Myotis dasycneme (Boie, 1825)

O. Chiroptères

F. Vespertilionidés

Distribution actuelle. Le Vespertilion des marais est une chauve-souris assez exceptionnelle en France. On ne la rencontre que dans le nord-est du pays : Nord, Ardennes, Aisne, Moselle et Meurthe-et-Moselle. C'est une espèce qui gîte le plus souvent au voisinage de l'eau. Grâce au baguage et à de nombreux travaux menés aux Pays-Bas, on sait que les animaux trouvés en France proviennent de colonies de reproduction néerlandaises dont certains individus gagnent en hiver le nord-est de la France. On ne connaît pas de colonies de reproduction dans notre pays. Le Vespertilion des marais colonise l'Europe moyenne en une large écharpe qui s'étend de la France du Sud-Ouest jusqu'à l'Ienisseï, en Sibérie.

Évolution historique et menaces. Les populations sont en régression très nette dans toute la partie occidentale de leur aire de répartition. Depuis 1970, environ, l'espèce n'aurait plus été signalée en Lorraine. Sa raréfaction se manifeste aussi en Belgique et aux Pays-Bas, d'où plusieurs colonies ont disparu. Les individus vivant en France – qui constitue la partie extrême de leur aire de répartition vers l'ouest – se trouvent particulièrement menacés, d'une part, par l'emploi excessif des pesticides, d'autre part, par la raréfaction des lieux de mise bas à la suite de la restauration des bâtiments abritant les colonies d'élevage.

Répartition actuelle

Mesures de conservation. Comme toutes les chauves-souris, le Vespertilion des marais est protégé en France depuis 1981. En Europe, il est protégé par la convention de Berne (annexe II) et la directive Habitats (annexes II et IV).

Références bibliographiques.
Menu, 1965.

Vespertilion de Brandt

Myotis brandti (Eversmann, 1845)

O. Chiroptères

F. Vespertilionidés

Distribution actuelle. On sait fort peu de chose sur les populations du Vespertilion de Brandt en territoire français – de nombreuses descriptions de la faune française n'en font même pas mention. Il a pourtant été découvert dans le nord et dans l'est du pays : Oise, Ardennes, Côte-d'Or. Il est d'ailleurs possible, sinon probable, que son aire de répartition soit plus étendue, la confusion avec le Vespertilion à moustaches, *Myotis mystacinus,* étant fréquente à cause de la grande ressemblance entre les deux espèces. Le Vespertilion de Brandt est une espèce d'Europe centrale et moyenne. Au nord, on le trouve dans le sud de l'Angleterre, l'extrême sud de la Scandinavie, et en Russie. Au sud, il est totalement absent de la région méditerranéenne. Entre ces deux limites, sa répartition semble discontinue.

Répartition actuelle

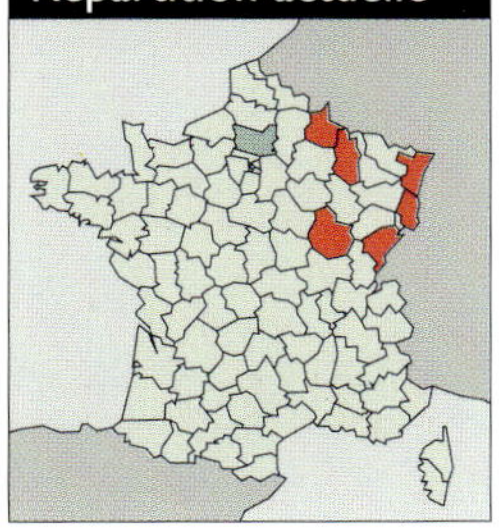

Évolution historique et menaces. Les effectifs du Vespertilion de Brandt en France demeurent inconnus. On sait cependant qu'il s'agit d'une espèce rare. La France se trouve située à l'extrémité occidentale de son aire de répartition, déjà morcelée.
Mesures de conservation. Cette situation difficile justifie pleinement le maintien de l'espèce dans la liste des espèces intégralement protégées en France. En Europe, elle est protégée par la convention de Berne (annexe II) et par la directive Habitats (annexe IV).

Références bibliographiques.
Roer, 1975 ; Tupinier et Aellen, 1978.

Vespertilion à oreilles échancrées

Myotis emarginatus (Geoffroy, 1806)

O. Chiroptères

F. Vespertilionidés

Distribution actuelle. Le Vespertilion à oreilles échancrées est une chauve-souris de taille moyenne que l'on trouve pratiquement dans toute la France, y compris la Corse, sauf en montagne, au-dessus de 1 000 m. Il occupe la moitié méridionale de l'Europe. On le rencontre jusqu'en République tchèque, au nord et, au sud, dans toutes les grandes îles méditerranéennes. Une population a été signalée au Portugal, mais l'espèce serait absente d'Espagne. On la retrouve en Afrique du Nord et au Proche-Orient.
Évolution historique et menaces. Le Vespertilion à oreilles échancrées était autrefois considéré comme commun, surtout dans l'ouest et le centre de la France. Actuellement, plusieurs colonies ont disparu et l'espèce est en régression. Cette chauve-souris est une commensale des rhinolophes. Les femelles mettent bas et élèvent leurs jeunes à l'intérieur des essaims de reproduction du Grand Rhinolophe. Les gîtes d'hiver leur sont également communs. Il est rare de rencontrer des individus isolés ou en petits groupes. Étant donné la diminution du nombre des rhinolophes en France, on peut imaginer qu'il existe une liaison entre les deux commensaux telle que la disparition de l'un entraînerait la raréfaction de l'autre. Le Vespertilion à oreilles échancrées se trouverait donc menacé par ricochet.

Répartition actuelle

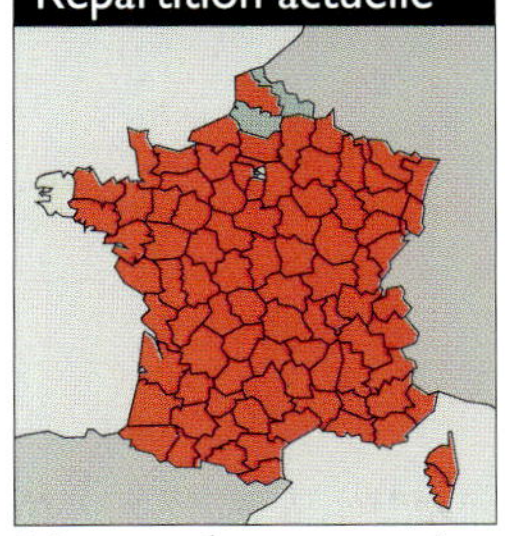

Mesures de conservation. Cette espèce bénéficie d'une protection totale en France depuis 1981. Elle figure aussi à l'annexe II de la convention de Berne et aux annexes II et IV de la directive Habitats.

Références bibliographiques.
Hamon, 1991.

Vespertilion de Bechstein

Myotis bechsteini (Kuhl, 1818)

O. Chiroptères

F. Vespertilionidés

Distribution actuelle. Le Vespertilion de Bechstein occupe toute la France, y compris la Corse. Il est plus rare et plus localisé dans la région méditerranéenne que dans le reste du pays. On est mal renseigné sur sa répartition en altitude. En Europe, il occupe une large bande allant de la France à la mer Noire. On le retrouve dans le sud-ouest de l'Angleterre et dans le nord de l'Allemagne où il ne serait pas rare. Sa limite méridionale est constituée par le nord de la péninsule Ibérique, mais apparemment il n'existe pas en Sardaigne. À l'est, on le retrouve jusqu'au Caucase. Il ne colonise pas l'Afrique du Nord.
Évolution historique et menaces. Le Vespertilion de Bechstein est mal connu à cause de la faiblesse de ses effectifs en France et de ses habitudes : vivant plutôt isolé et, l'été, se cachant dans les trous des arbres, il n'est donc pas facile à dénicher. On ignore tout de ses effectifs anciens et actuels en France. Toutefois, étant donné sa répartition localisée dans la région méditerranéenne, on doit le considérer comme menacé.
Mesures de conservation. Comme toutes les chauves-souris, le Vespertilion de Bechstein est protégé en France depuis 1981. En Europe, il est protégé par la convention de Berne (annexe II) et par la directive Habitats (annexes II et IV).

Répartition actuelle

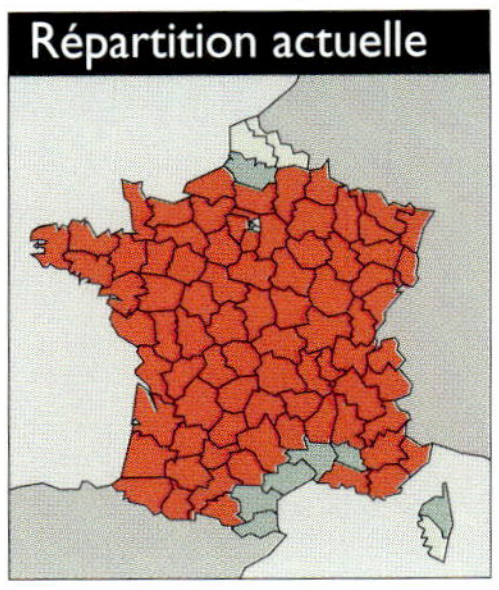

Références bibliographiques.
Libois et Vranken, 1981.

Courant, assez courant, parfois localisé

Rare, occasionnel ou à confirmer

Sérotine bicolore

Vespertilio murinus Linnaeus, 1758

O. Chiroptères

F. Vespertilionidés

R

Distribution actuelle. La Sérotine bicolore est rare et localisée en France. D'après certains auteurs, ce serait une espèce relique de la dernière glaciation. On l'a signalée dans les Alpes, dans le Jura et dans les Vosges. D'autres naturalistes, qui font remarquer que c'est une espèce plutôt vagabonde, justifient par là quelques localisations en plaine (Rhône, Saône-et-Loire). On ne connaît pas ses limites altitudinales. L'espèce n'existe pas en Corse. La Sérotine bicolore a une vaste répartition en Europe et en Asie. On la trouve des Alpes, à l'ouest, jusqu'à l'océan Pacifique, à l'est, dans les hauts massifs montagneux (jusqu'à 3 000 m dans l'Himalaya). Au nord, elle atteint le sud de la Scandinavie. Au sud, on la rencontre dans la partie septentrionale de la région méditerranéenne.

Répartition actuelle

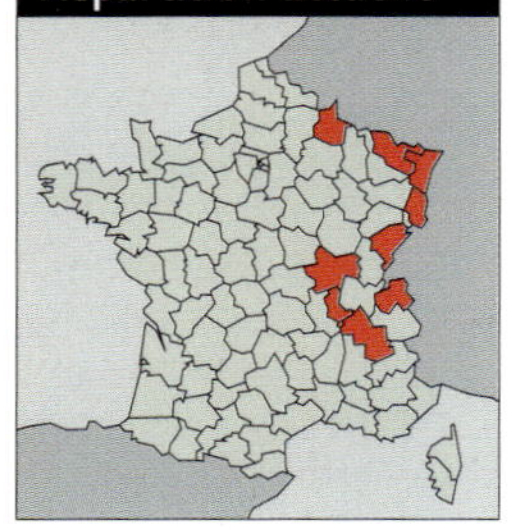

Évolution historique et menaces. Au pléistocène, l'aire de répartition de la Sérotine bicolore en Europe était plus étendue qu'actuellement. Bien adaptée au froid, cette chauve-souris a recherché les climats montagnards et nordiques après le retrait des glaces. La France constitue actuellement l'extrême limite occidentale de son aire de répartition.

Mesures de conservation. Sans être exceptionnelle, la Sérotine bicolore est une espèce rare, fort intéressante d'un point de vue biogéographique et dont la conservation doit être assurée. Elle est intégralement protégée en France depuis 1981. En Europe, elle est protégée par la convention de Berne (annexe II) et par la directive Habitats (annexe IV).

Références bibliographiques.
Aellen, 1962.

Sérotine de Nilsson

Eptesicus nilssoni
(Keyserling et Blasius, 1839)

O. Chiroptères

F. Vespertilionidés

R

Distribution actuelle. En France, la Sérotine de Nilsson ou Sérotine boréale est une relique glaciaire au même titre que la Sérotine bicolore. Elle a été signalée dans les Alpes, dans le Jura et dans les Vosges. On la trouve l'été jusqu'à 2 000 m d'altitude environ. C'est l'espèce de chauve-souris la plus septentrionale en Europe. Elle peut légèrement dépasser le cercle polaire en Scandinavie. On la retrouve jusqu'en Asie centrale. Elle est complètement absente de la région méditerranéenne. C'est aussi, sans doute, la chauve-souris qui monte le plus haut en altitude : 4 900 m au Tibet, mais 1 000 m seulement en Scandinavie.

Évolution historique et menaces. Les effectifs de la Sérotine de Nilsson sont inconnus en France. Elle serait assez commune dans les Alpes l'été, au-dessus de 2 000 m. Son évolution historique est tout à fait comparable à celle de la Sérotine bicolore. La France se trouve à sa limite de répartition occidentale.

Répartition actuelle

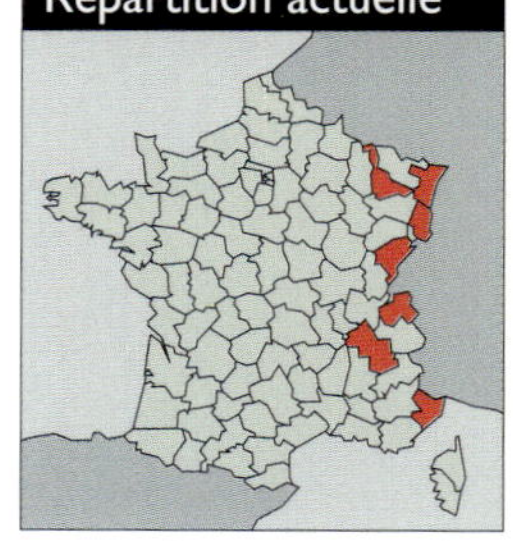

Mesures de conservation. Sans être particulièrement menacée, cette espèce est, d'un point de vue biogéographique, rare dans nos montagnes. Elle jouit, à juste titre, d'une protection intégrale en France. En Europe, elle est protégée par la convention de Berne (annexe II) et la directive Habitats (annexe IV).

Références bibliographiques.
Brosset, 1974.

Noctule commune

Nyctalus noctula (Schreber, 1774)

O. Chiroptères

F. Vespertilionidés

V

Distribution actuelle. La Noctule commune occupe toute la France, y compris la Corse. On connaît mal sa répartition en altitude, mais elle ne doit pas dépasser les limites de la forêt étant donné ses habitudes. La Noctule gîte en effet dans les arbres creux en essaims compacts. Elle vit en Europe centrale et moyenne et dans la région méditerranéenne. Au nord, on la trouve en Angleterre (mais pas en Irlande), dans le sud de la Scandinavie jusqu'au 60e parallèle environ, et à l'est jusqu'au Japon. Elle a été capturée à Alger à la fin du XIXe siècle, mais n'a pas été revue depuis en Afrique du Nord. Sa présence en Afrique est donc très peu probable.

Évolution historique et menaces. Les effectifs anciens et actuels de cette chauve-souris sont mal connus. Elle serait plus fréquente dans les régions boisées et accidentées du nord et de l'est de la France. Elle est plus rare à l'ouest. On trouve cependant des essaims de plusieurs centaines d'individus dans les arbres creux et des colonies d'hibernation très importantes dans les constructions (château de Fontainebleau). En plus de l'utilisation abusive des insecticides, la menace pesant sur ces chauves-souris viendrait de l'abattage des arbres creux.

Répartition actuelle

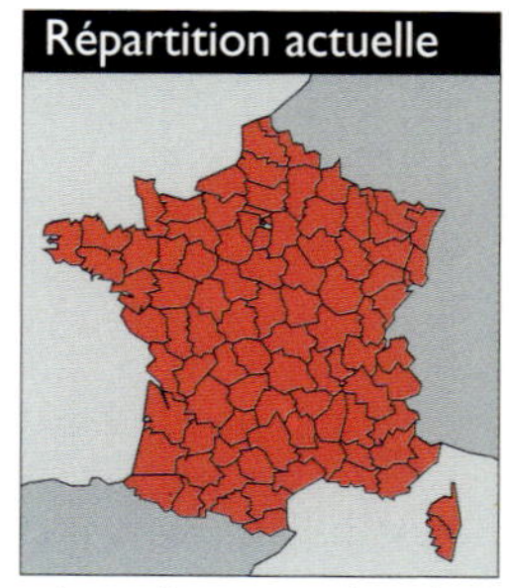

Mesures de conservation. Entièrement protégée en France, la Noctule commune n'en demeure pas moins vulnérable. En Europe, elle est protégée par la convention de Berne (annexe II) et par la directive Habitats (annexe IV).

Références bibliographiques.
Heim de Balsac et De Beaufort, 1968.

Courant, assez courant, parfois localisé

Rare, occasionnel ou à confirmer

Grande Noctule

Nyctalus lasiopterus (Schreber, 1780)

O. Chiroptères

F. Vespertilionidés

Distribution actuelle. La Grande Noctule, une chauve-souris très mal connue, est la plus grande des trois noctules européennes. Au cours des dernières décennies, elle a été signalée dans les départements suivants : Seine-Maritime, Morbihan, Indre-et-Loire, Indre, Haute-Savoie, Dordogne, Landes, Gard, Var, Alpes-Maritimes et peut-être également Saône-et-Loire ; elle n'a pas été trouvée en Corse, ce qui ne prouve nullement son absence de l'île. La Grande Noctule vit dans les arbres creux comme les autres espèces de ce genre. Une capture au col de Bretolet, dans les Alpes, montre qu'elle peut atteindre 2 000 m d'altitude. Sa répartition européenne est très morcelée : Espagne, Italie, ex-Yougoslavie, Grèce, Roumanie et du sud de la Pologne jusqu'à l'Oural. La Grande Noctule est signalée en Afrique du Nord.

Répartition actuelle

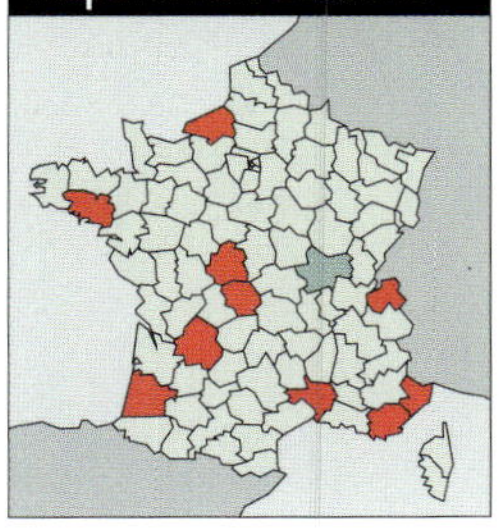

Évolution historique et menaces. Son extrême rareté, jointe au fait qu'on la confond facilement avec la Noctule commune pourtant plus petite, fait que sa répartition exacte est mal connue. Elle semble toutefois englober à peu près toute la France. Il est difficile d'émettre une hypothèse sur ses effectifs. La Grande Noctule semble encore plus menacée que les deux autres espèces de chauves-souris du même genre.

Mesures de conservation. La Grande Noctule est entièrement protégée en France depuis 1981. En Europe, elle est protégée par la convention de Berne (annexe II) et par la directive Habitats (annexe IV).

Références bibliographiques.
Heim de Balsac et de Beaufort, 1968.

Noctule de Leisler

Nyctalus leisleri (Kuhl, 1818)

O. Chiroptères

F. Vespertilionidés

Distribution actuelle. La Noctule de Leisler est la plus petite des trois noctules qui habitent l'ouest de l'Europe. On la trouve dans toute la France, y compris la Corse. Elle est considérée comme rare, surtout en plaine. Les populations des Alpes seraient les plus importantes. La Noctule de Leisler est une chauve-souris arboricole. Elle dépasse 2 000 m dans les Alpes. En Europe, l'espèce est assez largement répandue, avec une aire de répartition discontinue à l'ouest et une présence plus marquée dans les régions montagneuses. On la trouve dans l'Oural et dans le Caucase, mais aussi dans les plaines de Russie centrale et d'Ukraine, jusqu'à l'Himalaya à l'est. À l'ouest, elle occupe l'Angleterre, l'Irlande et une partie de la péninsule Ibérique. La région méditerranéenne a été également colonisée : Grèce, côte dalmate, Afrique du Nord, où elle est rare, ainsi que Madère et l'archipel des Açores.

Répartition actuelle

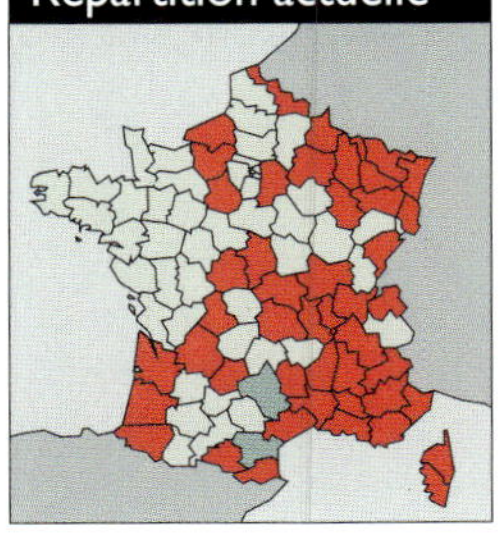

Évolution historique et menaces. La Noctule de Leisler est très difficile à déceler, ce qui pourrait expliquer, en partie, son apparente rareté. Nous ne connaissons pas ses effectifs anciens et actuels. La destruction des arbres creux constitue un danger pour cette espèce, outre l'emploi des insecticides qui raréfie la nourriture disponible.

Mesures de conservation. La Noctule de Leisler est plus menacée en France qu'en Europe centrale étant donné le morcellement de son aire de répartition à l'ouest. Sa protection intégrale maintient en France des effectifs sans doute peu importants. Elle figure aussi, comme tous les Microchiroptères, à l'annexe II de la convention de Berne et à l'annexe IV de la directive Habitats.

Références bibliographiques.
Heim de Balsac et de Beaufort, 1968.

Barbastelle

Barbastella barbastellus (Schreber, 1774)

O. Chiroptères

F. Vespertilionidés

Distribution actuelle. La Barbastelle occupe toute la France, y compris la Corse. En montagne, elle monte au-delà de 2 000 m. L'été, cette chauve-souris de petite taille gîte le plus souvent dans les arbres creux. Elle passe l'hiver dans des cavités souterraines où elle est à l'abri du froid. C'est une espèce d'Europe moyenne. Au nord, on la trouve jusqu'au sud de la Scandinavie, au sud de l'Angleterre et au nord de l'Allemagne; à l'est, elle atteint le Caucase. La Barbastelle a également colonisé la région méditerranéenne ; on l'observe en Italie et en Espagne, mais pas en Grèce. On l'a signalée autrefois en Afrique du Nord, mais cette donnée n'a pas été confirmée récemment.

Répartition actuelle

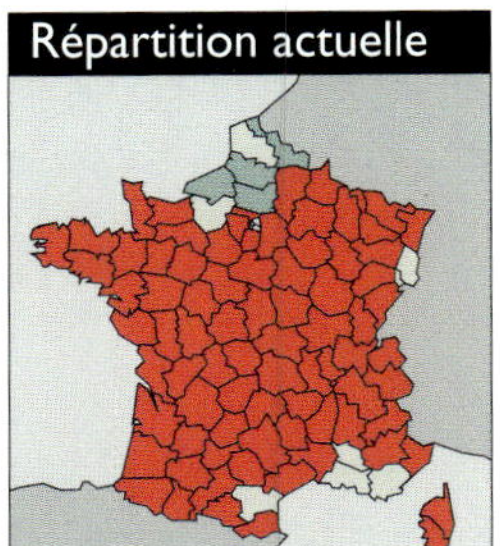

Évolution historique et menaces. La biologie de cette espèce demeure assez mal connue, et ses populations n'ont fait l'objet d'aucun travail particulier. On sait simplement que ses effectifs ont tendance à diminuer. En partie arboricole et sensible aux dérangements, cette chauve-souris est sans doute particulièrement menacée par l'abattage des arbres creux et par les aménagements des grottes. La diminution de ses populations a également été observée au Benelux.

Mesures de conservation. La protection totale de la Barbastelle est donc parfaitement justifiée. Comme toutes les chauves-souris, elle est protégée en France depuis 1981. En Europe, elle est protégée par la convention de Berne (annexe II) et par la directive Habitats (annexes II et IV).

Références bibliographiques.
Walling, 1957.

Minioptère de Schreibers

Miniopterus schreibersi (Kuhl, 1818)

O. Chiroptères

F. Vespertilionidés

Distribution actuelle. Le Minioptère de Schreibers est une chauve-souris sédentaire et fortement grégaire de la moitié méridionale de la France. On le trouve dans toute la région méditerranéenne, y compris en Corse. Plus au nord, il contourne le Massif central à l'est jusqu'à la Haute-Saône, à l'ouest jusqu'à la Loire environ, mais il ne s'agit là que de visites occasionnelles. Les « cavités mères » abritant des milliers d'individus et autour desquelles gravitent de petites populations dans un rayon d'une centaine de kilomètres sont situées nettement plus au sud. Le Minioptère atteint 2 000 m d'altitude. L'espèce a une aire de répartition particulièrement étendue puisque, en dehors de l'Europe méditerranéenne, on la retrouve en Afrique jusqu'au Natal, en Asie méridionale et en Australie.

Évolution historique et menaces. Comme toutes les espèces troglophiles, le Minioptère est particulièrement exposé aux dérangements engendrés par l'aménagement touristique des grottes. Ses essaims très

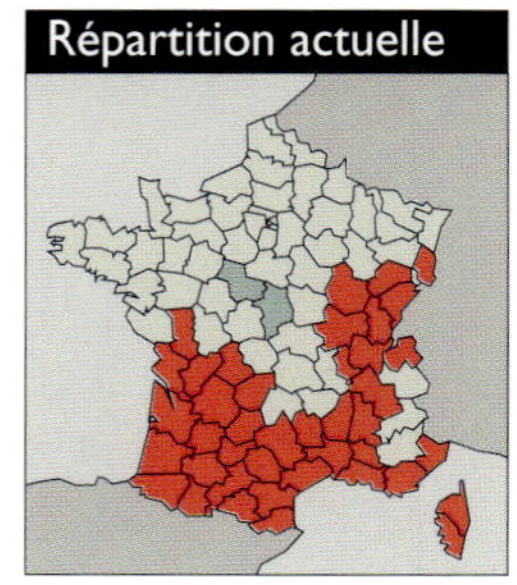

compacts sont une cible facile pour les destructeurs. Depuis quelques décennies, les populations françaises sont moins denses, et d'anciennes « colonies mères » sont totalement désertées (une sur trois en Ardèche). On peut donc considérer l'espèce comme vulnérable.

Mesures de conservation. Comme toutes les chauves-souris, le Minioptère est protégé en France depuis 1981. En Europe, il est protégé par la convention de Berne (annexe II) et par la directive Habitats (annexes II et IV).

Références bibliographiques.
Faugier, 1981.

Ours brun

Ursus arctos (Linnaeus, 1758)

O. Carnivores

F. Ursidés

Distribution actuelle. Réfugié dans quelques forêts pyrénéennes où il est menacé de toute part, l'Ours des Pyrénées, ou Ours brun, n'occupe plus de façon permanente que les vallées d'Aspe et d'Ossau (Pyrénées-Atlantiques). On rencontre parfois quelques individus isolés (un ou deux) en déplacement au-delà de ces vallées. En Europe, sa répartition actuelle est calquée sur celle des hautes chaînes, non que l'espèce soit essentiellement montagnarde mais simplement parce qu'elle a dû se cantonner dans des zones refuges, la pression humaine l'ayant chassée des plaines. C'est ainsi que l'Ours brun occupe en Espagne quelques vallées des monts Cantabriques, quelques autres des Alpes et des Abruzzes en Italie, les montagnes d'Europe centrale et des Balkans (Carpates, Yougoslavie, Bulgarie, nord de la Grèce, Caucase) et, à altitude plus basse, une grande partie de la péninsule scandinave et de la Russie. Au-delà de l'Oural, son aire de répartition englobe la Sibérie jusqu'au Pacifique et s'étend, au sud, dans l'Himalaya. On retrouve l'Ours brun dans tout le nord-ouest de l'Amérique du Nord : Alaska, Canada et États-Unis.

Évolution historique et menaces. L'examen d'une carte mondiale de la répartition de l'Ours montre une fréquentation continue de la majorité de son aire de répartition – il n'est donc pas également en danger partout. En fait, il n'est menacé de disparition que dans la partie occidentale de la zone qu'il habite actuellement. Il a déjà disparu de nombreux pays d'Europe. En France, l'ensemble du territoire, à l'exception de la Corse, était primitivement occupé. À l'époque romaine, on voit déjà se dessiner un recul de l'espèce des grandes plaines vers les montagnes. Ce mouvement s'accentue au cours des siècles et, en 1850, seuls les Alpes, le Jura et les Pyrénées sont colonisés par des populations de faible

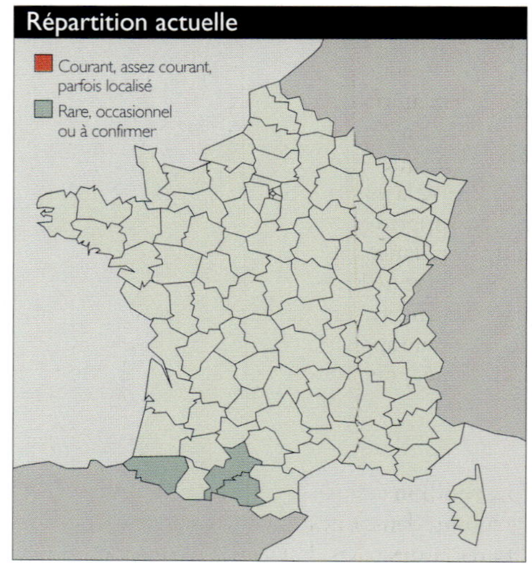

importance. En 1900, le Jura n'est plus peuplé. Le dernier Ours des Alpes disparaît vers 1940. Il ne reste plus que les Pyrénées, où son aire de répartition commence aussi à se fragmenter en deux noyaux de population : l'un à l'ouest (Pyrénées-Atlantiques, Hautes-Pyrénées), l'autre à l'est (Ariège, Andorre). Ces deux noyaux se rétrécissent peu à peu et celui de l'est tend à disparaître. En 1992, il ne reste plus que le noyau occidental avec les vallées d'Aspe et d'Ossau. La totalité des effectifs dans ces deux vallées se monte à moins d'une dizaine d'individus. Comment en est-on arrivé là ? Durant les deux derniers siècles, plusieurs milliers d'ours furent abattus dans les Pyrénées. En 1851, une loi stipula que seuls ceux qui avaient subi des dommages de leur part pouvaient les chasser.

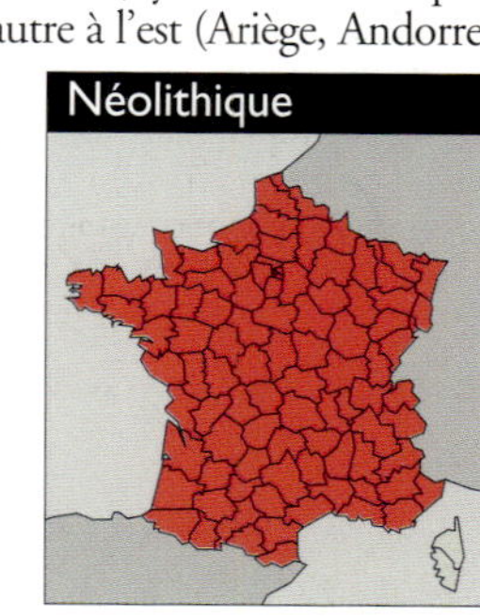

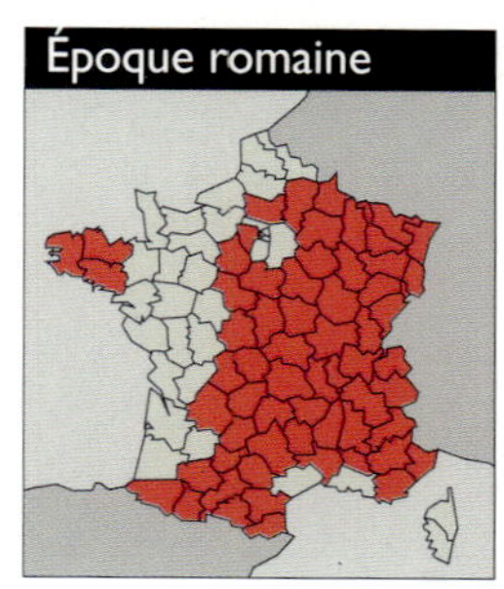

En 1940, la chasse fut interdite. Sous la pression des bergers, les battues furent à nouveau autorisées en 1951. La dernière eut lieu en 1969. En 1972, l'espèce est définitivement protégée, mais braconnage et empoisonnement se poursuivent. Outre l'hostilité ouverte des bergers, les causes de l'extinction de l'Ours des Pyrénées sont la modification de l'habitat, l'augmentation des dérangements qu'il subit à cause de la densité accrue du réseau routier et l'exploitation forestière.
Mesures de conservation. En France, l'Ours n'est plus que partiellement protégé par l'arrêté du 22 juillet 1993 puisque l'État s'est réservé la possibilité de supprimer les individus dangereux. Le ministère de l'Environnement s'efforce de prendre quelques mesures et de les faire appliquer. À Melles (Haute-Garonne) a été signé (juin 1993) un projet de réintroduction de l'Ours dans ce département. D'ici un an ou deux, trois individus devraient être relâchés. En provenance d'Europe centrale, ceux-ci seront destinés à créer un second noyau de population qui rejoindrait celui des vallées d'Aspe et d'Ossau. Par ailleurs, des études approfondies ont été réalisées dans le parc du Vercors (Alpes) où les ours existaient encore au début de ce siècle. Une réintroduction est envisagée. Ces mesures, bien tardives, ne pourront porter leurs fruits qu'avec la modification des mentalités des usagers de la montagne : les bergers devront être dédommagés des incontestables nuisances que l'Ours leur cause, les forestiers devront revoir à la baisse leurs programmes de coupes et limiter la création des routes et des pistes forestières. Le développement anarchique du tourisme et de la construction en montagne est difficilement compatible avec le rétablissement d'une population ursine viable.

XVe - XVIe siècles

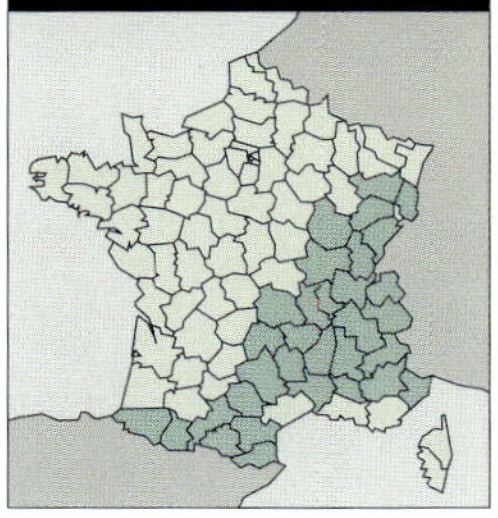

XVIIIe siècle

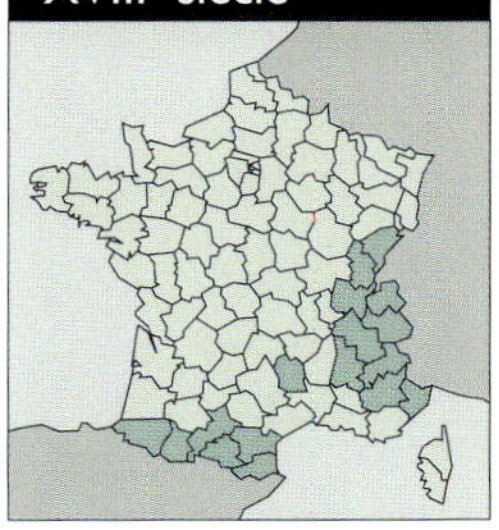

1850

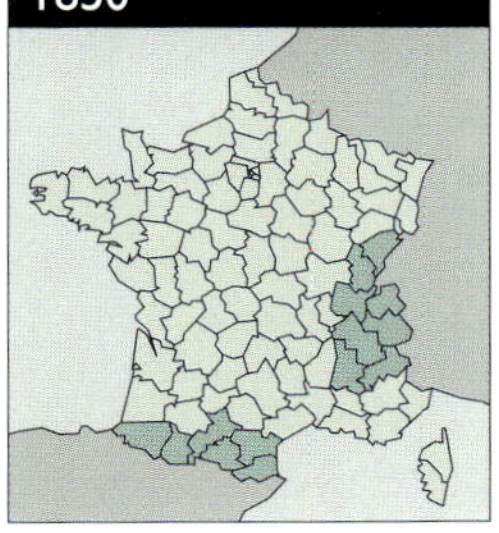

1900

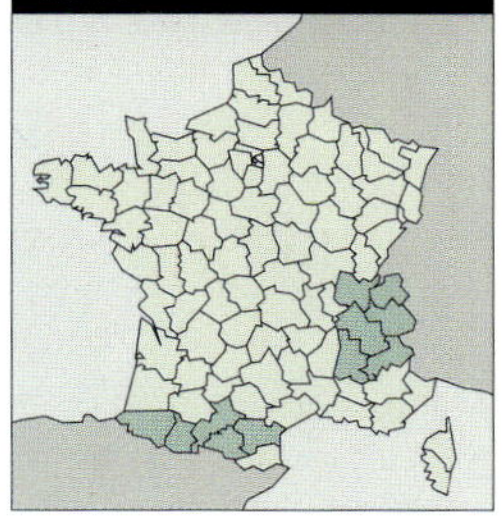

1940

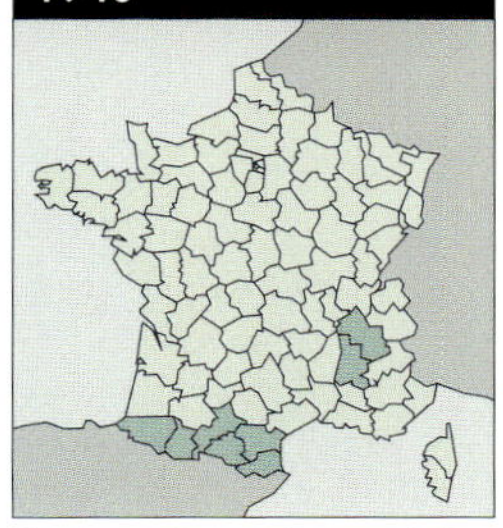

Références bibliographiques.
Parde et Camarra, 1992 ;
Caussimont, 1992 ; Parde, 1992.

Loutre

Lutra lutra (Linnaeus, 1758)

O. Carnivores

F. Mustélidés

Distribution actuelle. Très à l'aise dans l'eau douce comme dans l'eau saumâtre et même salée des estuaires et des côtes, la Loutre est un mammifère qui était jadis largement répandu. En France, de nos jours, on ne la trouve plus de façon régulière que dans l'extrême Ouest, le long de la façade atlantique, de la Bretagne au Pays basque, et dans le Massif central. Quelques petites populations isolées subsistent encore dans les autres départements où elles sont en grand danger de disparition, car leur aire de répartition est fractionnée. L'espèce n'a jamais existé en Corse. La Loutre vit depuis le niveau de la mer jusqu'à 2 000 m au moins dans les Pyrénées. En Europe, elle a disparu de toutes les régions très industrialisées (Ruhr, bassin de Londres) où elle y est devenue extrêmement rare. On la trouve depuis l'Europe du Nord et la Scandinavie jusqu'à la côte méditerranéenne, mais pas en Islande ni en Sardaigne. Son aire de répartition couvre une grande partie de l'Asie et de l'Afrique du Nord.

Répartition actuelle

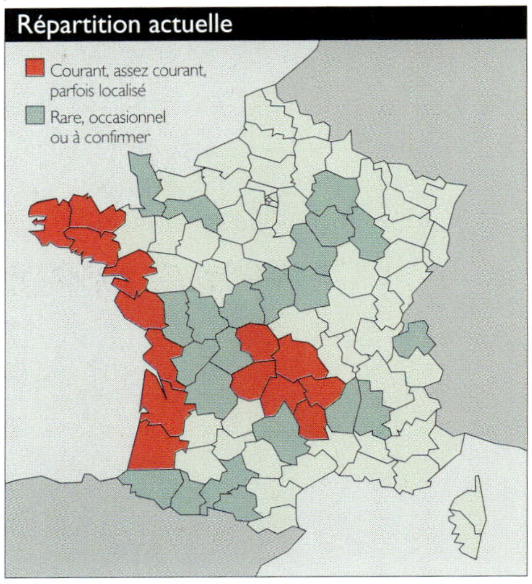

Évolution historique et menaces. L'aire de répartition de la Loutre se fragmente partout et ses populations s'amenuisent. Les effectifs de la population française comprenaient environ 50 000 individus au début du siècle. Actuellement, il n'en reste probablement qu'un millier. Ces chiffres, bien que très approximatifs, mettent en évidence une chute très inquiétante des populations. Entre 1880 et 1930, on estime que de 3 000 à 4 000 loutres étaient tuées chaque année en France (chasse et piégeage pour la fourrure et la protection de la pêche). Entre 1930 et 1950, ce nombre tombe à 2 000 par an environ. Le piégeage a pratiquement cessé dans tous les départements à partir de 1960-1965. Depuis 1972, il est totalement interdit. Une très légère recolonisation des rivières non aménagées et non polluées se manifeste dans le Massif central, en bordure de son aire

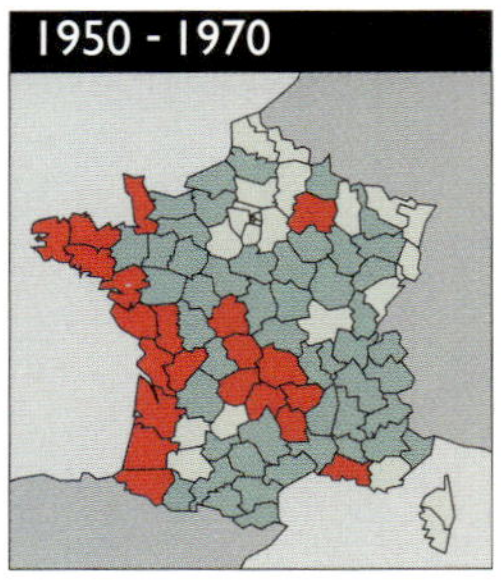

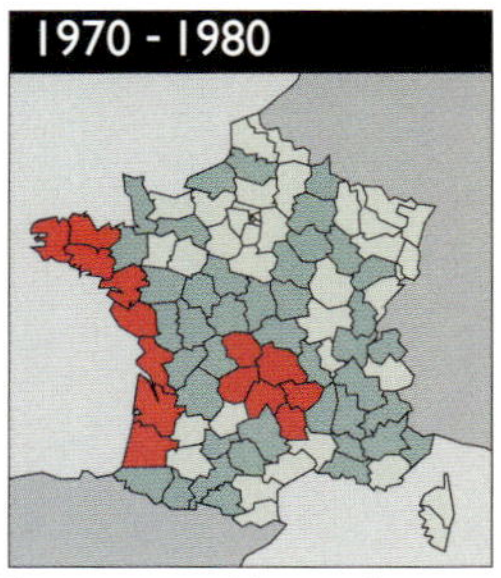

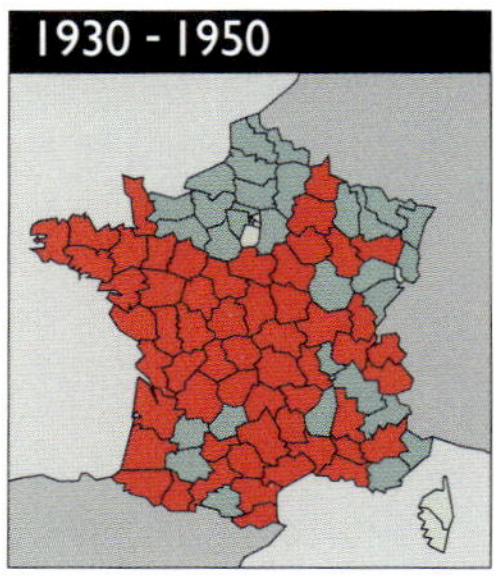

de répartition, mais ce mouvement encourageant est loin de se manifester partout. Les causes de la raréfaction de la Loutre sont toutes d'origine humaine, ce carnivore n'ayant pratiquement pas d'ennemis dans la nature. L'homme a pu faire disparaître ponctuellement quelques populations par la chasse et surtout par le piégeage, mais, selon toute vraisemblance, c'est la modification des milieux qui est le facteur le plus important. Les rivières ont été canalisées et recalibrées, les marais asséchés, les rives débroussaillées, les côtes bétonnées. Des ouvrages sont venus barrer les cours d'eau et modifier leur régime. Pour contourner ces obstacles, les loutres ont dû emprunter des routes où elles se sont trouvées exposées au trafic. À tout cela est venue s'ajouter la pollution, qui agit directement et indirectement. Les loutres, carnivores, occupent le sommet de la pyramide alimentaire – elles accumulent donc dans leur organisme les résidus divers (métaux lourds, organochlorés, pesticides) apportés par leurs proies. En outre, en détruisant la faune aquatique, la pollution supprime une partie plus ou moins importante de sa nourriture.

Mesures de conservation. Des mesures de protection active ont été mises en place en France, sous l'impulsion de la Société française pour l'étude et la protection des Mammifères. Des havres de paix ont été créés, des dispositifs de contournement des barrages mis en place ainsi que des passages sous les routes, en même temps que se poursuivait un travail de sensibilisation afin de familiariser le public avec cette espèce et sa protection. Des travaux scientifiques étaient menés parallèlement sur l'alimentation, l'habitat, la toxicologie... Le ministère de l'Environnement a financé une grande partie de ces opérations. Il en résulte actuellement (1994) une importante demande d'importation de loutres d'élevage destinées à repeupler les rivières. Ces lâchers ne doivent être effectués qu'avec la plus extrême prudence : il faut s'assurer que toutes les conditions qui ont éliminé les loutres ont disparu des plans d'eau dont on envisage le repeuplement, qu'aucune pollution n'est à craindre et que la faune aquatique est suffisamment importante pour nourrir une population stable. Mieux vaut favoriser une recolonisation naturelle en protégeant les habitats. La Loutre est intégralement protégée en France depuis 1981. Elle figure à l'annexe II de la convention de Berne et aux annexes II et IV de la directive Habitats.

Références bibliographiques.
Bouchardy, 1986 ; Bouchardy, 1988 ;
Baron et al., *1993.*

Putois

Mustela putorius (Linnaeus, 1766)

O. Carnivores

F. Mustélidés

?

Courant, assez courant, parfois localisé

Rare, occasionnel ou à confirmer

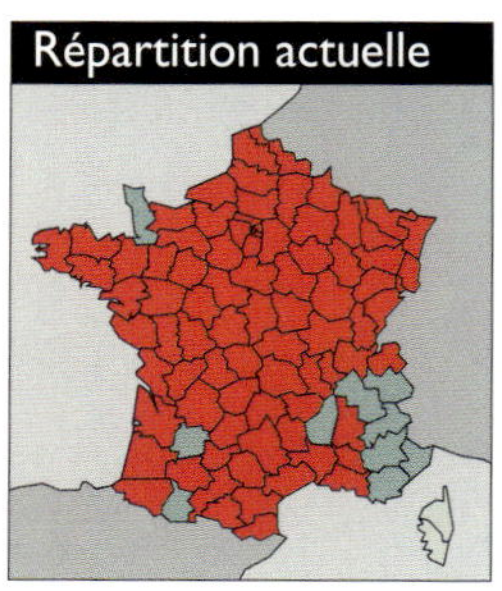

Distribution actuelle. Le Putois habite toute la France, à l'exception de la Corse. Les densités, assez variables d'une localité à l'autre, sont plus importantes dans la moitié nord du pays. On a observé le Putois jusqu'à 2 000 m d'altitude. C'est un carnivore de l'Europe moyenne qui fréquente les milieux humides depuis l'ouest de l'Angleterre et le sud de la Scandinavie jusqu'à la région méditerranéenne, où on ne le trouve ni dans les grandes îles ni dans les Balkans.

Évolution historique et menaces. Autrefois, le Putois était soumis en France à une forte pression de piégeage destinée à limiter sa prédation sur le gibier et sur les élevages de basse-cour. Sa fourrure donnait lieu à un commerce non négligeable. On ne dispose guère de données très précises sur ses effectifs, mais on sait qu'il s'est raréfié en France au XXe siècle. Ce déclin est d'ailleurs général en Europe. Imputable au piégeage, il serait aussi lié aux modifications du milieu et, en particulier, à l'assèchement des zones humides et à la régression du Lapin de garenne consécutive à la myxomatose.

Mesure de conservation. La protection partielle dont il bénéficie depuis 1981 a restreint, sinon supprimé, la pression de piégeage. La capacité de reproduction du Putois étant importante, on assiste maintenant, dans certaines régions, à une recolonisation des zones d'où l'espèce avait presque disparu, mais certains milieux cynégétiques voudraient relancer le piégeage, ce qui conduirait à nouveau à une raréfaction de l'espèce. Le Putois figure à l'annexe V de la directive Habitats et à l'annexe III de la convention de Berne.

Références bibliographiques.
Roger et al., *1988*

Vison d'Europe

Mustela lutreola (Linnaeus, 1761)

O. Carnivores

F. Mustélidés

Répartition actuelle

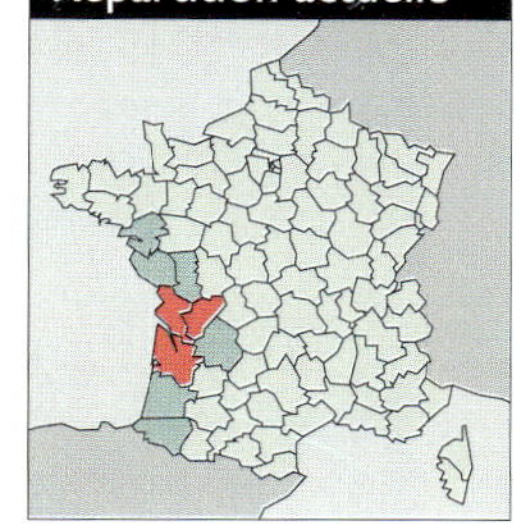

Distribution actuelle. L'aire de répartition du Vison sauvage, qui ne couvre qu'une faible partie du territoire français – la façade atlantique, au sud de l'estuaire de la Loire –, se fractionne et s'amenuise d'année en année. Le Vison d'Europe n'a jamais été trouvé en Corse. En Europe, l'aire du Vison sauvage est très réduite : il a disparu d'Europe centrale et d'une grande partie de l'Europe orientale. On ne le trouve plus que de la frontière russo-polonaise à la Sibérie occidentale. Les populations françaises du Pays basque sont probablement en continuité avec celles du golfe de Biscaye, en Espagne. Il est possible, comme l'ont montré des travaux récents, que le bassin de l'Èbre soit maintenant occupé. L'aire de répartition est donc actuellement constituée de deux blocs très largement séparés, le bloc d'Europe orientale, à l'est, et les régions du golfe de Gascogne. Il est toutefois possible qu'un glissement se produise en direction du sud de la France vers le nord de la péninsule Ibérique. La région méditerranéenne n'a jamais été occupée, et aucune trace de l'espèce n'a été trouvée dans les îles de l'Atlantique.

Évolution historique et menaces. Le Vison sauvage était connu au siècle dernier de l'ensemble de l'Europe, à l'exception des îles Britanniques, où il n'a jamais pénétré, et de l'ensemble de la région méditerranéenne. Son aire de répartition était continue et s'étendait de la côte atlantique, à l'ouest, jusqu'au-delà de l'Oural, à l'est. Au nord, il était absent des pays scandinaves, sauf de la Finlande. Au siècle dernier, on assiste à la disparition de l'espèce dans la majeure partie de l'Europe moyenne. Ce mouvement s'accentue au XXe siècle sans que les causes aient pu en être élucidées. En France, la Bretagne était encore occupée dans la première moitié de ce siècle, mais le Vison semble bien y être éteint depuis peu. En revanche, il semble encore relativement fréquent dans les cours d'eau et les étangs côtiers du sud de la Loire. Mais il est extrêmement difficile d'évaluer l'importance des populations. Pour la partie orientale de son aire de répartition, le chiffre de 40 000 individus a été avancé. En ce qui concerne la France, il n'excède certainement pas quelques centaines. Bien des causes ont été évoquées – entre autres, la chasse à la fourrure – pour expliquer cette raréfaction qui conduit l'espèce à un seuil critique. Il est certain que des peaux étaient encore proposées dans les foires à la sauvagine dans la première moitié du siècle et que les fourreurs n'éprouvaient pas de difficultés à s'approvisionner dans certains départements comme le Finistère. La chasse aux nuisibles a aussi pu agir sur les populations, le Vison étant difficile à distinguer du Putois. Des modifications du milieu ont également pu limiter les surfaces disponibles. Mais la cause le plus souvent invoquée est la concurrence du Vison d'Amérique, introduit pour l'exploitation de la fourrure. Dans toute l'Europe, la disparition du Vison indigène a coïncidé avec la création d'élevages de Visons d'Amérique, dont les nombreux évadés n'ont aucun mal à s'implanter dans la nature. On doit pourtant observer que les densités de population de l'espèce européenne avaient commencé à diminuer bien avant l'arrivée du Vison américain.

Mesures de conservation. En France, le Vison d'Europe jouit d'une protection totale. Il en est de même dans les autres pays européens, à l'exception de la Russie où, vu sa relative abondance, on le chasse encore dans la partie nord-est de son aire de répartition. Il figure à l'annexe II de la convention de Berne et aux annexes II et IV de la directive Habitats. C'est, selon toute vraisemblance, l'espèce de Carnivores la plus menacée de France. Dans le cadre de la protection du patrimoine naturel, le ministère de l'Environnement finance actuellement des recherches sur cette espèce. Un programme associant les chercheurs espagnols a été mis au point pour déterminer son aire exacte de répartition actuelle, son mode de vie et ses relations avec l'espèce américaine, très proche morphologiquement. Les premiers résultats sont encourageants. Il est possible que la seule solution réside dans la création d'un élevage qui permettrait un renforcement des populations ; l'expérience a été tentée avec succès en Europe de l'Est.

Références bibliographiques.
Camby, 1990 ; Saint Girons, 1991.

Genette

Genetta genetta (Linnaeus, 1758)

O. Carnivores

F. Viverridés

Distribution actuelle. La Genette, un petit carnivore que l'on pensait rare, fut longtemps une espèce peu étudiée en France. Elle occupe tout le sud-ouest du pays. Au sud d'une ligne qui joint approximativement la Loire-Atlantique aux Alpes-Maritimes, sa présence est continue. Elle n'a jamais été trouvée en Corse. En Europe, elle est présente dans l'ensemble de la péninsule Ibérique et des Baléares. On la retrouve en Afrique du Nord.

Évolution historique et menaces. La Genette est arrivée en Europe par l'intermédiaire de l'homme, sans doute à l'occasion des invasions sarrasines du Ier millénaire. La famille des Viverridés est d'origine africaine et aucun fossile quaternaire n'a été découvert en France ou en Espagne. En France, les limites de son aire de répartition ont longtemps été constituées par la Loire, au nord, et par le Rhône, à l'est. Pourtant, depuis le début du XXe siècle, des observations de plus en plus nombreuses montrent que ces limites sont largement dépassées. La Genette est en expansion vers le nord et vers l'est. L'espèce a été protégée partiellement en France en 1972 (chasse interdite) et totalement en 1981, ce qui a peut-être influé sur son expansion actuelle. Il n'en demeure pas moins vrai qu'elle reste fragile à cause de la destruction de ses habitats et de la chasse aux nuisibles dont elle est souvent victime. Sa capture dans les pièges à mâchoires est fréquente, et le trafic routier nocturne est une autre cause de mortalité.

Répartition actuelle

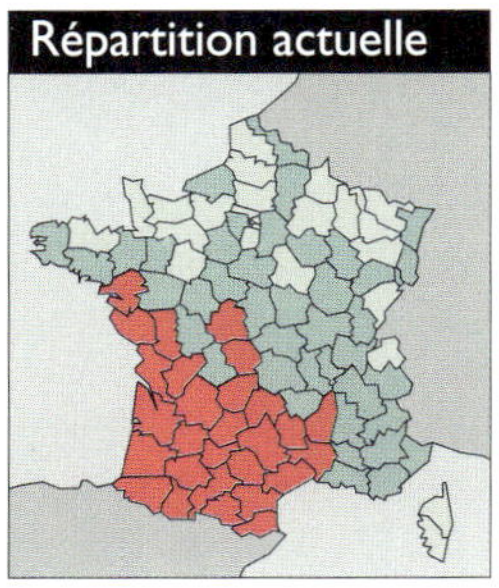

Mesures de conservation. Elle figure aussi à l'annexe V de la directive Habitats et à l'annexe III de la convention de Berne.

Références bibliographiques.
Livet et Roeder, 1987 ; Schauenberg, 1966.

Lynx

Lynx lynx (Linnaeus, 1758)

O. Carnivores

F. Félidés

Distribution actuelle. Le Lynx, l'un de nos plus grands Carnivores sauvages, a une aire de répartition réduite en France. On le trouve dans les Vosges, où une expérience de réintroduction est en cours, dans le Jura et dans le nord des Alpes, où il est arrivé à partir de populations suisses étendant spontanément leur aire de répartition vers l'ouest. Il subsiste sans doute aussi une petite population dans les Pyrénées. Le Lynx n'a jamais habité la Corse. On ne connaît pas ses limites altitudinales en France. Son aire de répartition européenne englobe la Scandinavie, les zones forestières de l'Europe centrale et orientale, le nord des Balkans et la péninsule Ibérique. Dans cette dernière région, il s'agit d'une autre espèce, le Lynx pardelle *(Lynx pardina).*

Évolution historique et menaces. À la fin de la dernière période glaciaire, le Lynx habitait toute la France. À la suite des défrichements et de la chasse dont il fut l'objet, il s'est peu à peu retiré dans les massifs montagneux, d'où il a aussi disparu. Les derniers Lynx de France ont été tués en 1640 en Alsace, en 1875 dans le Massif central, en 1885 dans le Jura, vers 1910 dans les Alpes. Cette disparition n'est pas propre à la France. Elle a eu lieu également dans la plupart des pays européens, et seules demeurent occupées actuellement les zones forestières montagneuses. Le Lynx est éteint en Bulgarie depuis 1935 et en Hongrie depuis 1915. En revanche, il est encore bien présent dans les Carpates (République tchèque et Slovaquie). L'espèce *Lynx pardina,* qui pourrait être celle des Pyrénées, est toujours présente en péninsule Ibérique. Vers le milieu du XXe siècle, on a observé une recolonisation vers l'ouest, à partir des populations d'Europe centrale. Il est possible que des lynx aient atteint la frontière suisse vers 1958, mais ce mouvement ne s'est pas poursuivi. Depuis 1960, des indices probables de présence de lynx sont plus nombreux dans les Pyrénées, plaidant en faveur de l'existence d'une petite population, sans doute très réduite et très menacée. Les causes de la disparition du Lynx sont évidentes. Il a été chassé, d'une part, pour sa fourrure, d'autre part, pour les dégâts qu'il causait aux troupeaux, en particulier de brebis. La petite population des Vosges est encore très fragile. Celle qui s'est implantée naturellement dans le Jura et dans la partie nord des Alpes semble plus stable, mais la faiblesse des populations et la surface restreinte de l'aire occupée obligent à considérer désormais le Lynx comme une espèce en danger d'extinction.

Avant 1500

1500 - 1900

1990

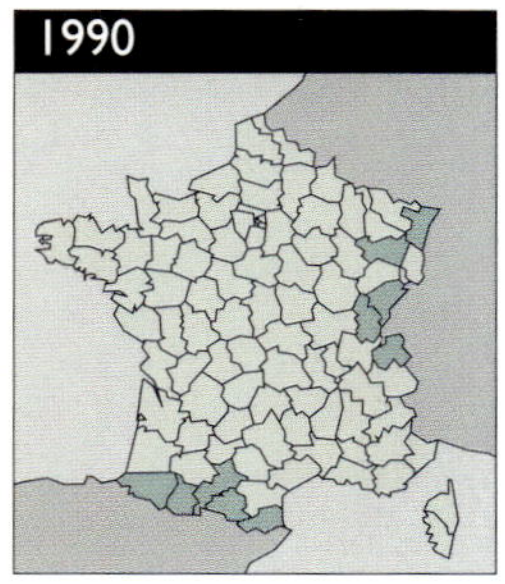

Mesures de conservation. Les lynx qui occupent actuellement la France, Pyrénées non comprises, sont tous issus d'une souche d'Europe centrale. Ce sont des individus importés, puis relâchés, ou des animaux colonisateurs venant de populations suisses qui se sont spontanément installés dans le Jura français et le nord des Alpes. Des réintroductions ont été pratiquées dans les Vosges depuis 1983. Une vingtaine d'individus ont été relâchés avec des fortunes diverses. La reproduction a été constatée, et le suivi des populations est assuré par le ministère de l'Environnement avec l'aide du W W F et de l'O.N.C. Ces animaux achetés en République tchèque sont remis en liberté après vérification de leur état de santé et un séjour – le plus bref possible – en captivité. Certains sont équipés de matériel permettant le radiopistage à distance, sans aucun contact humain. Quant aux individus venus spontanément de Suisse, ils sont issus d'une population établie dans le Jura suisse où des individus ont été réimplantés depuis 1974. En France, le Lynx est partiellement protégé par l'arrêté du 22 juillet 1993 – l'État s'est réservé la possibilité de supprimer les individus dangereux. Cette protection, même partielle, soulève toutefois de nombreuses réticences chez les chasseurs et chez les éleveurs (prélèvement et dispersion de chevreuils, de moutons, égorgement de brebis). Le braconnage est toujours pratiqué. À cela sont venus s'ajouter les accidents dus au trafic routier ou ferroviaire, qui sont loin d'être négligeables. En Europe, le Lynx est protégé par la convention de Berne (annexe III), sauf le Lynx pardelle qui bénéficie d'une protection plus stricte (annexe II), et par la directive Habitats (annexes II et IV).

Répartition actuelle

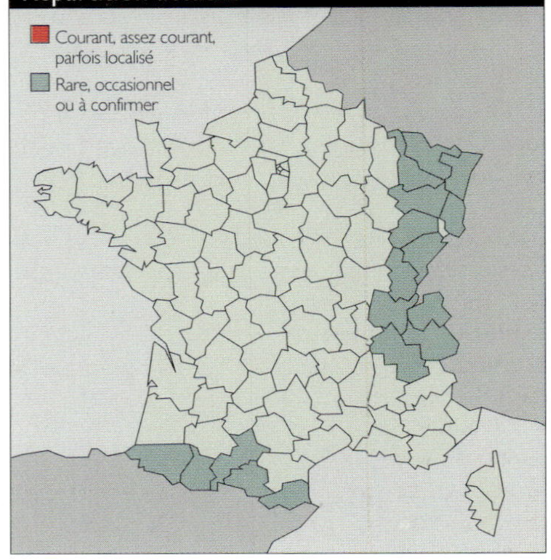

Références bibliographiques.
Herrenschmidt et Leger, 1990 ; Herrenschmidt, 1990 ; Chazel, 1992.

Loup

Canis lupus (Linnaeus, 1758)

O. Carnivores

F. Canidés

Distribution actuelle. Le Loup est de nouveau en France. Il a fait sa réapparition et s'est implanté dans le parc national du Mercantour (Alpes-Maritimes) où il a été observé de manière certaine depuis novembre 1992. Le Loup a presque totalement disparu d'Europe. On trouve encore quelques petites populations isolées en Italie, dans la péninsule Ibérique, dans les Balkans et en Europe centrale. En 1987, 893 loups étaient dénombrés en Slovaquie. C'est en Alaska, au Canada et en Sibérie que l'on compte les populations les plus prospères.

Évolution historique et menaces. Au début du XIXe siècle, le Loup était encore présent en France dans 85 départements. On en tuait en moyenne 2 100 adultes par an. Auparavant, il occupait l'ensemble du territoire, à l'exception de la Corse. À la fin de ce siècle, il n'était plus signalé que dans la moitié des départements francais, et son aire de répartition était fragmentée. Le nord-est et le centre-ouest abritaient encore des populations d'une certaine importance, tandis que les plaines cultivées et la région méditerranéenne n'avaient plus que des populations très fractionnées et peu importantes. Dans le premier quart du XXe siècle, le Loup fut éliminé de la faune de France. Les départements où il s'est éteint le plus tard sont ceux du Centre-Ouest : Vienne, Charente, Haute-Vienne, Dordogne. Quelques observations postérieures à 1930 sont le fait d'animaux isolés, erratiques ou échappés d'élevages. Les loups du Mercantour sont très probablement arrivés d'Italie, et leur « population » ne dépasse pas quelques unités (6-8 individus). Les causes de la disparition du Loup, toutes d'origine humaine, sont bien connues. Sa chasse a toujours eu comme objectif la protection des hommes et des troupeaux, et tous les moyens ont été utilisés : le poison (strychnine) et les armes à feu ont eu raison des derniers individus. Les mentalités ont quelque peu évolué.

1898

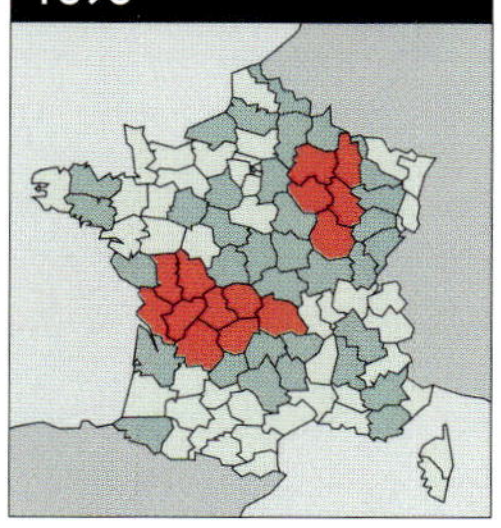

1924

Répartition actuelle

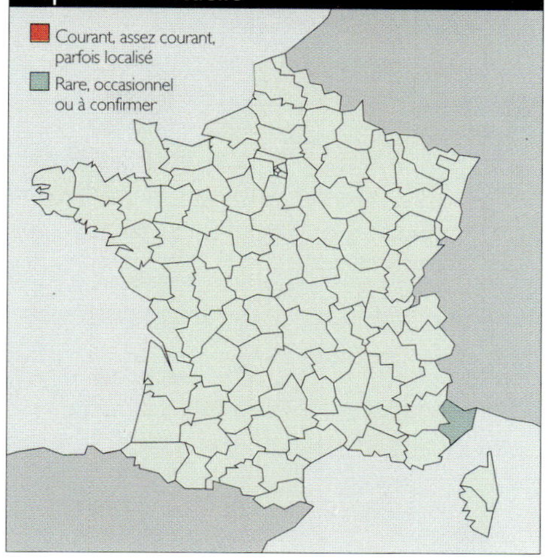

Mesures de conservation. Depuis 1973, l'Union internationale pour la conservation de la nature se préoccupe du sort de l'espèce. Celle-ci est maintenant totalement protégée en Norvège, Suède, Italie, République tchèque et, à des degrés divers, dans les autres pays d'Europe qui l'abritent encore (Slovaquie). En France, le Loup est partiellement protégé par l'arrêté du 22 juillet 1993 – l'État s'est réservé la possibilité de supprimer les individus dangereux. La petite population du Mercantour ne sera viable que sous certaines conditions où la protection des habitats et la sensibilisation du public vont jouer un rôle essentiel. Il est aussi possible que, dans les années qui viennent, quelques animaux en provenance d'Espagne passent la frontière pyrénéenne. En Europe, il est protégé par la convention de Berne (annexe II) et la directive Habitats (annexes II et IV).

Références bibliographiques.
De Beaufort, 1987 ; Pimlott, 1975 ; Houart et Lequette, 1994.

Phoque veau marin

Phoca vitulina Linnaeus, 1758

O. Pinnipèdes

F. Phocidés

Distribution actuelle. En France, le Veau marin est cantonné aux côtes sableuses de la mer du Nord, de la Manche et de l'Atlantique. Des individus erratiques ont été vus jusque sur les côtes portugaises. Il leur arrive également de remonter les fleuves : la Loire en 1978, jusqu'à Orléans, la Garonne en 1975, jusqu'à Agen. Les côtes françaises représentent la limite méridionale de son aire de répartition. Son aire de répartition actuelle sur les côtes européennes s'étend de l'Islande et des côtes norvégiennes de Laponie jusqu'au golfe de Gascogne. L'espèce pénètre dans la mer Baltique, sauf dans l'extrême Nord, et se retrouve sur toutes les côtes des îles Britanniques. On ne la connaît pas en Méditerranée.

Évolution historique et menaces. La seule colonie de reproduction sur les côtes de France semble être celle de la baie de Somme. Il n'a été possible d'en suivre l'évolution que depuis le début du XIXe siècle, mais il est probable que son existence est bien antérieure. Quoi qu'il en soit, on estime qu'au début du XIXe siècle elle était forte de plusieurs centaines d'individus qui se reproduisaient régulièrement sur les bancs de sable de l'estuaire de la Somme. À la fin du siècle, il n'en restait plus que quelques dizaines ; et leur nombre a décrû d'année en année. La reproduction a cessé vers 1930, mais, jusque dans les années 1960, quelques individus sédentaires ont occupé les bancs de sable. Puis la colonie s'est éteinte, et la baie de Somme n'a vu passer que quelques erratiques jusqu'en 1991, où les naissances ont repris. Actuellement, la plus forte concentration de veaux marins s'observe dans la baie de Wash, sur la côte orientale de l'Angleterre. La diminution observée en Manche semble se manifester aussi sur les côtes de la mer du Nord, où les effectifs ont également décrû. Il y a une dizaine d'années, l'effectif total de

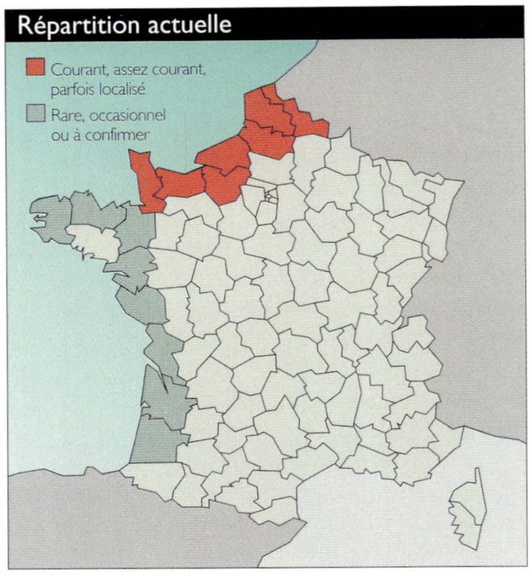

l'espèce était estimé à 50 000 individus environ. On connaît la cause essentielle de la disparition du Veau marin au XXᵉ siècle : la chasse. D'autres dangers subsistent : le braconnage n'a pas cessé et des veaux marins, criblés de plomb, s'échouent sur nos côtes. La vindicte des pêcheurs se poursuit, le trafic en Manche est en augmentation constante, les dégazages en mer sont une cause d'intoxication pour les individus jeunes. Il faut aussi noter les P. C. B. et les métaux lourds, enfin, l'accroissement de la navigation de plaisance et du tourisme côtier qui perturbent les colonies en formation.

Mesures de conservation. En janvier 1972, un arrêté du ministère de l'Environnement inclut les phoques dans la liste des animaux dont la chasse est totalement prohibée ; il est complété en février 1980 par l'interdiction de la capture, de l'enlèvement et du transports des animaux, et un troisième arrêté le protège totalement depuis 1991. Des signes encourageants sont apparus. Les veaux marins ont retrouvé le chemin de la baie de Somme, où quelques groupes ont pu être observés. Enfin, deux naissances certaines ont été répertoriées, l'une en 1991 en baie des Veys (Manche) et l'autre en baie de Somme l'année suivante. L'espèce figure aux annexes II et V de la directive Habitats et à l'annexe III de la convention de Berne.

Références bibliographiques.
Duguy, 1980 ; Duguy et Babin, 1976 ; Prarond, 1858 ; Robert et Bellard, 1979.

Phoque gris

Halichoerus grypus (Fabricius, 1791)

O. Pinnipèdes

F. Phocidés

V

Distribution actuelle. On ne trouve le Phoque gris que dans la partie septentrionale de l'Atlantique. En France, la majorité des observations ont été faites sur les côtes rocheuses de la Bretagne, mais quelques individus ont été observés dans la partie est de la Manche (Cotentin, Boulonnais), sur les côtes de la Charente-Maritime et jusqu'à la côte des Landes. En 1983, un Phoque gris remonta la Dordogne jusqu'à Bergerac – une gravure préhistorique atteste la même observation. La zone de plus grande fréquence sur les côtes françaises est constituée par l'Iroise, au large des côtes finistériennes, où le Phoque gris occupe l'archipel d'Ouessant-Molène. Il existe dans l'Atlantique Nord trois zones de concentration : l'une à l'ouest des côtes canadiennes, la deuxième dans l'Atlantique est, la troisième dans le sud de la mer Baltique. Des individus erratiques visitent parfois les côtes de la péninsule Ibérique. Aucun phoque de cette espèce n'a été signalé en Méditerranée. Les colonies des côtes françaises sont les plus méridionales.

Évolution historique et menaces. On connaît avec certitude l'existence du Phoque gris en Bretagne depuis le XVIIIᵉ siècle. Sa présence y était considérée comme accidentelle depuis. Ce n'est qu'à partir de 1960 que la population « redécouverte » a été régulièrement suivie. Sans être abondants, les phoques gris sont observés régulièrement, et les naissances ont été comptabilisées en deux zones : l'archipel Ouessant-Molène (Finistère) et celui des Sept-Îles (Côtes-d'Armor). Dans ce second site, les observations, récentes, pourraient faire croire à une extension de l'espèce,

mais il est possible que des reproductions antérieures soient passées inaperçues. Les naissances sont irrégulières. De 1954 à 1990, une dizaine de nouveau-nés seulement ont été comptabilisés. Si la population se maintient, c'est grâce à l'apport des colonies des côtes anglaises. L'évaluation de l'effectif des phoques gris sédentaires sur les côtes françaises est difficile – probablement plus proche de 50 individus que de 100. Les causes de la mortalité des phoques gris sur les côtes françaises sont variées. Certains se font prendre dans les filets, d'autres sont intoxiqués par les nappes d'hydrocarbures, les résidus de pesticides et les métaux lourds, d'autres encore sont dérangés par les bateaux de plaisance. Le statut du Phoque gris demeure donc précaire et ses effectifs trop faibles conduisent à maintenir l'espèce dans la catégorie des animaux vulnérables.

Mesures de conservation. Il est interdit de chasser le Phoque gris en tout temps et en tout lieu en France, depuis l'arrêté de janvier 1952. Depuis février 1980, sa capture, son enlèvement et son transport sont également prohibés. L'espèce est strictement protégée depuis 1991. En Europe, elle est protégée par la directive Habitats (annexes II et V) et par la convention de Berne (annexe III).

Références bibliographiques.
Prieur et Duguy, 1981 ; Brien et Prieur, 1973 ; Lucas, 1960.

Phoque moine

Monachus monachus (Hermann, 1779)

O. Pinnipèdes

F. Phocidés

Distribution actuelle. Le Phoque moine, seul Pinnipède de Méditerranée, a disparu des côtes françaises. De faibles populations subsistent encore en Méditerranée orientale, en particulier le long des côtes de la Turquie et dans les îles grecques. Quelques individus vivent également sur la côte méditerranéenne du Maghreb, à Madère et sur la côte de Mauritanie (cap Blanc) qui abrite la plus vaste colonie – d'après les données récentes, de 70 à 80 individus. Le nombre des phoques moines dans le monde est évalué à quelques centaines d'animaux.
Évolution historique et menaces. Le Phoque moine est connu des côtes françaises de la Méditerranée depuis l'Antiquité. Autrefois, les colonies les plus importantes se situaient probablement à l'est de Marseille et en Corse. Un autre groupe habitait les Pyrénées-Orientales, en liaison possible avec les phoques des Baléares. À la fin du XIXe siècle, le Phoque moine occupait encore toute la côte française, de Nice à Banyuls, mais était considéré comme rare sur la côte languedocienne. Au début du XXe siècle, il était encore abondant dans les îles d'Hyères. À partir de 1921, le nombre des observations chuta brusquement. La disparition de la colonie des îles d'Hyères date de 1935 environ. À cette époque, le Phoque moine était encore présent en Corse, mais le nombre des observations diminuait également. Le dernier Phoque moine des côtes de France a été observé au sud de Propriano (Corse) en 1973. Quelques individus isolés ont été aperçus au cours des années suivantes, mais aucun n'est sédentaire. Les causes de la disparition du Phoque moine sont imputables à l'homme : développement de la navigation de plaisance, surtout motorisée, grande fréquentation des plages, inimitié des pêcheurs. Les derniers phoques corses ont été tués par les pêcheurs locaux. De plus, la pêche côtière intensive restreint la biomasse disponible.
Mesures de conservation. En janvier 1972, un arrêté du ministère de l'Environnement inscrit le Phoque moine parmi les espèces dont la chasse est interdite en tout temps et en tout lieu. Un autre arrêté de février 1980 interdit la capture, l'enlèvement et le transport de cet animal, mort ou vivant, et un troisième le protège totalement depuis 1991. Malheureusement, ces mesures ont coïncidé avec la disparition de l'espèce de nos côtes. Le Phoque moine étant en situation très critique en Méditerranée, un projet de sauvetage existe ; l'un des volets, qui concerne la France, serait de tenter la reproduction de l'espèce en captivité en prélevant quelques animaux dans la dernière colonie existante, celle de Mauritanie, puis de relâcher d'éventuels jeunes. En l'absence d'expérience dans ce domaine, certains scientifiques restent réservés ; ils pensent que la capture risque de perturber gravement la dernière colonie en bonne santé, que la reproduction est loin d'être certaine et que le lâcher de jeunes habitués à la captivité dans une eau appauvrie et polluée a peu de chances d'être couronné de succès. En Grèce, une réserve a été créée pour protéger les derniers survivants. L'espèce figure aux annexes II et IV de la directive Habitats et à l'annexe II de la convention de Berne.

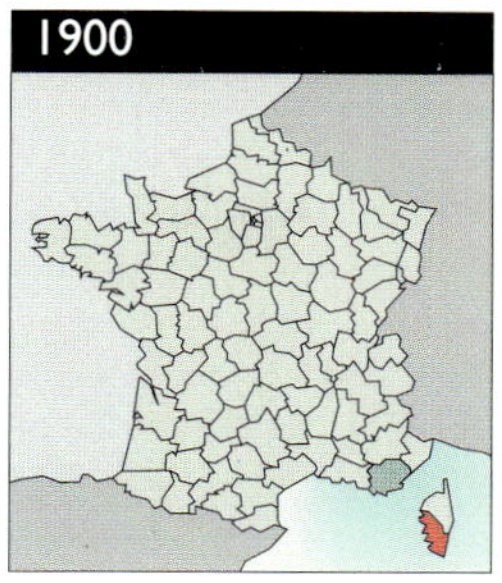

Références bibliographiques.
Duguy et Cheylan, 1980 ; Israels, 1992.

Hamster commun

Cricetus cricetus (Linnaeus, 1758)

O. Rongeur

F. Arvicolidés

Distribution actuelle. Le Hamster commun est un Rongeur qui fut longtemps considéré comme particulièrement nuisible et, de ce fait, impitoyablement pourchassé. On ne le trouve que dans deux départements français : le Haut-Rhin et le Bas-Rhin. L'espèce ne se rencontre pas en montagne – c'est donc essentiellement la plaine d'Alsace qui constitue la limite occidentale de son aire de répartition. Il colonise les plaines d'Europe centrale et orientale, mais n'a pas pénétré en Scandinavie ni dans la région méditerranéenne. Il occupe aussi une grande partie de l'Asie moyenne.
Évolution historique et menaces. Peu étudié en France, le Grand Hamster a été signalé dans le Bassin parisien : en Champagne (1874) et près de Paris (1885). Mais cette tentative de colonisation, peut-être liée au passage de troupes et de leur fourrage lors de la première guerre franco-allemande, n'a pas été suivie d'implantation. Actuellement, les effectifs sont de plus en plus réduits dans l'ouest de son aire de répartition (France, Benelux), sans doute à la suite de modifications des pratiques culturales. Ses effectifs sont en baisse certaine. Il est devenu rare.
Mesures de conservation. L'espèce a été inscrite par l'U.I.C.N. sur la liste des Mammifères européens menacés ; en France, elle est partiellement protégée par l'arrêté du 22 juillet 1993 (l'État s'est réservé la possibilité de limiter les populations dans certains cas). Elle figure à l'annexe IV de la directive Habitats et à l'annexe II de la convention de Berne.

Références bibliographiques.
Saint Girons et al., *1968 ; Remy, 1928.*

Campagnol amphibie

Arvicola sapidus Miller, 1908

O. Rongeurs

F. Arvicolidés

Distribution actuelle. Le Campagnol amphibie occupe la plus grande partie de la France, sauf l'extrême Nord (Nord et Pas-de-Calais), l'Alsace, la Lorraine, la Franche-Comté, le Jura et le nord des Alpes. Il atteint la côte méditerranéenne au sud, mais n'a pas colonisé la Corse. On le trouve en altitude jusqu'à 1 600 m dans les Alpes et 2 000 m environ dans les Pyrénées. En dehors de la France, le Campagnol amphibie n'occupe que la péninsule Ibérique. Il n'a été signalé ni en Grande-Bretagne ni dans les îles méditerranéennes.

Évolution historique et menaces. On ignore tout des effectifs anciens de l'espèce en France. Depuis l'invasion du Rat musqué, on a constaté qu'une compétition semble s'instaurer entre les deux espèces, au détriment du Campagnol. Leurs niches écologiques étant très voisines, une certaine concurrence se manifeste dans leur régime alimentaire. De plus, comme ils habitent tous deux les berges, les galeries du Rat

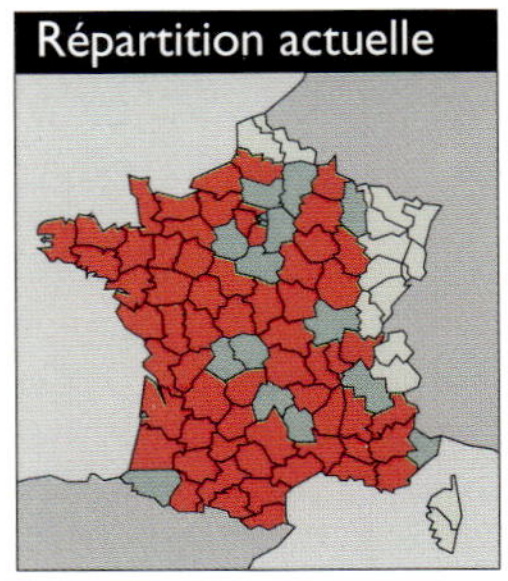

musqué bouleversent les terriers du Campagnol, nettement plus simples. Aucune étude n'a été consacrée à ce problème en France, ce qui explique que le Campagnol amphibie soit classé parmi les espèces insuffisamment connues, mais dont les effectifs semblent en régression.

Mesures de conservation. Aucune.

Références bibliographiques.
G.M.N., 1989 ; Ventura, Gosalbez et Lopez-Fuster, 1989.

Rat noir

Rattus rattus (Linnaeus, 1758)

O. Rongeurs

F. Muridés

Distribution actuelle. Il peut paraître paradoxal de ranger le Rat noir parmi les espèces menacées. C'est le Rat pesteux du Moyen Âge et, comme tel, il a toujours été combattu pour des raisons d'hygiène et pour l'empêcher de commettre des dégâts. On le trouve actuellement dans toute la France ou presque. Il semble pourtant avoir disparu de quelques départements de la moitié nord du pays. En revanche, il est particulièrement abondant et nullement menacé sur toute la côte méditerranéenne, y compris la Corse. Il y vit dans la nature sans être inféodé à la présence humaine. Il atteint 1 000 m d'altitude en Corse. On trouve le Rat noir dans le monde entier, véhiculé par les bateaux.

Évolution historique et menaces. Originaire de l'Asie du Sud-Est, le Rat noir est arrivé en Europe sans doute avant l'époque romaine. Sa présence a toujours été considérée comme indésirable. Les populations, encore prospères localement, sont en net recul dans toute l'Europe occidentale, à l'exception de la zone méditerranéenne. Les causes de cette raréfaction sont multiples : emploi des raticides, progrès de l'hygiène, généralisation de l'utilisation du béton dans les constructions et sans doute aussi une certaine concurrence avec le Surmulot, arrivé après lui. Au nord de la région méditerranéenne, le Rat noir est menacé.

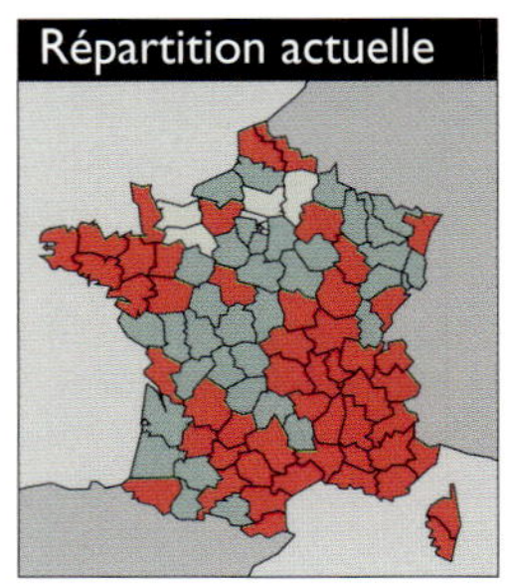

Mesures de conservation. Aucune.

Références bibliographiques.
Kahmann et Haedrich, 1957.

Lièvre d'Europe

Lepus capensis Linnaeus, 1758

O. Lagomorphes

F. Léporidés

Distribution actuelle. Le Lièvre d'Europe, Lièvre brun ou commun, est un Lagomorphe qui habite toute la France, y compris la Corse, du niveau de la mer jusqu'à 2 000 m en montagne. Sa densité n'est pas la même partout. Elle est maximale dans les grandes plaines cultivées du Bassin parisien, de l'Est et du Nord, dans les Limagnes et les Charentes, surtout si le paysage est diversifié (céréales, prairies, cultures fourragères). Elle est minimale dans les forêts (Landes, Lorraine). Le Lièvre d'Europe habite tout le continent, sauf l'Islande et le nord de la Scandinavie. On le trouve également en Afrique et en Asie. Il a été introduit en Australie et en Amérique.

Évolution historique et menaces. Actuellement, en France, les populations de lièvres subissent une baisse sensible insuffisamment compensée par des importations d'animaux venus d'Europe centrale. Dans les années 1970, on tuait en France environ 3 millions de lièvres par an (1,5 million dix ans plus tard). Les mesures prises (limitation de la période de chasse, lâchers d'individus importés ou issus d'élevage) sont insuffisantes. La raréfaction du Lièvre est liée aux modifications du paysage et à certaines pratiques agricoles (emploi intensif de pesticides et brûlage des pailles). Les 40 000 à 50 000 lièvres importés chaque année disparaissent pratiquement dans les semaines qui suivent leur lâcher, faute de pouvoir s'adapter à leur nouvel environnement.

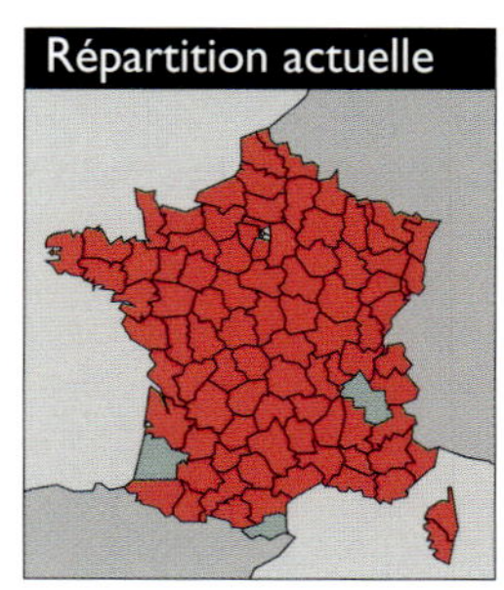

Mesures de conservation. Le Lièvre d'Europe figure à l'annexe III de la convention de Berne.

Références bibliographiques.
Fiechter et Benmergui, 1986 ;
Benmergui, Reitz et Fiechter, 1990.

■ Courant, assez courant, parfois localisé

■ Rare, occasionnel ou à confirmer

Lièvre variable

Lepus timidus Linnaeus, 1758

O. Lagomorphes

F. Léporidés

Distribution actuelle. Le Lièvre variable est une espèce montagnarde qui fréquente des milieux divers en altitude, entre 1 300 m et la limite des neiges éternelles. En France, on le trouve du nord des Alpes-Maritimes jusqu'en Haute-Savoie, dans le sud et dans l'est du département de l'Isère. En dehors de la chaîne alpine, on trouve le Lièvre variable en Islande, en Irlande et en Écosse. En Eurasie, l'espèce a une vaste aire de répartition – depuis la péninsule scandinave jusqu'au nord du Japon –, limitée au nord par l'océan Glacial Arctique et au sud par le 55e parallèle.

Évolution historique et menaces. À la fin des glaciations quaternaires, le Lièvre variable occupait toute la France. Le retrait des glaces a causé son recul vers les hautes latitudes et les régions montagneuses. En France, il n'a pu se maintenir que dans la chaîne alpine, qui marque sa limite méridionale. Sa présence dans les Pyrénées est controversée. Il en avait totalement disparu mais, à partir de 1978, des animaux en provenance des Alpes ont été réintroduits à proximité du pic d'Anie (69 individus de 1978 à 1981) et y ont fait souche. Pourtant, d'après les données de l'Office national de la chasse, l'espèce semble avoir disparu. Le Lièvre variable, considéré comme un gibier, peut être chassé pendant les périodes d'ouverture de la chasse. D'après une étude menée dans le parc national des Écrins, les dates d'ouverture sont trop précoces, car, en septembre, on trouve encore des femelles allaitantes, voire gestantes. Un délai d'une quinzaine de jours pourrait peut-être améliorer la situation. On estime les prélèvements annuels par la chasse à environ 1 000 individus dans les Hautes-Alpes et 200 dans l'Isère. Mais ce ne sont pas les

Répartition actuelle

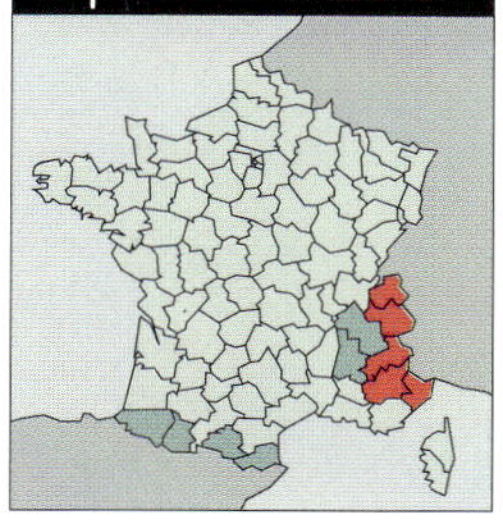

seules causes de mortalité du Lièvre variable. Il faut aussi compter avec les prédateurs naturels (Aigle royal, Renard, Mustélidés) et, en hiver, avec les conditions météorologiques. La dynamique des populations du Lièvre variable dans les Alpes est encore très mal connue. On sait toutefois qu'il existe un renouvellement annuel par moitié de la population et que la densité est nettement plus faible que dans les régions plus septentrionales. En outre, l'aire fréquentée a tendance à s'amenuiser. En France, le Lièvre variable est une espèce menacée : son aire de répartition à l'ouest est fragmentée et la France se trouve en limite d'aire. De plus, la pression de chasse a tendance à croître dans les Alpes françaises, peut-être en relation avec l'aménagement des voies de pénétration et le percement de nouvelles routes forestières. L'espèce est soumise à des dérangements de plus en plus fréquents et à l'amenuisement des biotopes qui lui conviennent.

Mesures de conservation. L'arrêté du 19 janvier 1990 interdit le colportage, la mise en vente ou l'achat de spécimens morts. L'espèce figure aussi à l'annexe V de la directive Habitats et à l'annexe III de la convention de Berne.

Références bibliographiques.
Bouche, 1989.

Bouquetin des Pyrénées

Capra pyrenaica Schintz, 1838

O. Artiodactyles

F. Bovidés

Distribution actuelle. Le Bouquetin des Pyrénées n'occupe plus que le versant espagnol des Pyrénées centrales et les sierras du centre et du sud-est de l'Espagne.

Évolution historique et menaces. Le Bouquetin des Pyrénées colonisait autrefois toute la chaîne pyrénéenne, d'où il a disparu au XIXe siècle à la suite d'une forte pression de chasse. Par la suite, quelques individus venus d'Espagne ont été tirés illégalement à chaque apparition. Présent uniquement dans le parc national espagnol d'Ordesa, il a également disparu de la Galice et du nord du Portugal ; il s'est maintenu plus longtemps dans le massif de la Maladetta, où il est également éteint. La systématique du genre *Capra* n'est pas encore parfaitement claire, et de nombreux mammalogistes estiment que la même espèce habite les Alpes et les Pyrénées, malgré des différences morphologiques assez marquées.

XIVe siècle

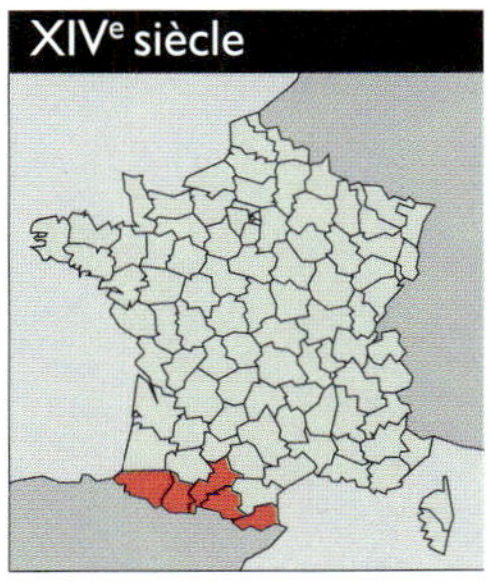

Fin du XVIIIe siècle

Début du XIXe siècle

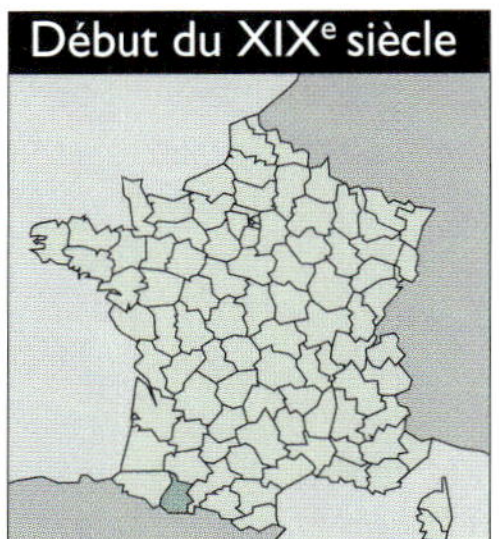

Mesures de conservation. Une réintroduction est envisagée à partir de la population espagnole la plus proche, celle de la sierra de Gredos. Mais celle-ci appartiendrait à une autre sous-espèce, ce qui introduirait une pollution génétique dans la sous-espèce pyrénéenne. La population d'Ordesa (moins de 10 individus) ne se développe pas, malgré une protection active. Le passage spontané de la frontière n'est donc guère envisageable dans le cas présent. La meilleure solution serait la réintroduction sur le versant français d'animaux de la sierra de Gredos où le troupeau est en expansion. Des biotopes favorables ont été soigneusement répertoriés sur le versant français. Le Bouquetin des Pyrénées figure aux annexes II et IV de la directive Habitats et à l'annexe III de la convention de Berne.

Références bibliographiques.
Clouet et Pfeffer, 1979 ; Couturier, 1962 ; Crampe, 1991.

Baleine des Basques

Eubalaena glacialis Borovski, 1781

O. Cétacés

F. Balénoptéridés

Courant, assez courant, parfois localisé

Rare, occasionnel ou à confirmer

Distribution actuelle. La Baleine de Biscaye, Baleine franche boréale ou Baleine des Basques, ne fréquente plus les côtes atlantiques de la France depuis le XIXe siècle. Il existe encore, semble-t-il, une petite population dans la partie nord-ouest de l'Atlantique Nord (Groenland). Malgré la protection totale dont l'espèce bénéficie, elle ne semble pas se développer. Peut-être a-t-elle atteint son seuil d'extinction.

Évolution historique et menaces. Au Moyen Âge, la Baleine des Basques était fréquente dans le golfe de Gascogne. On en a des témoignages certains depuis le Xe siècle. Les baleiniers basques repéraient les animaux à partir de la côte et les chassaient. Des signes de raréfaction se manifestent dès le XVIe siècle. Les Basques allèrent alors chasser les baleines de plus en plus loin vers le nord. Au XIXe siècle, on a encore signalé trois échouages de baleines sur les côtes françaises de l'Atlantique. Le dernier eut lieu en 1852 ; la date de sa disparition est donc postérieure mais n'est

pas connue avec exactitude. Selon toute vraisemblance, la régression des populations est due à une pression de chasse trop forte. La Baleine franche boréale était très recherchée pour sa richesse en huile et pour ses fanons particulièrement longs. La chasse côtière menée par les Basques ne devait pas être très meurtrière, mais celle des navires-usines le fut bien davantage au XXe siècle. La protection totale n'intervint qu'en 1936, moment où l'espèce avait déjà disparu des côtes de l'Europe occidentale et se trouvait au bord de l'extinction.

Mesures de conservation. En Europe, elle est protégée par la conventions de Berne (annexe II) et par la directive Habitats (annexe IV). En France, une protection stricte est prévue.

Références bibliographiques.
Van Beneden, 1886 ; Eschricht, 1860 ; Fisher, 1871, 1872.

Petit Rorqual ou Rorqual à museau pointu

Balaenoptera acutorostrata Lacepède, 1804

O. Cétacés

F. Balénoptéridés

Distribution actuelle. Le Petit Rorqual fréquente assez régulièrement les côtes de France, plus particulièrement celles de l'Atlantique, surtout en Bretagne et au nord de la Gironde. Il paraît plus rare dans la Manche et la Méditerranée. C'est une espèce côtière que l'on rencontre de l'Atlantique du Nord-Est jusqu'aux régions subtropicales et que l'on retrouve pratiquement dans tous les océans du globe.

Évolution historique et menaces. Il est impossible d'évaluer l'importance des populations du Petit Rorqual sur nos côtes. Dix-huit observations seulement ont été faites en France entre 1901 et 1982. Leur nombre semble en diminution dans le golfe de Gascogne : 4 de 1850 à 1880, 1 entre 1880 et 1910, 2 de 1910 à 1940, 2 entre 1940 et 1970. Depuis, des observations plus précises effectuées sur toutes les côtes françaises n'ont pas noté d'augmentation. Les effectifs dans l'hémisphère Nord seraient passés de 140 000 à 125 000. Devant la raréfaction des grandes espèces de Cétacés, les baleiniers se sont rabattus sur le Petit Rorqual malgré sa taille relativement réduite. Au début des années 1970, les individus étaient

encore nombreux, alors que les espèces plus grandes étaient déjà en danger. Un moratoire concernant les navires-usines fut adopté en 1979. En 1987, la Norvège, le Japon, l'Islande et la Corée poursuivaient néanmoins la chasse dans un but « scientifique ». En mai 1993, la Norvège annonçait que, malgré le maintien du moratoire décidé à Kyoto, elle allait reprendre la chasse. Il est à craindre que le Petit Rorqual ne constitue l'essentiel des prises.

Mesures de conservation. En Europe, il est protégé par la directive Habitats (annexe IV) et la convention de Berne (annexe III). En France, une protection stricte est prévue.

Références bibliographiques.
Budker et Roux, 1965 ; l'Hardy, 1964.

Rorqual commun

Balaenoptera physalus (Linnaeus, 1758)

O. Cétécés

F. Balénoptéridés

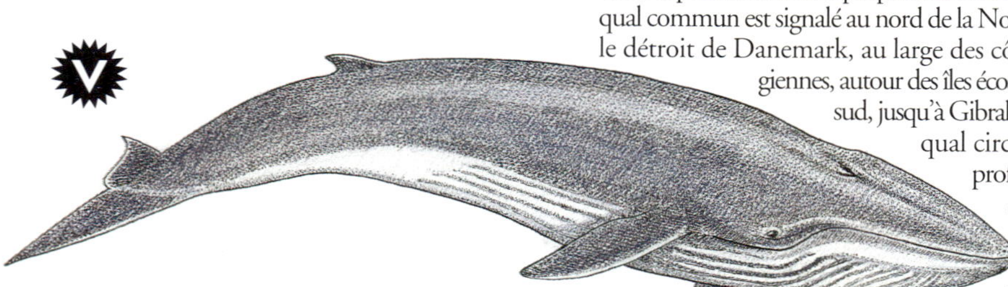

Distribution actuelle. Le Rorqual commun se trouve dans tous les océans. En France, il est plus fréquent en Méditerranée qu'en Atlantique ou dans la Manche. L'été, on observe une concentration de l'espèce entre la Corse et la Côte d'Azur. Les côtes occidentales de l'île lui sont particulièrement propices. En Europe, le Rorqual commun est signalé au nord de la Norvège, dans le détroit de Danemark, au large des côtes norvégiennes, autour des îles écossaises et, au sud, jusqu'à Gibraltar. Le Rorqual circule en eau profonde et, de ce fait, évite généralement les côtes.

Évolution historique et menaces. La surexploitation du Rorqual commun a conduit à sa régression. Des quotas de prises ont été fixés par la Commission baleinière internationale dès 1946, mais la réglementation était mal conçue. Dans les années 1960, les populations s'effondrèrent. L'effectif de l'hémisphère Nord est ainsi passé de 58 000 à quelque 20 000 individus. Les populations de Méditerranée occidentale sont évaluées à 400 individus. Outre la survivance des chasses qui affecte l'effectif

global de l'Atlantique Nord (80 tués en 1987 par les Islandais), d'autres causes de mortalité intéressent la population des côtes françaises : métaux lourds, organochlorés et boues rouges polluent les zones de concentration entre la Corse et le continent. La circulation maritime est également source de mortalité par choc avec l'étrave des bateaux.
Mesures de conservation. En Europe, le Rorqual commun est protégé par la directive Habitats (annexe IV) et la convention de Berne (annexe III). En France, une protection stricte est prévue.

Références bibliographiques.
Paulus, 1966.

Dauphin bleu et blanc

Stenella coeruleoalba (Meyen, 1833)

O. Cétacés

F. Delphinidés

Distribution actuelle. Le Dauphin bleu et blanc n'est pas rare sur les côtes de France. On le rencontre particulièrement en Méditerranée, où 80 % des observations ont été effectuées. Sur la côte atlantique, on le trouve surtout dans le sud du golfe de Gascogne. L'espèce est exceptionnelle en Manche, à l'est de la baie du Mont-Saint-Michel. Sur les côtes européennes, on ne le rencontre que dans les eaux tempérées, le plus souvent au sud du 47e parallèle. C'est une espèce des eaux profondes.
Évolution historique et menaces. Le Dauphin bleu et blanc a longtemps été confondu avec le Dauphin commun. Depuis 1970, des observations plus précises permettent d'affirmer que c'est le dauphin le plus commun de Méditerranée et le deuxième en ordre de fréquence pour l'ensemble des côtes françaises. C'est au large des côtes du Var qu'il paraît le plus fréquent, mais il est possible que cette apparente concentration reflète simplement une plus grande importance des observations dans cette zone. Il n'est pas possible de dégager une tendance des effectifs à la hausse ou à la baisse, la durée des observations sérieuses étant trop courte. Les causes de mortalité sont les mêmes que pour tous les petits Cétacés : pollution par les métaux lourds et les organochlorés, captures dans les filets et les chaluts. Il convient d'y ajouter les nuisances engendrées par le trafic maritime, en particulier la plaisance. En outre, le Dauphin bleu et blanc a subi récemment l'attaque d'un virus, qui a décimé une partie de ses populations.
Mesures de conservation. L'espèce est intégralement protégée depuis 1970 en France. En Europe, elle est protégée par la convention de Berne (annexe II) et la directive Habitats (annexe IV).

Références bibliographiques.
Viale et Frontier, 1989 ; Dhermain et al.*, 1994.*

Dauphin commun

Delphinus delphis Linnaeus, 1758

O. Cétacés

F. Delphinidés

Distribution actuelle. Le Dauphin commun vit dans les eaux tempérées chaudes, pélagiques et côtières. C'est le mieux connu des petits Cétacés. En France, on le trouve surtout en Atlantique (84 % des observations) où il fréquente particulièrement les côtes sud de la Bretagne et celles de la Charente-Maritime. On le voit moins souvent dans la Manche et dans la mer du Nord et relativement peu en Méditerranée. En Europe, on observe quelques animaux erratiques jusqu'en la Norvège et en Islande. Tout le bassin méditerranéen est occupé. En mer Noire, le Dauphin commun, particulièrement bien représenté autrefois, a été décimé.
Évolution historique et menaces. Le Dauphin commun est connu depuis l'Antiquité. Il orne des pièces de monnaie et des vases antiques, grecs en particulier. En ce qui concerne la France, on dispose de peu de données jusqu'à la seconde moitié du XIXe siècle – on sait qu'à cette époque il était fréquent dans la région d'Arcachon. En Atlantique, le nombre des observations varie considérablement suivant les années ; les conditions météorologiques jouent un rôle certain sur les échouages et rendent vaine toute estimation des mouvements de population. Le laps de temps écoulé depuis les premières observations suivies (1970) est encore trop bref. En Méditerranée, c'est probablement à cause de la pollution qu'il a progressivement cédé la place au Dauphin bleu et blanc entre 1960 et 1970 (avant cette date, c'était le mieux représenté des Delphinidés au nord de la Méditerranée occidentale). En revanche, on sait que le Dauphin commun a été intensivement exploité en mer Noire. Plus de 120 000 individus étaient tués annuellement dans la première moitié du XXe siècle. La chasse a maintenant cessé, mais n'est interdite que depuis 1983 sur les côtes de la Turquie. Le Dauphin commun est desservi par le fait qu'il se déplace souvent avec les thons – d'où des risques accrus de se voir capturé par les engins destinés à ce poisson. Il faut inclure dans les causes de mortalité la pollution par les métaux lourds, les résidus organochlorés et les hydrocarbures.
Mesures de conservation. En 1970, un arrêté du ministère des Transports a strictement protégé les dauphins des côtes françaises qui, jusque-là, pouvaient être détruits librement. La France, l'Italie et la principauté de Monaco ont signé en mars 1993 une convention créant en Méditerranée une zone de 73 000 km² pour la protection des dauphins et des baleines, entre la Provence, l'Italie et la Corse. Les dauphins jouissent actuellement d'un certain capital de sympathie et sont crédités d'une « intelligence » bien supérieure à celle des autres Mammifères. Les dispositions administratives qui les protègent sont donc, dans l'ensemble, bien acceptées et, de ce point de vue, leur situation ne semble pas trop compromise dans l'immédiat. En Europe, ils sont protégés par la convention de Berne (annexe II) et la directive Habitats (annexe IV).

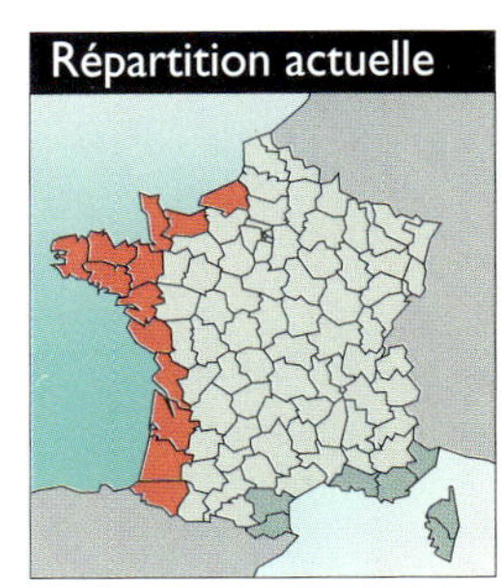

Références bibliographiques.
Collet, 1981.

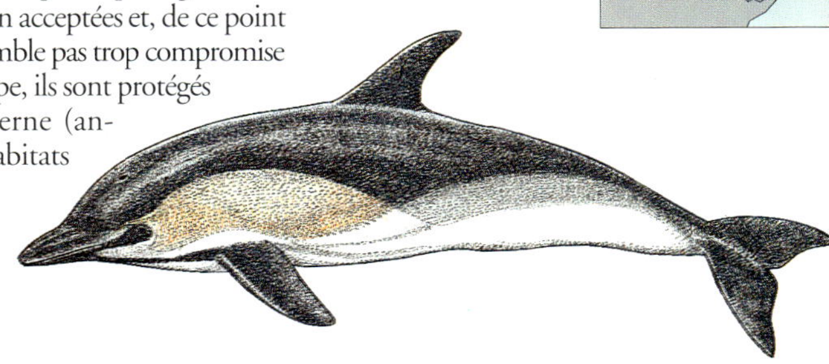

Grand Dauphin

Tursiops truncatus (Montagu, 1821)

O. Cétacés

F. Delphinidés

?

Distribution actuelle. Le Grand Dauphin, ou Tursiops ou encore Souffleur, habite toutes les eaux tropicales et tempérées du monde. On l'observe habituellement au voisinage des côtes. En France, où il est commun, le Souffleur a été vu surtout au nord de la Gironde, au sud de la Bretagne et sur les côtes méridionales et occidentales de la Corse ; il semble moins fréquent en Manche. On trouve le Grand Dauphin sur les côtes occidentales de l'Europe, de Gibraltar aux nord des îles Britanniques. Il est plus rare en mer du Nord et surtout en mer Baltique.

Évolution historique et menaces. Le Souffleur est connu depuis longtemps sur les côtes de France – en 1551, un individu capturé en Manche aurait été apporté à Paris. Le nombre des observations en Atlantique paraît stable, mais les données concernant la Méditerranée semblent amorcer une baisse légère depuis 1970. Les dauphins présentés dans les « marinelands » sont le plus souvent des Tursiops. Les causes de la mortalité qui les affecte sont les mêmes que pour les autres espèces : captures dans les filets, pollution. De tous les dauphins, le Souffleur est celui qui semble avoir le plus d'attirance pour l'homme. La situation exacte du Grand Dauphin est inconnue sur les côtes françaises.

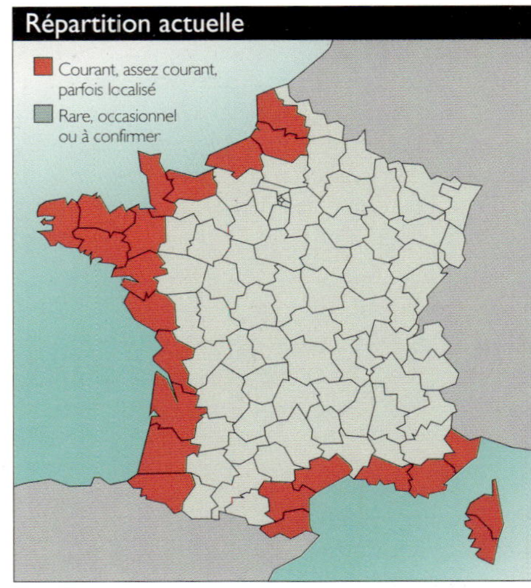

Mesures de conservation. Comme tous les dauphins, le Grand Dauphin est protégé en France depuis 1970. Il figure aussi aux annexes II et IV de la directive Habitats età l'annexe II de la convention de Berne.

Références bibliographiques.
Hussenot, 1980 ; Cyrus, 1975.

Dauphin de Risso

Grampus griseus (Cuvier, 1812)

O. Cétacés

F. Delphinidés

?

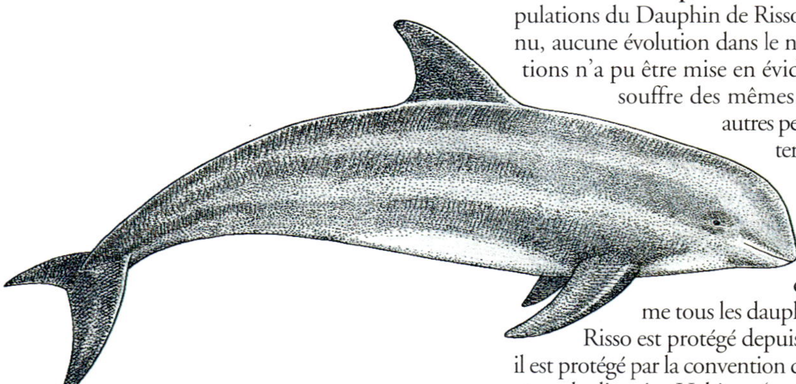

Distribution actuelle. Le Dauphin de Risso, ou Grampus, n'est pas très commun sur nos côtes, mais on l'y rencontre régulièrement. Il fréquente les eaux tempérées et chaudes de toutes les mers du monde. On le trouve en Atlantique, dans la Manche et, plus souvent, semble-t-il, en Méditerranée (Var, Alpes-Maritimes). Le Dauphin de Risso est connu sur toutes les côtes d'Europe occidentale, mais ne semble fréquent nulle part.

Évolution historique et menaces. L'effectif des populations du Dauphin de Risso demeurant inconnu, aucune évolution dans le nombre des observations n'a pu être mise en évidence. Cette espèce souffre des mêmes maux que tous les autres petits Cétacés. Il mériterait une étude approfondie, pouvant seule le définir son statut actuel.

Mesures de conservation. Comme tous les dauphins, le Dauphin de Risso est protégé depuis 1970. En Europe, il est protégé par la convention de Berne (annexe II) et par la directive Habitats (annexe IV).

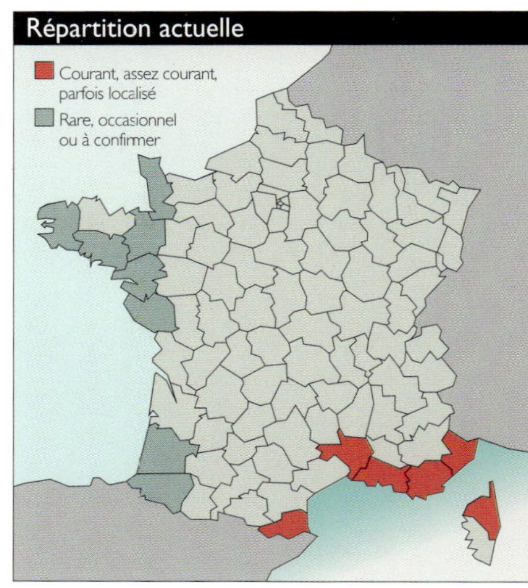

Références bibliographiques.
Duguy, 1983 ; Oliver, 1990.

Globicéphale noir

Globicephala melaena (Traill, 1809)

O. Cétacés

F. Delphinidés

?

Distribution actuelle. Le Globicéphale noir est bien connu du grand public pour deux raisons : les massacres quasi rituels dont il fait l'objet sur les îles Féroé et les spectaculaires échouages en masse qui se produisent sur les côtes plates. Le Globicéphale noir fréquente toutes les côtes françaises. Les observations récentes montrent qu'il est surtout fréquent en Atlantique. Il n'apprécie que les eaux tempérées fraîches riches en céphalopodes. Sur les côtes européennes, on le trouve jusqu'en Islande et en Norvège avec une zone de concentration marquée autour des îles Féroé.

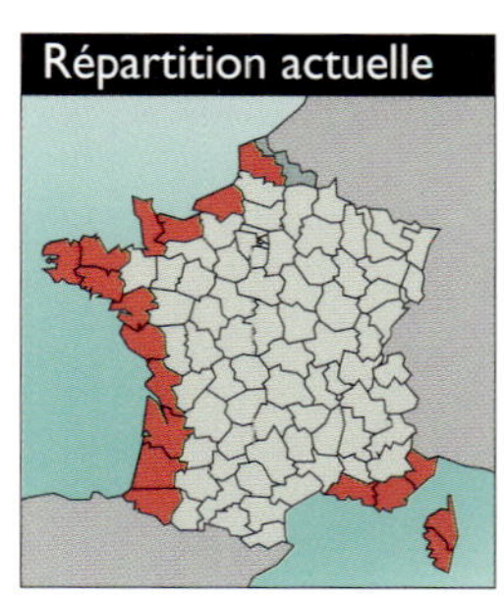

Évolution historique et menaces. Le Globicéphale noir semble connu sur les côtes françaises depuis le XVIe siècle. L'évolution de ses populations est inconnue, mais la relative fréquence et l'importance des échouages montrent que l'animal fréquente nos côtes. Citons, par exemple, un échoua-

ge à l'île d'Yeu (Vendée) de 96 individus en 1963 et un autre de 72 à Calvi (Corse) en 1974. Le nombre des individus échoués sur les côtes françaises est en légère diminution. Il n'en reste pas moins vrai que la pollution et les aléas du trafic maritime sont des causes potentielles de mortalité importantes. Une étude de population serait indispensable afin de déterminer les effectifs et d'établir le statut du Globicéphale noir sur nos côtes.
Mesures de conservation. Le Globicéphale noir est protégé en France depuis 1970. En Europe, il est protégé par la convention de Berne (annexe II) et par la directive Habitats (annexe IV).

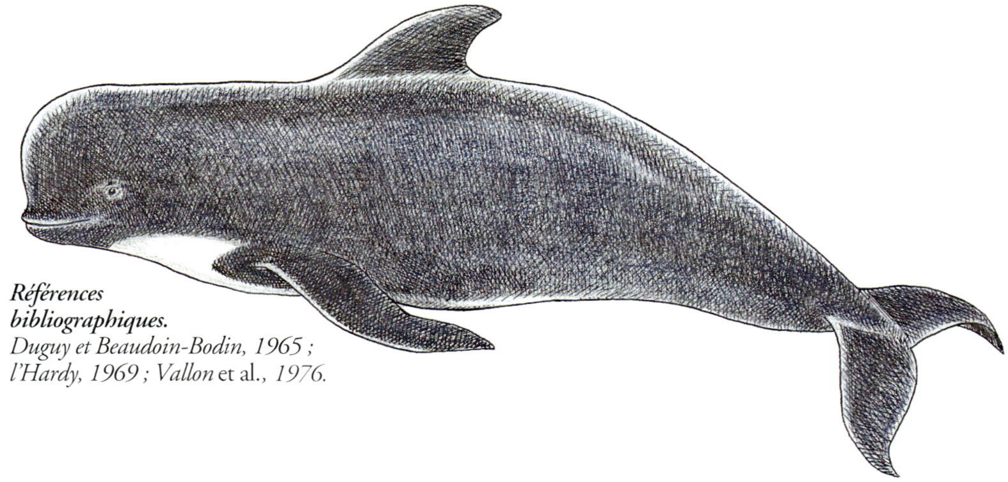

Références bibliographiques.
Duguy et Beaudoin-Bodin, 1965 ; l'Hardy, 1969 ; Vallon et al.*, 1976.*

Marsouin

Phocoena phocoena (Linnaeus, 1758)

O. Cétacés

F. Phocoénidés

Distribution actuelle. Le Marsouin fréquente les côtes de l'Atlantique et de la Manche. Il semble plus fréquent dans le Pas-de-Calais, la Bretagne et les pertuis charentais. En revanche, il a disparu des côtes françaises de Méditerranée. Cette espèce vit de l'Islande et de la mer Blanche jusqu'au nord de la Mauritanie. Elle s'observe sporadiquement sur les côtes d'Afrique du Nord jusqu'en Tunisie. Dans la mer Noire et la mer d'Azov, il existe une population isolée.
Évolution historique et menaces. Autrefois, le Marsouin était très commun sur nos côtes. Au Moyen Âge, il donnait lieu à un certain commerce sur les côtes normandes. On l'a même observé dans la Seine jusqu'à Paris. Au XIXe siècle, il était encore signalé sur la côte catalane. C'est dans cette partie de la Méditerranée qu'il disparut en premier. Il est devenu très rare dans la partie sud du golfe de Gascogne. Quatre échouages seulement ont été répertoriés sur les côtes de la Gironde et des Landes au cours des quatre-vingts dernières années. La chute brutale de ses populations se situe vers 1950. L'hypothèse généralement retenue est celle d'une intoxication par les organochlorés. En fréquentant les estuaires, cette espèce se trouve particulièrement exposée à ce genre de pollution qui limite la fécondité et constitue peut-être une cause directe de mortalité. La plupart des populations du monde sont également en déclin. On peut aussi invoquer la capture dans les filets.

Répartition actuelle

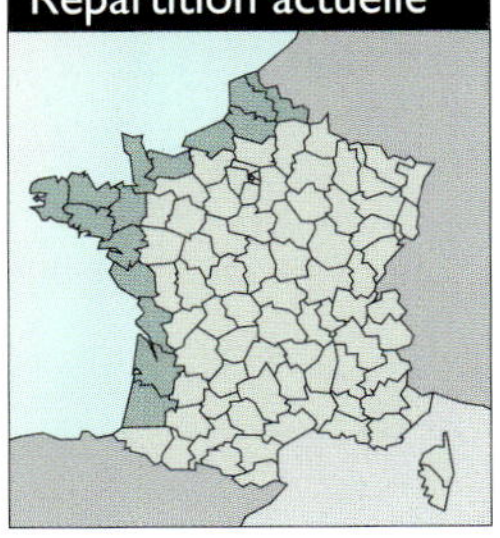

Mesures de conservation. L'espèce est protégée en France depuis 1970 et figure à l'annexe II de la convention de Berne et aux annexes II et IV de la directive Habitats.

Références bibliographiques.
Duguy, 1983 ; Duguy, 1990.

La classe des Oiseaux compte les animaux les plus colorés et les plus visibles du monde animal, mais aussi ceux qui produisent les sons les plus variés. Les oiseaux se trouvent souvent au sommet des chaînes alimentaires, ce qui les rend très sensibles aux perturbations des écosystèmes. C'est pour cette raison, mais aussi parce que leur étude est relativement aisée, qu'ils sont devenus depuis une quarantaine d'années les indicateurs de santé de notre environnement. Des populations d'oiseaux abondantes et diversifiées sont le signe du bon fonctionnement des écosystèmes ; un nombre limité d'espèces avec des effectifs réduits (mais parfois également pléthoriques) traduit l'existence d'un dysfonctionnement ou d'une altération des milieux naturels. On recense actuellement 9 672 espèces d'Oiseaux dans le monde. Parmi celles-ci, plus de 1 000 sont menacées, dont plus de 110 sont en grand danger et des dizaines d'autres pourraient le devenir prochainement. Au moins 35 espèces d'Oiseaux ont disparu depuis le début du XXe siècle.

Les espèces d'Oiseaux menacées en France

Sur les 273 espèces d'Oiseaux nichant régulièrement en France, 51 peuvent être considérées comme strictement menacées, dont 22 sont en danger d'extinction sur notre territoire si des mesures de protection efficaces ne sont pas prises rapidement (voir tableau). S'ajoutent à celles-ci 29 espèces vulnérables et 22 autres classées « rares » du fait de leurs faibles effectifs (entre 250 et 1 000 couples), ainsi que 4 espèces dont le statut reste à préciser.

Il est important de souligner que seules les populations nicheuses ont été prises en compte dans la détermination de cette « liste rouge des oiseaux de France ». Deux espèces ont disparu en tant que reproductrices en France depuis le début du XXe siècle : il s'agit de l'Érismature à tête blanche *Oxyura leucocephala* et du Pygargue à queue blanche *Haliaeetus albicilla.* Deux autres – la Grande Outarde *Otis tarda* et la Sterne caspienne *Sterna caspia* – se sont éteintes au cours du XIXe siècle.

Notons que, fort heureusement, le nombre d'espèces d'Oiseaux protégées en France est très supérieur au nombre d'espèces menacées. Pourtant, si les Oiseaux protégés qui n'apparaissent pas dans le présent ouvrage ne sont pas menacés actuellement, ils n'en demeurent pas moins sensibles, voire fragiles. Parmi eux existent de nombreuses espèces devenues rares dans un passé récent et dont les populations ont pu se reconstituer et prospérer à nouveau grâce à la protection dont elles ont bénéficié. Et si ces espèces ne sont aujourd'hui plus menacées, la tendance pourrait s'inverser de façon irrémédiable, si elles n'étaient plus protégées

Liste rouge des Oiseaux disparus ou menacés en France métropolitaine			
Disparus			
Érismature à tête blanche	*Oxyura leucocephala*	Pygargue à queue blanche	*Haliaeetus albicilla*
En danger			
Blongios nain	*Ixobrychus minutus*	Bécassine des marais	*Gallinago gallinago*
Canard pilet	*Anas acuta*	Sterne de Dougall	*Sterna dougallii*
Sarcelle d'été	*Anas querquedula*	Guifette noire	*Chlidonias niger*
Gypaète barbu	*Gypaetus barbatus*	Pingouin torda	*Alca torda*
Aigle de Bonelli	*Hieraaetus fasciatus*	Macareux moine	*Fratercula arctica*
Faucon crécerellette	*Falco naumanni*	Ganga cata	*Pterocles alchata*
Marouette poussin	*Porzana parva*	Hibou des marais	*Asio flammeus*
Marouette de Baillon	*Porzana pusilla*	Pic tridactyle	*Picoides tridactylus*
Glaréole à collier	*Glareola pratincola*	Alouette calandre	*Melanocorypha calandra*
Pluvier guignard	*Charadrius morinellus*	Traquet rieur	*Oenanthe leucura*
Combattant varié	*Philomachus pugnax*	Pie-grièche à poitrine rose	*Lanius minor*
Vulnérables			
Puffin des Anglais	*Puffinus puffinus*	Grue cendrée	*Grus grus*
Océanite tempête	*Hydrobates pelagicus*	Grand Gravelot	*Charadrius hiaticula*
Butor étoilé	*Botaurus stellaris*	Barge à queue noire	*Limosa limosa*
Crabier chevelu	*Ardeola ralloides*	Chevalier gambette	*Tringa totanus*
Cigogne noire	*Ciconia nigra*	Mouette mélanocéphale	*Larus melanocephalus*
Cigogne blanche	*Ciconia ciconia*	Goéland d'Audouin	*Larus audouinii*
Spatule blanche	*Platalea leucorodia*	Goéland cendré	*Larus canus*
Oie cendrée	*Anser anser*	Pigeon biset	*Columba livia*
Nette rousse	*Netta rufina*	Coucou geai	*Clamator glandarius*
Eider à duvet	*Somateria mollissima*	Cochevis de Thékla	*Galerida theklae*
Harle bièvre	*Mergus merganser*	Hirondelle rousseline	*Hirundo daurica*
Elanion blanc	*Elanus caeruleus*	Rousserolle turdoïde	*Acrocephalus arundinaceus*
Vautour percnoptère	*Neophron percnopterus*	Fauvette à lunettes	*Sylvia conspicillata*
Balbuzard pêcheur	*Pandion haliaetus*	Rémiz penduline	*Remiz pendulinus*
Râle des genêts	*Crex crex*		
Rares			
Puffin cendré	*Calonectris diomedea*	Sterne hansel	*Gelochelidon nilotica*
Puffin de Méditerranée	*Puffinus yelkouan*	Guillemot de Troïl	*Uria aalge*
Cygne tuberculé	*Cygnus olor*	Grand-duc d'Europe	*Bubo bubo*
Sarcelle d'hiver	*Anas crecca*	Chevêchette d'Europe	*Glaucidium passerinum*
Fuligule morillon	*Aythya fuligula*	Rollier d'Europe	*Coracias garrulus*
Vautour fauve	*Gyps fulvus*	Pic à dos blanc	*Dendrocopos leucotos*
Aigle royal	*Aquila chrysaetos*	Traquet oreillard	*Oenanthe hispanica*
Aigle botté	*Hieraaetus pennatus*	Merle bleu	*Monticola solitarius*
Faucon pèlerin	*Falco peregrinus*	Tichodrome échelette	*Tichodroma muraria*
Huîtrier pie	*Haematopus ostralegus*	Niverolle alpine	*Montifringilla nivalis*
Chevalier guignette	*Actitis hypoleucos*	Tarin des aulnes	*Carduelis spinus*
Goéland railleur	*Larus genei*		
Indéterminés			
Pic mar	*Dendrocopos medius*	Fauvette orphée	*Sylvia hortensis*
Merle de roche	*Monticola saxatilis*	Crave à bec rouge	*Pyrrhocorax pyrrhocorax*

demain. Parmi elles, figurent, entre autres, tous les rapaces diurnes – en particulier le Busard cendré *Circus pygargus,* le Faucon pèlerin *Falco peregrinus* et même la Buse variable *Buteo buteo* ou l'Épervier d'Europe *Accipiter nisus.* Les espèces de grande taille sont aussi concernées dans leur ensemble. C'est le cas, par exemple, de la Gélinotte des bois *Bonasa bonasia,* du Grand Tétras *Tetrao urogallus,* des hérons (y compris le Héron cendré *Ardea cinerea*), du Grand Cormoran *Phalacrocorax carbo* et des rapaces nocturnes (chouettes et hiboux). Les passereaux et espèces apparentées qui souffrent déjà fortement de la destruction de leurs habitats ou de leurs ressources alimentaires supporteraient difficilement des causes supplémentaires de mortalité. C'est le cas notamment des oiseaux insectivores, tels que la Huppe fasciée *Upupa epops,* le Torcol fourmilier *Jynx torquilla* ou le Guêpier d'Europe *Merops apiaster* qui restent peu abondants à l'échelle nationale.

Le Roselin cramoisi *Carpodacus erythrinus* est une acquisition récente de l'avifaune française. Il s'est en effet reproduit pour la première fois dans notre pays en 1993, simultanément en Franche-Comté et dans le Nord-Pas-de-Calais. Bien que n'étant pas menacé et en expansion, il reste vulnérable en regard de ses faibles effectifs. C'est le cas également des quelques espèces qui nichent – ou ont niché (suivies d'un astérisque *) – de manière occasionnelle en France. Parmi celles-ci, figurent le Grèbe jougris *Podiceps grisegena,* l'Ibis falcinelle *Plegadis falcinellus,* la Sarcelle marbrée* *Marmaronetta angustirostris,* le Fuligule nyroca *Aythya nyroca,* le Harle huppé *Mergus serrator,* l'Aigle pomarin* *Aquila pomarina,* le Faucon kobez *Falco vespertinus,* la Glaréole à ailes noires* *Glareola nordmanni,* le Bécasseau variable* *Calidris*

alpina, la Sterne élégante *Sterna elegans,* la Sterne arctique *Sterna paradisea,* la Guifette leucoptère* *Chlidonias leucopterus,* l'Agrobate roux* *Cercotrichas galactotes* et le Phragmite aquatique* *Acrocephalus paludicola.*
On peut ajouter à la catégorie précédente les oiseaux échappés de captivité ou d'origine sauvage douteuse qui se sont reproduits ou se reproduisent encore localement en France : Canard mandarin *Aix mandarina,* Canard siffleur *Anas penelope,* Érismature rousse *Oxyura jamaicensis* et Perruche à collier *Psittacula krameri* notamment.
La sous-espèce pyrénéenne de la Perdrix grise *Perdix perdix,* la Perdrix charrela *P. p. hispaniensis* est fortement menacée en France, d'une part, en raison de l'abandon des cultures céréalières de montagne, mais aussi et surtout à cause d'une chasse excessive. Elle ne figure toutefois pas dans le présent ouvrage qui ne prend pas en considération le cas des sous-espèces ou races locales.
Signalons enfin que si la présence dans la liste rouge d'espèces récemment installées en France et en expansion peut surprendre, elle s'explique par la très faible taille de leurs populations nicheuses qui demeurent très vulnérables.

Les principales causes de la régression et de la disparition des espèces

La destruction des habitats est aujourd'hui la première cause de régression des espèces animales dans le monde. Elle se manifeste notamment à travers l'assèchement des zones humides (marais, prairies inondables, tourbières...) et la destruction des forêts pour la mise en culture des terres, mais aussi par des pratiques sylvicoles qui altèrent la diversité des milieux forestiers. L'uniformisation des paysages par l'agriculture moderne, qui se traduit par l'arrachage systématique des haies et la création de monocultures à grande échelle, est une cause importante de destruction des habitats. D'une manière générale, l'agriculture moderne arrive en tête des activités humaines dommageables pour les habitats, mais parmi les responsables figurent aussi les travaux de construction de routes, de villes et de zones industrielles, ou encore l'exploitation minière.
Les pollutions, qu'elles soient accidentelles, comme les marées noires ou les accidents dus aux usines chimiques, ou qu'elles soient chroniques, comme la pollution par le plomb, les pesticides et engrais agricoles, ou encore les P.C.B. (polychlorobiphényls), ont un impact très important sur les oiseaux. Leur action est directe et souvent mortelle dans le cas des pollutions accidentelles ou de la pollution par le plomb – qui est responsable du saturnisme. Elle est plus insidieuse pour d'autres formes de pollution qui modifient les caractéristiques physico-chimiques des habitats et provoquent la régression ou la disparition des proies des oiseaux, voire des proies de leurs proies, ou qui rendent les reproducteurs stériles ou tuent les embryons. Dans les années 1950 et 1960, les pesticides constituaient ainsi la menace principale pesant sur les oiseaux. L'usage des plus toxiques, comme le trop célèbre D.D.T. qui faillit aboutir à la disparition du Faucon pèlerin *Falco peregrinus,* ont été interdits depuis dans les pays industrialisés. Mais ils sont encore abondamment utilisés dans certains pays du tiers monde, où des centaines de millions d'oiseaux européens vont passer l'hiver.
La chasse, et plus spécialement ses excès, a été un facteur important de la régression des espèces. Aujourd'hui, grâce à une législation plus stricte et à une formation accrue des chasseurs, elle ne constitue plus en soi une véritable menace. Toutefois, des erreurs d'identification se produisent encore trop fréquemment, aux dépens d'espèces sensibles. Par ailleurs, le comportement de certains groupes de chasseurs qui persistent à contrevenir aux lois françaises et aux directives européennes sous prétexte de chasse traditionnelle, fait peser une sérieuse menace sur les espèces concernées. L'exemple devenu hélas ! classique est celui de la chasse printanière de la Tourterelle des bois *Streptopelia turtur* dans le Médoc. Dans le cas des oiseaux d'eau, et plus spécialement des canards, les dates d'ouverture trop précoce et de fermeture

trop tardive de la période de chasse représentent, dans certaines régions, un danger important. Les autres causes de régression des oiseaux sont nombreuses et variées. Citons la disposition d'appâts empoisonnés pour lutter contre les renards ou les rongeurs, qui tuent les rapaces qui les consomment. Les dérangements dus aux activités touristiques de pleine nature, telles que l'escalade, le ski de fond, le delta-plane, et même la photographie animalière, induisent rarement une mortalité directe, mais contribuent à affaiblir les oiseaux à des périodes critiques de leur cycle vital et les rendent donc très vulnérables notamment face aux prédateurs. Pour certaines grandes espèces, comme les rapaces, les grues et les cigognes, l'électrocution sur les lignes électriques aériennes constitue une cause importante de mortalité. Dans le cas de la Cigogne blanche *Ciconia ciconia,* elle représente plus de 70 % de la mortalité de l'espèce en France et concerne en majorité les jeunes nés dans l'année. Les prélèvements d'œufs par les collectionneurs représentent une activité dont l'impact est peu sensible pour des espèces aux effectifs florissants, mais dont l'effet peut être très néfaste pour des oiseaux dont les populations sont faibles. Le cas des prélèvements de jeunes rapaces – notamment le Faucon pèlerin *Falco peregrinus* – destinés à la fauconnerie est tout à fait similaire. Une autre cause de régression, voire de disparition des espèces, est l'introduction d'espèces d'origine exotique. L'actualité nous fournit l'exemple de l'Érismature rousse *Oxyura jamaicensis,* une espèce nord-américaine introduite en Grande-Bretagne où elle prolifère et qui menace gravement la survie de l'Érismature à tête blanche *Oxyura leucocephala,* indigène en Europe de l'Ouest. En s'hybridant avec cette dernière, l'Érismature rousse, plus vivace, met en péril l'avenir génétique de l'Érismature à tête blanche. Un problème similaire se pose avec la Perdrix bartavelle *Alectoris graeca,* indigène dans les massif alpins, et la Perdrix choukar *Alectoris chukar* introduite à des fins cynégétiques.

Marc Duquet

Remerciements

*Un grand merci à tous ceux qui ont permis, par leur collaboration directe ou indirecte, la réalisation de cette partie de l'ouvrage consacrée aux oiseaux. Les rédacteurs des textes de l'*Atlas des Oiseaux nicheurs de France *(Société ornithologique de France) relatifs aux espèces menacées : C. Bagnolini, A. Bernard, J. Broyer, L. Brun, COGard (Centre ornithologique du Gard), M. Cérail, C. Chappuis, G. Cheylan, M. Cuisin, M. Debout, J.-F. Desmet, H. Dupuich, P. Géroudet, O. Girard, A. Guyot, H. Hafner, G. Hémery, F. Ibanez, P. Isenmann, L. Kérautret, P. Koenig, M. Leconte, N. Lefranc, G. Leray, L. Marion, P. Marion, J.-Y. Monnat, G. Moreau, P. Nicolau-Guillaumet, T. Nore, G. Olioso, O. Patrimonio, R. Prodon, C. Riols, F. Sueur, Y. Tariel, M. Terrasse, A. Thomas, B. Trolliet, C. Voisin, J. G. Walmsley, P. Yésou et également D. Yeatman-Berthelot et G. Jarry, coordinateurs de l'ouvrage, qui ont mis leurs textes à notre disposition.*
Merci à la Ligue pour la protection des Oiseaux (représentant français de Birdlife International), notamment à G. Rocamora et au service Études et Recherches qui ont défini les catégories de menaces et établi la liste des espèces menacées en France, à F. Siorat (station de l'Île Grande) qui a fourni les effectifs du Macareux moine aux Sept-Îles, à P. J. Dubois pour les informations diverses qu'il nous a communiquées, à J.-F. Hotte qui a effectué pour nous certaines recherches bibliographiques.
Merci enfin à tous les naturalistes et ornithologues qui communiquent leurs observations aux centrales ornithologiques, participent aux enquêtes nationales et œuvrent pour la protection des oiseaux.
Sans eux, aucun travail de synthèse ne serait possible en ornithologie, et la sauvegarde des espèces menacées resterait lettre morte.

Puffin des Anglais

Puffinus puffinus (Brünnich, 1764)

O. Procellariiformes

F. Procellariidés

Distribution actuelle. Le Puffin des Anglais se reproduit dans l'Atlantique Nord et hiverne dans l'Atlantique Sud, au large du Brésil et de l'Uruguay. L'essentiel de la population niche dans le nord-est de l'Atlantique : Islande, îles Féroé, et surtout îles Britanniques (90 % de l'effectif mondial). Des petites colonies sont également présentes sur la côte du Massachusetts, à Terre-Neuve, aux Açores, à Madère et aux Canaries. En France, l'espèce se reproduit en Bretagne, notamment dans l'archipel de Molène (Finistère) et celui des Sept-Îles (Côtes-d'Armor).

Évolution historique et menaces. Dans l'archipel de Molène, la reproduction du Puffin des Anglais est signalée sur l'île Banneg depuis la fin du XIXe siècle. L'effectif, estimé à 20-30 couples en 1957-1960, a chuté rapidement pour n'atteindre qu'un couple à la fin des années 1970. Il remonta à 10-15 couples au milieu des années 1980. Sur Balaneg, une île proche, l'espèce était signalée nicheuse dans les années 1950, mais sa présence actuelle n'est pas connue. Un peu au nord, un site de nidification a été découvert sur l'île d'Ouessant en 1985 et des chanteurs ont été notés sur l'île de Keller en 1978 et 1987. Déjà supposée au début des années 1950, la nidification sur cette dernière île est possible. Dans l'archipel des Sept-Îles, la reproduction du Puffin des Anglais a été prouvée en 1978 sur l'île Rouzic. Elle y était soupçonnée depuis longtemps. Un recensement, effectué en 1981, a permis d'y trouver 40 couples, effectif sans doute légèrement sous-estimé. Des recensements ultérieurs ont montré une nette augmentation de cette colonie, qui comptait environ 60 couples au milieu des années 1980, puis 90-95 au début des années 1990. Non loin de là, sur l'île Tomé, Côtes-d'Armor, des indices de reproduction ont été obtenus en 1953, 1981 et 1987. Le Puffin des Anglais niche peut-être également sur d'autres îlots. Ainsi, dans l'archipel d'Houat (Morbihan), des témoignages de pêcheurs suggèrent la présence d'oiseaux nicheurs sur Er Valant, entre 1925 et 1976, et un couple y a été trouvé en 1984 et 1985. Aujourd'hui, la population française du Puffin des Anglais est estimée à 100-120 couples nicheurs,

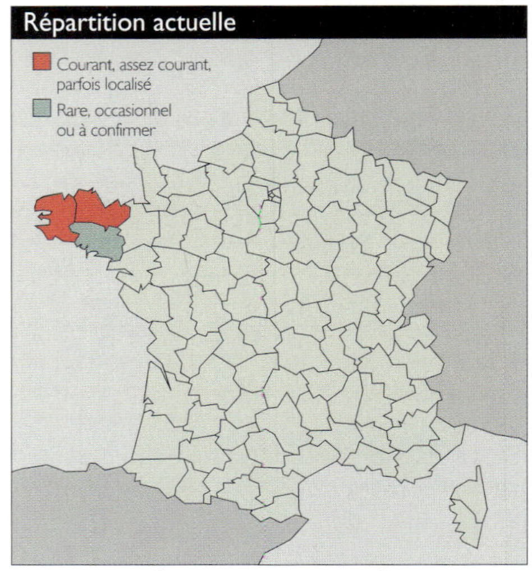

mais pourrait donc être supérieure. Il apparaît nettement que l'espèce a connu un déclin en France à partir des années 1960. Les causes n'en sont pas connues. La progression récente des effectifs français semble, toutefois, liée à l'augmentation de la population nicheuse du pays de Galles. Des oiseaux, qui avaient été bagués en mer d'Irlande, ont en effet été trouvés nicheurs en Bretagne.

Mesures de conservation. L'espèce est inscrite sur la liste des Oiseaux protégés en France, ainsi qu'à l'annexe II de la convention de Berne. La mise en réserve naturelle des îlots de Banneg, Balaneg et Trielen est destinée à protéger les sites de nidification de l'espèce.

Références bibliographiques.
Brooke, 1990 ; Monnat, 1973 ; Pasquet, 1981 ; Pasquet et Monnat, 1994 ; Pénicaud, 1979 ; Yésou, 1991 ; Yésou, 1994.

Océanite tempête

Hydrobates pelagicus (Linnaeus, 1758)

O. Procellariiformes

F. Hydrobatidés

Distribution actuelle. L'Océanite tempête se reproduit dans le nord-est de l'Atlantique – Islande, îles Féroé, îles Britanniques, France, Espagne, îles Canaries – et en Méditerranée – des îles Baléares jusqu'à Malte. En France, l'espèce niche sur des îles ou îlots entre la baie de Saint-Malo (Ille-et-Vilaine) et Biarritz (Pyrénées-Atlantiques). La Bretagne – et en particulier l'île de Banneg dans l'archipel de Molène (Finistère) – accueille l'essentiel de la population atlantique de l'espèce. Sur les côtes méditerranéennes françaises, l'Océanite tempête niche dans les îles de Marseille (Bouches-du-Rhône) ainsi que dans l'archipel des Lavezzi et dans les îles Cerbicale, au sud de la Corse, et peut-être encore dans les îles d'Hyères (Var).

Évolution historique et menaces. À la fin des années 1960, le nombre de couples nicheurs sur les côtes occidentales françaises était estimé à 460-500 couples. Aujourd'hui, il semble que l'espèce ne niche plus près de Saint-Malo, ainsi que dans les Abers. Les colonies de Biarritz et de l'île de Banneg ont connu une forte augmentation entre la fin des années 1960 et le milieu des années 1970, suivie d'une nette diminution de 1977 à 1986, et d'une relative stabilité jusqu'en 1991. La tendance générale depuis vingt-cinq ans sur

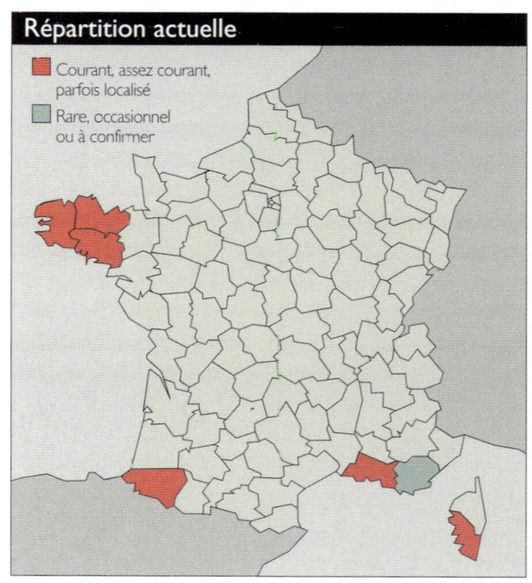

la façade atlantique est toutefois à la baisse. Ainsi, de 482 couples en 1969-1971, cette population est passée à 277 couples en 1987-1988. En Méditerranée, deux colonies ont été découvertes dans les îles d'Hyères à la fin du XIXe siècle ; leur statut actuel n'est pas connu.

Dans les îles de Marseille, trois petites colonies ont disparu depuis le début du siècle. Une seule subsiste actuellement. Située sur l'île Plane, son effectif était de 40-50 couples de 1931 à 1980, mais il semble qu'il ait nettement diminué depuis et serait de 12-30 couples depuis 1987. La Corse abrite l'essentiel des 150-200 couples que comptait la population méditerranéenne française de l'espèce en 1989. Les causes de régression de l'Océanite tempête en France sont : la prédation par les goélands en Bretagne, les variations de ressources alimentaires qui influent sur le taux de reproduction pour les colonies de Biarritz, la prédation par le Rat noir et le Goéland leucophée en Méditerranée. En outre, la destruction des habitats de reproduction et un tourisme nautique excessif mettent en péril des colonies sensibles, tant en Méditerranée que dans l'Atlantique.

Mesures de conservation. L'espèce est inscrite sur la liste des Oiseaux protégés en France, ainsi qu'à l'annexe I de la directive Oiseaux et à l'annexe II de la convention de Berne. Les colonies de l'île de Banneg, des îles Cerbicale et de l'archipel des Lavezzi sont protégées par le statut de réserves naturelles de ces îles. Localement, l'éradication des Goélands, la dératisation, l'élimination des Lapins de garenne ou encore l'effarouchement des Grands Corbeaux sont pratiqués pour protéger certaines colonies.

Références bibliographiques.
Cuillandre et al., *1989 ; Cheylan, 1985 ; Guyot* et al., *1985 ; Hémery, 1994 ; Hémery* et al., *1986 ; Walmsley, 1986.*

Butor étoilé

Botaurus stellaris (Linnaeus, 1758)

O. Ciconiiformes

F. Ardéidés

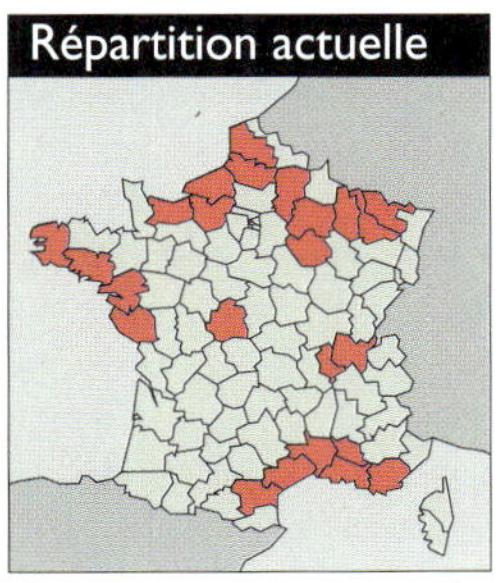

Distribution actuelle. Le Butor étoilé se reproduit en Europe méridionale et tempérée, ainsi qu'en Afrique du Nord et dans la moitié orientale de l'Afrique australe. En France, il niche sur le littoral méditerranéen, en Picardie, Champagne-Ardenne et Lorraine, sur les étangs de Brenne et de Sologne, ainsi qu'en Grande Brière.

Évolution historique et menaces. Le Butor étoilé est en forte régression dans toute l'Europe depuis le XIXe siècle. Au début des années 1970, la population française était estimée à 400-500 couples nicheurs. En 1983, elle accusait une nette diminution et ne comptait plus que 320 couples. Parallèlement, l'espèce avait disparu des Landes et s'était raréfié dans les Pays de la Loire. En revanche, elle avait quelque peu progressé en Bretagne. La population française du Butor étoilé est actuellement de 300-350 couples. La cause principale de régression de l'espèce est la disparition des grandes roselières : drainage des marais, eutrophisation de certains étangs due aux engrais agricoles. En outre, les hivers froids des années 1980 ont certainement entraîné une mortalité importante chez les oiseaux hivernant, et beaucoup sont encore tués illégalement à la chasse.

Mesures de conservation. L'espèce est inscrite sur la liste des Oiseaux protégés en France, ainsi qu'à l'annexe I de la directive Oiseaux et à l'annexe II de la convention de Berne. De nombreux étangs et roselières où niche le Butor étoilé sont aujourd'hui protégés.

Références bibliographiques.
Duhautois, 1983 ; Duhautois, 1984 ; Voisin, 1994.

Blongios nain

Ixobrychus minutus (Linnaeus, 1766)

O. Ciconiiformes

F. Ardéidés

Distribution actuelle. Le Blongios nain habite l'Europe continentale, l'Asie, l'Afrique au sud du Sahara et l'Australie. En Europe de l'Ouest, sa répartition est très discontinue. En France, l'espèce niche sporadiquement sur l'ensemble du territoire, notamment de l'Alsace et la Franche-Comté à la Picardie, en Dombes, dans le Sud-Ouest et sur le littoral méditerranéen.

Évolution historique et menaces. En 1936, le Blongios nain était signalé dans toute la France continentale. Au début des années 1970, il avait disparu de nombreuses régions, en particulier dans l'ouest du pays. Quinze ans plus tard, on note une raréfaction de l'espèce dans toutes les régions traversées par la Loire. Ainsi, la Loire-Atlantique, bastion de l'espèce dans les années 1960, a totalement perdu sa population. Les recensements nationaux de 1968, 1974 et 1983 traduisent la raréfaction du Blongios nain en France, avec respectivement 2 000, 1 260 et seulement 453 couples nicheurs. Les effectifs ont chuté d'au moins 50 % entre 1974 et 1983 dans toutes les régions de France ; la chute atteignant 80 % en Picardie, Flandres, Artois et sur le littoral atlantique. La régression du Blongios nain semble résulter de mauvaises conditions d'hivernage en Afrique (sécheresse) et de la destruction des roselières où il se reproduit.

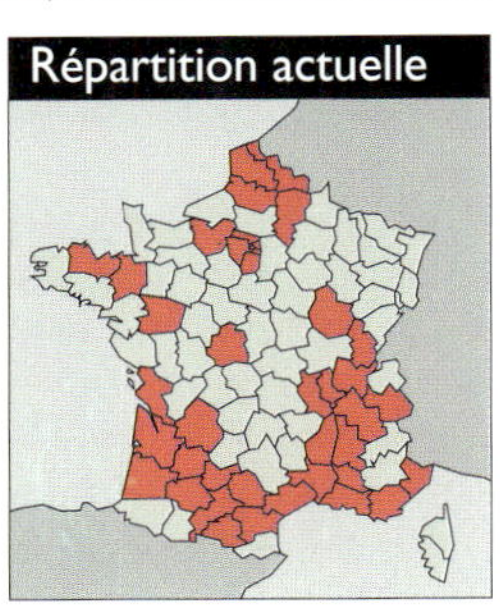

Mesures de conservation. L'espèce est inscrite sur la liste des Oiseaux protégés en France, ainsi qu'à l'annexe I de la directive Oiseaux et à l'annexe II de la convention de Berne.

Références bibliographiques.
Duhautois, 1984 ; Marion, 1983 ; Marion, 1994.

Crabier chevelu

Ardeola ralloides Scopoli, 1769

O. Ciconiiformes

F. Ardéidés

Distribution actuelle. Le Crabier chevelu appartient à l'avifaune afro-tropicale. En Europe, il n'est présent qu'autour de la Méditerranée, de la mer Noire et de la Caspienne. La Camargue abrite l'essentiel de la population française, qui compte également quelques couples en Dombes, au lac d'Artix près de Pau et au lac de Grand-Lieu en Loire-Atlantique. L'espèce hiverne en Afrique tropicale.

Évolution historique et menaces. Le Crabier chevelu est classiquement associé à la Camargue, où nichent en moyenne 80 couples. Ses effectifs y sont toutefois assez fluctuants, comme c'est le cas dans les autres pays d'Europe où l'espèce se reproduit. Ainsi, la population camarguaise de l'espèce oscille entre 40 et 120 couples depuis 1968. Elle se situe actuellement aux environs de 60-70 couples. Dans chacune des autres régions précitées, l'effectif nicheur est inférieur à 10 couples. Les fluctuations de la population française du Crabier chevelu sont vraisemblablement en relation avec la production et la survie des jeunes. Toutefois, la sécheresse extrême qui sévit régulièrement en Afrique occidentale peut affecter la survie des oiseaux hivernants. Il est également probable que ceux qui survivent à ces conditions défavorables ne sont pas en mesure d'effectuer le long voyage du retour.

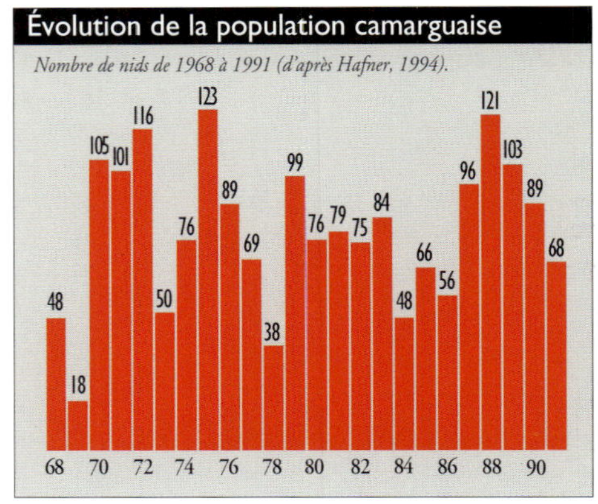

Mesures de conservation. L'espèce est inscrite sur la liste des Oiseaux protégés en France, ainsi qu'à l'annexe I de la directive Oiseaux et à l'annexe II de la convention de Berne.

Références bibliographiques.

Hafner, 1980 ; Hafner, 1994 ; Marion, 1991a.

Cigogne noire

Ciconia nigra (Linnaeus, 1758)

O. Ciconiiformes

F. Ciconiidés

Distribution actuelle. La Cigogne noire se reproduit dans les régions tempérées et boréales chaudes d'Europe et d'Asie. Une petite population – résultant vraisemblablement de l'installation de migrateurs européens – niche en Afrique australe. Les oiseaux ouest-européens hivernent en Afrique de l'Ouest, du Sénégal au Tchad. En Europe, l'espèce est surtout abondante dans le centre et l'est du continent – Allemagne, Autriche, pays de l'Est et partie occidentale de la C.E.I. – et dans la péninsule Ibérique. Quelques couples nichent en France, en Belgique, au Luxembourg et au Danemark. En France, on distingue deux pôles de présence : le Centre-Ouest (Indre-et-Loire, Maine-et-Loire, Deux-Sèvres, Indre, Cher) et le Nord-Est (Ardennes, Marne, Haute-Marne, Côte-d'Or, Jura, Haute-Saône, Territoire de Belfort, Meuse, Meurthe-et-Moselle).

Évolution historique et menaces. Au début du siècle, la Cigogne noire était signalée de passage régulier, mais rare en France, surtout dans le centre et l'est du pays. Le premier cas contemporain de nidification de l'espèce en France provient du Centre-Ouest (département d'Indre-et-Loire) et remonte à 1973. Depuis cette date, 3 ou 4 couples se reproduisent régulièrement aux confins de ce département et du Maine-et-Loire. Un peu au sud, dans les Deux-Sèvres, un couple est nicheur depuis 1990. Plus récemment (1993), un autre couple a été découvert dans le département du Cher et un autre dans l'Indre, laissant supposer l'existence d'une petite population en Sologne. Au total, ce sont donc 6 ou 7 couples qui nichent dans cette partie de la France. Dans le Nord-Est, où nichent probablement de 9 à 18 couples, c'est en Franche-Comté que le premier nid fut découvert en 1977. Il avait vraisemblablement déjà été occupé en 1976, voire depuis 1974. Bien que l'espèce soit observée de temps à autre dans cette région, aucune autre preuve de reproduction n'a cependant été apportée depuis. En Bourgogne, les premières présomptions de nidification remontent à 1975, mais leur confirmation n'a été apportée qu'au cours de l'hiver de 1992-1993 avec la découverte d'un nid par des forestiers. De même, en région Champagne-Ardenne, l'espèce est observée régulièrement, et sa reproduction ne fait pas de doute, mais aucun nid n'a encore été signalé à ce jour. En Lorraine, un couple a été trouvé dans le Nord meusien et deux autres dans le sud-est de la Meurthe-et-Moselle en 1992. La reproduction a été à nouveau notée en 1993 en Meurthe-et-Moselle. Bien que l'espèce soit en pleine expansion en Europe, la population française (15-25 couples en 1993) est

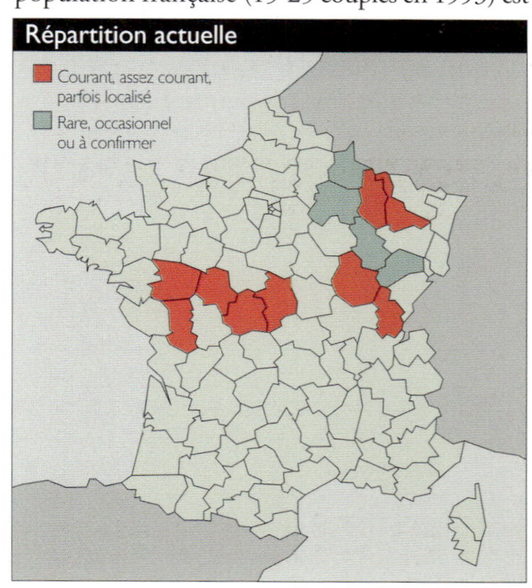

encore très faible et reste donc fragile.
Mesures de conservation. L'espèce est inscrite sur la liste des Oiseaux protégés en France, ainsi qu'à l'annexe I de la directive Oiseaux et à l'annexe II de la convention de Berne. Certains sites de nidification du Centre-Ouest bénéficient d'une surveillance permanente durant la période de reproduction.

Références bibliographiques.
Cormier et Vatan, 1981 ; Czajkowski et Duquet, 1992 ; Duquet, 1990 ; Duquet, 1994b ; Ferry, 1992 ; Loiseau, 1977.

Cigogne blanche

Ciconia ciconia (Linnaeus, 1758)

O. Ciconiiformes

F. Ciconiidés

Distribution actuelle. La Cigogne blanche se reproduit en Europe (de la péninsule Ibérique à l'Estonie et à la Grèce), Afrique du Nord (Maghreb) et Asie du Sud-Ouest (Turquie, Caucase, Iran, Irak). Une population isolée est présente en Asie centrale. Les oiseaux européens hivernent en Afrique au sud du Sahara, et les quartiers d'hiver habituels des Cigognes blanches françaises se situent dans la zone sahélienne, notamment au Sénégal et surtout au Mali. En France, l'espèce niche traditionnellement dans le nord-est du pays – Alsace et Moselle – mais aussi, depuis le début des années 1980, dans les marais de Basse-Normandie (Calvados et Manche) et de la façade atlantique (de la Loire-Atlantique aux Landes). Quelques couples nichent également çà et là dans le val d'Allier, en Dombes, sur le littoral méditerranéen, en Champagne et en Franche-Comté.
Évolution historique et menaces. En 1936, la Cigogne blanche était signalée nicheuse en Alsace, Moselle, et localement dans les Vosges et la Somme. La situation s'est nettement dégradée par la suite, et la population alsacienne, qui comptait 177 couples en 1947, a subi un déclin rapide à partir de 1961 (118 couples), atteignant le seuil de l'extinction en 1974 où 9 couples seulement subsistaient. La répartition actuelle de la Cigogne blanche en France, comparée à celle de 1976, traduit la forte expansion géographique de l'espèce, en particulier dans l'ouest du pays. La progression en Alsace est surtout numérique, le nombre de couples nicheurs dans cette région ayant été multiplié par cinq entre 1975 et 1990. Cet accroissement d'effectifs est encore plus marqué pour la composante non alsacienne de la population française, qui est passée de 3 couples en 1975 à 90 en 1993. Les exemples de la Basse-Normandie et de la Charente-Maritime illustrent bien la dynamique de l'espèce dans l'ouest de la France. En 1993, ces régions accueillent plus de 43 % de la population nicheuse française. Bien que l'origine de ces nouvelles populations soit difficile à établir, une partie au moins provient d'Espagne, comme le prouve la nidification d'un mâle porteur d'une bague espagnole à Hiers-Brouage (Charente-Maritime) au printemps de 1990. La découverte d'une autre Cigogne blanche d'origine espagnole, électrocutée dans le Tarn à la fin du mois de mai 1991, après avoir entrepris la construction d'un nid sur la commune de Dourgne, va également dans ce sens. Forte de près de 150 couples nicheurs en 1991, la population française de la Cigogne blanche atteint vraisemblablement 200 couples en 1993. La régression de la Cigogne blanche dans les années 1960, sensible dans toute l'Europe de l'Ouest à l'exception de la péninsule Ibérique, est liée à une forte mortalité de l'espèce en migration et en hivernage. Les causes sont multiples : destructions par tir, fluctuations des ressources alimentaires sur les quartiers d'hiver, et surtout électrocutions sur les réseaux électriques aériens (responsables de plus de 71 % des cas de mortalité de l'espèce en France). À ces problèmes s'ajoutent une mortalité juvénile importante lors des périodes de mauvais temps au cours de la nidification et la disparition des lieux d'alimentation traditionnels de l'espèce – zones humides notamment – dans les régions où elle niche. La population française de la Cigogne blanche demeure fragile en raison d'une mortalité toujours importante due aux électrocutions. Cette menace est d'autant plus forte qu'elle touche principalement les jeunes au sortir du nid.

Répartition actuelle

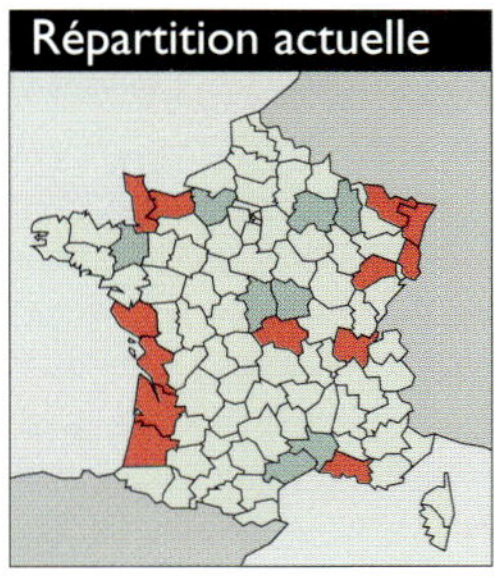

Évolution de la population française

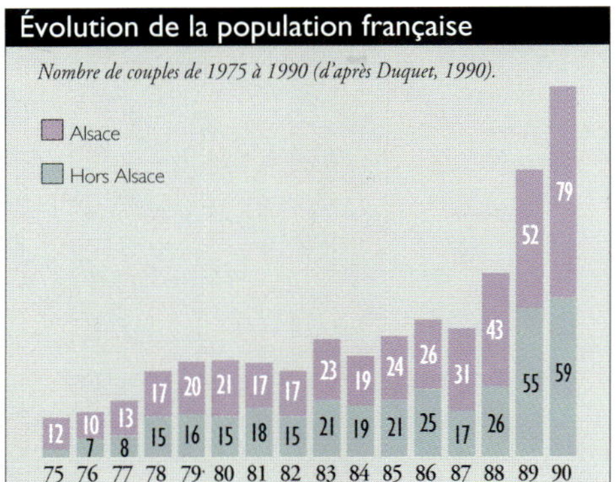

Mesures de conservation. L'espèce est inscrite sur la liste des Oiseaux protégés en France, ainsi qu'à l'annexe I de la directive Oiseaux et à l'annexe II de la convention de Berne. L'élevage en enclos destiné à la réintroduction de l'espèce a été mené avec succès en Alsace et dans plusieurs parcs ornithologiques de France. La pose de plates-formes de nidification dans des marais, action entreprise depuis plusieurs années par certaines associations ornithologiques françaises, explique en grande partie le succès de l'implantation de l'espèce dans de nouvelles régions – Charente-Maritime et Basse-Normandie, par exemple. Parallèlement, la Ligue pour la protection des Oiseaux mène un programme de coopération avec Électricité de France afin de neutraliser les installations électriques dangereuses autour de tous les nids de Cigognes blanches français.

Références bibliographiques.
Duquet, 1990a ; Duquet, 1990b ; Duquet, 1994a ; Schierer, 1986 ; Schierer, 1991 ; Thauront et Duquet, 1991.

Spatule blanche

Platalea leucorodia Linnaeus, 1758

O. Ciconiiformes

F. Threskiornithidés

Nidification certaine

Nidification probable

Distribution actuelle. La Spatule blanche se reproduit sporadiquement sur les lacs des Balkans, en Turquie, et surtout dans les deltas du Danube, du Don, de la Volga, de l'Oural et de l'Euphrate. Quatre petites populations isolées sont présentes aux Pays-Bas, en France (lac de Grand-Lieu, Loire-Atlantique), en Espagne et en Mauritanie.

Évolution historique et menaces. La Spatule blanche était signalée au XVIe siècle aux confins de la Bretagne et du Poitou – donc non loin du lac de Grand-Lieu. En 1943, une nichée suivant des adultes a sans doute été observée dans l'estuaire de la Loire, et pourrait également provenir de Grand-Lieu. Les premiers nids de Spatules blanches ont été découverts sur ce site en 1981 (5-9 couples). Toutefois, il est aujourd'hui certain qu'un couple y nichait déjà en 1973, et qu'en 1974 il y en avait trois. Entre 1984 et 1986, la reproduction n'a pas été constatée. Les Spatules blanches qui se reproduisent là sont originaires des Pays-Bas, comme le prouve la bague que porte l'une des femelles. Chaque année, de 10 à 25 jeunes naissent sur ce site. La faible population française de la Spatule blanche la rend encore très fragile.

Mesures de conservation. L'espèce est inscrite sur la liste des Oiseaux protégés en France, ainsi qu'à l'annexe I de la directive Oiseaux et à l'annexe II de la convention de Berne. Le lac de Grand-Lieu est un site en grande partie protégé dont l'accès est sévèrement réglementé.

Références bibliographiques.
Marion, 1987 ; Marion, 1991b ; Marion et Marion, 1982 ; Marion et Marion, 1994.

Oie cendrée

Anser anser (Linnaeus, 1758)

O. Ansériformes

F. Anatidés

Distribution actuelle. L'Oie cendrée se reproduit de la Méditerranée au nord de la Scandinavie et de l'Atlantique au Pacifique. En France, l'espèce a été acclimatée en baie de Somme, en Vendée et dans le bassin d'Arcachon. Toutefois, des couples sauvages ont niché récemment dans le Sud-Ouest et en Camargue.

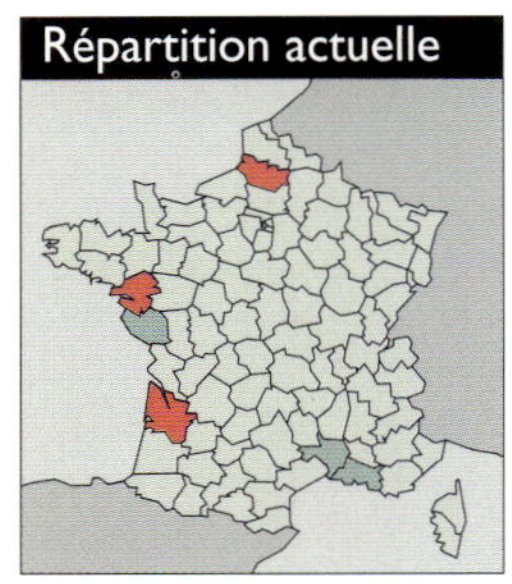

Évolution historique et menaces. L'Oie cendrée nichait en Haute-Marne au XIXe siècle et dans les Vosges au début du XXe siècle. Elle estive occasionnellement en Camargue depuis 1959. L'espèce a été introduite dans les années 1970 en Brière, baie de Somme (parc du Marquenterre), Vendée (Saint-Denis-du-Payré) et dans le bassin d'Arcachon (parc ornithologique du Teich), puis en 1981 en Alsace. Au cours des années 1980, la population française comptait 38-82 couples : 6-10 au Marquenterre (où la reproduction a cessé en 1990), 6-10 en Brière, 5-15 en Vendée (nidification pratiquement disparue en 1991), 20-45 au Teich et 1-2 en Alsace. Des couples sauvages isolés ont niché en 1980-1982 dans le Sud-Ouest – marais du Médoc et barthes de l'Adour – et depuis 1991 en Camargue. En outre, l'origine d'un couple ayant niché dans le Nord en 1989 n'est pas connue. Le prélèvement cynégétique, supérieur à la production de jeunes, s'ajoute à la prédation exercée par les renards, les chiens errants, les Milans noirs et les goélands.

Mesures de conservation. Cette espèce est chassable en France et inscrite aux annexes II et III de la directive Oiseaux et à l'annexe III de la convention de Berne.

Références bibliographiques.
Jouard, 1935 ; Riols, 1994.

Canard pilet

Anas acuta Linnaeus, 1758

O. Ansériformes

F. Anatidés

Distribution actuelle. Le Canard pilet se reproduit dans les régions septentrionales d'Amérique du Nord, d'Europe et d'Asie. En Europe de l'Ouest, il niche sporadiquement, notamment en France – côtes de la Manche, Anjou, Dombes.

Évolution historique et menaces. En 1936, le Canard pilet était considéré comme nicheur occasionnel en Camargue, Brenne, Picardie, Normandie et Vendée. Entre 1945 et 1970, il a niché une fois en Camargue (en 1956), et peut-être en Lorraine et en Brenne. De 1970 à 1975, la nidification a été constatée au parc ornithologique du Teich (Gironde), au Marquenterre (Somme) et en Dombes, et suspectée en Charente-Maritime, dans la Marne et en Vendée. Depuis 1981, aucune famille n'a été observée au Teich, et des installations ont été notées çà et là : Nord, Pas-de-Calais, Somme, Cantal, Vendée, Vienne, Bretagne et Normandie. En Dombes, la nidification, très irrégulière, a été prouvée en 1950, 1975, 1985 et 1991. En Anjou, elle l'a été en 1979, en 1983 et 1989. En Normandie – marais de Carentan et baie des Veys –, l'espèce a niché à plusieurs occasions depuis 1970, et sa reproduction semble y être régulière. La pression de chasse excessive et la rareté des milieux protégés favorables à l'espèce compromettent l'avenir de celle-ci en France.

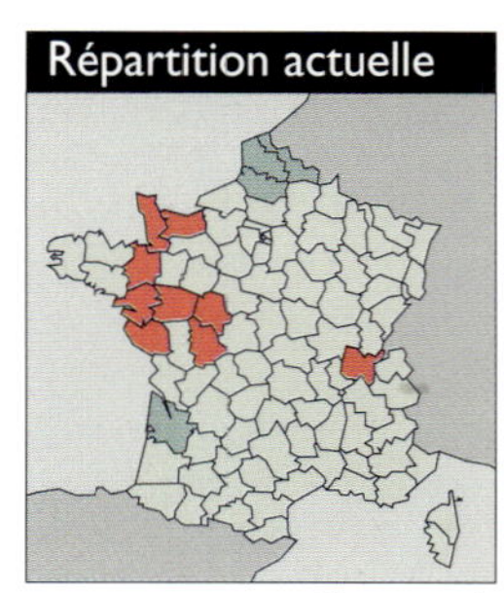

Mesures de conservation. Cette espèce est chassable en France, et inscrite aux annexes II et III de la directive Oiseaux et à l'annexe III de la convention de Berne.

Références bibliographiques.
Beaudoin et Bizien, 1981 ; Debout, 1994 ; Kapps et al., *1983 ; Vincent, 1987 ; Yésou, 1986.*

Sarcelle d'été

Anas querquedula Linnaeus, 1758

O. Ansériformes

F. Anatidés

Distribution actuelle. La Sarcelle d'été se reproduit dans toute l'Europe et l'Asie, de la France au Japon. En France, elle niche çà et là, notamment dans la région Nord-Pas-de-Calais, dans le Cotentin et dans la zone Loire-Atlantique-Vendée. Dans le Forez, il ne reste qu'une dizaine des 40 couples nicheurs des années 1975-1980

Évolution historique et menaces. La Sarcelle d'été est en déclin dans la plupart des régions de France. Autrefois régulière, elle n'est plus qu'occasionnelle en Camargue. Dans le Forez, des 40 couples nicheurs des années 1975-1980, il ne reste qu'une dizaine. En Dombes, quelque 200 couples nichaient en 1973-1975, et seulement 30-40 en 1985-1989. En Alsace, il semble que l'espèce ne niche plus, alors que vers 1975, l'effectif était de 10-20 couples. En Lorraine, une dizaine de couples subsisteraient, sur la centaine signalée en 1968. En région parisienne, de 30-40 couples en 1950-1960, l'effectif est tombé à moins de 5 couples. En Bretagne et Loire-Atlantique, l'effectif est passé de 70-80 couples en 1970-1975 à 35-50 couples aujourd'hui. Ailleurs

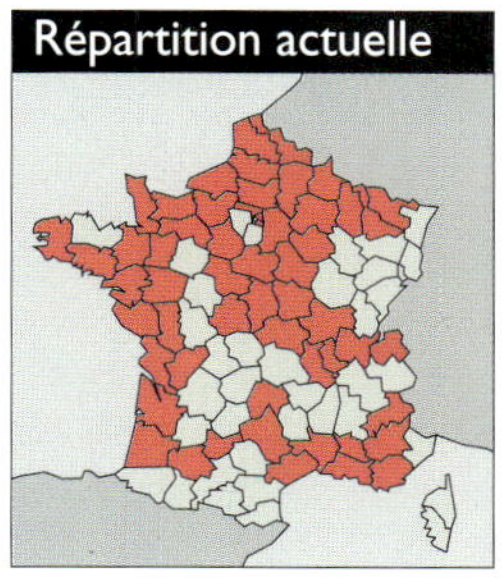

en France, la Sarcelle d'été niche, ou a niché, avec de très petits effectifs. Estimée à la fin des années 1960, à 1 000-2 000 couples la population française n'était plus que de 500-700 couples dix ans plus tard et semble être comprise entre 230 et 500 couples en 1985-1989. Les causes de régression de l'espèce sont la disparition ou la dégradation des zones humides (urbanisation, drainage), la destruction des nids par l'ensilage et les fauches précoces.

Mesures de conservation. Espèce chassable en France et inscrite à l'annexe II de la directive Oiseaux et à l'annexe III de la convention de Berne.

Références bibliographiques.
Girard, 1994a.

Nette rousse

Netta rufina (Pallas, 1773)

O. Ansériformes

F. Anatidés

Distribution actuelle. La Nette rousse se reproduit en Asie centrale, en Turquie et en Europe – de l'Espagne au Danemark et à la mer Noire. En France, elle niche surtout en Camargue, Dombes, Forez et Brenne, mais aussi en petit nombre en Corse et occasionnellement dans l'Est.

Évolution historique et menaces. La reproduction de la Nette rousse en France a été découverte en 1894, en Camargue. En 1936, l'espèce était signalée nicheuse régulière en Camargue, en Dombes et dans le Forez, ainsi qu'occasionnellement en Côte-d'Or et en Meurthe-et-Moselle au moins. Cette situation était confirmée en 1970-1975. Au début des années 1980, la présence de 5 à 20 couples nicheurs en Corse était notée. En Camargue, un déclin important a été mis en évidence : de 200-300 couples avant 1964, l'effectif est en effet tombé à 80-100 couples vers 1990. En Dombes, quelque 160 couples nicheurs étaient notés dans les années 1970. Dans le Forez, l'effectif était estimé à 20-40 couples en 1984-1985. Depuis 1985, des nidifications ont été notées dans la Drôme

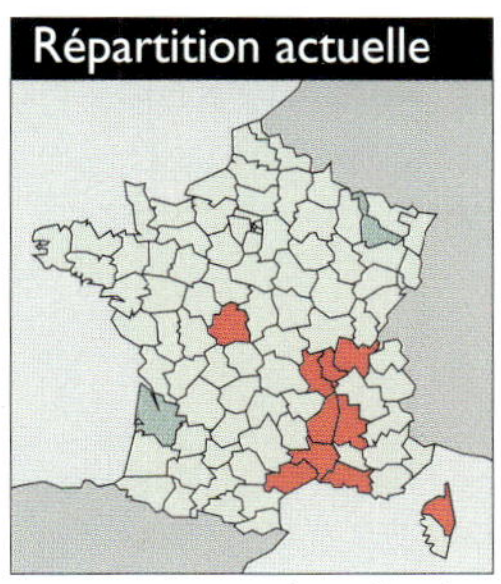

(10 couples en 1991), en Brenne, en Gironde et en Lorraine. La régression de la Nette rousse en Camargue est attribuée à la prédation exercée par le Goéland leucophée. Toutefois, en prélevant près de 80 % des jeunes de l'année en août et septembre, la chasse n'est sans doute pas étrangère à ce phénomène.

Mesures de conservation. L'espèce est chassable en France et inscrite à l'annexe II de la directive Oiseaux et à l'annexe III de la convention de Berne.

Références bibliographiques.
Boutin, 1994 ; Gaillardin, 1991 ; Mayaud, 1966.

Eider à duvet

Somateria mollissima (Linnaeus, 1758)

O. Ansériformes

F. Anatidés

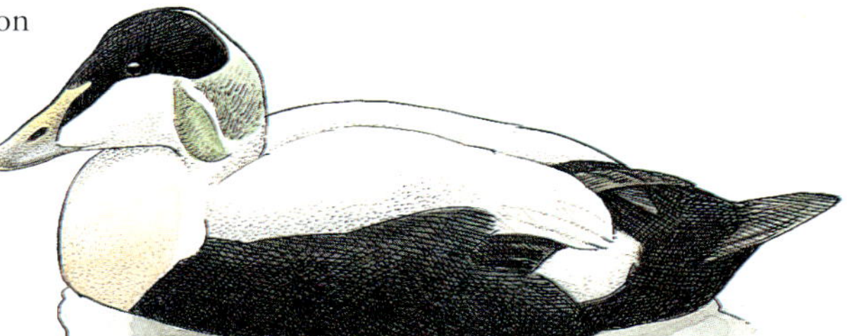

Distribution actuelle. L'Eider à duvet se reproduit sur les côtes de l'Arctique et le nord de l'océan Pacifique. En Europe, il habite l'Islande, le Spitzberg, l'Écosse, la Scandinavie et les Pays-Bas. En France, quelques couples nichent en Bretagne, dans le bassin d'Arcachon, et occasionnellement sur le littoral de la Manche.

Évolution historique et menaces. Au début du siècle, l'Eider à duvet était signalé nicheur sur des îlots du sud de la Bretagne. Sur les côtes de la Manche, la nidification a été prouvée en 1979 en baie d'Orne, en 1989 dans l'est du Cotentin, en 1978, 1979, puis 1990 près de Cancale (Ille-et-Vilaine), en 1989 dans l'estuaire de la Rance, et enfin en 1974, 1975 et 1988 près de Bréhat et de l'estuaire du Trieux (Côtes-d'Armor). Sur le littoral atlantique, l'espèce a niché dans l'archipel d'Houat (Morbihan), en 1964, 1969, et sans doute de 1985 à 1990, dans le golfe du Morbihan en 1983, près de La Baule (Loire-Atlantique), en 1905, 1906, à plusieurs reprises de 1910 à 1931, en 1958, puis de 1983 à 1990, sur l'île Dumet dans

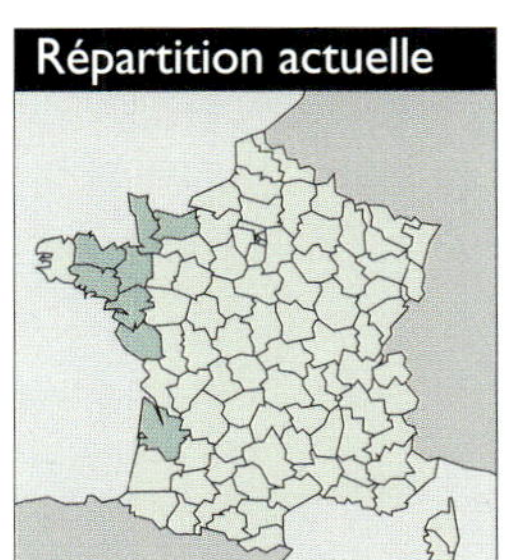

les années 1980 et sur l'île du Pilier (Vendée) en 1992. Sur le banc d'Arguin (Gironde), un couple a niché en 1977 et de 1981 à 1991 ; il y en avait 6 en 1992. La population française est de l'ordre de 10 couples. Elle est faible en raison de sa position en limite d'aire de répartition de l'espèce.

Mesures de conservation. Cette espèce est chassable en France et inscrite aux annexes II et III de la directive Oiseaux et à l'annexe III de la convention de Berne.

Références bibliographiques.
Le Mao, 1991 ; Leray et Yésou, 1988 ; Thomas, 1988 ; Yésou et Leray, 1994.

Harle bièvre

Mergus merganser Linnaeus, 1758

O. Ansériformes

F. Anatidés

Distribution actuelle. Le Harle bièvre se reproduit en Europe septentrionale et dans une zone du nord des Alpes, centrée sur le lac Léman. En France, il niche principalement sur ce lac, ainsi que sur quelques lacs et cours d'eau avoisinants.

Évolution historique et menaces. Signalée au XVIIe siècle en Alsace, la nidification du Harle bièvre a été prouvée dès 1905 sur les rives savoyardes du lac Léman. La population a augmenté progressivement, surtout après 1970, pour atteindre environ 700 couples en 1984, avant de se stabiliser à 475-550 couples. Sur la partie française du lac, quelque 150 couples nichent en Haute-Savoie. L'espèce progresse dans les vallées de la Dranse et de l'Arve, dans le pays de Gex, le long de la Versoix et d'autres rivières. Le Rhône a été colonisé au début des années 1980 jusqu'au bas Bugey. L'espèce niche au lac d'Annecy depuis 1975 et sur celui du Bourget depuis 1986. En Franche-Comté, la nidification a été constatée sur le Doubs depuis 1990 et au lac de Vouglans, Jura, en 1992. La population actuelle de l'espèce en France est estimée à 170-200 couples. Bien qu'en pleine progression, la population française du Harle bièvre est encore faible et demeure donc fragile.

Mesures de conservation. L'espèce est inscrite sur la liste des Oiseaux protégés en France, ainsi qu'à l'annexe II de la directive Oiseaux et à l'annexe III de la convention de Berne. La pose de nichoirs artificiels au bord du Léman a permis de favoriser le développement de l'espèce.

Références bibliographiques.
Du Plessix, 1990 ; Géroudet, 1985 ; Géroudet, 1994.

Érismature à tête blanche

Oxyura leucocephala (Scopoli, 1769)

O. Ansériformes

F. Anatidés

Distribution actuelle. L'Érismature à tête blanche se reproduit sporadiquement autour de la Méditerranée – Espagne, Tunisie, Turquie –, dans les Balkans et au nord de la mer Caspienne. En France, l'espèce a niché en Corse jusqu'en 1966.

Évolution historique et menaces. La présence de l'Érismature à tête blanche en Corse est attestée depuis 1884 au moins. Elle a été mentionnée de nombreuses fois entre la fin du XIXe siècle et les années 1950. L'espèce nichait principalement sur l'étang de Biguglia en Haute-Corse. Toutefois, ses effectifs y étaient très faibles. En 1964, 4-5 individus étaient encore observés sur ce site, tandis que le dernier couple y était vu en 1966. Aucune observation n'a été réalisée en Corse depuis, et l'espèce est considérée disparue en tant que reproductrice en France. La chasse apparaît comme la (seule ?) cause de disparition de l'Érismature à tête blanche en Corse. Ailleurs en Europe, l'espèce est en régression depuis le début du siècle, en raison de la disparition des habitats humides qu'elle occupe. Depuis peu, l'expansion de l'Érismature rousse *Oxyura jamaicensis,* originaire d'Amérique du Nord et introduite en Grande-Bretagne, menace les populations ibériques (compétition directe, pollution génétique résultant de l'hybridation des deux espèces).

Mesures de conservation. L'espèce est inscrite sur la liste des Oiseaux protégés en France, ainsi qu'à l'annexe I de la directive Oiseaux et à l'annexe II de la convention de Berne.

Références bibliographiques.
Anstey, 1989 ; Thibault, 1983.

Élanion blanc

Elanus caeruleus (Desfontaines, 1789)

O. Accipitriformes

F. Accipitridés

Distribution actuelle. L'Élanion blanc se reproduit dans le sud-ouest de l'Europe (péninsule Ibérique, France), en Afrique (Maghreb, vallée du Nil, pays situés au sud du Sahara), dans le sud de l'Asie (de l'Inde jusqu'à la Chine et à la péninsule malaise), ainsi qu'en Indonésie et aux Philippines. En France, l'espèce niche localement dans le département des Pyrénées-Atlantiques.

Évolution historique et menaces. Au XIXe siècle, l'Élanion blanc a été capturé au moins cinq fois en France : en mai 1830 simultanément dans le Gard et le Nord, en septembre 1841 en Seine-Maritime, en 1884 (?) en Seine-Saint-Denis et à la fin du siècle en Côte-d'Or. Au XXe siècle, des individus isolés ont été notés en avril 1973 et en mai 1985 dans les Bouches-du-Rhône, en avril 1979 dans l'Ain, d'août à octobre 1985 dans le Lot-et-Garonne, en août 1988 dans les Pyrénées-Atlantiques, en août 1989 en Gironde et en octobre 1989 dans les Pyrénées-Orientales. Toutes ces observations concernent des oiseaux erratiques, et il faut attendre 1983 pour qu'un premier indice de reproduction soit noté à la limite des départements des Landes et des Pyrénées-Atlantiques. Cette année-là, un couple construit un nid dans cette région, mais la reproduction échoue en cours d'incubation. En 1984, le couple est toujours présent et construit un nouveau nid, mais la reproduction n'a pas lieu. Les deux oiseaux sont revus de temps à autre en 1985 et 1986, puis plus irrégulièrement encore en 1987 et 1988. En août 1989, un couple est à nouveau observé dans ce secteur. C'est toutefois en 1990 que l'espèce se reproduit avec succès pour la première fois en France : un couple élève quatre jeunes dans les Pyrénées-Atlantiques. D'autres apparitions d'individus isolés sont notées en France en 1990 : en février dans l'Ain, en avril dans les Pyrénées-Orientales puis l'Aude, en juillet dans l'Aveyron, en octobre dans les Hautes-Pyrénées, et de décembre à février à nouveau dans les Pyrénées-Orientales. En 1991, un deuxième couple est découvert en septembre dans les Landes, non loin de celui des Pyrénées-Atlantiques, tandis qu'un adulte

est présent durant tout le mois de juin dans le Tarn. En 1992, les deux couples du Sud-Ouest sont présents, mais aucun ne se reproduit avec succès, tandis que deux observations d'oiseaux isolés sont faites plus au nord : en mai en Vendée et juillet dans l'Aisne. En 1994, deux couples sont à nouveau présents dans le Sud-Ouest.
L'Élanion blanc se trouve en limite d'aire de répartition en France. L'espèce y semble en expansion, comme c'est le cas dans la péninsule Ibérique. Toutefois, la population est encore très faible et demeure de ce fait très sensible. La modification de ses habitats (développement de la culture du maïs au détriment des prairies, abattage des boqueteaux en zones de culture) pourrait compromettre l'installation durable de l'espèce en France.
Mesures de conservation. L'espèce est inscrite sur la liste des Oiseaux protégés en France, ainsi qu'à l'annexe I de la directive Oiseaux et à l'annexe II de la convention de Berne.

Références bibliographiques.
Guyot, 1990 ; Guyot, 1994 ; Grangé, 1991.

Pygargue à queue blanche

Haliaeetus albicilla (Linnaeus, 1758)

O. Accipitriformes

F. Accipitridés

Distribution actuelle. Le Pygargue à queue blanche se reproduit en Europe – de la Grèce au sud de la Suède, ainsi que sur les côtes occidentales de Scandinavie et d'Islande –, dans toute la Russie et au sud-ouest du Groenland. En France, l'espèce a niché en Corse jusqu'au début des années 1950.
Évolution historique et menaces. Autrefois nicheur en France continentale, le Pygargue à queue blanche a été exterminé au cours des XVIe et XVIIe siècles. Au siècle dernier, l'espèce nichait près de Bonifacio et d'Ajaccio. Elle se reproduisait encore en Corse en 1936, au moins sur les côtes orientales de l'île – étangs de Biguglia et Palo – et en 1939, six couples nicheurs étaient recensés sur l'île de Beauté. En 1953, l'espèce était encore signalée nicheuse, mais elle ne l'était plus en 1956. Quelques individus isolés se sont maintenus jusque vers 1968, avant de disparaître. Aucune observation sur l'île n'a eu lieu depuis. Au début du XXe siècle, les apparitions occasionnelles de l'espèce en France continentale aboutissaient presque systématiquement à la destruction des oiseaux. Le Pygargue à queue blanche hiverne régulièrement en petit nombre en France continentale depuis 1973. Les destructions par tirs et les empoisonnements sont responsables de la disparition de l'espèce en France.

Mesures de conservation. L'espèce est inscrite sur la liste des Oiseaux protégés en France, ainsi qu'à l'annexe I de la directive Oiseaux et à l'annexe II de la convention de Berne.

Références bibliographiques.
Riols, 1991a.

Gypaète barbu

Gypaetus barbatus (Linnaeus, 1758)

O. Accipitriformes

F. Accipitridés

Distribution actuelle. Le Gypaète barbu se reproduit dans les régions montagneuses du bassin méditerranéen (Pyrénées, Corse, Grèce, Crète, Turquie, Israël, Égypte, Atlas), d'Asie (Himalaya, Mongolie) et d'Afrique (Éthiopie, Kenya, Afrique du Sud). En France, il niche uniquement dans les Pyrénées occidentales et en Corse. L'espèce est en cours de réintroduction dans les Alpes.
Évolution historique et menaces. Au XIXe et jusqu'au début du XXe siècle, le Gypaète barbu nichait dans les Alpes, les Pyrénées et la Corse. Dans les Alpes, l'espèce était signalée comme étant devenue extrêmement rare en 1936, mais il semble en fait qu'elle ait disparu du massif alpin vers 1920, et peut-être dès 1885. Un programme de réintroduction est en cours (14 oiseaux lâchés en Haute-Savoie de 1987 à 1992), et des observations de plus en plus régulières sont effectuées actuellement dans le nord des Alpes. Dans les Pyrénées, l'espèce était

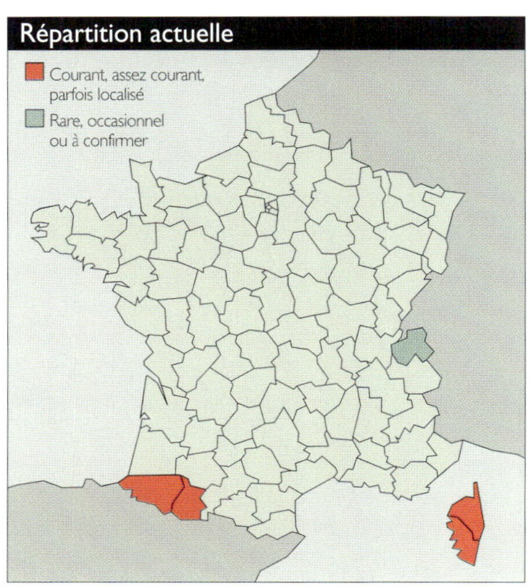

présente au XIXe siècle, de l'ouest du pays Basque aux Pyrénées centrales. Sa présence ancienne plus à l'est est vraisemblable. Actuellement, l'espèce est présente principalement dans la partie occidentale du massif pyrénéen. En 1993, la population pyrénéenne de l'espèce était au minimum de 15 couples adultes sur le versant français, pour un total de 73 couples (France et Espagne). Elle est en légère progression depuis une vingtaine d'années. En Corse, le Gypaète barbu semble n'avoir jamais été très abondant, en raison de la faible surface d'habitat favorable. En 1981, la population corse était estimée à 13-18 couples, ce qui semble nettement surestimé. Depuis une dizaine d'années, la population est stabilisée à 8 couples adultes, mais le très faible taux de reproduction ne permet peut-être pas le renouvellement des adultes. Dans les Alpes, le Gypaète barbu a été exterminé par la chasse, les collectionneurs d'œufs et de trophées, mais a aussi été victime d'appâts empoisonnés destinés surtout aux renards.

Mesures de conservation. L'espèce est inscrite sur la liste des Oiseaux protégés en France, ainsi qu'à l'annexe I de la directive Oiseaux et à l'annexe II de la convention de Berne. Dans le massif alpin, après une tentative de réintroduction infructueuse dans le milieu des années 1970, un programme de réintroduction est mené conjointement en Autriche, France, Suisse et Italie depuis 1986. Depuis le premier lâcher expérimental de 4 jeunes en Autriche en 1986, ce sont au total 58 jeunes (tous élevés en captivité) qui ont été relâchés sur les quatre sites sélectionnés dans les pays cités. Trois couples, encore subadultes, sont cantonnés depuis 1993, deux en France et un en Autriche. Ces couples font l'objet d'un suivi scientifique et pourraient se reproduire à partir de 1995.

Références bibliographiques.
Bouvet, 1985 ; Fasce et Fasce, 1987 ; Terrasse, 1980 ; Terrasse et Terrasse, 1991.

Vautour percnoptère

Neophron percnopterus (Linnaeus, 1758)

O. Accipitriformes

F. Accipitridés

Distribution actuelle. Le Vautour percnoptère se reproduit autour de la Méditerranée – principalement en Espagne, Grèce, Turquie et Afrique du Nord – ainsi qu'au Moyen-Orient, en Asie du Sud-Ouest, en Inde et en Afrique tropicale. En Europe, il est présent des Pyrénées au Balkans – Portugal, Espagne, France, Italie, ex-Yougoslavie, Albanie, Grèce, Roumanie et Bulgarie. En France, l'espèce niche en Provence et dans les Pyrénées.

Évolution historique et menaces. Au XIXe siècle, le Vautour percnoptère nichait dans toute la France méditerranéenne – de Menton à Perpignan –, à l'exception de la Corse. Il remontait alors la vallée du Rhône jusqu'au mont Salève près de Genève et occupait toute la chaîne des Pyrénées. Au début du XXe siècle, l'espèce nichait encore dans les gorges de la Jonte et de l'Ardèche, dans les Cévennes, les Pyrénées, les Corbières, les Basses-Alpes et peut-être les Alpilles. La population méditerranéenne était estimée à 100 couples en 1930. En Provence, les effectifs auraient diminué de 24 à 28 % entre 1930 et 1979, le principal déclin de l'espèce semble avoir eu lieu entre 1880 et 1910. L'espèce a disparu de l'Isère etP du Dauphiné vers 1910. Les couples nicheurs du sud du Massif central sont signalés jusqu'en 1947, alors que l'espèce a disparu vers 1955 des gorges du Tarn et 1956 du Gard. L'aire de répartition pyrénéenne s'est amoindrie vers l'ouest à partir de 1967-1968. Toutefois, depuis la fin des années 1970, deux couples ont recolonisé d'anciens sites dans l'Ariège, et la recolonisation des Grands Causses est en cours. La population actuelle de l'espèce dans notre pays est divisée en deux parties distantes de plus de 250 km : l'une provençale et l'autre pyrénéenne. Elle peut être estimée à 60-70 couples, dont 40-50 couples sur le versant nord des Pyrénées. L'effectif nicheur semble maintenant stabilisé. La recolonisation de sites abandonnés pendant plusieurs années et l'observation d'adultes non reproducteurs ou de subadultes et d'immatures témoignent de la vitalité importante de l'espèce dans notre pays. Les causes du déclin du Vautour percnoptère en France sont multiples :

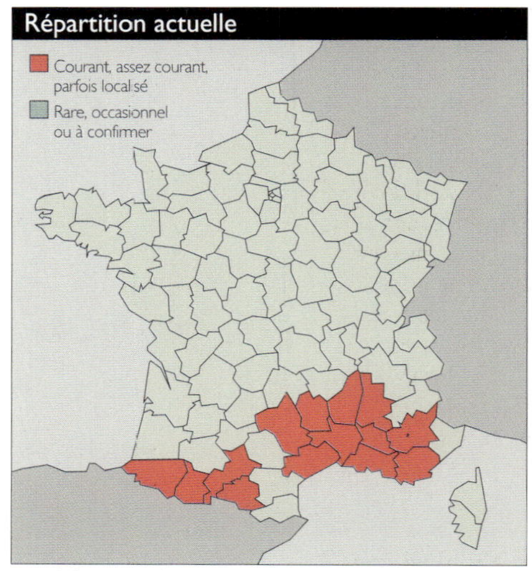

modification des pratiques agropastorales (abandon de la transhumance des moutons à pied), chasse intensive pratiquée jusqu'à la protection de l'espèce, utilisation d'appâts empoisonnés destinés notamment aux renards, dérangement sur les sites de nidification, épandages massifs de biocides utilisés contre les criquets migrateurs ou sur les colonies d'« oiseaux mange mil » dans les zones d'hivernage. D'autres dangers sont apparus récemment, tels que certains travaux d'aménagement du territoire (construction de routes, etc.) et l'expansion du tourisme (randonnée, varappe, etc.).

Mesures de conservation. L'espèce est inscrite sur la liste des Oiseaux protégés en France, ainsi qu'à l'annexe I de la directive Oiseaux et à l'annexe II de la convention de Berne. Un certain nombre de nids bénéficient d'une surveillance coordonnée par le Fonds d'intervention pour les Rapaces.

Références bibliographiques.
Bagnolini, 1994 ; Bergier et Cheylan, 1980 ; Braillon, 1987 ; Elosegi, 1989 ; Frier, 1968 ; Géroudet, 1964.

Aigle de Bonelli

Hieraaetus fasciatus (Vieillot, 1822)

O. Accipitriformes

F. Accipitridés

Distribution actuelle. L'Aigle de Bonelli se reproduit du bassin méditerranéen aux massifs montagneux d'Asie centrale, ainsi qu'en Indonésie et en Afrique tropicale. La péninsule Ibérique accueille la majorité de l'effectif européen (675-750 couples en Espagne sur les 800-900 estimés en Europe en 1991). L'espèce niche aussi dans le sud de la France (Provence,

Répartition actuelle

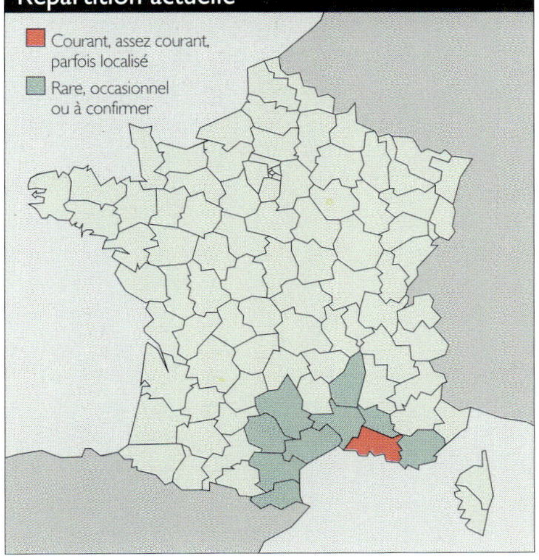

Languedoc, Pyrénées-Orientales), de l'Italie et de la Grèce, et sur certaines grandes îles de Méditerranée (Sardaigne, Sicile et Crète).

Évolution historique et menaces. Jusqu'au milieu du XXe siècle, l'Aigle de Bonelli nichait dans tous les départements côtiers méditerranéens, des Pyrénées-Orientales aux Alpes-Maritimes. Il remontait jusque dans le sud de l'Ardèche et le nord du Vaucluse. Depuis les années 1960-1970, l'espèce connaît un déclin régulier dans notre pays. Celui-ci affecte principalement les départements marginaux de l'aire provençale, c'est-à-dire le Vaucluse, les Alpes-de-Haute-Provence et les Alpes-Maritimes. À la fin des années 1980, la présence d'oiseaux dans l'Ariège, la Drôme, les Alpes-de-Haute-Provence et le massif de l'Esterel (Var), correspond vraisemblablement à des individus erratiques. En 1992, 12 couples se reproduisent dans les Bouches-du-Rhône, qui accueillent ainsi 41 % de l'effectif français. La population française de l'Aigle de Bonelli était de 120-150 couples en 1939. Estimée à 60 couples il y a vingt ans et à une trentaine à la fin des années 1980, elle ne compte plus que 29 couples en 1992. La régression de l'Aigle de Bonelli en France est habituellement imputée à la diminution du Lapin de garenne (myxomatose, chasse excessive) et de la Perdrix rouge (chasse excessive), mais aussi aux dérangements par les promeneurs et les alpinistes, ou encore aux dénichages. L'installation de la plupart des lignes électriques à moyenne tension dans le secteur de la Crau date des années 1940-1950, et le processus régulier de régression de l'espèce en France depuis une trentaine d'années pourrait en grande partie être imputé au développement de ce réseau. L'électrocution sur les lignes électriques constitue en effet la première cause de mortalité des juvéniles en France, et représente 78 % des cas recensés entre 1980 et 1993. Les adultes sont beaucoup moins touchés (2 cas durant la même période contre 18 pour les juvéniles). Les destructions par tirs et les piégeages sont toujours pratiqués, malgré la protection légale dont bénéficie l'espèce ; ils constituent 13 % des causes de mortalité durant la même période.

Mesures de conservation. L'espèce est inscrite sur la liste des Oiseaux protégés en France, ainsi qu'à l'annexe I de la directive Oiseaux et à l'annexe II de la convention de Berne. En Provence, des travaux de défrichement sont effectués localement afin de redonner des terrains de chasse à l'espèce. La surveillance permanente des aires est en outre coordonnée par le Fonds d'intervention pour les Rapaces.

Références bibliographiques.

Cheylan, 1977 ; Cheylan, 1981 ; Cheylan, 1994a ; Real, 1991 ; Real et al., *1994.*

Balbuzard pêcheur

Pandion haliaetus (Linnaeus, 1758)

O. Accipitriformes

F. Pandionidés

Distribution actuelle. Le Balbuzard pêcheur se reproduit dans les régions boréales et tempérées de l'hémisphère Nord, en Asie du Sud-Est et sur les côtes d'Australie. En Europe, il est surtout abondant en Scandinavie et en Écosse. Il est aussi présent en Europe centrale et orientale, dans les Balkans et sur certaines îles de Méditerranée (Baléares, Corse). En France, l'espèce niche sur les côtes occidentales de la Corse et localement dans la région Centre (département du Loiret) et en Bourgogne.

Évolution historique et menaces. Jusqu'au début du XXe siècle, le Balbuzard pêcheur se reproduisait en France continentale, où la dernière nidification fut notée en Lorraine en 1903. L'espèce subsistait alors seulement en Corse, où de 40 à 100 couples nicheurs étaient présents au début du siècle. Ils nichaient sur la plupart des côtes rocheuses de l'île – à l'ouest, au sud-est, au cap Corse – mais aussi à l'intérieur des terres dans certaines vallées. Le Balbuzard pêcheur a connu une régression lente avant les années 1950, mais surtout entre 1950 et 1970. En 1974, l'espèce était au bord de l'extinction dans l'île, avec seulement 4 couples. La tendance s'inversa ensuite et, de 6 couples en 1977, la population corse passa à 11 en 1979, 12 en 1981 et 14 en 1989. En 1991, 23 couples occupaient un territoire sur les côtes du nord-ouest de l'île. En France continentale, un couple de Balbuzards pêcheurs s'est réinstallé en 1984 dans le Loiret. Il s'est reproduit régulièrement chaque année depuis, et deux autres couples furent découverts en 1991 à proximité immédiate de celui-ci. En 1994, cinq couples nicheurs ont été recensés. La présence d'un autre couple élevant deux jeunes fut découverte en Bourgogne en 1989. Il était vraisemblablement déjà présent l'année précédente. Toutefois, bien qu'il ait été observé chaque année depuis, aucune autre reproduction n'a été notée. Avec six couples, cette population naissante est encore faible, mais semble promettre une recolonisation plus large de cette partie du pays. Les causes de disparition du Balbuzard pêcheur en France sont en majorité les destructions directes (chasse, dénichages) dont l'espèce a été l'objet. Dans les régions méditerranéennes, la dégradation de son habitat par l'urbanisation des côtes, la contamination de la chaîne alimentaire par les produits organochlorés, les métaux lourds et le PCB (polychlorobiphényl) et le dérangement des sites de nidification ont également joué un

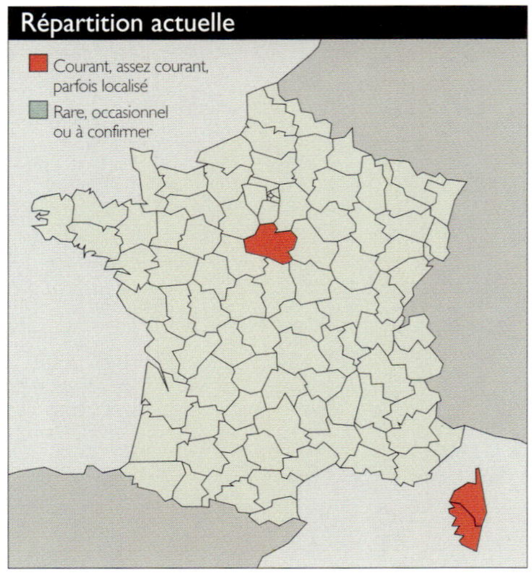

rôle très négatif sur l'évolution de la population.
Mesures de conservation. L'espèce est inscrite sur la liste des Oiseaux protégés en France, ainsi qu'à l'annexe I de la directive Oiseaux et à l'annexe II de la convention de Berne. En plus de cette protection légale, le Balbuzard pêcheur a bénéficié de campagnes de surveillance des nids organisées par le Fonds d'intervention pour les Rapaces.

Références bibliographiques.
Patrimonio et Tariel, 1994 ; Thibault et Patrimonio, 1990.

Faucon crécerellette

Falco naumanni Fleischer, 1818

O. Falconiformes

F. Falconidés

⚠

Distribution actuelle. Le Faucon crécerellette se reproduit autour de la Méditerranée – Afrique du Nord, péninsule Ibérique (60 % de la population européenne), France, Italie du Sud, Sardaigne, Sicile, sud de l'ex-Yougoslavie, Grèce – et de la mer Noire à l'Asie centrale. En France, l'espèce ne niche plus qu'en Provence.

Évolution historique et menaces. Le Faucon crécerellette était autrefois répandu sur le littoral méditerranéen, du département de l'Aude jusqu'aux Bouches-du-Rhône. Toutefois, la découverte de l'espèce est relativement récente, et les informations sur sa présence historique en France font donc défaut. Entre 1947 et 1965, le Faucon crécerellette nichait dans le Vaucluse, le Gard, les Bouches-du-Rhône et sans doute l'Aude ; sa population était estimée à 70-150 couples. De 1970 à 1977, la population française ne comptait plus que 40-50 couples et l'on notait notamment la disparition de nombreuses colonies dans les Bouches-du-Rhône. L'espèce était alors signalée nicheuse dans le nord du Gard, les Alpilles et le Luberon. À la fin des années 1970, les effectifs étaient tombés à 15-20 couples, bien que la répartition de l'espèce n'ait pas changé. Entre 1982 et 1992, le Faucon crécerellette a disparu du Vaucluse, du Gard et s'est maintenu en petit nombre (2-4 couples) dans les Alpilles. Dans le Gard, 6 couples étaient encore présents en 1981. Il n'en restait plus que 3 en 1983, 2 en 1986 et un seul en 1991. Dans la plaine de la Crau, où l'espèce est connue depuis les années 1960, la population comptait 3 couples en 1984 et 1985, 6 en 1986, puis 9 de 1987 à 1990. Une augmentation récente, consécutive à la pose de nichoirs et à l'éclatement de la colonie, a porté les effectifs à 19 couples en 1992 et 24 en 1993. Les causes de la régression et de la disparition du Faucon crécerellette en France sont mal connues. Toutefois, il paraît vraisemblable que, à l'instar de nombreuses espèces insectivores, l'espèce a souffert de l'usage massif d'insecticides, responsables de la diminution de ses proies. En outre, l'aménagement des vieux bâtiments a sans doute contribué à priver l'espèce de lieux de reproduction. Récemment, l'extension des centres urbains et la pollution a entraîné la disparition du Faucon crécerellette du centre des grandes villes espagnoles où il était commun jusqu'alors.

Mesures de conservation. L'espèce est inscrite sur la liste des Oiseaux protégés en France, ainsi qu'à l'annexe I de la directive Oiseaux et à l'annexe II de la convention de Berne. En Crau, le Faucon crécerellette a bénéficié d'une campagne de surveillance des nids organisée par le Fonds d'intervention pour les Rapaces et le Conservatoire des écosystèmes de Provence. L'installation de nichoirs pour l'espèce a entraîné un

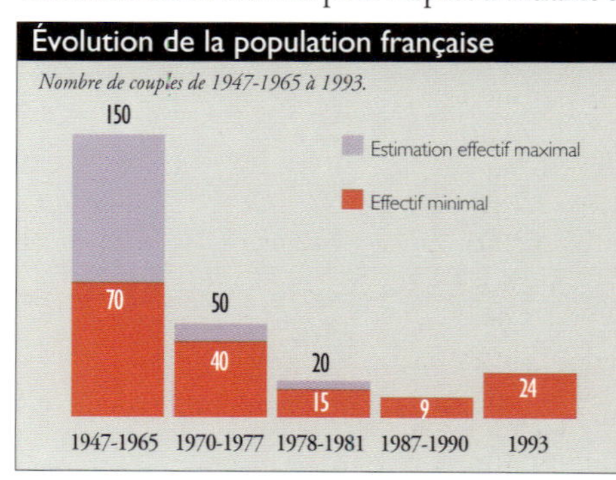

accroissement de la population et son éclatement, permettant la découverte de la nidification dans les tas de pierres de Crau. Ce fait récent explique l'accroissement d'effectifs constaté en 1992 et 1993.

Références bibliographiques.
Brun et Cheylan, 1994 ; Cheylan, 1991.

Râle des genêts

Crex crex (Linnaeus, 1758)

O. Gruiformes

F. Rallidés

Distribution actuelle. Le Râle des genêts se reproduit dans les régions tempérées d'Europe et d'Asie, de la France au sud de la Scandinavie et de l'Irlande à la Sibérie. L'espèce hiverne en Afrique du Sud-Est, du Soudan à l'Afrique du Sud. En France, le Râle des genêts niche principalement dans le bassin de la Loire inférieure (Indre-et-Loire, Maine-et-Loire, Loire-Atlantique), en Normandie (marais de Carentan et environs), dans le Centre-Ouest (vallée de la Charente surtout) et dans le bassin de la Saône. L'espèce est sporadique et rare ailleurs en France.

Évolution historique et menaces. En France, comme dans la plupart des autres pays d'Europe, le Râle des genêts a commencé à régresser dès le début du XXe siècle. En 1936, ce déclin n'avait toutefois pas encore été décelé, et l'espèce était signalée nicheuse assez commune dans presque toute la France. Dans les années qui suivirent, la répartition de l'espèce commença à apparaître moins étendue et surtout centrée sur quelques régions importantes. C'est ce que confirmera une enquête menée en France de 1982 à 1984. À cette époque, la population française du Râle des genêts était répartie en cinq entités principales : la Normandie qui comptait 170-330 mâles chanteurs, le bassin de la Loire inférieure où de 900 à 1 230 chanteurs étaient notés, le Centre-Ouest qui accueillait 200 chanteurs, le bassin de la Saône qui en abritait 300 et le val de Meuse avec 20 à 50 chanteurs. Quelque 50-100 autres mâles chanteurs étaient disséminés dans d'autres sites. La population française était alors voisine de 2 000 mâles chanteurs. Des indices de nidification ont été trouvés depuis dans plusieurs nouveaux sites (Aveyron, Hautes-Alpes, etc.). En 1991, un nouveau recensement national effectué sur les zones de reproduction les plus importantes de France fait apparaître, par rapport à l'enquête précédente, une régression de 25 % dans le val de Meuse, 66 % dans le bassin de la Saône, 37 % dans le val de Loire, 43 % dans la vallée de la Seine et 50 % dans le val de Charente. En Normandie, dans les marais de Carentan, le nombre de mâles chanteurs était compris entre 135 et 235 au début des années 1980. Onze ans plus tard, 4 chanteurs seulement y étaient notés. Au cours de la même période, la population de Râle des genêts du marais de Lavours dans l'Ain est passée de 20 chanteurs à zéro. Seules les basses vallées angevines – vallées de la Mayenne, de la Sarthe et du Loir – ont fait preuve d'une certaine stabilité durant cette période, avec 300 chanteurs environ. Aujourd'hui, la population française du Râle des genêts est estimée à 1 100-1 200 mâles chanteurs, soit une diminution de 40 % en huit ans. Cette chute brutale des effectifs français est comparable à la situation enregistrée dans les îles Britanniques où l'espèce a régressé de 72 % de 1978 à 1988 (îles Hébrides exceptées). La population des îles Hébrides a diminué à partir de 1988 seulement. Les causes de régression du Râle des genêts sont liées aux pratiques agricoles modernes. L'espèce tolère peu le pâturage des herbages qu'elle occupe. En Irlande, l'extension des pâturages à mouton a ainsi provoqué une forte diminution de certaines populations entre 1988 et 1991. En causant la destruction à grande échelle des nichées, voire des adultes au nid, les fenaisons précoces constituent en outre l'une des causes les plus importantes du déclin du Râle des genêts en Europe. Par ailleurs, certains aménagements destinés à évacuer plus rapidement les eaux d'inondation pourraient modifier le cycle de croissance de la végétation et altérer ainsi l'habitat de l'espèce.

1935

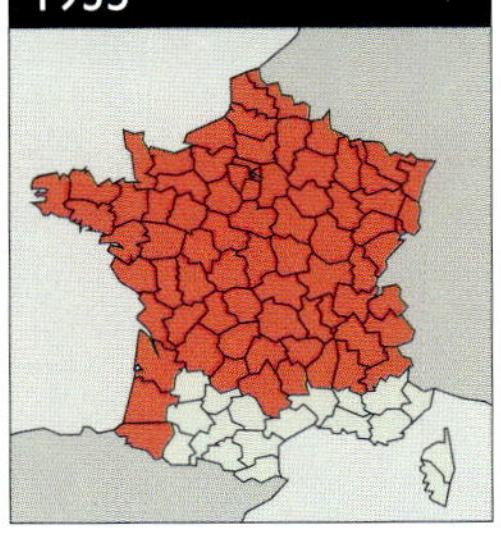

1955

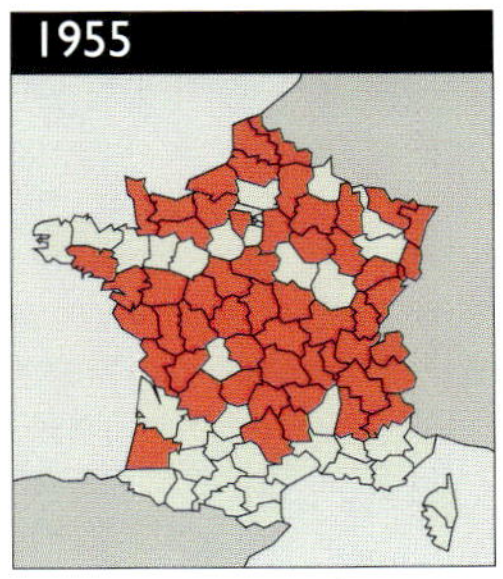

Mesures de conservation. L'espèce est inscrite sur la liste des Oiseaux protégés en France, ainsi qu'à l'annexe I de la directive Oiseaux et à l'annexe II de la convention de Berne. L'acquisition par la Ligue pour la protection des Oiseaux de parcelles favorables à l'espèce dans les basses vallées angevines et leur exploitation traditionnelle sont un exemple d'actions concrètes menées en France en faveur de l'espèce. Le Râle des genêts a désormais atteint un seuil de population critique en France, et la survie de l'espèce dans notre pays dépendra des politiques conservatoires menées dans les années à venir.

Répartition actuelle

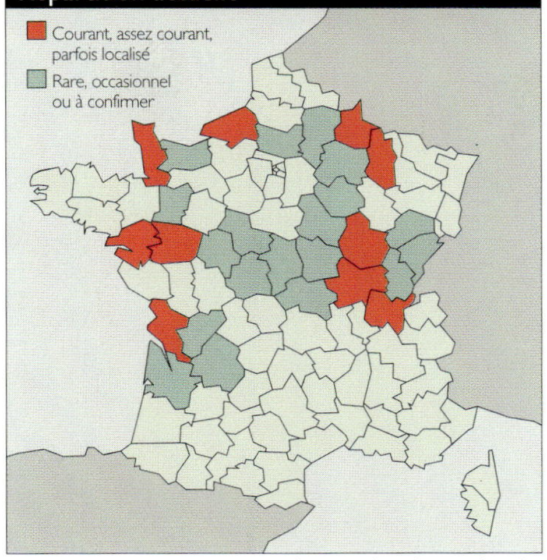

Références bibliographiques.

Broyer, 1994 ; Broyer, 1985 ; Broyer, 1991 ; Broyer et Rocamora, 1994.

Marouette poussin

Porzana parva (Scopoli, 1769)

O. Gruiformes

F. Rallidés

Distribution actuelle. La Marouette poussin se reproduit sporadiquement en Europe – de l'Espagne à la Baltique – et en Asie occidentale, à l'est jusqu'au Kazakhstan. En France, elle ne niche régulièrement que dans l'est du pays : étangs de Woëvre et de Lorraine, vallée du Rhin. Elle est rare dans l'Ouest et absente du Sud-Ouest.

Évolution historique et menaces. La nidification de la Marouette poussin était signalée autrefois dans l'est de la France (Champagne, Lorraine, Alsace, Franche-Comté), dans le Centre (Loiret, Indre, Creuse), le Centre-Ouest (Charentes, Vendée, Sarthe) et la Camargue. De nos jours, l'espèce ne semble plus se reproduire régulièrement qu'en Lorraine et dans la vallée du Rhin. Des observations régulières effectuées en période de reproduction proviennent également des environs de la baie de Somme. Des oiseaux en migration fréquentent principalement le pourtour de la Méditerranée (étangs littoraux des Pyrénées-Orientales, embouchure du Var, cap Corse). En France, la migration de printemps culmine à la fin du mois d'avril et le passage d'automne a lieu surtout de fin août à mi-septembre. La disparition des zones humides – notamment des roselières – semble être la principale cause de régression de l'espèce.

Répartition actuelle

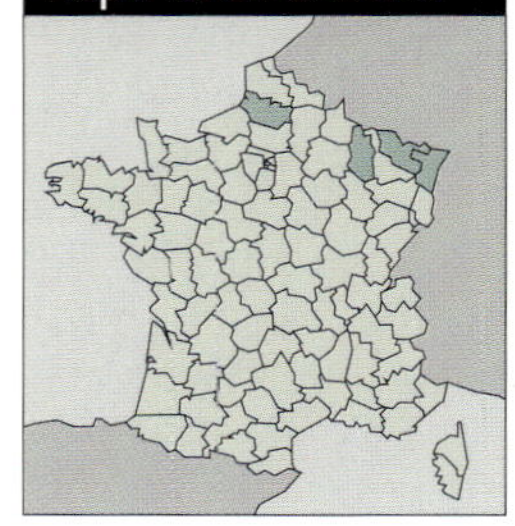

Mesures de conservation. L'espèce est inscrite sur la liste des Oiseaux protégés en France, ainsi qu'à l'annexe I de la directive Oiseaux et à l'annexe II de la convention de Berne.

Références bibliographiques.
Chappuis, 1991 ; Duquet, 1992a.

Marouette de Baillon

Porzana pusilla (Pallas, 1776)

O. Gruiformes

F. Rallidés

Répartition actuelle

Distribution actuelle. La Marouette de Baillon se reproduit sporadiquement de l'Afrique du Nord aux Pays-Bas et à l'Europe de l'Est, mais aussi en Asie tempérée, en Afrique orientale, à Madagascar et en Australie. En France, sa présence est notée plus ou moins régulièrement dans l'est du pays : Lorraine, vallée du Rhin, Doubs.

Évolution historique et menaces. En France, la Marouette de Baillon était signalée nicheuse avant 1936 dans la plus grande partie du pays – l'Artois, la Picardie, la Woëvre, la Seine inférieure, la Brenne et la Loire inférieure. Sa nidification était signalée également en Champagne-Ardenne et en Dombes. Les seules indices récents de nidification potentielle (mâles chanteurs en période de reproduction) proviennent d'étangs de la Meuse depuis 1987, de Moselle en 1990, du Bas-Rhin en 1987 et 1988, de Loire-Atlantique en 1992 et du Doubs depuis 1992. Lors des migrations, l'espèce est observée très rarement en France, de mi-avril à mi-mai, ainsi qu'au passage d'automne, de fin août à mi-septembre. La raréfaction de la Marouette de Baillon en France, mais aussi dans une grande partie de son aire de répartition, est vraisemblablement liée à la disparition progressive de son habitat (drainage des zones humides, fluctuation annuelle des niveaux d'eau). En outre, les lignes électriques aériennes pourraient être une cause importante de mortalité des oiseaux lors de leurs mouvements migratoires nocturnes.

Mesures de conservation. L'espèce est inscrite sur la liste des Oiseaux protégés en France, ainsi qu'à l'annexe I de la directive Oiseaux et à l'annexe II de la convention de Berne.

Références bibliographiques.
Chappuis, 1994 ; Duquet, 1992b.

Grue cendrée

Grus grus (Linnaeus, 1758)

O. Gruiformes

F. Gruidés

Distribution actuelle. La Grue cendrée se reproduit de l'Allemagne à la Scandinavie, s'étendant à l'est jusqu'en Sibérie orientale, et localement en Asie Mineure. En France, elle niche ponctuellement en Normandie.

Évolution historique et menaces. Jusqu'à la fin du XIXe siècle, la Grue cendrée nichait en France, mais aussi dans une grande partie de l'Europe du Sud et de l'Ouest. Après environ un siècle d'absence, l'espèce se reproduit à nouveau dans notre pays. Un couple fréquente en effet régulièrement un site de Normandie depuis 1983, et sa nidification a été constatée de 1985 à 1991, produisant au total 10 jeunes. En 1983 et 1991, ce sont même 5 individus qui étaient présent au début de la période de reproduction sur ce site. En 1992, 3 oiseaux étaient présents, mais la nidification n'a pas été constatée. En 1994, il semble que deux couples soient installés. L'assèchement des zones humides a été à l'origine de la disparition de l'espèce en Europe de l'Ouest. L'installation récente de couples dans quelques pays d'Europe résulte de la protection de l'espèce. Aujourd'hui, la population française de Grues cendrées est très vulnérable, et les dangers qui la menacent sont multiples : grande sécheresse depuis 1990, destruction de son habitat, prédation par les chiens errants, les renards ou encore les sangliers.

Répartition actuelle

Mesures de conservation. L'espèce est inscrite sur la liste des Oiseaux protégés en France, ainsi qu'à l'annexe I de la directive Oiseaux et à l'annexe II de la convention de Berne.

Références bibliographiques.
Moreau, 1990 ; Moreau, 1994; Riols, 1991b ; Salvi, 1991.

Glaréole à collier

Glareola pratincola (Linnaeus, 1766)

O. Charadriiformes

F. Glaréolidés

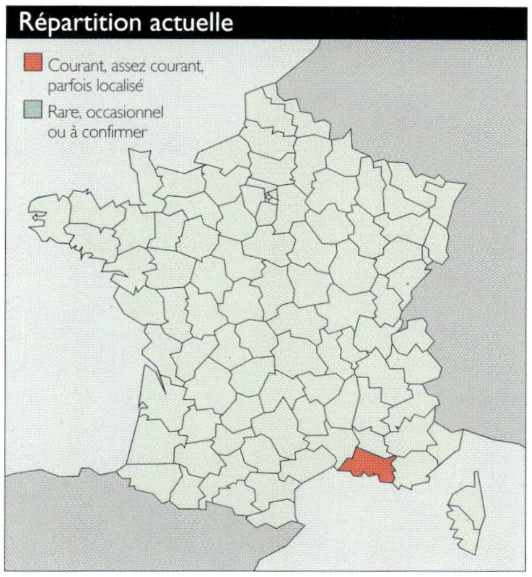

Distribution actuelle. La Glaréole à collier se reproduit sur le pourtour de la Méditerranée (Espagne, Grèce et Afrique du Nord surtout), autour de la mer Noire et de la Caspienne (à l'est jusqu'au Kazakhstan), ainsi qu'au Moyen-Orient et en Afrique. En France, l'espèce compte une seule colonie, située en Camargue (Bouches-du-Rhône).

Évolution historique et menaces. En France, la Glaréole à collier est connue depuis le milieu du siècle dernier. Des preuves de sa reproduction étaient rapportées occasionnellement de la zone côtière du Gard et de Provence. L'espèce a ainsi niché en Crau et à la confluence du Rhône et de la Durance jusqu'au milieu du XXe siècle. En 1937, une petite colonie fut découverte en moyenne Camargue. Dix ans plus tard, celle-ci comprenait une douzaine de couples. Il est probable que l'espèce a toujours niché dans cette région, mais jamais en grand nombre. En 1964, 13 couples au moins étaient notés. Un dénombrement complet effectué en 1968 faisait état de 30 couples. En 1969, la population devait être un peu supérieure, car 60-70 adultes accompagnés de 30-40 jeunes étaient observés en été. Au début des années 1970, la population camarguaise était estimée à 30-60 couples. Elle était en fait de 50 couples en 1970, tandis qu'en 1971, 75 oiseaux dont au moins 25 jeunes étaient observés. En 1972, à la suite du mauvais temps et des inondations, 5 ou 6 couples seulement nichèrent avec succès, non pas en Camargue, mais plus à l'est dans la plaine de la Crau. En 1973, une centaine d'individus étaient observés en août, dont seulement 15 jeunes. En 1975, 100 adultes furent recensés, mais 22 couples seulement se reproduisirent dans deux colonies ; une troisième colonie comptant 10 couples fut inondée lors des préparatifs de la saison de chasse. En 1976 et 1977, la population était estimée à 20-30 couples, et en 1978, sur 26 couples, 22 se reproduisirent avec succès. Au cours des années 1980, l'effectif de l'espèce se situait entre 20 et 30 couples : 19 couples en 1981, 20 couples en 1988, 30 couples en 1989. Aujourd'hui, la Camargue reste toujours l'unique site de nidification de la Glaréole à collier en France. Il arrive toutefois qu'un couple ou deux nichent occasionnellement en Crau. La population française de l'espèce se situe actuellement en dessous de 20 couples. Les causes du déclin de l'espèce sont multiples, mais se rapportent surtout à la dégradation de son habitat. Celle-ci est due aux changements dans la gestion des pâturages, à l'exploitation intensive des roseaux, au développement des rizières, aux inondations résultant de la mauvaise gestion des niveaux d'eau dans les marais et les réserves de chasse. Le dérangement des oiseaux nicheurs figure également parmi les causes de régression de l'espèce. La population de Glaréoles à collier de Camargue est aujourd'hui au bord de l'extinction.

Mesures de conservation. L'espèce est inscrite sur la liste des Oiseaux protégés en France, ainsi qu'à l'annexe I de la directive Oiseaux et à l'annexe II de la convention de Berne.

Références bibliographiques.
Walmsley, 1994.

Grand Gravelot

Charadrius hiaticula Linnaeus, 1758

O. Charadriiformes

F. Charadriidés

Distribution actuelle. Le Grand Gravelot se reproduit dans le nord-est du Canada, au Groenland, dans le nord de l'Europe – Islande, Scandinavie, îles Britanniques, rivages de la Baltique et de la Manche – et en Sibérie arctique. En France, l'espèce niche le long des côtes, depuis la frontière belge jusqu'au sud de la Bretagne.

Évolution historique et menaces. L'installation du Grand Gravelot en France remonte à 1941, année où le premier cas de nidification est prouvé sur un îlot du Finistère. L'espèce s'est ensuite largement étendue sur les rivages de Bretagne et de la Manche. En 1975, la Bretagne accueillait 60-75 couples et, en 1984, environ 150, soit plus de 80 % de l'effectif national. En Normandie, l'espèce s'est reproduite pour la première fois en Seine-Maritime en 1987 et niche depuis dans le Calvados et la Manche (1989). La population normande est comprise entre 2 et 10 couples. Sur le littoral de la Picardie et du Pas-de-Calais, la nidification du Grand Gravelot est plus ou moins régulière depuis 1963. Dans la Somme, 3-5 couples nicheurs sont recensés. Dans le Nord, l'espèce niche depuis 1975 au moins et comptait 10 couples en 1984. Sur le littoral méditerranéen, des cas de nidification isolés ont été notés dans les années 1950, mais sont restés sans suite. La population française actuelle est estimée à 180 couples.

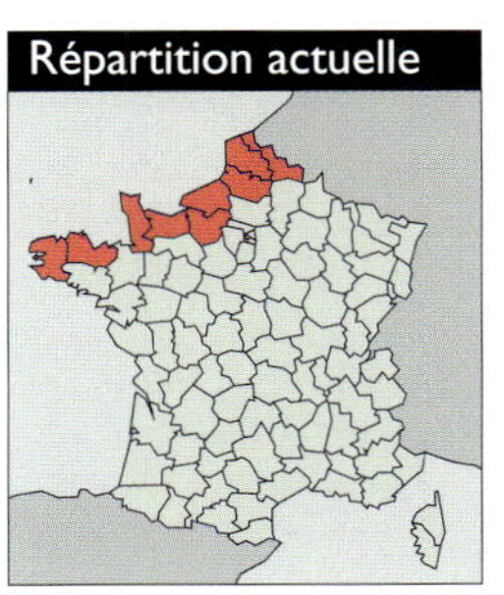

Mesures de conservation. L'espèce n'est pas protégée en France, et elle est inscrite à l'annexe II de la convention de Berne.

Références bibliographiques.
Mahéo, 1991b ; Robert, 1994.

Pluvier guignard

Charadrius morinellus Linnaeus, 1758

O. Charadriiformes

F. Charadriidés

Distribution actuelle. Le Pluvier guignard se reproduit en Scandinavie, Écosse, Sibérie arctique, Asie centrale (nord de la Mongolie) et très localement sur les montagnes d'Europe (Abruzzes, Alpes autrichiennes, Carpates, Oural). En France, la nidification de l'espèce a été découverte récemment dans les Pyrénées.

Évolution historique et menaces. Signalé nicheur en Champagne au XIXe siècle, le Pluvier guignard ne s'y reproduit plus, sans doute à la suite de la modification de son habitat (plantation de pins ou mise en culture). Dans les Vosges, de fortes présomptions de nidification dans le massif du Hohneck ont été obtenues dans les années 1960. Depuis, aucun indice de reproduction n'a plus été obtenu, sans doute à cause d'une trop forte fréquentation touristique des sommets vosgiens, qui gêne l'installation d'éventuels nicheurs. Dans les Pyrénées orientales, la nidification de l'espèce a été prouvée pour la première fois en 1982. Depuis, l'espèce s'y reproduit régulièrement. En 1985, un couple était présent. En 1989, au même endroit, 4 mâles, 3 femelles et 3 nichées ont été trouvés. Le Pluvier guignard reste toutefois un nicheur très rare en France. L'effectif national varie selon les années entre 1 et 10 couples nicheurs, ce qui explique la fragilité de l'espèce en France.

Mesures de conservation. L'espèce n'est pas protégée en France, et elle est inscrite à l'annexe I de la

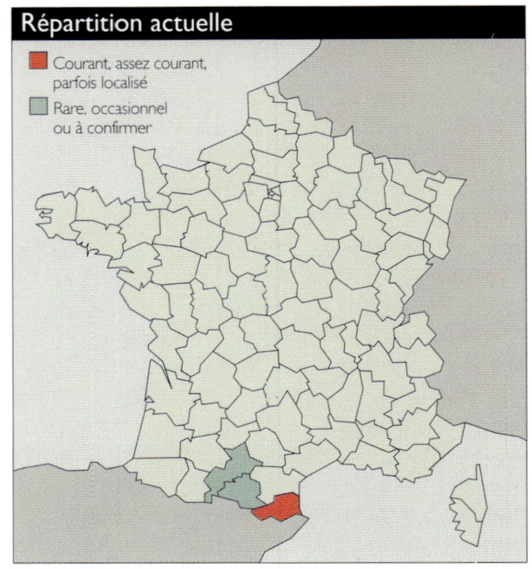

directive Oiseaux et à l'annexe II de la convention de Berne.

Références bibliographiques.
Carlino et al., *1984 ; Ibanez, 1990 ; Ibanez, 1994 ; Lescourret et Génard, 1982.*

Combattant varié

Philomachus pugnax (Linnaeus, 1758)

O. Charadriiformes

F. Scolopacidés

Distribution actuelle. Le Combattant varié se reproduit principalement en Scandinavie – Finlande, Suède, Norvège – et en Sibérie, mais aussi sporadiquement en Grande-Bretagne, Belgique et France, et des Pays-Bas à la Pologne. En France, l'espèce niche sur le littoral de la Manche et de l'Atlantique – Nord, Somme, Seine-Maritime, Manche, Finistère, Loire-Atlantique et Vendée.

Évolution historique et menaces. Au XIXe siècle et dans le premier tiers du XXe siècle, le Combattant varié était signalé nicheur plus ou moins régulier dans le Boulonnais, le Cotentin, en Brière et en Vendée. Aucune mention de nidification n'est rapportée ensuite jusqu'en 1965. Cette année-là, l'espèce niche en Vendée, puis, en 1968, elle est trouvée en baie d'Audierne (Finistère). Au début des années 1970, le Combattant varié est considéré comme un nicheur exceptionnel en France, présent seulement en baie d'Audierne et en Brière. En 1977, la nidification de l'espèce est soupçonnée, mais non prouvée, dans le département du Nord. En 1983, le Combattant varié est trouvé nicheur dans les marais du Hode (Seine-Maritime). Depuis cette date, sa nidification plus ou moins régulière y est probable, mais n'a pas été prouvée. En baie d'Audierne, la reproduction de l'espèce est probable depuis les années 1970, où des jeunes furent trouvés. En Brière, 2 nids furent trouvés en 1978, un autre en 1982, et la présence régulière de femelles et de mâles (3-15) sur des places de parades laisse à penser que l'espèce y niche encore. Dans le Marais poitevin, le Combattant varié niche probablement depuis 1986. Au milieu des années 1980, la population française du Combattant varié était estimée à 5-13 couples, dont 5-10 en Normandie, 0-2 en Picardie et 0-1 en baie d'Audierne. Aujourd'hui, une nouvelle estimation fait état d'une dizaine de couples au maximum, dont 0-2 en Normandie, 0-1 dans le Finistère, 0-5 en Brière et 0-1 en Vendée. Très marginale par rapport à l'aire

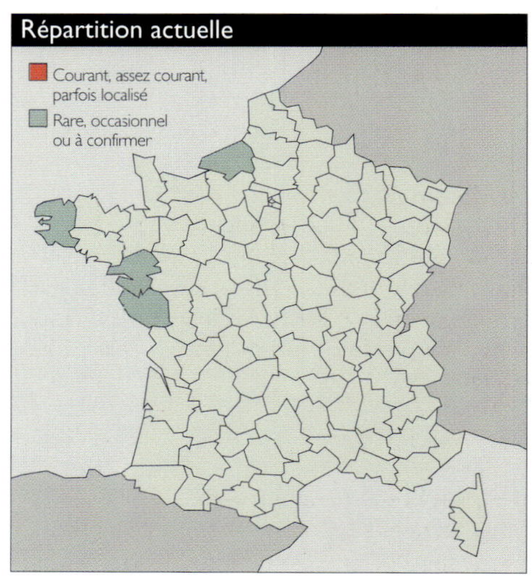

de répartition de l'espèce, la nidification du Combattant varié en France reste exceptionnelle. Les principales menaces qui pèsent sur ce petit limicole dans notre pays sont la chasse et la modification des habitats où il se reproduit.

Mesures de conservation. L'espèce n'est pas protégée en France, et elle est inscrite à l'annexe I de la directive Oiseaux et à l'annexe III de la convention de Berne.

Références bibliographiques.
Beteille, 1984 ; Girard, 1994b ; Mahéo, 1991a.

Bécassine des marais

Gallinago gallinago (Linnaeus, 1758)

O. Charadriiformes

F. Scolopacidés

Distribution actuelle. La Bécassine des marais se reproduit en Europe – du nord-ouest de l'Espagne à la Scandinavie –, en Asie, en Amérique du Nord, en Amérique du Sud et en Afrique du Sud-Est. En France, l'espèce niche sporadiquement au nord d'une ligne joignant la Gironde, le Cantal et le Jura.

Évolution historique et menaces. À la fin du XIXe siècle, la Bécassine des marais était signalée nicheuse dans tous les départements de l'Est, du Centre et du Bassin parisien. Dans le premier tiers du XXe siècle, sa nidification était qualifiée de sporadique dans la moitié nord du pays, jusqu'en Bretagne et dans le Centre. Depuis le début des années 1970, la Bécassine des marais a fortement diminué dans de nombreux départements, mais globalement sa répartition n'a pas changé depuis cette époque. En 1939, l'espèce nichait dans le Marais poitevin où sa nidification n'est plus qu'occasionnelle aujourd'hui. Dans le Marais breton, le nombre de couples nicheurs a été estimé à 150 en 1986, 110 en 1989 et 70 en 1990, soit une très forte diminution. En Bretagne – Léon et intérieur de la basse Bretagne –, la répartition de l'espèce a peu évolué depuis le début du siècle, mais ses effectifs paraissent avoir fortement diminué. Il semble que l'espèce ait disparu de Brière. La population bretonne serait aujourd'hui inférieure à 50 couples. En Normandie – département de la Manche, estuaire de la Seine –, l'espèce n'a jamais été abondante. La population nicheuse était estimée à 70 couples au début des années 1980 et à moins de 5 couples nicheurs au début des années 1990. En Picardie et Nord-Pas-de-Calais, l'espèce niche sporadiquement. En Champagne, elle est devenue très rare. Avec 16 couples nicheurs au milieu des années 1980, le département des Ardennes paraît mieux peuplé. En Lorraine, l'effectif actuel est d'une dizaine de couples seulement. En Alsace, la Bécassine des marais était sans doute commune jusqu'au début du XXe siècle. Sa raréfaction est telle que l'espèce y est au bord de l'extinction aujourd'hui. En Franche-Comté – dépression du haut Doubs principalement –, l'espèce niche encore en petit nombre (20-30 couples), mais plusieurs sites de nidification ont été détruits au cours de la dernière décennie. La reproduction en Dombes semble occasionnelle, de même qu'en Aquitaine. Elle semble encore plus rare dans la plaine du Forez, où elle fut prouvée en 1977. En Auvergne, elle n'est régulière que dans le Cantal, avec un effectif de 5 à 10 couples. La population française de l'espèce est estimée actuellement à 250-300 couples. La régression de la Bécassine des marais est sensible partout en France. Elle semble due principalement à la disparition des habitats humides (drainage, mise en culture) où l'espèce se reproduit.

Répartition actuelle

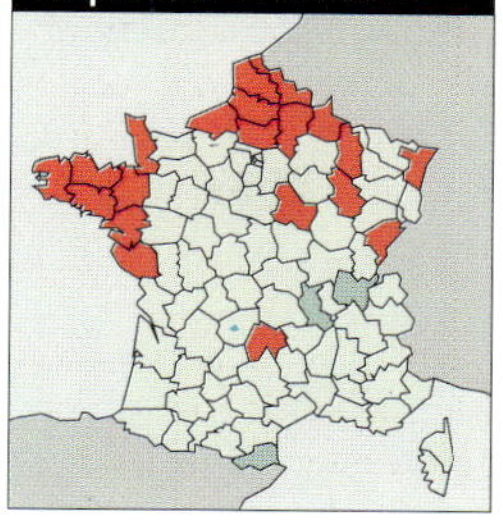

Mesures de conservation. L'espèce est chassable en France et inscrite aux annexes II et III de la directive Oiseaux et à l'annexe III de la convention de Berne.

Références bibliographiques.
Trolliet et Ibanez, 1994.

Barge à queue noire

Limosa limosa (Linnaeus, 1758)

O. Charadriiformes

F. Scolopacidés

Distribution actuelle. La Barge à queue noire se reproduit de l'Islande à la Sibérie occidentale. En Europe, elle niche surtout aux Pays-Bas, en Belgique, dans le nord de l'Allemagne, en Pologne, Tchécoslovaquie, Autriche et Hongrie. En France, l'espèce est présente principalement sur le littoral atlantique (de la Vendée au Finistère), en Normandie (Manche, Seine-Maritime), sur le littoral picard, dans l'Ain et en petit nombre en Brenne, Alsace et Lorraine.

Évolution historique et menaces. Les premiers cas de nidification de la Barge à queue noire en France ont été signalés en 1936 dans le Marais poitevin, (Vendée), au début des années 1940 dans l'Essonne et en Dombes (Ain). Les nidifications de Vendée et de l'Essonne resteront sans suite, mais en Dombes, où le premier nid est trouvé en 1941, l'installation de l'espèce est effective. Au cours des années 1960 et 1970, la nidification de la Barge à queue noire est découverte dans plusieurs régions de France : en Normandie, Bretagne, Vendée, Brenne et Alsace où elle devient régulière. Des cas de nidification sont signalés également à cette époque dans le Nord, en Sologne et en Gironde, puis dans les années 1980 dans le Cotentin, en Picardie, Flandre, Lorraine et dans la vallée de la Saône où l'espèce prospère. Actuellement, la population française de la Barge à queue noire compte entre 85 et 110 couples nicheurs, dont 50-60 en Vendée. Dans la plupart des autres sites français, les effectifs restent très faibles. Dans les années 1980, les populations vendéenne et bretonne semblent stables. La population de la Dombes, qui était de 8 couples en 1948, s'est maintenue : elle est de 8-9 couples en 1990. Dans la vallée de la Saône, l'effectif est passé de 3 couples en 1980-1988 à 25 oiseaux en 1992. En Seine-Maritime, de 1 à 4 couples nichaient dans le marais du Hode entre 1975 et 1981, puis l'effectif augmenta jusqu'à 5-10 couples dans les années 1980. Toutefois, un certain déclin de la Barge à queue noire en Europe est noté depuis la fin des années 1960, en particulier aux Pays-Bas. Les causes de ce recul de l'espèce semblent être une faible fidélité des jeunes à leur lieu de naissance et de mauvaises conditions rencontrées sur les sites de nidification. En France, la population est globalement stable, mais sa taille réduite la rend très vulnérable.

Répartition actuelle

Mesures de conservation. L'espèce est chassable en France et inscrite à l'annexe II de la directive Oiseaux et à l'annexe III de la convention de Berne. La Ligue pour la protection des Oiseaux a entrepris l'achat de terrains en Marais poitevin, afin de protéger et de gérer les sites de nidification du plus important noyau de population de l'espèce en France (plus de 50 % de l'effectif national nichent dans le Marais poitevin).

Références bibliographiques.
Bernard et Broyer, 1994.

Chevalier gambette

Tringa totanus (Linnaeus, 1758)

O. Charadriiformes

F. Scolopacidés

Distribution actuelle. Le Chevalier gambette se reproduit principalement en Europe septentrionale et dans une grande partie de l'Asie. En Europe, il est surtout abondant en Islande, en Scandinavie, dans les îles Britanniques et aux Pays-Bas. En France, l'espèce niche sur le littoral occidental – du Pas-de-Calais au Cotentin et du Morbihan à la Charente-Maritime – et en Camargue.
Évolution historique et menaces. Au début du XXe siècle, le Chevalier gambette était signalé nicheur en Brière, en Vendée, dans le Marais poitevin, dans l'Aude et en Camargue. Il a niché pour la première fois dans le Morbihan en 1965 et s'y est étendu depuis. Dans les années 1970, l'espèce était présente du littoral du Morbihan jusqu'à l'estuaire de la Gironde, dans l'Aude et les Bouches-du-Rhône. Sur le littoral de la Manche, quelques couples se reproduisent plus ou moins régulièrement depuis. En Camargue, l'effectif de 30-50 couples signalé à la fin des années 1970 ne semble pas avoir évolué depuis 1956. La population française du Chevalier gambette est actuellement de l'ordre de 1 400 couples. Le Marais breton accueille la majorité des couples français : 1 060 en 1986, 760 en 1989 et 950 en 1990. Dans certaines régions, l'espèce est en régression, à la suite de la disparition des habitats humides occupés par l'espèce (assèchement, arrêt du pâturage, etc.).
Mesures de conservation. L'espèce est chassable en France et inscrite à l'annexe II de la directive Oiseaux et à l'annexe II de la convention de Berne.

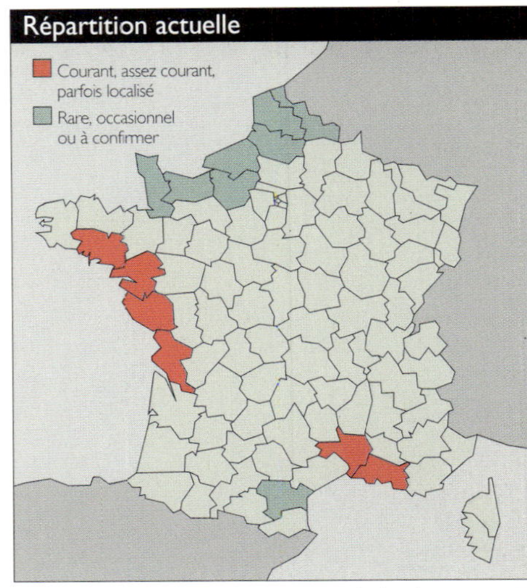

Références bibliographiques.
Trolliet, 1994.

Mouette mélanocéphale

Larus melanocephalus Temminck, 1820

O. Charadriiformes

F. Laridés

Distribution actuelle. La Mouette mélanocéphale se reproduit principalement sur les côtes de la mer Noire et de la mer d'Azov, localement sur le littoral allemand, hollandais, belge, et ponctuellement en France – Camargue essentiellement –, Grèce, Italie, Roumanie.
Évolution historique et menaces. La Mouette mélanocéphale a niché pour la première fois en Camargue en 1965. Ses effectifs se sont maintenus à un niveau faible jusqu'en 1982 (13 couples), avant d'augmenter fortement pour atteindre 115 couples en 1989 et 122 en 1991. Dans d'autres régions de France, des nidifications plus ou moins occasionnelles ont été notées depuis les années 1970 : dans les salins de Berre (Bouches-du-Rhône), en 1973, dans le Pas-de-Calais en 1976, 1977, 1985, 1986 et 1989, en Vendée de 1984 à 1990 (de 2 à 6 couples), dans le Maine-et-Loire en 1989 et 1990 (4 couples), en Meurthe-et-Moselle de 1984 à 1986 et de 1988 à 1990, en Alsace en 1980 (1 couple), en 1985, 1986 et de 1988 à 1990 (de 1 à 3 couples), ainsi que dans le Puy-de-Dôme en 1990. La Mouette mélanocéphale est en pleine expansion en France – de même que dans toute son aire de répartition –, mais elle reste vulnérable dans notre pays en raison de ses effectifs encore faibles.

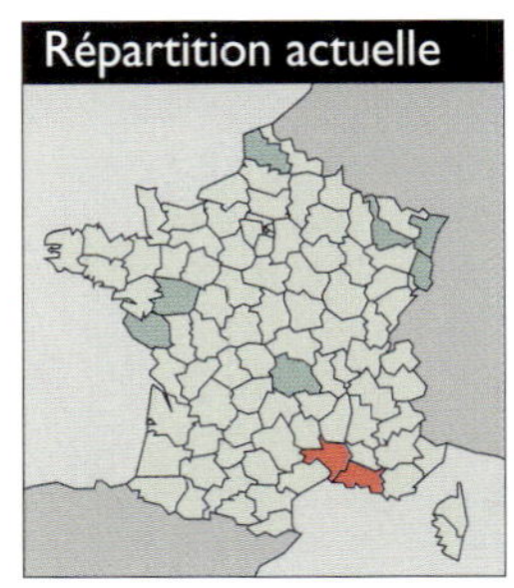

Mesures de conservation. L'espèce est inscrite sur la liste des Oiseaux protégés en France, ainsi qu'à l'annexe I de la directive Oiseaux et à l'annexe II de la convention de Berne.

Références bibliographiques.
Goutner et Isenmann, 1992 ; Isenmann, 1994a.

Goéland d'Audouin

Larus audouinii Payraudeau, 1826

O. Charadriiformes

F. Laridés

Distribution actuelle. Le Goéland d'Audouin se reproduit uniquement en Méditerranée. Il est présent localement des îles Chaffarines et des Baléares jusqu'à la mer Égée et à Chypre, ainsi que dans le delta de l'Èbre en Espagne. La population mondiale de l'espèce était estimée à 9 000 couples à la fin des années 1980. En France, l'espèce niche uniquement en Corse.
Évolution historique et menaces. Le Goéland d'Audouin a été signalé pour la première fois en Corse au début du XIXe siècle. Il était vraisemblablement déjà présent auparavant, mais l'espèce n'était alors pas encore connue. C'est en effet lors de sa découverte en Corse que le Goéland d'Audouin fut décrit pour la première fois. En 1936, sa nidification était signalée dans le détroit de Bonifacio et supposée sur des îlots de la côte ouest jusqu'à Ajaccio. Entre 1950 et 1978, les mentions concernant la reproduction de l'espèce proviennent des îles et îlots du sud de la Corse et principalement de l'archipel des Cerbicale. Depuis

Répartition actuelle

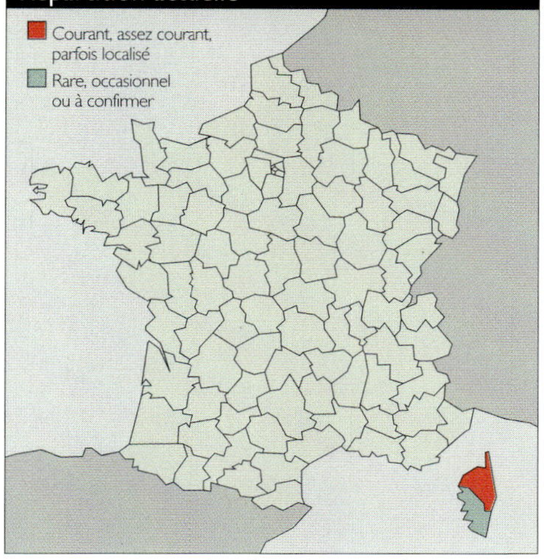

1979, un suivi régulier des colonies et des sites de nidification potentiels de l'espèce est effectué. Il a permis de découvrir de nouvelles colonies – occupées vraisemblablement depuis longtemps – au cap Corse. Au XXe siècle, la nidification du Goéland d'Audouin a été notée au total sur 11 îlots satellites de Corse. Par ailleurs, un couple isolé a été découvert en 1989 sur la côte du golfe de Porto. La population corse du Goéland d'Audouin n'a jamais été très importante : selon les années, de 20 à 90 couples nichent ainsi aux îles Finocchiarola (cap Corse), seul site de reproduction régulier de l'espèce aujourd'hui. Dans l'archipel des Cerbicale, la nidification du Goéland d'Audouin est en effet devenue occasionnelle, sans doute à cause de la compétition exercée par le Goéland leucophée *Larus cachinnans*, une espèce en pleine augmentation. En dehors de cette compétition interspécifique, les dérangements par l'homme constituent un facteur d'instabilité des colonies.

Mesures de conservation. L'espèce est inscrite sur la liste des Oiseaux protégés en France, ainsi qu'à l'annexe I de la directive Oiseaux et à l'annexe II de la convention de Berne. Les îles Finocchiarola sont classées en réserve naturelle depuis 1987, l'archipel des Cerbicale depuis 1981. Le débarquement y est interdit respectivement de début de mars et de début d'avril jusqu'à la fin d'août. En outre, une surveillance quotidienne de la colonie des îles Finocchiarola est effectuée. Des opérations ponctuelles de limitation des effectifs du Goéland leucophée sont réalisées dans cet archipel pour contrôler leur nombre et limiter leur impact sur la population de Goélands d'Audouin.

Références bibliographiques.
Patrimonio, 1994a ; Thibault et Guyot, 1989.

Goéland cendré

Larus canus Linnaeus, 1758

O. Charadriiformes

F. Laridés

Distribution actuelle. Le Goéland cendré se reproduit dans les régions septentrionales d'Europe – Islande, îles Britanniques, littoral de la mer du Nord, Scandinavie –, d'Asie et d'Alaska. En France, l'espèce niche principalement sur le littoral du Pas-de-Calais et du Nord.

Répartition actuelle

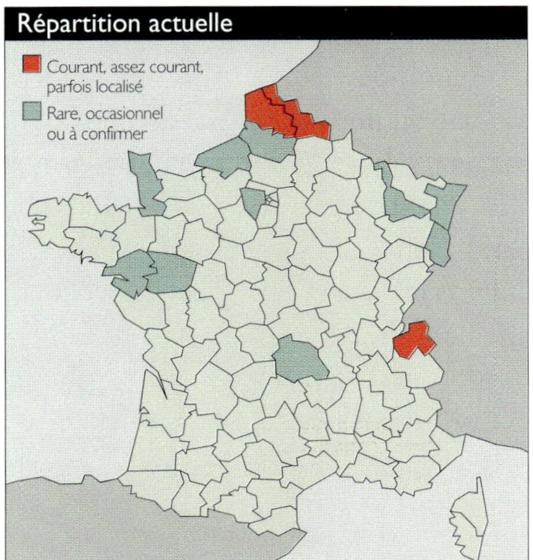

Évolution historique et menaces. Le Goéland cendré a niché en France pour la première fois en 1966, dans le delta de la Dranse (Haute-Savoie). Sur ce site, l'effectif était inférieur à 3 couples avant 1980, puis est passé à 3-7 couples. En Alsace, où des oiseaux sont observés à partir de 1968, un couple a niché en 1983 et 1985, puis 2 entre 1986 et 1989. En Lorraine, l'espèce est présente depuis 1980, et la nidification a été prouvée en 1983 (2 couples) ; 1988 (4 couples) et 1989 (3 couples). Dans le Nord–Pas-de-Calais, le Goéland cendré apparaît en 1969. L'effectif dans cette région, qui était de 4 couples en 1976 et de15 en 1981, atteignait 27 couples en 1983, puis retombait à 16-18 couples de 1984 à 1991, ce qui en fait la population la plus forte de France. Près de la baie de Somme, l'espèce niche en 1975, 1976 et en 1980 (2 couples). En Normandie, un couple au moins se reproduit chaque année depuis 1982. En Loire-Atlantique, un couple niche en 1982, 1983 et 1986, puis 3 couples en 1990. Une tentative de nidification eut lieu en 1973 en Vendée. Dans le Puy-de-Dôme, un couple s'est reproduit de 1981 à 1992, tandis que des nidifications isolées ont été notées dans le Cher en 1986 et 1988, le Maine-et-Loire de 1987 à 1992 et les Yvelines en 1991 et 1992. La population française du Goéland cendré est estimée à 23-33 couples. Les inondations, les dérangements et les prédations causent la destruction de nombreuses nichées.

Mesures de conservation. L'espèce est inscrite sur la liste des Oiseaux protégés en France, ainsi qu'à l'annexe II de la directive Oiseaux et à l'annexe III de la convention de Berne.

Références bibliographiques.
Dupuich et al., *1994.*

Sterne de Dougall

Sterna dougallii Montagu, 1813

O. Charadriiformes

F. Sternidés

Distribution actuelle. La Sterne de Dougall se reproduit aux Caraïbes, sur la côte est des États-Unis, en Afrique de l'Est, Asie du Sud-Est et Australie, ainsi qu'aux Açores, dans les îles Britanniques (Irlande surtout) et en France, où l'espèce niche essentiellement en Bretagne, dans le nord du Finistère.

Évolution historique et menaces. La Sterne de Dougall a été décrite pour la première fois en 1813 et trouvée nicheuse en France en baie de Morlaix (Finistère), dès 1824. À la fin du XIXe siècle, une dizaine de colonies étaient découvertes en Bretagne. L'effectif total n'est pas connu, mais aurait décliné dès les années 1920 et 1930. Les premières données chiffrées arrivent en 1955, où 500-600 couples sont dénombrés. Cet effectif restera stable jusqu'en 1973. À partir de 1974, un effondrement brutal se produit, et la population française de l'espèce chute à 40 couples en 1977. Dans les années 1980, elle remonte un peu et se stabilise autour d'une centaine de couples. En 1989, l'effectif national était de 107-110 couples nicheurs, soit 6-7 % de la population européenne. En 1990, l'espèce était répartie dans six colonies bretonnes dont deux accueillaient l'essentiel de la population française, soit 101 couples. Parallèlement à la forte régression de la Sterne de Dougall en Bretagne, d'importants déplacements des colonies ont été notés consécutivement à la colonisation des sites par le Goéland argenté *Larus argentatus* et le Goéland brun *Larus fuscus*. Toutefois, l'impact négatif de ces deux espèces sur les

effectifs de la Sterne de Dougall n'a pas été démontré. En revanche, il apparaît que la capture intensive des sternes et sans doute aussi les variations des ressources alimentaires sur les lieux d'hivernage de l'espèce – côtes d'Afrique de l'Ouest, golfe de Guinée – figurent parmi les causes de déclin de la Sterne de Dougall.

Mesures de conservation. L'espèce est inscrite sur la liste des Oiseaux protégés en France, ainsi qu'à l'annexe I de la directive Oiseaux et à l'annexe II de la convention de Berne. Toutes les colonies bretonnes de la Sterne de Dougall font l'objet d'un classement en réserve et sont donc strictement protégées. En Afrique de l'Ouest, des programmes de sensibilisation des populations à la protection des sternes sont menés depuis plusieurs années au Ghana par la RSPB (Royal Society for Protection of Birds, Grande-Bretagne) et au Sénégal par la Ligue pour la protection des Oiseaux avec le soutien du WWF-France. La capture des Sternes dans cette région est principalement le fait des enfants qui la pratiquent davantage par jeu que pour manger les oiseaux.

Références bibliographiques.
Thomas, 1994.

Guifette noire

Chlidonias niger (Linnaeus, 1758)

O. Charadriiformes

F. Sternidés

■ Courant, assez courant, parfois localisé

■ Rare, occasionnel ou à confirmer

Distribution actuelle. La Guifette noire se reproduit en Europe – de l'Espagne au Danemark – et jusqu'à la Sibérie occidentale, ainsi que dans les régions tempérées d'Amérique du Nord. En France, l'espèce niche en Grande Brière (Loire-Atlantique), dans le Marais poitevin (Vendée, Charente-Maritime), dans les marais de Rochefort (Charente-Maritime), en Sologne (Loir-et-Cher) et en Brenne (Indre), et occasionnellement en Dombes, dans le Forez et en Petite Camargue (Gard).

Évolution historique et menaces. Au XIXe siècle, la Guifette noire était un oiseau commun dans la plupart des régions de France, où nichaient plusieurs milliers de couples. Au début du XXe siècle, elle était encore présente dans presque toute la France (sauf dans le Sud-Ouest, l'Aude et le Roussillon). Mais une régression rapide de ses effectifs se manifesta par la suite. En 1963, la population française de l'espèce était estimée à 300 couples. Au début des années 1980, elle était comprise entre 140 et 220 couples nicheurs. L'espèce ne nichait alors plus qu'en basse Loire, Vendée, Sologne et Brenne. Les secteurs de nidification de la Guifette noire n'ont plus varié par la suite. En revanche, l'effectif national est sujet à de fortes variations annuelles. Ainsi, de 170 couples en 1981, il tombait en dessous de 50 couples en 1991, tandis qu'en 1992 un dénombrement de l'ensemble des colonies françaises (10 cette année-là) faisait état de 177 à 206 couples nicheurs. Ces derniers se répartissaient de la façon suivante : 110-130 couples en Grande Brière, 37-40 dans le Marais poitevin, 21 couples dans les marais de Rochefort, 1-5 couples en Sologne et 8-10 en Brenne. Il faut noter toutefois que, si l'effectif de 1992 paraît très important, c'est parce qu'il prend en compte la Grande Brière, pour

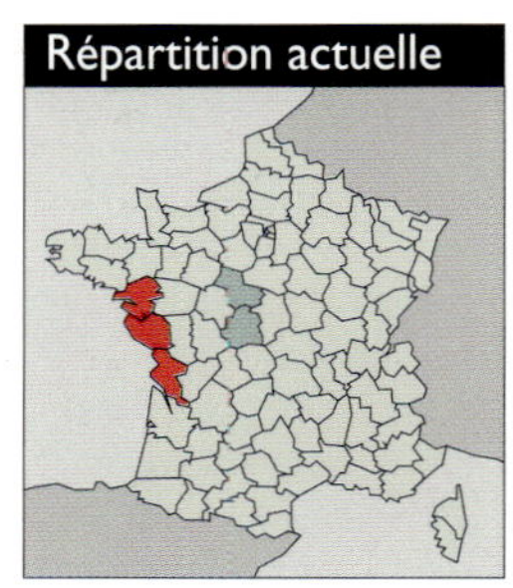

laquelle aucun recensement n'avait été effectué auparavant. Toutefois, un nouveau recensement de la population française en 1993 fait état de 94-99 couples seulement : 55 couples au moins en Brière, 30-31 dans le Marais poitevin, 3 couples dans les marais de Rochefort, 2-4 en Sologne et 6 en Brenne. La diminution sensible qui affecte la population française de la Guifette noire est notée également dans les autres pays d'Europe. L'assèchement des zones humides – habitat de l'espèce – et l'usage massif d'insecticides, qui affectent ses proies, apparaissent comme les causes principales de régression de la Guifette noire depuis une trentaine d'années.

Mesures de conservation. L'espèce est inscrite sur la liste des Oiseaux protégés en France, ainsi qu'à l'annexe I de la directive Oiseaux et à l'annexe II de la convention de Berne. L'acquisition par la Ligue pour la protection des Oiseaux de près de 350 ha de terrain dans les marais de l'Ouest devrait permettre la protection et la gestion d'habitats favorables à la nidification de la Guifette noire.

Références bibliographiques.
Trotignon, 1993 ; Trotignon, 1994.

Pingouin torda

Alca torda Linnaeus, 1758

O. Charadriiformes

F. Alcidés

Distribution actuelle. Le Pingouin torda se reproduit sur les côtes atlantiques et arctiques d'Europe, sur la côte occidentale du Groenland et dans le nord-est du Canada – Terre-Neuve, Labrador. En Europe, il est présent de la Bretagne et des îles Britanniques jusqu'à l'Islande et au nord de la Norvège. En France, l'espèce niche uniquement sur les côtes rocheuses de Bretagne : presqu'île de Crozon (Finistère), Sept-Îles et cap Fréhel (Côtes-d'Armor), île Cézembre (Ille-et-Vilaine).

Évolution historique et menaces. Au XIXe siècle, le Pingouin torda se reproduisait sur la plupart des côtes de Bretagne, mais aussi sur les falaises de Normandie et peut-être aussi en Vendée. De la fin du XIXe siècle jusqu'aux années 1920, l'espèce a connu un très fort déclin. Ses effectifs ont ensuite augmenté nettement jusque dans les années 1960. La population française de l'espèce atteignait 500 couples en 1965. Un nouveau déclin s'est amorcé depuis, conduisant à la disparition de l'espèce dans l'archipel de Molène et à Ouessant dans les années 1970, ainsi qu'au cap Sizun en 1982. Dans les années 1980, on note cependant une légère augmentation au cap Fréhel, et 2 couples sont découverts sur l'île Cézembre en 1987. Aujourd'hui, la population française du Pingouin torda est de 40 couples. Les causes de régression du Pingouin torda en France sont en premier lieu la pollution pétrolière, et notamment les marées noires du *Torrey Canyon* en 1967, de l'*Amoco Cadiz* en 1978 et du *Tanio* en 1980 qui ont fortement affecté les côtes de Bretagne. En plus des marées noires, une pollution plus insidieuse par les hydrocarbures se développe depuis plusieurs années. Elle est responsable d'une mortalité directe, mais contribue aussi à une diminution des ressources halieutiques. Le long des côtes, le développement effréné de la pêche aux filets maillants est responsable de nombreuses noyades accidentelles de Pingouins tordas.

Mesures de conservation. L'espèce est inscrite sur la liste des Oiseaux protégés en France, ainsi qu'à l'annexe III de la convention de Berne. Les sites bretons où niche le Pingouin torda font l'objet de classements en réserve et sont donc strictement protégés, mais les véritables facteurs de régression de l'espèce sont très difficiles à maîtriser.

Références bibliographiques.

Monnat, 1994.

Macareux moine

Fratercula arctica (Linnaeus, 1758)

O. Charadriiformes

F. Alcidés

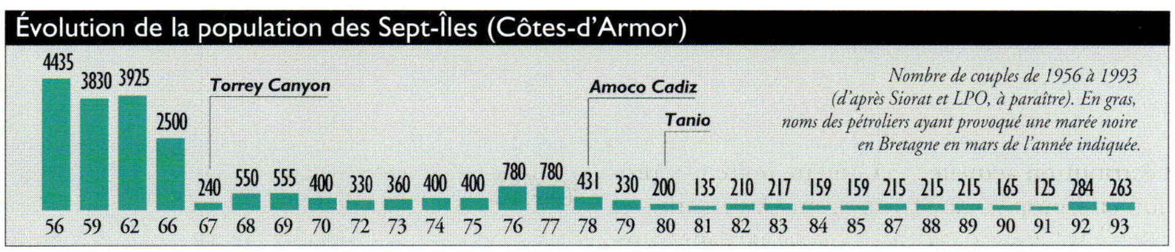

Distribution actuelle. Le Macareux moine se reproduit le long des côtes atlantiques et arctiques d'Europe – de la Bretagne à l'Islande et au Spitzberg – ainsi qu'au Groenland et dans le nord-est du Canada. En France, l'espèce niche uniquement en Bretagne : dans l'archipel des Sept-Îles (Côtes-d'Armor), en baie de Morlaix, dans l'archipel de Molène et à Ouessant (Finistère).

Évolution historique et menaces. À la fin du XIXe siècle, la colonie de Macareux moines des Sept-Îles comptait entre 10 000 et 15 000 couples nicheurs. Au début du XXe siècle, avec le développement du tourisme balnéaire en Bretagne, les Chemins de fer de l'Ouest organisèrent des parties de chasse au Macareux moine à Perros-Guirec. Le résultat ne se fit pas attendre, et en 1911, la colonie des Sept-Îles était réduite à 300-400 couples ! La protection assurée à l'espèce à partir de 1912 lui permit de reconstituer en partie ses effectifs. Ainsi, la population des Sept-Îles était estimée entre 12 000 et 14 000 individus en 1932. À partir de 1950, un déclin se manifeste à nouveau : de 7 000 couples en 1950, la colonie passe à 4 835 en 1956, 3 925 en 1962, 2 500 en 1966. À la suite de la marée noire du *Torrey Canyon,* l'année 1967 voit les effectifs réduits à 240 couples. L'espèce regagne ensuite un peu de terrain, atteignant 780 couples en 1977. Puis c'est au tour de l'*Amoco Cadiz* de ruiner les espoirs de l'espèce : en 1979, 330 couples seulement ont survécu. La marée noire du *Tanio* en 1980 fera encore chuter la colonie, qui ne compte plus que 135-170 couples en 1981, tandis qu'en 1984, un minimum de 159 couples est atteint. La population de Macareux moines des Sept-Îles se maintiendra par la suite entre cette valeur et quelque 220 couples nicheurs à la fin des années 1980. En 1990, l'effectif est de 165-173 couples nicheurs, 125-133 en 1991 et remonte à 284 en 1992. La population de Macareux moines des Sept-Îles était estimée à 253-289 couples nicheurs en 1993. Elle représente la quasi-totalité de l'effectif national (environ 90 %). En effet, en dehors de cet archipel, le Macareux moine ne se reproduit plus qu'en baie de Morlaix (12-14 couples en 1987-88), à Ouessant (14-15 couples dans les années 1980) et à Molène (1 seul couple en 1987-1988). Les causes de régression du Macareux moine en France sont multiples : au siècle dernier et au début du XXe siècle, la chasse a donné lieu à de véritables massacres dans les colonies. Plus récemment, les marées noires successives ayant fortement touché les côtes bretonnes – *Torrey Canyon* en 1967, *Amoco Cadiz* en 1978, *Tanio* en 1980 – au début de la période de reproduction du Macareux moine (c'est-à-dire en mars) sont responsables de chutes d'effectifs dramatiques. En réduisant le nombre de ses proies, le réchauffement des eaux fait également partie des causes de diminution de l'espèce.

Mesures de conservation. L'espèce est inscrite sur la liste des Oiseaux protégés en France, ainsi qu'à l'annexe III de la convention de Berne. La colonie des Sept-Îles est la plus ancienne réserve naturelle de France, puisqu'elle existe depuis 1912 et fut créée pour assurer la protection du Macareux moine.

Références bibliographiques.

Siorat et LPO (à paraître).

Ganga cata

Pterocles alchata (Linnaeus, 1766)

O. Ptéroclidiformes

F. Ptéroclididés

Distribution actuelle. Le Ganga cata se reproduit en Afrique du Nord, dans la péninsule Ibérique et le midi de la France, ainsi que du Moyen-Orient au Kazakhstan. En, Europe, il est surtout répandu en Espagne, qui accueille une forte population. En France, l'espèce niche uniquement dans la plaine de la Crau (Bouches-du-Rhône).

Évolution historique et menaces. Au XIXe siècle, le Ganga cata était présent dans trois plaines steppiques méditerranéennes correspondant aux anciens deltas de la Têt près de Perpignan (Pyrénées-Orientales), du Lèz près de Montpellier (Hérault) et de la Durance à l'est de la Camargue (plaine de la Crau). Il a disparu des environs de Montpellier au début du XIXe siècle et de la région de Perpignan à la fin du siècle. Au XIXe siècle, le Ganga cata était en outre observé assez régulièrement sur tout le pourtour méditerranéen – jusque dans le Vaucluse au nord, et les Alpes-Maritimes à l'est. Mais depuis le début du XXe siècle, ses apparitions en dehors de la Crau sont devenues exceptionnelles : une mention dans le Gard avant 1937 et une autre dans l'Hérault dans les années 1980. Dans les années 1970, la population de Gangas catas de Crau a été estimée à 120 couples, puis à 230-290 couples. Ce dernier chiffre semble toutefois plus probable que le premier. Aujourd'hui, l'estimation se situe entre 165 et 176 couples. La régression du Ganga cata en Crau est due à la mise en culture (irrigation, cultures maraîchères, arbres fruitiers) d'une grande partie de la plaine, et récemment par l'exploitation de carrières. L'implantation de zones militaires et industrielles en bordure de la plaine a entraîné la disparition de vastes zones favorables au Ganga cata. En outre, la présence de la décharge de la ville de Marseille au cœur de la Crau dégrade fortement le milieu. L'habitat de l'espèce – qui correspond à une pelouse maigre appelée le « coussous » – est ainsi passé de 60 000 ha au début du XVIe siècle à moins de 12 000 ha en 1990.

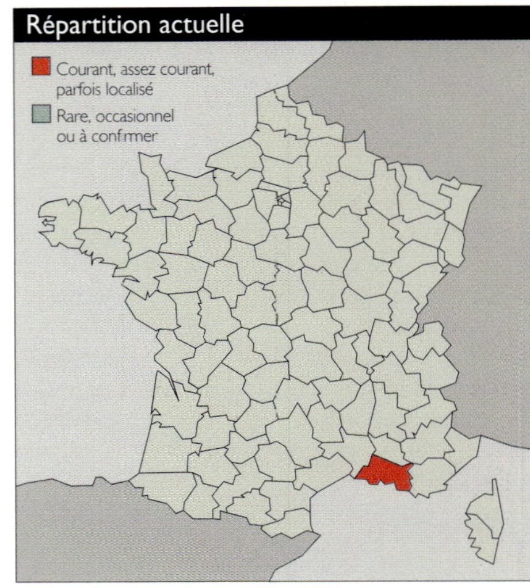

La principale cause de disparition de l'espèce dans les deux autres régions françaises qu'elle fréquentait au siècle dernier est la mise en culture des terrains.

Mesures de conservation. L'espèce est inscrite sur la liste des Oiseaux protégés en France, ainsi qu'à l'annexe I de la directive Oiseaux et à l'annexe II de la convention de Berne. La survie du Ganga cata en France dépend de la protection de la Crau, une des dernières zones de steppe d'Europe de l'Ouest. Pour cela, 147 ha de coussous ont été achetés en 1989 par des associations de protection de la nature ou par le Conservatoire du littoral, et un programme d'acquisition de 2 500 ha supplémentaires est en cours. En outre, le gouvernement français s'est engagé à créer une réserve naturelle sur l'ensemble des terrains qui auront ainsi été acquis par ces associations, soit au total de 3 000 à 4 000 ha de coussous.

Références bibliographiques.
Bompar, 1987 ; Cheylan, 1990 ; Cheylan, 1994b.

Pigeon biset

Columba livia Gmelin, 1789

O. Columbiformes

F. Columbidés

Distribution actuelle. Le Pigeon biset se reproduit dans l'ouest et le sud de l'Europe, aux Canaries, dans le nord de l'Afrique, au Moyen-Orient, au Turkestan chinois, dans la péninsule Indienne et au Sri Lanka. En France, la souche sauvage de l'espèce ne niche plus qu'en Corse.

Évolution historique et menaces. L'aire de répartition de la souche sauvage du Pigeon biset est très difficile à cerner, en raison de l'introduction de souches semi-domestiques dans la plupart des villes françaises au cours des XVIIIe et XIXe siècles. On peut toutefois considérer qu'elle a disparu de France continentale. Une dizaine de couples subsistent sur Belle-Île (Morbihan), où l'espèce est en net déclin depuis le début du siècle. Elle a disparu de l'île de Houat dans les années 1930, comme c'est le cas également dans les Côtes-d'Armor et dans le Morbihan. Longtemps considérées comme sauvages, les colonies de Pigeons bisets des gorges du Tarn s'avèrent en partie composées d'hybrides issus du croisement avec des pigeons des villages voisins. En outre, des pigeons urbains se sont installés çà

et là dans des falaises près de Tours, dans le Limousin, le sud du Massif central et en Provence. De telles colonies existent aussi dans les falaises littorales de la Manche, de l'embouchure de la Seine jusqu'au cap Gris-Nez, ainsi dans la basse vallée de la Seine et dans les grandes carrières du Nord et du Pas-de-Calais. La Corse est donc la seule région française où le Pigeon biset subsiste sous sa forme sauvage. L'espèce est assez bien représentée dans l'intérieur de l'île – en dehors de la plaine orientale et des régions très boisées –, mais aussi sur les côtes, îles et îlots satellites, principalement entre Calvi et Cargèse. La plupart des colonies comptent en moyenne une trentaine de couples. En Corse, il semble que l'abandon des cultures céréalières traditionnelles ait contribué à une diminution de la taille des colonies. Ailleurs, l'hybridation avec les pigeons domestiques entraîne une « pollution génétique » de l'espèce, qui pourrait expliquer sa disparition.

Mesures de conservation. L'espèce n'est pas protégée en France, et elle est inscrite à l'annexe II de la directive Oiseaux et à l'annexe III de la convention de Berne. Un projet de réintroduction, effectué à partir d'oiseaux sauvages corses, est en cours dans le massif du Vercors.

Références bibliographiques.
Patrimonio, 1994b ; Thibault et al., *1990.*

Coucou geai

Clamator glandarius (Linnaeus, 1758)

O. Cuculiformes

F. Cuculidés

Distribution actuelle. Le Coucou geai se reproduit dans la péninsule Ibérique, dans le sud de la France, en Italie, au Moyen-Orient (Turquie surtout), et en Afrique, au sud du Sahara. En France, il niche sur le pourtour de la Méditerranée, des Pyrénées-Orientales aux Bouches-du-Rhône, et localement dans le Var et le Vaucluse.

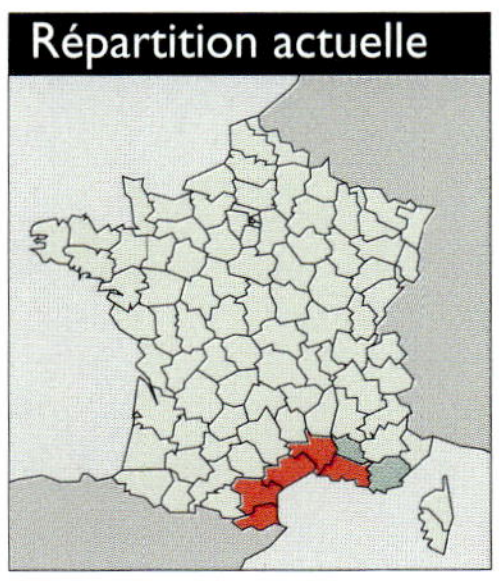

Évolution historique et menaces. Au milieu du XIXe siècle, le Coucou geai était qualifié d'occasionnel dans le sud de la France. L'espèce nichait exceptionnellement dans l'Hérault en 1885 et dans les Bouches-du-Rhône en 1924. C'est à partir des années 1940 que le Coucou geai devient régulier en France. À partir de 1950, il devient de plus en plus commun dans le Midi. Les effectifs maximaux dans cette région sont atteints dans les années 1970, puis l'espèce commence à régresser après 1980. Elle disparaît ainsi des Alpes-de-Haute-Provence, de la Drôme et de l'Ardèche. Aujourd'hui, ses effectifs semblent diminuer légèrement dans le Var (20-30 nicheurs), tandis que dans les Bouches-du-Rhône ils augmentent nettement (70-150 nicheurs). Dans le Gard, après une raréfaction jusqu'en 1988, l'espèce compte environ 50 nicheurs actuellement. L'espèce progresse également dans l'Hérault. Située en limite septentrionale de l'aire de répartition de l'espèce, la population française du Coucou geai reste très vulnérable.

Mesures de conservation. L'espèce est inscrite sur la liste des Oiseaux protégés en France, ainsi qu'à l'annexe II de la convention de Berne.

Références bibliographiques.
COGard, 1994a.

Hibou des marais

Asio flammeus (Pontoppidan, 1763)

O. Strigiformes

F. Strigidés

Distribution actuelle. Le Hibou des marais se reproduit en Amérique du Nord, en Argentine, en Europe – de la Grande-Bretagne et des Pays-Bas à l'Islande et à la Scandinavie principalement –, en Russie et dans le nord de la Chine. En France, il niche sporadiquement, principalement dans une large moitié nord du pays.

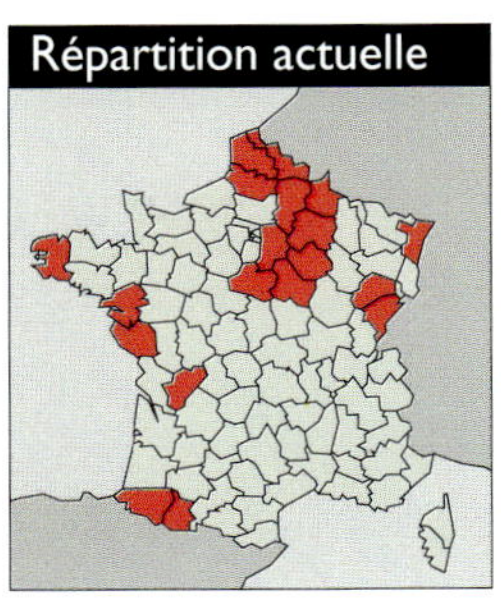

Évolution historique et menaces. Au début du XXe siècle, le Hibou des marais était signalé nicheur çà et là en France, plus ou moins occasionnellement : Lorraine, Aube, Finistère, Eure-et-Loir, Vienne, Marais poitevin, Brenne. Au début des années 1970, l'espèce était présente dans l'Est, en Picardie, le long du littoral du Morbihan et de la Loire-Atlantique, localement dans l'est et le centre du pays et ponctuellement dans le Sud-Ouest (Gironde surtout). Dans la seconde moitié des années 1980, la nidification de l'espèce est signalée dans les plaines maritimes flamande et picarde, en Ardenne, dans la bordure sud-est de l'Île-de-France et aux abords de l'estuaire de la Loire. La population du Hibou des marais en France est comprise selon les années entre 10 et 100 couples nicheurs. La tendance actuelle de l'espèce semble être un léger retrait vers le nord. Le drainage des zones humides et la mise en culture des prairies privent le Hibou des marais d'habitats favorables.

Mesures de conservation. L'espèce est inscrite sur la liste des Oiseaux protégés en France, ainsi qu'à l'annexe I de la directive Oiseaux et à l'annexe II de la convention de Berne.

Références bibliographiques.
Kérautret, 1994.

Pic tridactyle

Picoides tridactylus (Linnaeus, 1758)

O. Piciformes

F. Picidés

Distribution actuelle. Le Pic tridactyle se reproduit principalement dans les régions boréales et arctiques d'Eurasie (de la Scandinavie à la Sibérie orientale et à la Chine) et d'Amérique du Nord (de l'Alaska à Terre-Neuve). Il est également présent dans les forêts de montagnes d'Europe centrale – Alpes, Carpates, Balkans. En France, l'espèce niche uniquement dans les Alpes – Savoie et Haute-Savoie.

Évolution historique et menaces. Dans les années 1930, le Pic tridactyle n'était signalé que dans la région de Chamonix. Entre 1970 et 1975, sa présence dans cette partie des Alpes était confirmée et prouvée également en Maurienne. À la fin des années 1980, la répartition de l'espèce en France couvre toujours quelques secteurs de Savoie et de Haute-Savoie : Haut-Giffre, haute vallée de l'Arve et Vanoise (Haute-Maurienne). Des observations sporadiques sont faites depuis 1980, dans le massif du Jura – forêt du Risoux, Crêt de la Neige, lac de Remoray. Elles concernent vraisemblablement des individus erratiques, mais des observations récentes font état d'oiseaux cantonnés ayant un comportement territorial. Le dépérissement forestier qui se manifeste dans certaines parties du Jura pourrait contribuer à créer des habitats favorables à l'espèce, qui s'y installera peut-être prochainement (nidification dans le Jura suisse en 1993).

Mesures de conservation. L'espèce est inscrite sur la liste des Oiseaux protégés en France, ainsi qu'à l'annexe I de la directive Oiseaux et à l'annexe II de la convention de Berne.

Références bibliographiques.
Desmet, 1994 ; Géroudet, 1987 ; Chabloz et Wegmüller, 1994.

Alouette calandre

Melanocorypha calandra (Linnaeus, 1766)

O. Passériformes

F. Alaudidés

Distribution actuelle. L'Alouette calandre se reproduit sur le pourtour de la Méditerranée (Espagne, Afrique du Nord, Libye, localement de la France à la Grèce, Turquie et Moyen-Orient), de la mer Noire et de la Caspienne (de la Roumanie à la Russie méridionale et de l'Iran au Kazakhstan). En France, l'espèce niche très localement dans les régions méridionales, notamment dans l'Aude, l'Aveyron, les Bouches-du-Rhône (plaine de la Crau) et la moyenne vallée de la Durance.

Évolution historique et menaces. Au XIXe siècle, l'Alouette calandre était répandue dans le midi de la France. Les auteurs anciens indiquent qu'elle était commune en Provence, sur les bords de la Durance et du Verdon. Dans la première moitié du XXe siècle, elle était signalée nicheuse dans les plaines méditerranéennes et accidentelle ailleurs (y compris en Corse). Au début des années 1970, sa répartition dans les régions méditerranéennes était qualifiée de sporadique, ce qui résulte d'une forte régression de l'espèce au cours de ce siècle. Celle-ci était déjà signalée en 1936 dans le Gard, la Lozère et en Camargue. Considérée comme disparue des Pyrénées-Orientales dans les années 1970, l'Alouette calandre a été retrouvée dans ce département dans la seconde moitié des années 1980. Ce fut également le cas dans l'Aveyron. Toutefois, ces (re)découvertes traduisent une meilleure prospection des sites favorables à l'espèce plus qu'une réelle augmentation de ses effectifs. Ainsi, dans l'Aude, l'Alouette calandre a presque disparu des Corbières, et quelques couples seulement subsistent près de Leucate et sur l'aérodrome de Lézignan. Dans l'Hérault, des observations ponctuelles semblent ne pas concerner des oiseaux nicheurs. Dans le Gard, l'espèce a disparu des Costières du Gard et de plusieurs autres sites, mais se maintient plutôt bien sur l'aérodrome de Nîmes. Cependant, l'effectif du Gard est estimé à moins d'une vingtaine de couples. Le département des Bouches-du-Rhône compte quelques dizaines de couples répartis en 3 colonies dans la plaine de la Crau : c'est la population la plus importante de France. Dans le Var, 10-20 couples se reproduisent sur l'aérodrome de Vinon-sur-Verdon

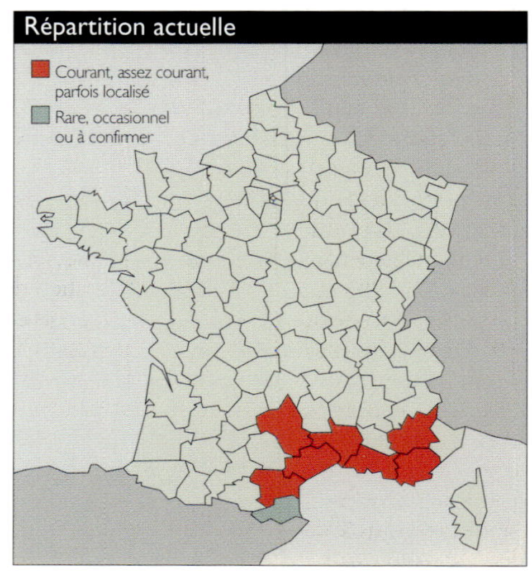

et dans les Alpes-de-Haute-Provence, la nidification de l'espèce a été signalée sur le plateau de Valensole. En outre, quelques couples nicheurs furent découverts en 1984 sur 3 sites des Causses (Aveyron). L'abandon de l'élevage ovin en zone méditerranéenne a entraîné la régression des habitats favorables à l'Alouette calandre. C'est la principale cause de diminution de l'espèce en France. La chasse est l'un des facteurs ayant accéléré le phénomène ; l'Alouette calandre étant un gibier particulièrement vulnérable.

Mesures de conservation. L'espèce est inscrite sur la liste des Oiseaux protégés en France, ainsi qu'à l'annexe I de la directive Oiseaux et à l'annexe II de la convention de Berne. Les aérodromes constituent des habitats de substitution pour l'Alouette calandre, mais leur entretien par des troupeaux de moutons est une condition indispensable au maintien de l'espèce. Elle a ainsi disparu de l'aérodrome de Conqueyrac, à la suite de l'abandon du pâturage ovin.

Références bibliographiques.
Affre et Affre, 1981 ; COGard, 1994b.

Cochevis de Thékla

Galerida theklae (Brehm, 1858)

O. Passériformes

F. Alaudidés

Distribution actuelle. Le Cochevis de Thékla se reproduit essentiellement dans le bassin méditerranéen – péninsule Ibérique, Baléares, Afrique du Nord –, mais aussi en Éthiopie et en Somalie. En France, l'espèce niche uniquement dans les Albères (Pyrénées-Orientales) et le sud-est des Corbières (Aude).
Évolution historique et menaces. Découvert au début des années 1930 dans les Corbières et quelques années plus tard dans les Albères, le Cochevis de Thékla ne semble pas avoir subi de régression, ni d'augmentation depuis. Actuellement, la population française de l'espèce est estimée à quelques dizaines de couples – une centaine environ dans les Albères, moins dans les Corbières. L'embroussaillement des reliefs méditerranéens, consécutif à la déprise agricole et à l'abandon de l'élevage extensif, représente une menace importante qui pourrait compromettre à terme l'avenir de l'espèce en France. En revanche, les incendies, préjudiciables à d'autres espèces, lui sont bénéfiques en entretenant les formations herbacées qui constituent son biotope de prédilection. Le Cochevis de Thékla semble avoir bien résisté aux vagues de froid des hivers 1984 et 1985.
Mesures de conservation. Le Cochevis de Thékla n'apparaît pas sur la liste des Oiseaux protégés en France, ce qui correspond de toute évidence à un oubli. L'espèce est en outre inscrite à l'annexe I de la directive Oiseaux et à l'annexe II de la convention de Berne.

Références bibliographiques.
Affre et Affre, 1981 ; Prodon, 1994a.

Hirondelle rousseline

Hirundo daurica Linnaeus, 1771

O. Passériformes

F. Hirundinidés

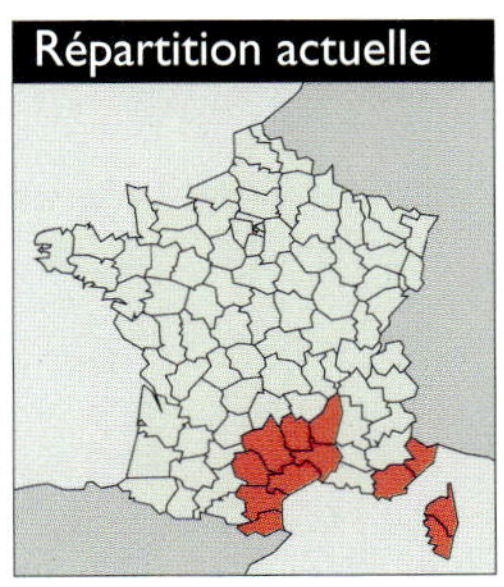

Distribution actuelle. L'Hirondelle rousseline se reproduit dans le bassin méditerranéen – surtout au Maroc, en Espagne, Grèce et Turquie –, mais aussi en Inde, en Asie du Sud-Est et sporadiquement en Afrique tropicale. En France, l'espèce niche dans les départements méridionaux – Pyrénées-Orientales, Aude, Hérault, Gard, Tarn, Aveyron, Lozère, Ardèche, Var, Alpes-Maritimes et Corse.
Évolution historique et menaces. Au début du XXe siècle, l'Hirondelle rousseline était observée occasionnellement au printemps dans le midi de la France. En 1962, le premier cas de nidification de l'espèce en France fut découvert en Corse, puis en 1963 dans le Roussillon. Au début des années 1970, des nids furent trouvés dans les Pyrénées-Orientales et le Gard, et des présomptions de nidification notées en Ardèche (confirmées en 1979), dans l'Aude et en Corse. De 1985 à 1990, l'expansion de l'Hirondelle rousseline se poursuivait, et la reproduction était prouvée dans l'Aude, l'Hérault, le Gard, l'Aveyron, le Var et la Corse, et pressentie dans les Alpes-Maritimes. L'expansion de l'Hirondelle rousseline en Europe a débuté dans les années 1950 en Espagne et au Portugal, puis a atteint la péninsule italienne et la Sardaigne dans les années 1960. Ce mouvement de colonisation semble se ralentir actuellement.
Mesures de conservation. L'espèce est inscrite sur la liste des Oiseaux protégés en France, ainsi qu'à l'annexe II de la convention de Berne.

Références bibliographiques.
Nicolau-Guillaumet et Prodon, 1994 ; Isenmann et Nicolau-Guillaumet, 1992.

Traquet rieur

Oenanthe leucura (Gmelin, 1789)

O. Passériformes

F. Turdidés

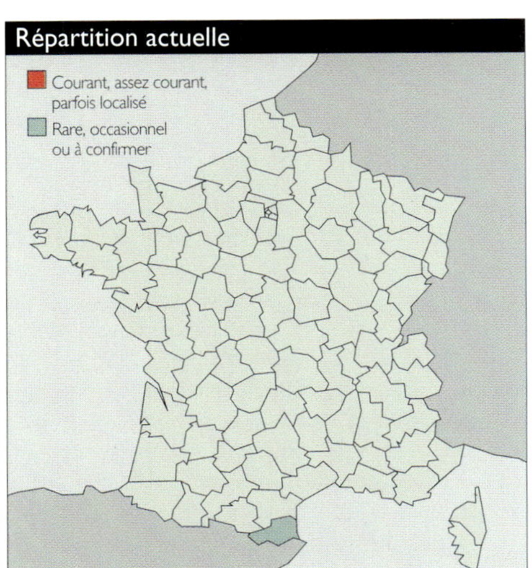

Distribution actuelle. Le Traquet rieur se reproduit en Afrique du Nord – Sahara occidental, Maroc, Algérie, Tunisie, extrême nord-ouest de la Libye – ainsi que dans le centre et l'ouest de la péninsule Ibérique. Le Maroc et l'Algérie accueillent la majorité de la population mondiale de l'espèce. En France, le Traquet rieur ne niche plus qu'à l'extrémité orientale de la chaîne des Albères (Pyrénées-Orientales).
Évolution historique et menaces. Au XVIIIe siècle déjà, le Traquet rieur était signalé dans la vallée du Conflent (Pyrénées-Orientales), d'où il a disparu depuis. Au XIXe siècle, il nichait également dans le Gard et en Provence. Au début du XXe siècle, il nichait encore çà et là dans la zone méditerranéenne continentale française. À cette époque, en Provence, l'espèce ne se reproduisait plus que dans le Var (jusqu'en 1938 au moins), d'où elle a disparu dans les années 1940 ou 1950. Le Traquet rieur a

donc subi une régression continue depuis la fin du XIX

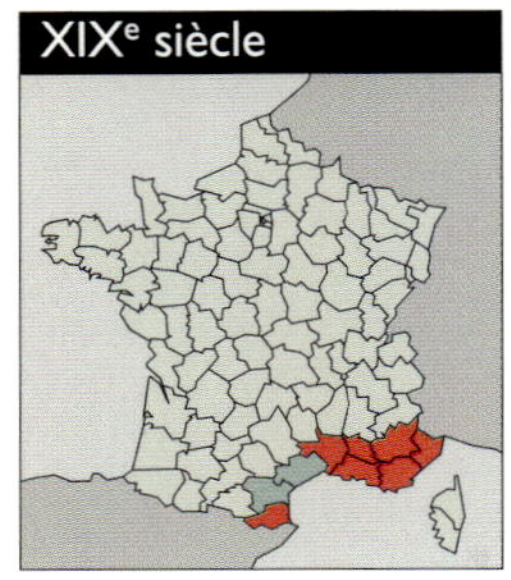

siècle. Dans les années 1970 et 1980, la population française du Traquet rieur se résumait à une quinzaine de couples (14-16) présents dans une zone très restreinte des Albères (Pyrénées-Orientales). Dans cette zone, il reste moins d'une demi-douzaine de couples actuellement. La disparition de l'espèce en Provence semble liée au développement du maquis, à la suite de l'abandon du pastoralisme extensif. L'envahissement des habitats rocheux de l'espèce par la végétation arbustive apparaît comme la principale cause de régression du Traquet rieur en France au cours du XXe siècle. Et si les grands incendies qui ont sévi en 1978 et en 1986 dans les Albères auraient pu bénéficier à l'espèce, les hivers rigoureux de 1985-1986 et 1986-1987 ont provoqué la mort de plus de la moitié des oiseaux. Dans cette région, la surfréquentation estivale du littoral rocheux, mais aussi l'urbanisation, la création de chemins et la disparition progressive des dernières zones peu accessibles ont en outre contribué à la disparition de l'espèce de ses derniers territoires côtiers. Il est à noter que les populations espagnoles proches (Catalogne) sont en déclin également et qu'elles ont souffert elles aussi des derniers hivers froids. L'avenir du Traquet rieur en France semble aujourd'hui fortement compromis, et sa disparition avant la fin de ce siècle apparaît inéluctable.

Mesures de conservation. L'espèce est inscrite sur la liste des Oiseaux protégés en France, ainsi qu'à l'annexe I de la directive Oiseaux et à l'annexe II de la convention de Berne.

Références bibliographiques.
Prodon, 1991 ; Prodon, 1994b.

Rousserolle turdoïde

Acrocephalus arundinaceus (Linnaeus, 1758)

O. Passériformes

F. Sylviidés

Distribution actuelle. La Rousserolle turdoïde se reproduit en Europe – à l'exception de l'Islande, des îles Britanniques et de la Scandinavie –, en Afrique du Nord et du Moyen-Orient au Kazakhstan. En France, l'espèce niche sporadiquement sur l'ensemble du territoire, sauf en Bretagne, Normandie et dans le Centre-Ouest.

Évolution historique et menaces. En 1936, la Rousserolle turdoïde était signalée nicheuse dans toute la France, à l'exception de l'extrême nord. Au début des années 1970, une régression importante a été notée dans de nombreuses régions, et à la fin des années 1980, celle-ci semblait avoir cessé. Cette régression a été notée en Alsace, dans la région Champagne-Ardenne, dans la Vienne ou encore l'Allier. Dans le Sud-Ouest et en Camargue, en revanche, l'espèce semble stable. Une légère augmentation se dessine même en Corse. Toutefois, la régression de la Rousserolle turdoïde est un phénomène bien réel, qui a également été noté en Allemagne, Belgique, aux Pays-Bas et en Suisse entre la fin des années

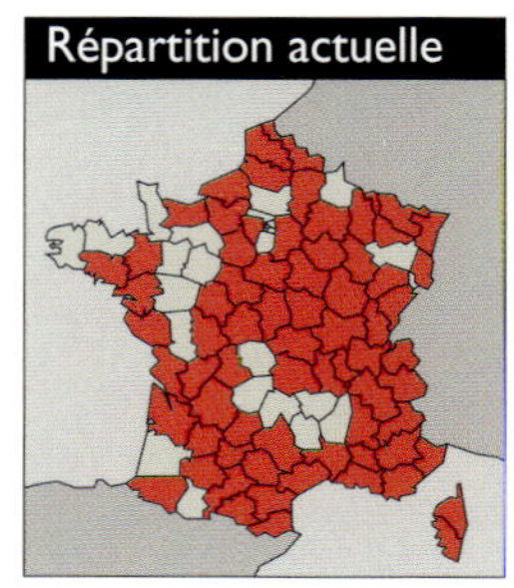

1950 et le début des années 1980. Depuis, une certaine stabilité des effectifs se manifeste. L'assèchement ou la destruction des grandes roselières, habitat de prédilection de l'espèce, semble être la cause principale de sa régression.

Mesures de conservation. L'espèce est inscrite sur la liste des Oiseaux protégés en France, ainsi qu'à l'annexe II de la convention de Berne. Avec environ 500 couples, la réserve nationale de Camargue assure la protection de la population la plus importante de France.

Références bibliographiques.
Koenig, 1994.

Fauvette à lunettes

Sylvia conspicillata Temminck, 1820

O. Passériformes

F. Sylviidés

Distribution actuelle. La Fauvette à lunettes se reproduit dans l'ouest du bassin méditerranéen – îles du Cap-Vert, Canaries, nord-ouest de l'Afrique, Madère, sud et est de la péninsule Ibérique, sud de la France, Corse, Sardaigne, Sicile, Italie – ainsi qu'à Chypre et localement au Moyen-Orient. En France, l'espèce niche le long du littoral méditerranéen, des Pyrénées-Orientales aux Bouches-du-Rhône, à l'Ardèche et au sud de la Drôme, et ponctuellement dans les Alpes-de-Haute-Provence et en Corse.

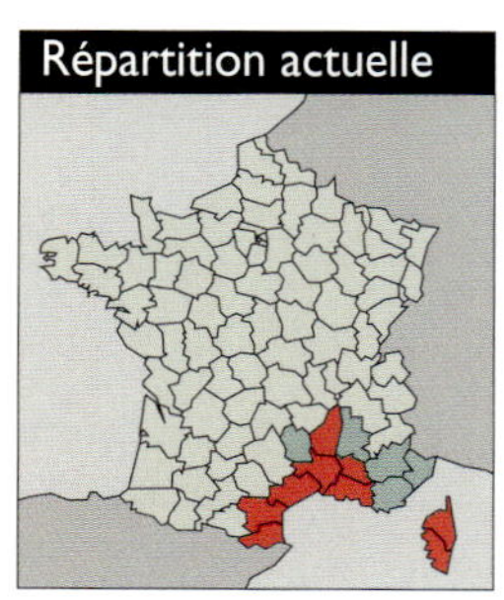

Évolution historique et menaces. Au début des années 1970, la nidification de la Fauvette à lunettes était connue dans les Pyrénées-Orientales, l'Aude, l'Hérault, les Bouches-du-Rhône, ainsi que localement en Corse et dans le Vaucluse. Dans la seconde moitié des années 1980, l'espèce a également été découverte dans le nord-est du Gard, le sud de l'Ardèche et de la Drôme. Plus au nord, l'espèce a été trouvée nicheuse en 1982 en Lozère, et observée à nouveau en 1989. Par ailleurs, un couple a été observé en 1989 et 1990 dans les Alpes-Maritimes, et deux autres ont niché en 1990 dans les Alpes-de-Haute-Provence. Il est intéressant de noter qu'au XIXe siècle la Fauvette à lunettes avait déjà été signalée dans les Alpes-de-Haute-Provence ainsi qu'en Savoie. Elle n'a pas été retrouvée récemment dans le Var, où elle avait été signalée en 1969.

Mesures de conservation. L'espèce est inscrite sur la liste des Oiseaux protégés en France, ainsi qu'à l'annexe II de la convention de Berne.

Références bibliographiques.
Isenmann, 1994b ; Lovaty, 1990 ; Olioso, 1991.

Rémiz penduline

Remiz pendulinus (Linnaeus, 1758)

O. Passériformes

F. Rémizidés

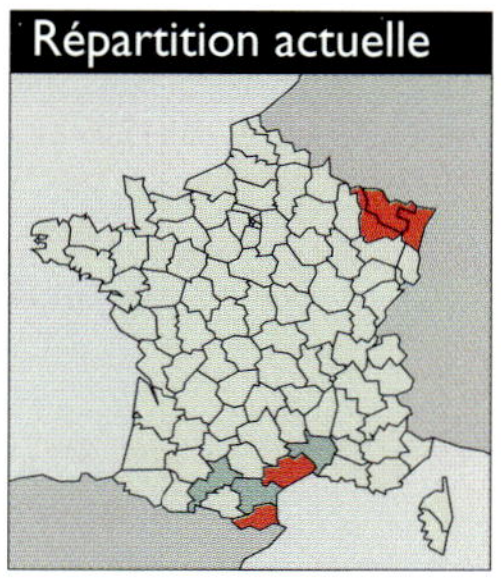

Distribution actuelle. La Rémiz penduline se reproduit de l'Europe centrale à l'Asie tempérée, ainsi que du littoral espagnol à la Turquie. En France, l'espèce niche principalement sur le littoral de la Méditerranée – des Pyrénées-Orientales à la Camargue – ainsi qu'en Alsace et en Lorraine.

Évolution historique et menaces. En 1936, la nidification de la Rémiz penduline était connue dans l'Hérault, le Gard, la Camargue et la vallée du Rhône jusqu'aux environs de Vienne. L'espèce était également présente dans l'Aude, mais pas dans les Pyrénées-Orientales, où elle était signalée nicheuse rare au XIXe siècle. Entre 1970 et 1975, la Rémiz penduline nichait sporadiquement de la Camargue au Roussillon et localement dans la région de Valence (Drôme). La répartition actuelle de l'espèce a nettement évolué. Ainsi, aucun cas de nidification n'a été signalé en Camargue et dans la vallée du Rhône depuis le début des années 1980. En revanche, l'espèce subsiste dans l'Hérault et les Pyrénées-Orientales. Dans le nord-est du pays, la Rémiz penduline s'est installée en Alsace à partir de 1979 et en Lorraine depuis 1986. Dans les années 1980, la nidification a également été constatée en Haute-Garonne, mais n'y est pas régulière.

Mesures de conservation. L'espèce est inscrite sur la liste des Oiseaux protégés en France, ainsi qu'à l'annexe II de la convention de Berne.

Références bibliographiques.
Aleman, 1984 ; Falta, 1988 ; Irion, 1979 ; Lucchesi et al., *1991 ; Lütz, 1988 ; Olioso, 1994 ; Pierne et Vagner, 1986.*

Pie-grièche à poitrine rose

Lanius minor Gmelin, 1788

O. Passériformes

F. Laniidés

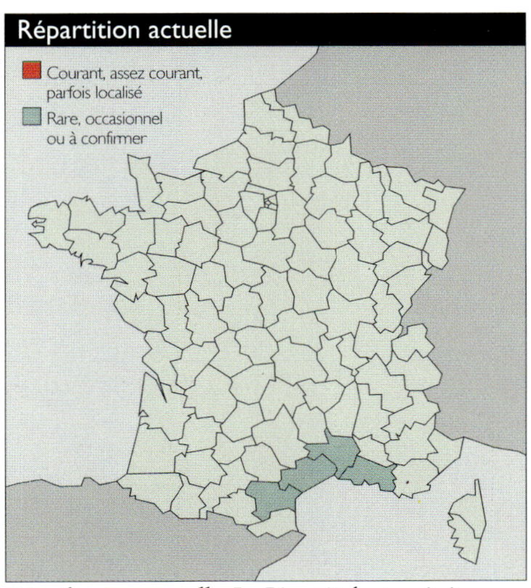

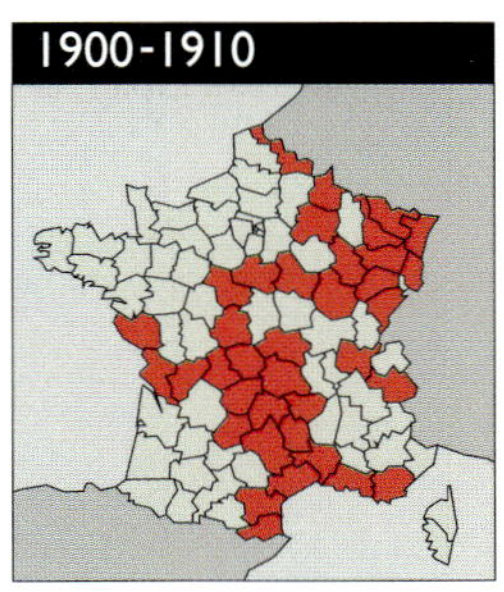

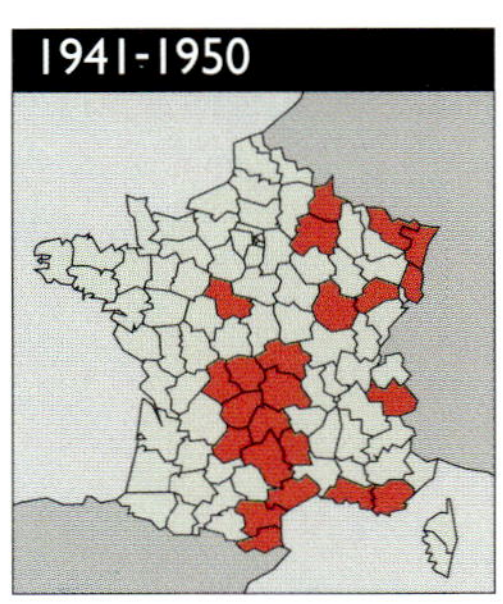

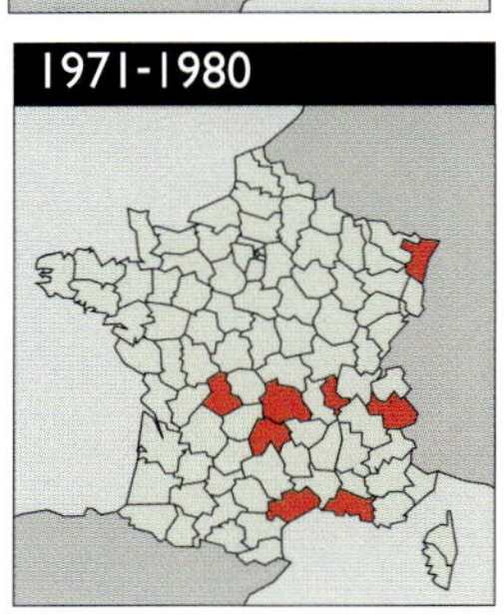

Distribution actuelle. La Pie-grièche à poitrine rose se reproduit en Europe orientale, en Asie Mineure, en Russie méridionale et en Sibérie occidentale. Elle hiverne en Afrique de l'Est. En France, l'espèce niche aujourd'hui localement et en très petit nombre dans l'Aude, l'Hérault, le Gard et les Bouches-du-Rhône.

Évolution historique et menaces. Dans la seconde moitié du XIXe siècle, la Pie-grièche à poitrine rose était abondante et nichait dans de nombreuses régions de France, notamment dans le Midi méditerranéen, l'Aube, l'Yonne, la Marne, la Seine-et-Marne, la partie occidentale des Vosges, la Vendée. Elle n'a cependant jamais niché en Bretagne, en Normandie ni dans le Sud-Ouest. Au début du XXe siècle, elle a niché occasionnellement dans le Nord et en Picardie. Une forte régression est notée dès les années 1910 et surtout 1920, entraînant la disparition de l'espèce dans maintes régions françaises. Les années 1930 voient un certain renouveau de la Pie-grièche à poitrine rose qui réapparaît dans la région parisienne, en Lorraine et en Alsace. Puis l'espèce fut très peu observée jusqu'à la fin des années 1950, époque à laquelle elle connut une nouvelle situation florissante. Elle redevint abondante dans le Midi, notamment dans les Bouches-du-Rhône, mais aussi en Auvergne (dépression de Limagne), en Alsace (région du Kochersberg) et dans l'Ain (plaine de la Valbonne). La nidification de l'espèce fut signalée en 1961 en Champagne, au début des années 1970 dans le Cantal, la Haute-Vienne et en Savoie. Entre 1975 et 1979, la nidification cessa dans les secteurs situés en dehors de la région méditerranéenne. Ce fut notamment le cas en 1975 en Alsace et en 1979 en Saône-et-Loire. Les années 1970 donnèrent également lieu à quelques observations d'oiseaux isolées dans des départements de la moitié nord de la France : Haute-Saône (1973), Pas-de-Calais (1979), Maine-et-Loire (1975), Yonne (1977), Haute-Savoie (1976), Puy-de-Dôme (1973). Par la suite, l'espèce fut observée à nouveau ponctuellement en Haute-Saône (1984) et dans le Bas-Rhin (1991 et 1992). Dans le sud de la France, l'espèce s'est toujours maintenue, mais ses effectifs n'ont cessé de décroître. À la fin des années 1980 et au début des années 1990, la Pie-grièche à poitrine rose niche encore dans les Bouches-du-Rhône (2-20 couples en Crau), dans le Gard (4-6 couples), l'Hérault et l'Aude (environ 20 couples dans la basse vallée de l'Aude). Des nidifications occasionnelles sont encore notées en Camargue et dans le Vaucluse. La population française de la Pie-grièche à poitrine rose n'excède sans doute pas 30 couples actuellement. L'espèce a cessé de nicher en 1930 en Belgique, en 1972 en Suisse et en 1978 en Allemagne. La régression de la Pie-grièche à poitrine rose a été imputée à des changements climatiques en Europe, mais il semble que la disparition de ses habitats consécutive à la modernisation de l'agriculture, ou encore de mauvaises conditions sur les lieux d'hivernage (sécheresse, emploi massif de pesticides), soient également responsables de celle-ci.

Mesures de conservation. L'espèce est inscrite sur la liste des Oiseaux protégés en France, ainsi qu'à l'annexe I de la directive Oiseaux et à l'annexe II de la convention de Berne.

Références bibliographiques.
Lefranc, 1978 ; Lefranc, 1993 ; Lefranc, 1994.

Les espèces d'oiseaux « rares » en France

Les derniers travaux réalisés dans le cadre du nouvel *Atlas des oiseaux nicheurs de France* ont abouti à une meilleure connaissance du statut de certains oiseaux nicheurs en France. En outre, les critères définissant les catégories dans lesquelles sont regroupées les espèces d'oiseaux menacées de France ont été redéfinis très récemment. C'est pourquoi les espèces figurant dans la catégorie « rare » n'ont pu être prises en compte dans le présent ouvrage. Le tableau ci-dessous dresse seulement la liste de ces espèces, ainsi que les mesures de protection dont elles bénéficient. Rappelons que quatre espèces (voir page 45) ont un statut indéterminé, et qu'un nombre important d'autres oiseaux méritent une surveillance accrue, en raison d'une régression importante de leurs populations. Toutefois, ces espèces dites « à surveiller » ont des effectifs encore suffisamment importants pour ne pas être considérées comme strictement menacées à courte échéance ; la liste de ces oiseaux est malheureusement trop longue pour être citée.

Espèce	*Nom scientifique*	Protection en France	Directive Oiseaux	Convention de Berne
Puffin cendré	*Calonectris diomedea*	—	Annexe I	Annexe II
Puffin de Méditerranée	*Puffinus yelkouan*	Protégé	Annexe I	Annexe III
Cygne tuberculé	*Cygnus olor*	Protégé	Annexe II/2	Annexe III
Sarcelle d'hiver	*Anas crecca*	—	Annexes II/1 et III	Annexe III
Fuligule morillon	*Aythya fuligula*	—	Annexes II/1 et III	Annexe III
Vautour fauve	*Gyps fulvus*	Protégé	Annexe I	Annexe II
Aigle royal	*Aquila chrysaetos*	Protégé	Annexe I	Annexe II
Aigle botté	*Hieraaetus pennatus*	Protégé	Annexe I	Annexe II
Faucon pèlerin	*Falco peregrinus*	Protégé	Annexe I	Annexe II
Huîtrier pie	*Haematopus ostralegus*	—	Annexe II/2	Annexe III
Chevalier guignette	*Actitis hypoleucos*	Protégé		Annexe II
Goéland railleur	*Larus genei*	Protégé	Annexe I	Annexe II
Sterne hansel	*Gelochelidon nilotica*	Protégé	Annexe I	Annexe II
Guillemot de Troïl	*Uria aalge*	Protégé		Annexe III
Grand-Duc d'Europe	*Bubo bubo*	Protégé	Annexe I	Annexe II
Chevêchette d'Europe	*Glaucidium passerinum*	Protégé	Annexe I	Annexe II
Rollier d'Europe	*Coracias garrulus*	Protégé	Annexe I	Annexe II
Pic à dos blanc	*Dendrocopos leucotos*	Protégé	Annexe I	Annexe II
Traquet oreillard	*Oenanthe hispanica*	Protégé		Annexe II
Merle bleu	*Monticola solitarius*	Protégé		Annexe II
Tichodrome échelette	*Tichodroma muraria*	Protégé	—	—
Niverolle alpine	*Montifringilla nivalis*	Protégé		Annexe II
Tarin des aulnes	*Carduelis spinus*	Protégé		Annexe II

Rollier d'Europe

Les Amphibiens (ou Batraciens) sont les premiers Vertébrés à avoir conquis la terre ferme, il y a environ 360 millions d'années. Mais cette conquête reste bien fragile : les Amphibiens forment sans doute l'une des classes les plus menacées du règne animal. Depuis une trentaine d'années, de nombreuses espèces sont en régression en divers points du globe, principalement dans l'hémisphère Nord et en Australie, sans qu'il soit toujours possible d'avancer une explication à ce phénomène. Cette tendance est à ce point inquiétante qu'un groupe d'experts internationaux *(Declining Amphibian Populations Task Force)* s'est constitué pour l'étudier et tenter d'y remédier. Quant aux espèces tropicales, elles sont victimes des déforestations massives : certaines disparaissent probablement avant même d'avoir été découvertes.

Pourquoi les Amphibiens sont-ils particulièrement vulnérables ? La biologie de ces espèces apporte quelques éléments de réponse. Comme leur nom l'indique, les Amphibiens partagent leur vie entre des phases aquatiques et des phases terrestres. La plupart des espèces vivant dans nos contrées s'accouplent dans l'eau et y déposent leurs œufs. Après éclosion, les larves (têtards chez les Anoures) s'y développent. Ensuite, la vie adulte se déroule en partie à terre, mais les Amphibiens regagnent chaque année le milieu aquatique pour s'y reproduire. Ce séjour dans l'eau est plus ou moins long selon les espèces. En France, seuls le Spélerpès brun *(Speleomantes ambrosii)* et les salamandres de haute montagne, la Salamandre noire *(Salamandra atra)* et la Salamandre de Lanza *(S. lanzai)*, se sont totalement affranchis du milieu aquatique. L'humidité leur est cependant vitale. Par ailleurs, l'Alyte accoucheur *(Alytes obstetricans)* ne pond pas dans l'eau : le mâle porte les œufs accrochés aux pattes postérieures et ne rejoint le milieu aquatique que lorsque les têtards sont sur le point de naître. La plupart des Amphibiens de France passent donc une grande partie de leur vie dans des habitats aquatiques, milieux particulièrement malmenés et peu respectés par notre civilisation moderne. Ces changements de milieux s'accompagnent, chez certaines espèces (crapauds, par exemple), de véritables migrations. Ce comportement peut se révéler catastrophique dans les régions les plus humanisées. Remarquons enfin que les Amphibiens ont la peau nue, siège d'une intense activité respiratoire. Cette enveloppe très perméable les protège donc peu des agressions extérieures telles les pollutions, auxquelles les larves sont encore plus sensibles que les adultes.

Les principales causes de la régression des espèces

La dégradation des habitats

La destruction des zones humides (comblement des mares, drainage) touche particulièrement les Amphibiens en les privant de leurs sites de reproduction. Mais la destruction des habitats terrestres est tout aussi grave et plus insidieuse, car elle est moins visible. Toute mesure de protection ne saurait être efficace si elle ne prend en compte que les milieux aquatiques pro-

Liste rouge des Amphibiens menacés en France métropolitaine	
En danger	▽!
Salamandre de Lanza	*Salamandra lanzai*
Pélobate brun	*Pelobates fuscus*
Grenouille des champs	*Rana arvalis*
Vulnérables	V
Triton alpestre	*Triturus alpestris*
Triton crêté	*Triturus cristatus*
Triton marbré	*Triturus marmoratus*
Sonneur à ventre jaune	*Bombina variegata*
Pélobate cultripède	*Pelobates cultripes*
Pélodyte ponctué	*Pelodytes punctatus*
Crapaud vert	*Bufo viridis*
Rainette verte	*Hyla arborea*
Rares	R
Euprocte des Pyrénées	*Euproctus asper*
Euprocte de Corse	*Euproctus montanus*
Spélerpès brun	*Speleomantes ambrosii*
Discoglosse corse	*Discoglossus montalentii*
Discoglosse sarde	*Discoglossus sardus*
Indéterminés	?
Salamandre noire	*Salamandra atra*
Alyte accoucheur	*Alytes obstetricans*
À surveiller	
Salamandre commune	*Salamandra salamandra*
Triton palmé	*Triturus helveticus*
Triton ponctué	*Triturus vulgaris*
Discoglosse peint	*Discoglossus pictus*
Crapaud commun	*Bufo bufo*
Crapaud calamite	*Bufo calamita*
Rainette méridionale	*Hyla meridionalis*
Grenouille agile	*Rana dalmatina*
Grenouille de Lessona	*Rana lessonae*
Grenouille de Pérez	*Rana perezi*
Grenouille rieuse	*Rana ridibunda*

prement dits. Ces destructions, dues en grande partie à l'extension des cultures céréalières et au remembrement, accompagnent parfois aussi l'urbanisation d'espaces naturels. L'urbanisation du littoral, par exemple, est à l'origine de la disparition de mares côtières et de lagunes propices au Pélobate cultripède *(Pelobates cultripes)* et au Pélodyte ponctué *(Pelodytes punctatus)*.
Un habitat peut devenir impropre à la survie des Amphibiens sans qu'il y ait destruction proprement dite. L'abandon de l'élevage dans certaines régions s'est traduit par l'arrêt de l'entretien des mares et des abreuvoirs. La végétation envahissant les berges, les pièces d'eau se comblant, ces habitats autrefois favorables se révèlent vite incapables d'accueillir des individus reproducteurs. Ainsi, les modifications des activités humaines dans nos campagnes ont particulièrement touché les tritons.
L'enrésinement des forêts constitue aussi une forme de perturbation de l'habitat auquel n'échappent pas certains Amphibiens comme la Salamandre commune *(Salamandra salamandra)* ou le Sonneur à ventre jaune *(Bombina variegata)*.
L'aménagement de nos cours d'eau est à l'origine de modifications et d'altérations irréversibles des biotopes de reproduction. Les barrages modifient le régime hydrodynamique des rivières et peuvent conduire à la disparition locale de certaines espèces torrenticoles telles les Euproctes *(Euproctus asper, E. montanus.)*. Le calibrage des ruisseaux génère des berges trop abruptes pour les Amphibiens et conduit à la disparition de zones inondables.
L'arrachage des haies, le comblement des mares dans les plaines céréalières engendrent la création de vastes espaces impropres à la vie des Amphibiens et souvent infranchissables pour eux. Certaines voies de communication (autoroutes, lignes de T.G.V.) constituent également des barrières. Les populations de certaines espèces se trouvent ainsi isolées. Si l'une de ces populations vient à disparaître, les milieux libérés ne peuvent être recolonisés, même s'ils demeurent propices.
Une solution pour venir en aide aux Amphibiens consiste à réhabiliter des habitats autrefois favorables ou à en créer de nouveaux. Dans tous les cas, il est important de maintenir des milieux permettant l'échange avec les populations voisines. Il faut donc ménager des connexions entre ruisseaux, mares ou fossés.

Les autres causes de destruction

Les Amphibiens sont particulièrement sensibles à la pollution de l'eau, mais aussi probablement à celle de l'air. Ils constituent ainsi d'excellents indicateurs biologiques. Le déversement massif de pesticides (empoisonnement de l'eau) ou d'engrais (eutrophisation) a condamné de nombreuses mares dans les régions agricoles. Les campagnes d'éradication des moustiques ont fait des hécatombes dans certains marais où les nuits printanières ne résonnent désormais plus du chant des grenouilles. Même si les insecticides actuels n'empoisonnent plus directement les Amphibiens, ils les privent de ressources alimentaires, la plupart de nos espèces étant insectivores. Les pluies acides ont également probablement joué un rôle déterminant dans le déclin de certaines espèces particulièrement sensibles.
Chaque année, de nombreux Amphibiens sont victimes de la circulation routière. Nous avons évoqué le comportement migratoire de certaines espèces. Les routes coupant ces voies de migration peuvent anéantir des populations entières d'Amphibiens en quelques années. Mais les routes traversant les bois ou des secteurs riches en mares font également de nombreuses victimes.
Il est possible de limiter l'impact de certaines routes en plaçant, au niveau des zones de migration, des barrières de protection éventuellement associées à des mares de substitution. Ce procédé a le désavantage d'isoler les populations vivant de part et d'autre de la route. Des dispositifs permettant le passage des Amphibiens sous la chaussée (« crapauducs ») sont à l'étude. Certains sont déjà installés en diverses régions de France. Dans la mesure du possible, il serait également souhaitable de condamner la circulation sur certaines routes forestières entre 21 heures et 6 heures du matin pendant la période de reproduction. Mais la simple pose

de panneaux de signalisation, comme cela se pratique en Suisse, aurait au moins l'avantage d'avertir les automobilistes et de permettre aux plus consciencieux de lever le pied.
Certaines espèces d'Amphibiens, par leurs belles couleurs, leur aspect spectaculaire ou leur rareté, attirent les terrariophiles et les enfants. En France, les tritons, mais aussi le Crapaud vert *(Bufo viridis)* ou le Sonneur à ventre jaune *(Bombina variegata),* ont été victimes d'un ramassage important. Aujourd'hui, ces ramassages illégaux se poursuivent encore. Ils sont réduits mais peuvent avoir un impact non négligeable sur certaines populations. Les prélèvements pour la recherche scientifique ou pour l'enseignement ont pratiquement cessé : la loi ne permet plus d'utiliser des individus prélevés dans la nature.
La consommation de cuisses de grenouilles a été à l'origine de captures importantes. Depuis 1979, seule la pêche « familiale » est autorisée pour deux espèces : la Grenouille rousse *(Rana temporaria)* et la Grenouille verte *(R. esculenta).* Le ramassage, maintenant réglementé, s'est considérablement réduit. À la fin des années 1980, la consommation annuelle française était cependant estimée à 3 000 tonnes (soit 100 millions de grenouilles). De grosses quantités de cuisses de grenouilles congelées ou de grenouilles vivantes sont donc importées, principalement d'Asie et d'Europe de l'Est : cette mode alimentaire, qui n'est que localement traditionnelle, continue donc d'exercer ses effets dévastateurs dans d'autres contrées.

L'introduction d'espèces étrangères

En altitude surtout, l'introduction de poissons carnivores (Salmonidés en particulier) dans des lacs ou étangs hébergeant des Amphibiens a des conséquences souvent dramatiques pour ceux-ci. Ces poissons consomment les œufs et les larves des Amphibiens. De plus, ils peuvent être vecteurs de parasites. L'introduction récente d'une espèce originaire d'Amérique du Nord, la Grenouille taureau *(Rana catesbeiana),* dans l'ouest de la France suscite une grande inquiétude parmi les naturalistes : on craint qu'elle n'entre en concurrence avec les espèces locales et ne conduise à leur élimination. D'autres espèces importées, proches parentes d'espèces indigènes, risquent aussi de se croiser avec elles et de les « polluer » génétiquement.

Les Amphibiens menacés en France

Sur les trente-deux espèces françaises d'Amphibiens, dix-huit sont menacées à des degrés divers. En fait, presque toutes méritent une surveillance particulière, car elles sont fragiles et occupent des habitats très vulnérables. C'est pourquoi la loi française (arrêté du 22 juillet 1993) offre une protection totale à la majorité des Amphibiens de l'Hexagone. Seules trois espèces ne bénéficient pas de cette protection. La Grenouille verte et la Grenouille rousse, dont la pêche « familiale » à des fins alimentaires est autorisée pendant une période annuelle fixée par arrêté préfectoral, ne sont protégées que partiellement. La Grenouille taureau, d'introduction récente, n'est pas concernée par l'arrêté du 22 juillet 1993. Nous avons déjà mentionné cette espèce dont la présence est, cette fois-ci, indésirable. Des campagnes d'éradication sont en cours.
Nos connaissances sur les Amphibiens de France se sont considérablement accrues ces dernières années. Cela nous a conduits à revoir le statut de certaines espèces par rapport à la première liste rouge de 1983. C'est, par exemple, le cas du Discoglosse peint *(Discoglossus pictus)* dont nous savons maintenant qu'il a été introduit dans la région de Banyuls à partir de l'Algérie. Cette introduction a probablement eu lieu au début du siècle, et cette espèce est actuellement en expansion. De même, la présence de la Salamandre noire dans le Jura français est de plus en plus contestée. Il est possible que cette espèce n'ait jamais appartenu à la faune française. C'est au bénéfice du doute que nous l'avons conservée dans notre liste. En revanche, la Salamandre de Lanza, dont la présence était déjà connue en 1983 en tant que sous-espèce, n'a été élevée au rang d'espèce que plus tard.

Patrick Haffner

Remerciements

Je remercie vivement tous ceux qui ont bien voulu m'aider dans la rédaction de ce chapitre. J. Lescure, R. Guyétant et M. Cheylan m'ont prodigué de précieux conseils et m'ont fourni des informations de première importance. M. Thireau et M. Delaugerre ont émis des avis déterminants sur la liste et le statut des espèces. Enfin, P. Pellegrini m'a efficacement assisté dans mes recherches bibliographiques.

Euprocte des Pyrénées

Euproctus asper (Dugès, 1852)

O. Urodèles

F. Salamandridés

R

Distribution actuelle. L'Euprocte des Pyrénées est endémique de cette chaîne de montagnes. En France, il occupe le versant nord des Pyrénées du Pays basque à la Catalogne. Il vit généralement à des altitudes supérieures à 1 000 m, mais on peut le rencontrer plus bas (140 m). Habitant principalement les lacs et les torrents de haute montagne, il est cavernicole dans certaines régions basses de l'Ariège. Il est également présent sur le versant espagnol.

Évolution historique et menaces. L'Euprocte des Pyrénées n'est pas en danger, mais son caractère endémique et la relative faiblesse de ses effectifs en font une espèce fragile, qu'il convient de surveiller. Par ailleurs, une régression sensible de l'espèce a été signalée localement, surtout en marge de son aire de répartition. La transformation des lacs d'altitude en « étangs de pêche » a eu pour conséquence l'introduction de poissons carnivores (truites, ombles chevaliers…) dans des milieux autrefois exempts de prédateurs. En consommant les larves et les œufs des amphibiens, ces poissons sont à l'origine de la disparition de plusieurs populations lacustres d'Euprocte des Pyrénées. Les poissons introduits peuvent également véhiculer des parasites, réduisant ainsi les chances de survie des Euproctes. La pollution des eaux d'altitude, liée en particulier au tourisme hivernal, ainsi que la construction de barrages, sont autant de menaces potentielles. Les récoltes destinées à approvisionner les terrariophiles peuvent parfois mettre localement l'espèce en danger. La circulation routière peut affecter les populations de basse altitude (Ariège, par exemple). Parfois même, des routes ou des pistes peuvent altérer des habitats, comme c'est le cas dans la réserve de Néouvielle. Enfin, certaines populations cavernicoles sont très menacées par la fréquentation humaine de leurs habitats.

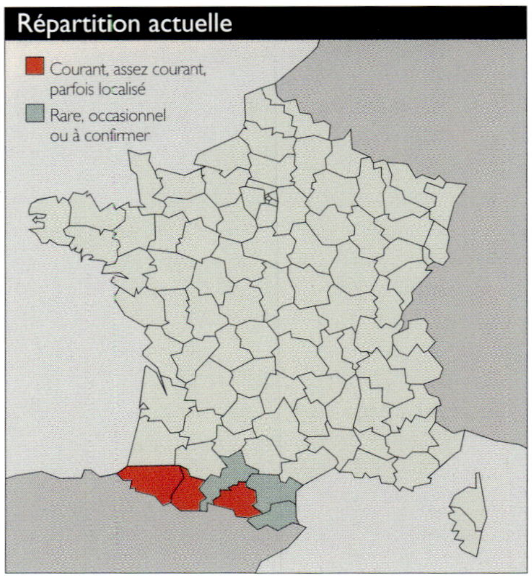

Mesures de conservation. L'introduction de poissons carnivores (truites, ombles, etc.) dans les lacs hébergeant l'Euprocte des Pyrénées est à proscrire. Les aménagements hydroélectriques doivent être évités dans les secteurs où vit cette espèce. Enfin, les milieux souterrains abritant l'Euprocte des Pyrénées doivent bénéficier des mesures de protection s'appliquant généralement à ces habitats. L'Euprocte des Pyrénées est totalement protégé en France par l'arrêté du 22 juillet 1993. Il est également inscrit à l'annexe IV de la directive Habitats ainsi qu'à l'annexe II de la convention de Berne.

Références bibliographiques.
Bertrand A. et Crochet P.A., 1992 ; Martinez-Rica J.P., 1989 ; Nicol A., 1990.

Euprocte de Corse

Euproctus montanus (Savi, 1838)

O. Urodèles

F. Salamandridés

R

Distribution actuelle. L'Euprocte de Corse est une espèce endémique de l'île de Beauté. On le rencontre dans toute la Corse, à l'exception de certains secteurs comme le désert des Agriates ou la région de Bonifacio, entre 0 et 2 260 m d'altitude. Durant une partie de l'année, il vit dans les torrents et les ruisseaux aux eaux claires et pures. Ces eaux doivent être continuellement renouvelées, c'est pourquoi on ne rencontre que rarement l'espèce dans les lacs et les étangs.

Évolution historique et menaces. L'Euprocte de Corse n'est pas en danger. Cependant, la survie de cette espèce, très localisée géographiquement, reste précaire. Les prélèvements, les diverses pollutions, l'introduction de poissons carnivores (en particulier les Salmonidés) sont les principales menaces potentielles qui pèsent sur l'espèce lors de sa phase aquatique. En phase terrestre, ce sont les incendies de maquis qui sont le plus à redouter.

Mesures de conservation. Une attention particulière doit être portée sur les cours d'eau abritant l'Euprocte de Corse. Les aménagements devraient y être évités. Les rejets d'eaux usées devraient être sévèrement contrôlés aux abords des villages et des infrastructures touristiques afin d'éviter toute pollution. L'arrêté du 22 juillet 1993 protège totalement l'Euprocte de Corse. Ce dernier est également inscrit à l'annexe IV de la directive Habitats ainsi qu'à l'annexe II de la convention de Berne.

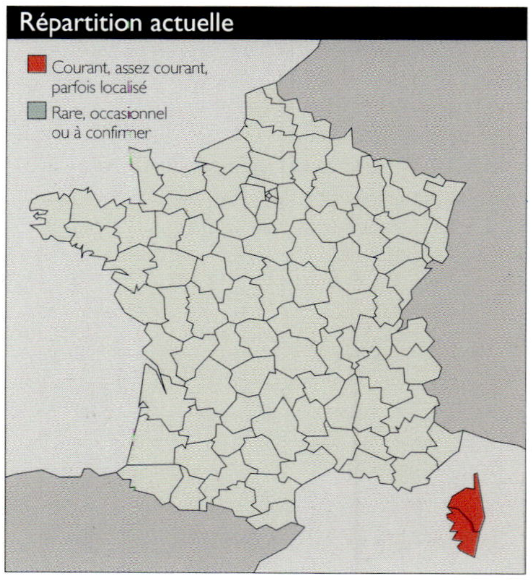

Références bibliographiques.
Alcher M., 1992 ; Thibault J.-C. et al., *1984.*

Salamandre noire

Salamandra atra Laurenti, 1768

O. Urodèles

F. Salamandridés

Répartition actuelle

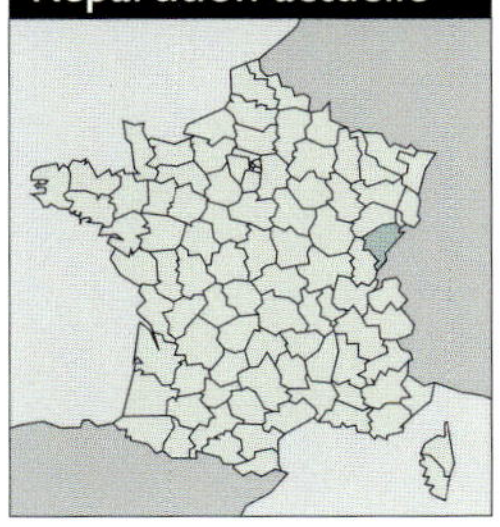

Distribution actuelle. La Salamandre noire se rencontre dans le nord du massif alpin ainsi que dans les Alpes dinariques et albanaises. C'est une espèce montagnarde vivant essentiellement entre 800 et 1 200 m d'altitude (mais elle a été observée entre 400 et 3 000 m). Jusqu'à une période récente, on confondait cette espèce avec une autre salamandre de couleur noire habitant les Alpes du Sud : la Salamandre de Lanza *(S. lanzai)*. En France, elle a été signalée dans la haute chaîne du Jura dans la seconde moitié du XIXe siècle. Mais cette donnée, souvent reprise dans la littérature, n'a pu être confirmée. L'espèce aurait toutefois été observée en 1971 sur le versant français du Jura (individu mort). Elle n'a jamais été signalée avec certitude dans le Jura suisse, ce qui laisse planer quelques doutes sur la présence réelle de l'espèce en France. Elle a également été citée en Haute-Savoie mais, là encore, cette observation demande à être confirmée.

Évolution historique et menaces. Si la Salamandre noire habite effectivement le Jura français, elle doit y être extrêmement rare, ce qui la rendrait très vulnérable aux prélèvements et aux aménagements touristiques d'altitude.

Mesures de conservation. La Salamandre noire est totalement protégée en France par l'arrêté du 22 juillet 1993. Elle est également inscrite à l'annexe IV de la directive Habitats ainsi qu'à l'annexe II de la convention de Berne.

Références bibliographiques.
Geniez P. et Grillet P., 1990 ;
Grossenbacher K., 1988.

Salamandre de Lanza

Salamandra lanzai

Nascetti, Andreone, Capula et Bullini, 1988

O. Urodèles

F. Salamandridés

Distribution actuelle. La Salamandre de Lanza occupe une zone restreinte des Alpes du Sud-Ouest partagée entre l'Italie et la France (région du mont Viso). En France, elle ne semble présente que dans un secteur de quelques kilomètres carrés situé dans le massif du Queyras, à plus de 1 500 m d'altitude.

Évolution historique et menaces. On sait encore peu de chose sur cette espèce qui n'a été différenciée de la Salamandre noire *(S. atra)* que très récemment. L'aire de répartition mondiale de la Salamandre de Lanza est extrêmement réduite. Les effectifs ne sont pas encore connus avec précision, mais ils sont probablement faibles. Cette espèce est donc à la merci de toute atteinte portée à son habitat, qu'elle soit d'origine humaine ou naturelle. On l'a trouvé écrasée sur une petite route, heureusement aujourd'hui interdite à la circulation.

Mesures de conservation. Elle ne peut tolérer aucun aménagement dans les zones qu'elle fréquente. La gestion de la forêt et des alpages devrait y rester traditionnelle. Par ailleurs, la fréquentation humaine, essentiellement d'origine touristique, devrait être contrôlée, voire canalisée, afin de limiter les dérangements. Enfin, bien que toute collecte soit interdite, certains collectionneurs terrariophiles risquent d'être tentés par cette espèce particulièrement rare, donc attractive. Une grande vigilance s'impose. Le Conseil de l'Europe a recommandé au gouvernement français de procéder à une étude dans le massif du Queyras afin de délimiter une zone de protection.

Répartition actuelle

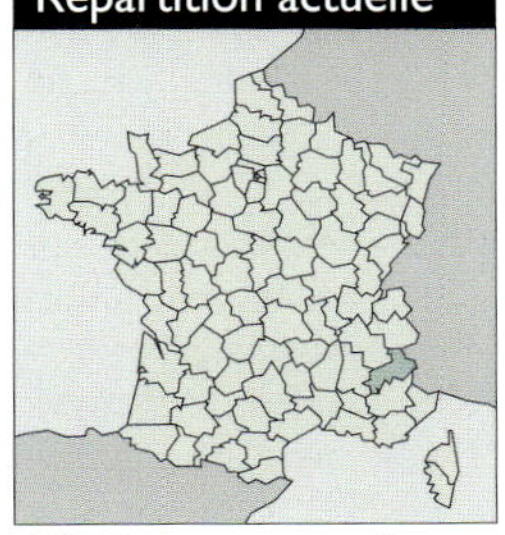

Mesures de conservation. La Salamandre de Lanza est totalement protégée en France par l'arrêté du 22 juillet 1993. Elle est également inscrite à l'annexe IV de la directive Habitats. Elle figure à l'annexe III de la convention de Berne, mais mériterait d'être inscrite à l'annexe II.

Références bibliographiques.
Andreone F. et al., *1989 ;*
Geniez P. et Grillet P., 1990.

Triton alpestre

Triturus alpestris (Laurenti, 1768)

O. Urodèles

F. Salamandridés

Distribution actuelle. Le Triton alpestre occupe toute l'Europe centrale et occidentale, de la Russie à la France, et du Danemark à l'Italie. Il existe une population isolée au nord-ouest de l'Espagne et une autre au sud de l'Italie. En France, il vit essentiellement au nord et à l'est de la Loire, dans les Alpes et le Massif central. Il est observé depuis le niveau de la mer jusqu'à 1 800 m environ.

Évolution historique et menaces. L'espèce est localement en régression. Une sous-espèce endémique de Ligurie, le Triton des Alpes apuanes *(T. a. apuanus)*, était présente il y a quelques années encore dans les Alpes méridionales françaises. Elle semble y avoir disparu depuis. La régression du Triton alpestre a également été signalée dans d'autres pays d'Europe. Les raisons avancées pour expliquer cette évolution sont nombreuses. En plaine, le développement des grandes cultures céréalières au détriment de l'élevage conduit au comblement et à la pollution des mares, à l'abandon des abreuvoirs ainsi qu'au drainage des marais et tourbières. En montagne, l'alevinage en Salmonidés (truites en particulier) des lacs d'altitude induit une pression de prédation insupportable pour certaines populations lacustres. Enfin, les Tritons alpestres ont été victimes de prélèvements importants opérés par les terrariophiles professionnels ou « en herbe ».

Répartition actuelle

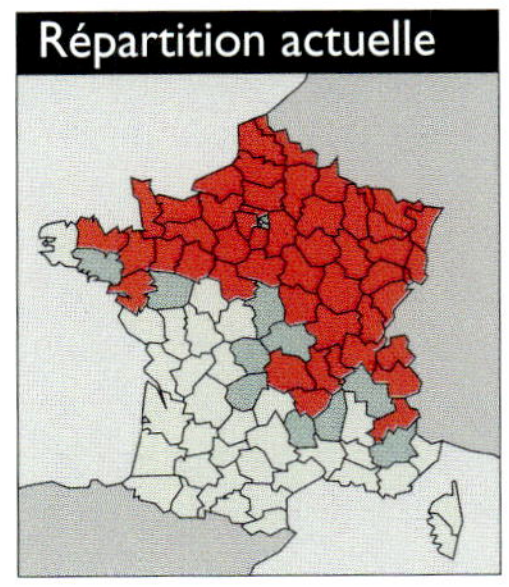

Mesures de conservation. Il est difficile de compenser aujourd'hui les pertes d'habitats liées à l'agriculture intensive. Toutefois, des opérations visant à réhabiliter, aménager ou créer des pièces d'eau susceptibles

de servir de site de reproduction peuvent être envisagées. Dans cette perspective, il est important de maintenir une bonne diversité végétale sur les rives, d'éviter l'introduction de poissons (épinoches, carpes), de ne pas créer de zones récréatives à proximité de ces sites. La déprise agricole et les mesures communautaires incitant les agriculteurs à geler une partie de leurs terres devraient être particulièrement favorables à cette espèce. Les populations contenant des individus néoténiques devraient être protégées en priorité. En France, le Triton alpestre est totalement protégé par l'arrêté du 22 juillet 1993. L'espèce est également inscrite à l'annexe III de la convention de Berne. Elle ne figure pas dans la directive Habitats, mais mériterait d'être inscrite à l'annexe IV.

Références bibliographiques.
Joly P., 1989.

Triton crêté

Triturus cristatus (Laurenti, 1768)

O. Urodèles

F. Salamandridés

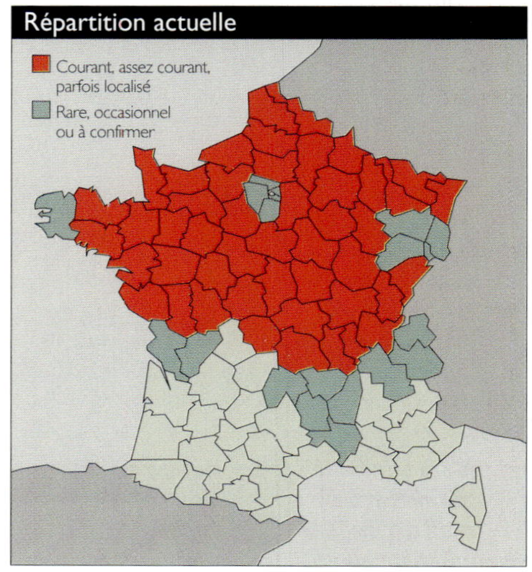

Distribution actuelle. Le Triton crêté occupe une grande partie de l'Europe, à l'exception du sud et de l'ouest de la France, la péninsule Ibérique, le sud de la Grèce, l'Irlande et les îles méditerranéennes. À l'est, il atteint le Caucase, l'Iran et l'Asie centrale. En France, il vit essentiellement au nord d'une ligne La Rochelle-Grenoble, mais il existe au moins trois populations isolées dans le Gard. On l'observe du niveau de la mer à plus de 1000 m d'altitude dans le Massif central.

Évolution historique et menaces. Le Triton crêté est en régression dans l'ensemble des pays d'Europe depuis les années 1950. La France n'échappe pas à cette tendance. Le Triton crêté y est signalé en déclin dans la plupart des régions. Seule une légère progression a été notée en Mayenne où il a remplacé peu à peu le Triton marbré *(T. marmoratus).* Cette observation ne saurait être rassurante sur le sort de l'espèce, car elle ne compense en aucun cas les chutes importantes d'effectifs enregistrées ailleurs. L'agriculture intensive moderne conduit à la perte de zones de reproduction par assèchement de régions humides, comblement de mares et d'étangs, pollution par insecticides et herbicides, eutrophisation… L'arrachage de haies et d'arbres est également à l'origine de la perte d'habitats occupés durant la phase terrestre. Cette espèce réagit cependant mieux au remembrement que le Triton marbré, ce qui explique en partie qu'elle prenne sa place dans les zones où ils se rencontrent. Il faut ajouter à cela des prélèvements importants réalisés par les terrariophiles, les enfants, voire des naturalistes étrangers soucieux de réintroduire l'espèce dans leur pays. L'introduction de poissons a les mêmes effets négatifs que ceux notés chez la plupart des espèces d'Amphibiens. En Allemagne, les naturalistes accusent la Perche soleil d'être à l'origine de la destruction des larves de Tritons crêtés. Signalons enfin le risque de pollution génétique lié à l'introduction de sous-espèces étrangères, voire d'espèces parentes. Le Triton crêté italien *(T. carnifex),* par exemple, a été introduit dans certains pays d'Europe où il risque de se substituer au Triton crêté.

Mesures de conservation. Les experts du groupe Reptiles et Amphibiens du Conseil de l'Europe soulignent la nécessité de développer des plans de rétablissement pour cette espèce. Un tel plan, en projet en Grande-Bretagne, prévoit, entre autres, la mise en place d'un réseau de mares (une par km²) à l'intérieur de l'aire potentielle de répartition. Des mares ont été créées pour le Triton crêté aux Pays-Bas et en Norvège. Dans ce dernier pays, des réintroductions ont également été opérées. Mais il convient tout d'abord de prendre des mesures de protection sur les sites abritant encore l'espèce. Les populations isolées (par exemple celles du Gard) et les populations en sympatrie avec le Triton marbré devraient être protégées en priorité. Le Conseil de l'Europe recommande d'ailleurs au gouvernement français d'assurer la protection et la gestion des habitats du Triton crêté dans certains départements et dans les zones où il rencontre le Triton marbré. Cette politique de protection des habitats devrait être associée à des campagnes d'information du public insistant en particulier sur les effets négatifs du drainage et du comblement des zones humides. Notons enfin que, si des opérations de réintroduction ou de soutien de population étaient envisagées, il faudrait tenir compte avec le plus grand soin de l'origine des individus. En effet, les populations anciennement attribuées au Triton crêté appartiennent en réalité à un complexe de quatre espèces très proches et pouvant s'hybrider. Les risques de pollution génétique sont donc grands. Le Triton crêté est totalement protégé en France par l'arrêté du 22 juillet 1993. Cette espèce est également inscrite aux annexes II et IV de la directive Habitats ainsi qu'à l'annexe II de la convention de Berne.

Références bibliographiques.
Zuiderwijk A., 1989.

Triton marbré

Triturus marmoratus (Latreille, 1800)

O. Urodèles

F. Salamandridés

Distribution actuelle. Le Triton marbré ne se rencontre que dans la péninsule Ibérique et dans une partie de la France (au sud d'une ligne Cherbourg-Paris et à l'ouest d'une ligne Fontainebleau-Montpellier). Il peut être observé jusqu'à 1 000 m dans les Pyrénées. Dans le centre de la France, son aire de répartition recouvre en partie celle du Triton crêté *(T. cristatus)* avec lequel il peut s'hybrider pour donner naissance au Triton de Blasius. L'écologie de cet hybride est proche de celle du Triton marbré.

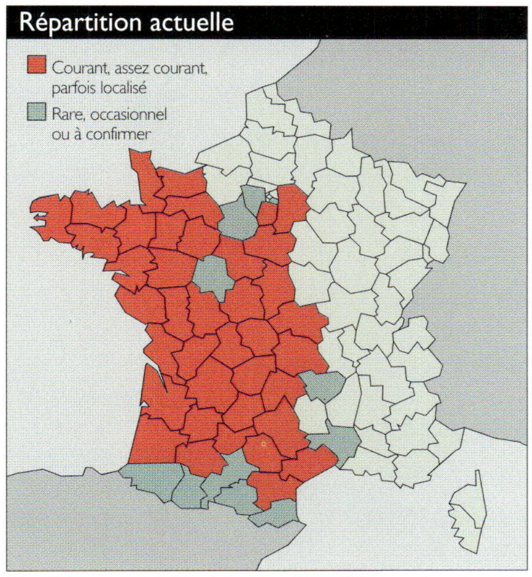

Évolution historique et menaces. Le Triton marbré est en déclin en France. Il est en particulier en régression à la limite nord-ouest de son aire de répartition, où il est peu à peu remplacé par le Triton crêté. Le Triton marbré est victime du développement de l'agriculture intensive. Ses sites de reproduction disparaissent peu à peu par comblement, assèchement, pollutions ou simplement défaut d'entretien. Les sites occupés pendant la phase terrestre sont dégradés. Cette espèce est plus sensible à la mise en culture que le Triton crêté. Comme la plupart des espèces de Tritons, faciles à capturer, à élever et dont les livrées nuptiales des mâles sont particulièrement attrayantes, cette espèce a subi des prélèvements importants de la part des terrariophiles. Il en est de même pour le Triton de Blasius, qui constitue une curiosité. Des introductions ont eu lieu en France et en Belgique. Loin de bénéficier à cette espèce (les conditions écologiques optimales sont rarement retrouvées hors de la zone d'indigénat), ces opérations aboutissent le plus souvent à des déséquilibres au sein des écosystèmes. Par ailleurs, elles augmentent les prélèvements sur des populations déjà fragilisées par l'altération de leurs habitats.

Mesures de conservation. Les sites de reproduction du Triton marbré doivent faire l'objet d'une attention particulière. Les mares où il cohabite avec le Triton crêté (plus particulièrement celles où se rencontre le Triton de Blasius) devraient bénéficier de mesures de protection appropriées. Des programmes de réhabilitation, d'aménagement ou de création de mares de reproduction, devraient être menés, couplés avec des campagnes d'information soulignant la nécessité de préserver mares, fossés, vieux abreuvoirs... L'introduction de poissons dans les mares où se reproduisent les Tritons marbrés est à proscrire. La déprise agricole et les mesures communautaires favorisant le gel des terres pourraient être mises à profit pour développer des actions concrètes de protection. Le Triton marbré est totalement protégé en France par l'arrêté du 22 juillet 1993. Il est également inscrit à l'annexe IV de la directive Habitats ainsi qu'à l'annexe III de la convention de Berne.

Références bibliographiques.
Zuiderwijk A., 1989.

Spélerpès brun

Speleomantes ambrosii (Lanza, 1955)

O. Urodèles

F. Plethodontidés

Distribution actuelle. Le Spélerpès brun habite le nord-ouest de l'Italie ainsi que l'extrême sud-est de la France (Alpes-Maritimes et Alpes-de-Haute-Provence). On l'observe du niveau de la mer jusqu'à l'altitude de 2 400 m. Il a été introduit dans une grotte de l'Ariège au début des années 1970.

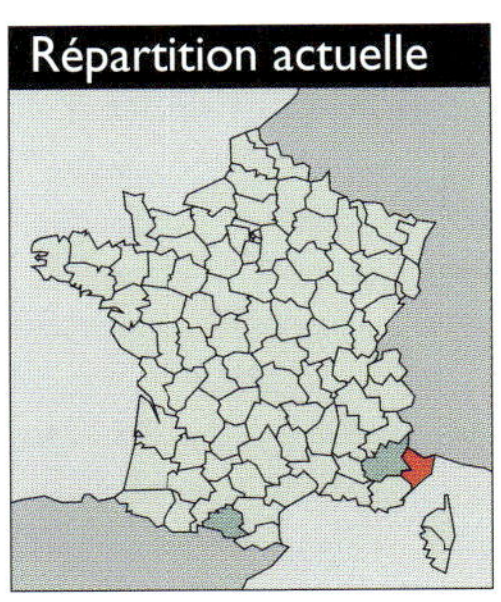

Évolution historique et menaces. Les effectifs de cette espèce semblent stables. Cependant, son aire de répartition mondiale est très restreinte et ses biotopes bien particuliers. Par ailleurs, son taux de reproduction étant faible, le Spélerpès n'est nulle part abondant. Son statut reste donc précaire et pourrait rapidement changer en cas de dégradation, même localisées, de ses habitats. Les menaces potentielles habituellement citées pour cette espèce sont les suivantes : urbanisation, aménagements touristiques, prélèvements abusifs, bouleversements de l'habitat d'origine humaine (incendies, déboisements) ou consécutifs à des catastrophes naturelles (inondations).

Mesures de conservation. Des mesures de protection appropriées pourraient être prises sur les stations les plus marginales et celles abritant les populations les plus importantes. Une faible partie de l'aire de répartition est comprise dans les zones centrales et périphériques du parc national du Mercantour. En France, l'espèce est totalement protégée par l'arrêté du 22 juillet 1993. Elle est également inscrite aux annexes II et IV de la directive Habitats ainsi qu'à l'annexe II de la convention de Berne.

Références bibliographiques.
Ewald P., 1989 ; Raffaeli J., 1983.

Alyte accoucheur

Alytes obstetricans (Laurenti, 1768)

O. Anoures

F. Discoglossidés

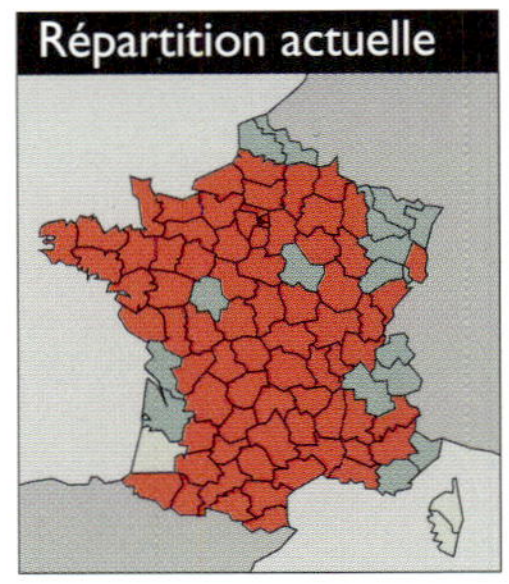

Distribution actuelle. L'Alyte accoucheur habite l'ouest de l'Europe jusqu'à l'Allemagne, vers l'est, et les Alpes et la péninsule Ibérique, vers le sud. On le trouve aussi au Maroc. Il occupe l'ensemble du territoire français, mais demeure très localisé dans le Centre, le Sud-Ouest (hormis les Pyrénées) et sur la côte méditerranéenne. Il atteint 2 200 m dans les Pyrénées.

Évolution historique et menaces. L'espèce est en régression au nord et à l'est de son aire de répartition européenne. En France, il est difficile d'apprécier l'ampleur de ce déclin. L'Alyte accoucheur serait en régression en plaine, et aurait disparu des Landes. Les changements de pratiques culturales (recul de l'élevage, drainage), en provoquant la disparition des habitats de reproduction, mettent l'espèce en péril. L'abandon et le comblement des mares et des carrières, les pollutions liées à l'usage des pesticides et des herbicides constituent aussi de sérieuses menaces. Les populations vivant en altitude sont moins exposées.

Mesures de conservation. Des bassins artificiels ont été construits aux Pays-Bas pour venir en aide à cette espèce. De telles initiatives pourraient être prises en France si le besoin s'en faisait sentir. Mais un effort particulier devrait déjà être porté sur la conservation des mares existantes, en particulier celles situées dans les villages. Loin de représenter une nuisance pour les habitants, l'occupation de ces mares par les Alytes est source de plaisirs merveilleux lorsque le chant flûté de ces Batraciens résonne dans les nuits printanières. L'Alyte accoucheur est totalement protégé en France par l'arrêté du 22 juillet 1993. Il est également inscrit à l'annexe IV de la directive Habitats et à l'annexe II de la convention de Berne.

Références bibliographiques.
Guyétant R., 1989.

Sonneur à ventre jaune

Bombina variegata (Linnaeus, 1758)

O. Anoures

F. Discoglossidés

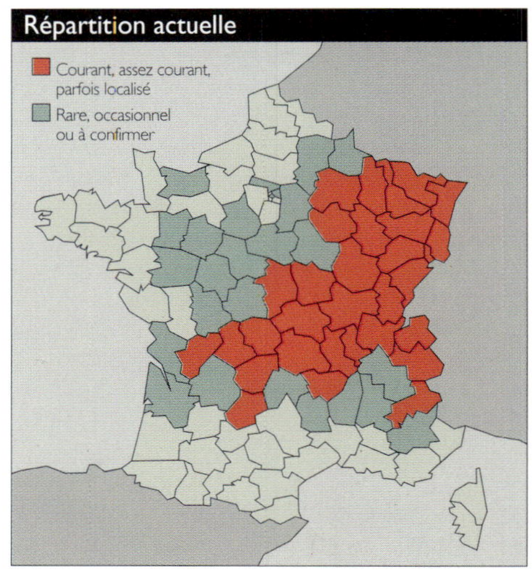

Distribution actuelle. Le Sonneur à ventre jaune occupe la majorité de l'Europe centrale et méridionale, à l'exception de la péninsule Ibérique, du sud de la Grèce et d'une grande partie des îles méditerranéennes. En France, on le rencontre dans le Centre, le Nord-Est et l'Est, jusqu'à 850 m d'altitude.

Évolution historique et menaces. Le Sonneur à ventre jaune est en régression dans la plupart des pays d'Europe. Ce déclin était déjà visible en Belgique au début du siècle. En France aussi, on le signale en régression dans de nombreuses régions, sauf peut-être en Franche-Comté et en Lorraine. Il a disparu de l'aire bioclimatique méditerranéenne (Vaucluse, par exemple). Le déclin du Sonneur à ventre jaune n'est pas totalement expliqué, mais certains facteurs de régression peuvent être évoqués. Cette espèce souffre particulièrement du changement des pratiques agricoles, du comblement des mares dans les prairies d'élevage et des ornières en forêt, du curage des fossés à l'aide d'engins mécaniques, du débardage en période de reproduction et des pollutions. Les prélèvements par les terrariophiles ont également contribué à sa régression. Le Sonneur à ventre jaune est d'autant plus vulnérable que ses populations, inféodées à des habitats particuliers, sont isolées et ont des effectifs faibles. Les recolonisations sont donc difficiles.

Mesures de conservation. Un plan de rétablissement est mené en Allemagne. Il comprend la protection stricte des sites hébergeant le Sonneur à ventre jaune, la création et la gestion d'un réseau d'habitats favorables, des opérations de réintroduction. Les mares sont distantes de moins de 2 km et la végétation de leurs berges est régulièrement coupée. Mais aux Pays-Bas, la création et la réhabilitation de mares se sont révélées inefficaces et l'espèce est maintenant au bord de l'extinction. En France, de tels plans pourraient être menés, à condition de mettre à profit l'expérience des pays voisins. Dans le Haut-Rhin, des mares ont été créées pour cette espèce. Mais il convient d'abord de préserver les populations encore viables des dangers qui les menacent : protections appropriées des petites pièces d'eau, contrôle des opérations de curage et de drainage, interdiction des débardages en période de reproduction. Dans l'Allier, l'Office national des forêts et le Conservatoire des sites du département mettent en place un plan de conservation du Sonneur à ventre jaune en milieu forestier. Ainsi, les futurs aménagements effectués en forêt devraient ne plus mettre en péril l'espèce. En Eure-et-Loir, un arrêté de biotope a été spécialement pris pour protéger un site où se reproduit le Sonneur à ventre jaune. Le Sonneur à ventre jaune est totalement protégé en France par l'arrêté du 22 juillet 1993. Il est également inscrit aux annexes II et IV de la directive Habitats ainsi qu'à l'annexe II de la convention de Berne.

Références bibliographiques.
Breuil M. et Jullien F., 1984 ; Grangé P., 1989 ; Podloucky R., 1994 ; Stumpel A., 1994.

Discoglosse corse

Discoglossus montalentii
Lanza, Nascetti, Capula et Bullini, 1984

O. Anoures

F. Discoglossidés

Distribution actuelle. Le Discoglosse corse est une espèce endémique de l'île de Beauté. Il y est connu d'une quinzaine de localités situées entre 300 et 900 m d'altitude. Il est absent du cap Corse.
Évolution historique et menaces. Cette espèce était encore confondue avec le Discoglosse sarde *(D. sardus)* au début des années 1980. On sait peu de chose sur l'évolution récente de ses populations. On peut cependant considérer qu'elle est plus menacée que le Discoglosse sarde : elle est en effet plus rare, et son aire de répartition mondiale est extrêmement réduite.
Mesures de conservation. Les experts de la commission herpétologique du Conseil de l'Europe estiment qu'un plan de rétablissement est envisageable pour cette espèce. Il serait souhaitable de protéger à l'aide de mesures appropriées (arrêté de biotope, par exemple) les mares et les étangs où se reproduit le Discoglosse corse. Une attention particulière devrait être portée sur les sites où cette espèce vit en sympatrie avec le Discoglosse sarde. Dans tous les cas, l'accès aux sites devrait être réglementé. Le Conseil de l'Europe recommande d'ailleurs au gouvernement français de créer pour cette espèce une réserve naturelle à l'intérieur du parc naturel régional de Corse où vivrait également le Discoglosse sarde. Le Discoglosse corse est totalement protégé en France par l'arrêté du 22 juillet 1993. Il est inscrit aux annexes II et IV de la directive Habitats. Il est inscrit à l'annexe III de la convention de Berne, mais les experts proposent son passage à l'annexe II.

Répartition actuelle

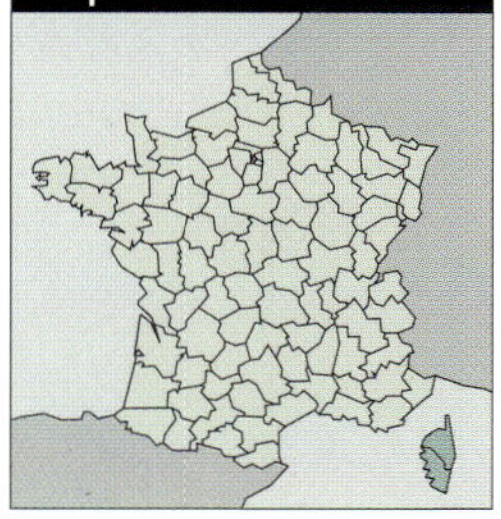

Références bibliographiques.
Lanza B. et al., *1992 ; Thibault J.C.* et al., *1984.*

Discoglosse sarde

Discoglossus sardus Tschudi, 1837

O. Anoures

F. Discoglossidés

Répartition actuelle

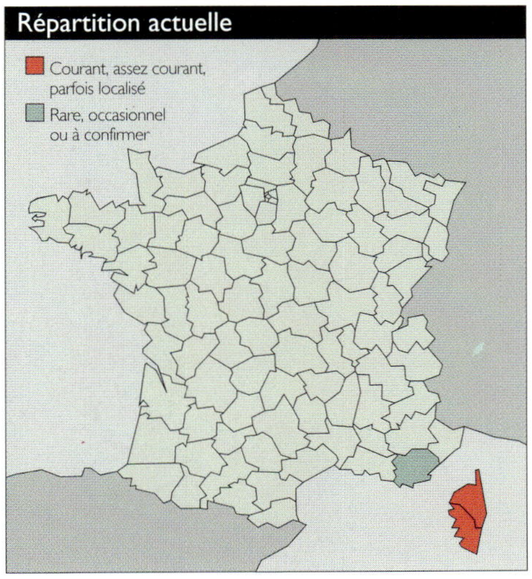

Distribution actuelle. Le Discoglosse sarde est une espèce endémique tyrrhénienne. Il habite la Sardaigne, plusieurs îles de l'archipel toscan, la Corse (y compris les îles Lavezzi), les îles d'Hyères (Port-Cros et Levant). En Corse, on le rencontre entre 0 et 1 300 m d'altitude.
Évolution historique et menaces. Le Discoglosse sarde est menacé en Sardaigne. En Corse, l'état des populations semble satisfaisant sur l'île principale. Tout au plus, quelques réductions de densité ou des extinctions très locales ont été notées. Mais cette espèce ayant une aire de distribution restreinte, toute dégradation de son habitat pourrait modifier rapidement son statut. En revanche, la situation du Discoglosse sarde est très précaire sur Lavezzi, seule île satellite de Corse où vit l'espèce : il n'existe sur celle-ci qu'un seul point d'eau d'environ 10 m². Les populations des îles d'Hyères sont également extrêmement vulnérables. Les Discoglosses sardes de l'île du Levant sont concentrés dans des ruisseaux temporaires de faible extension. Par ailleurs, l'espèce a failli disparaître de l'île de Port-Cros malgré l'existence d'un parc national. L'extension de l'espèce est étroitement liée au nombre de sites de reproduction disponibles (mares, lacs, réservoirs, puits). Toute atteinte portée à ces milieux lui est donc préjudiciable. À Port-Cros, l'obstruction des puits et le curage du seul barrage de l'île, mesures prises sans concertation avec les spécialistes, sont à l'origine d'une baisse spectaculaire des effectifs. Parmi les menaces potentielles, on retiendra particulièrement l'introduction de poissons carnivores et les pollutions (telles celles liées aux opérations de démoustication).
Mesures de conservation. Tous les sites de reproduction des îles d'Hyères devraient faire l'objet de mesures de conservation particulières et urgentes. En Corse, où l'espèce est peu menacée, les sites majeurs de reproduction devraient, malgré tout, être protégés par des mesures appropriées afin d'assurer un réservoir génétique en cas de régression de l'espèce. Les sites où l'espèce est en sympatrie avec le Discoglosse corse *(D. montalentii)* devraient également faire l'objet d'une attention particulière. En Corse, une partie des populations du Discoglosse sarde vit dans des terrains du Conservatoire des espaces littoraux et des rivages lacustres. L'île de Port-Cros est un parc national, alors qu'un grand terrain militaire préserve les populations de Discoglosse sarde sur l'île du Levant. En France, le Discoglosse sarde est totalement protégé par l'arrêté du 22 juillet 1993. L'espèce est inscrite aux annexes II et IV de la directive Habitats ainsi qu'à l'annexe II de la convention de Berne.

Références bibliographiques.
Lanza B. et al., *1992 ; Thibault J.C.* et al., *1984.*

Pélobate cultripède

Pelobates cultripes (Cuvier, 1829)

O. Anoures

Famille des Pélobatidés

Distribution actuelle. Le Pélobate cultripède occupe la plus grande partie de la péninsule Ibérique ainsi que le sud et l'ouest de la France. La population du pourtour méditerranéen s'étend à l'est jusqu'à Fréjus et remonte la vallée du Rhône jusqu'à Montélimar. La population du littoral atlantique français est morcelée. Elle s'étend de Bordeaux à l'estuaire de la Loire. L'espèce est à rechercher dans la vallée de la Garonne. En France, le Pélobate cultripède est surtout confiné aux systèmes de dunes côtières, mais il peut atteindre 750 m d'altitude dans les Causses.

Évolution historique et menaces. L'espèce est en régression sur l'ensemble de son aire de répartition. En France, elle occupait encore au siècle dernier le Maine-et-Loire, la Vienne, la Gironde, les Landes ainsi que l'Isère. Le déclin s'est donc surtout manifesté sur la façade atlantique et, dans une moindre mesure, dans la vallée du Rhône. Les populations littorales sont cependant très menacées, y compris celles du sud de la France. La perte d'habitats de reproduction liée aux aménagements touristiques, aux boisements, au drainage des zones humides, aux pollutions (en particulier celles résultant des campagnes de démoustication) est la cause principale de cette régression. Cette menace reste très forte sur les étangs littoraux, progressivement comblés parce qu'ils sont jugés insalubres ou qu'ils gênent les projets d'urbanisation.

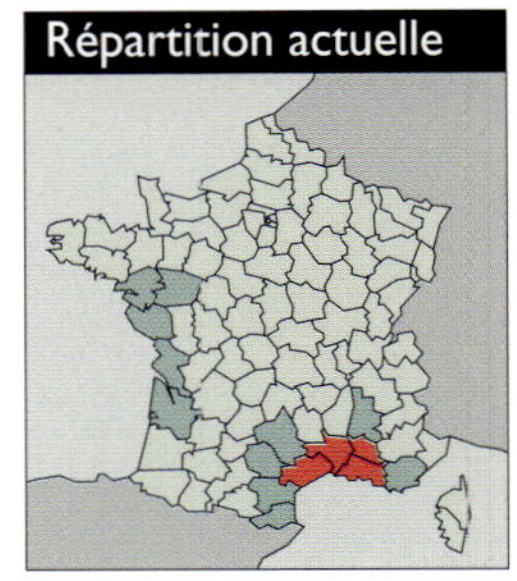

Mesures de conservation. Les seules mesures de conservation réellement efficaces doivent viser à préserver les habitats du Pélobate cultripède. Les sites de reproduction majeurs devraient être identifiés et protégés, en particulier sur la façade atlantique, où il faudrait éviter les éradications massives de moustiques. Même si l'espèce a bénéficié d'un arrêté de biotope protégeant une dune, il faudrait créer des réserves naturelles préservant ces milieux. L'acquisition de terrains par le Conservatoire des espaces littoraux et des rivages lacustres devrait lui être favorable. Le Pélobate cultripède est totalement protégé en France par l'arrêté du 22 juillet 1993. Il est inscrit à l'annexe IV de la directive Habitats ainsi qu'à l'annexe II de la convention de Berne.

Références bibliographiques.
Lescure J., 1984 ; Lescure J., 1989.

Pélobate brun

Pelobates fuscus (Laurenti, 1768)

O. Anoures

F. Pélobatidés

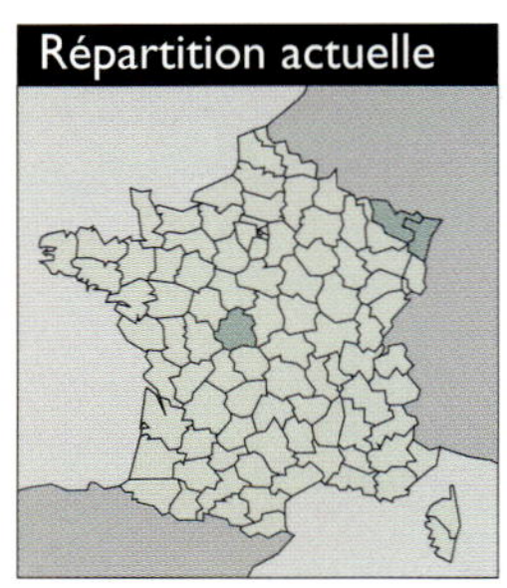

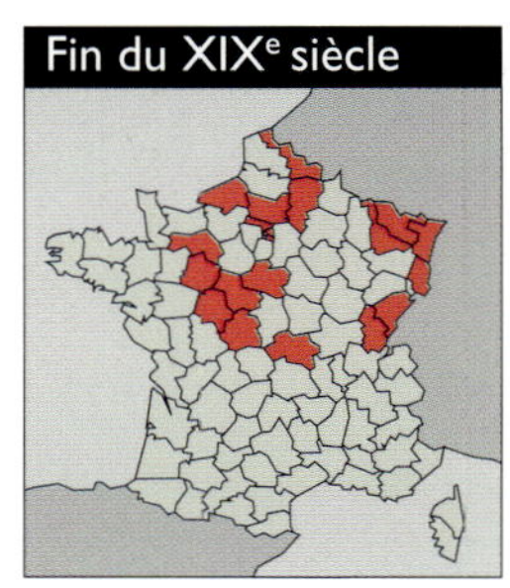

Distribution actuelle. Le Pélobate brun est une espèce occupant principalement les plaines alluviales du centre et de l'est de l'Europe. À l'est, il atteint l'Oural, les steppes du Kirghizistan et la mer d'Aral. En France, il n'est plus connu avec certitude que dans l'Indre, où il a été redécouvert en 1984, et dans l'extrême Nord-Est (Moselle, Bas-Rhin). D'autres observations non confirmées ont été signalées en Sologne et en Seine-et-Marne. Il est possible aussi que quelques populations relictuelles restent à découvrir dans le quart nord-est de la France. Les populations françaises sont restreintes et limitées à l'ouest de l'aire de répartition de l'espèce.

Évolution historique et menaces. Le Pélobate brun est l'Amphibien le plus menacé de France. L'espèce est en déclin dans l'ensemble de l'Europe. Encore très répandue dans les années 1950, la sous-espèce endémique de la plaine du Pô *(P. f. insubricus)* est au bord de l'extinction. En France, la régression du Pélobate brun, déjà décelable au début du siècle, est considérable. Au XIXe siècle, il occupait la moitié nord de la France, à l'exception de la Bretagne. Aujourd'hui, il en a pratiquement disparu. Son avenir à l'intérieur de nos frontières est fortement compromis : il est très menacé dans le Bas-Rhin et peut-être déjà éteint dans le Haut-Rhin. L'origine de ce déclin n'est pas claire. Les modifications récentes du milieu (pratiques culturales, pollutions, aménagements fluviaux) ne l'expliquent pas vraiment, car la régression du Pélobate brun a débuté bien avant. Il est possible que des causes naturelles (modifications climatiques, par exemple) soient à l'origine d'une fragilisation des populations, qui seraient alors plus vulnérables. L'extraction de granulats et le comblement des mares constituent actuellement de sérieuses menaces pour les populations encore existantes. La disparition des micro-milieux et l'introduction de poissons et d'anatidés contribuent à la fragilisation des biotopes de reproduction (au nord de Strasbourg).

Mesures de conservation. Les rares sites connus devraient faire l'objet de mesures de protection appropriées (si possible, mise en réserve des biotopes favorables) et d'une surveillance constante. Des plans de gestion de l'habitat pourraient être développés parallèlement. Une tentative de réintroduction menée dans le Haut-Rhin s'est soldée par un échec. Des mares et des trous d'eau devraient être conservés, voire créés, à proximité des sites connus afin de favoriser une éventuelle recolonisation. En France, le Pélobate brun est totalement protégé par l'arrêté du 22 juillet 1993. Il est également inscrit à l'annexe IV de la directive Habitats ainsi qu'à l'annexe II de la convention de Berne.

Références bibliographiques.
Dubois A., 1984 ; Lescure J., 1984 ; Lescure J., 1989 ; Parent G.H., 1985.

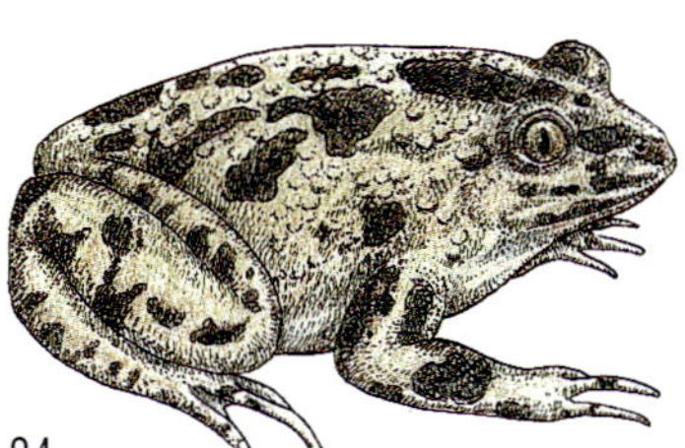

Pélodyte ponctué

Pelodytes punctatus (Daudin, 1803)

O. Anoures

F. Pélodytidés

Distribution actuelle. Le Pélodyte ponctué vit dans la péninsule Ibérique, la France, l'ouest de la Belgique et le Luxembourg. Il pénètre à peine en Italie le long du littoral méditerranéen. En France, on le rencontre sur l'ensemble du territoire, à l'exception de l'Est. À l'intérieur de son aire de répartition, il présente une distribution en taches, car il occupe des habitats particuliers. Le Pélodyte ponctué marque une préférence pour les plaines et les collines et évite les secteurs montagneux. Il atteint cependant localement 1 200 m d'altitude dans le sud de la France. Sur le littoral atlantique, on le trouve dans les dunes inondées, biotope qu'il ne semble pas fréquenter sur le littoral méditerranéen.
Évolution historique et menaces. L'espèce est en régression sur l'ensemble du territoire, spécialement dans les secteurs côtiers et en plaine. Elle aurait disparu des Landes, de l'Allier et du Jura au cours de ce siècle. En revanche, elle a colonisé de nombreuses retenues artificielles dans les collines de l'Ariège. Le Pélodyte ponctué est très menacé sur le littoral breton à la suite de l'aménagement désordonné des dunes. Il souffre également de l'assèchement des zones humides, de la pollution, du comblement des mares et du calibrage des rivières. La distribution discontinue de l'espèce la rend plus vulnérable encore, car les régions d'où elle disparaît sont difficilement recolonisées par les populations voisines.
Mesures de conservation. Une fois de plus, c'est la protection des habitats qui garantira le mieux la survie du Pélodyte ponctué. Cette espèce discrète et de petite taille souffre peu, en effet, des destructions directes ou des prélèvements. Les mesures prises à l'égard du Pélobate cultripède *(Pelobates cultripes)* sur le littoral atlantique lui seront bénéfiques. L'acquisition de terrains par le Conservatoire des espaces littoraux et des rivages lacustres et la mise en réserve des dunes de Bretagne devraient aussi avoir des effets positifs. La mise en œuvre de mesures de conservation est plus délicate en plaine, car les populations du Pélodyte ponctué sont diffuses et difficiles à localiser. Là encore, l'espèce bénéficiera des mesures prises pour d'autres Amphibiens partageant ses habitats ainsi que de toute action visant à protéger ou à réhabiliter les milieux humides. Le Pélodyte ponctué est totalement protégé en France par l'arrêté du 22 juillet 1993. Il est également inscrit à l'annexe III de la convention de Berne. Il ne figure pas dans la directive Habitats, mais mériterait d'être inscrit à l'annexe IV.

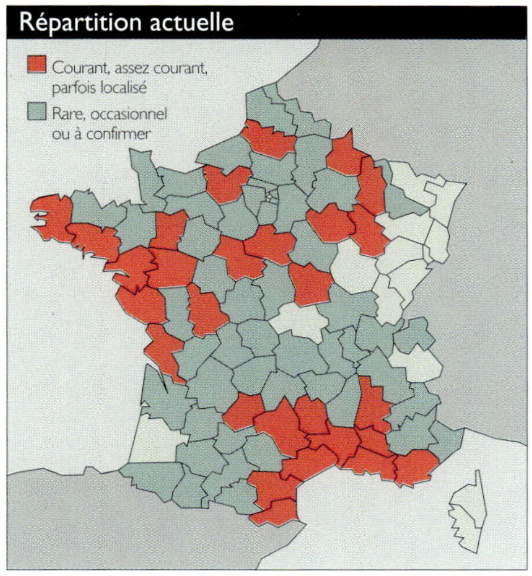

Références bibliographiques.
Le Garff B., 1989.

Crapaud vert

Bufo viridis Laurenti, 1768

O. Anoures

F. Bufonidés

Distribution actuelle. L'aire de répartition du Crapaud vert s'étend de l'ouest de l'Europe à l'Asie centrale. Elle comprend aussi l'Afrique du Nord. En France, l'espèce ne se rencontre qu'en Alsace, en Moselle et en Corse. Les populations françaises sont donc à la limite occidentale de l'aire de répartition de l'espèce. Les stations d'Alsace et de Moselle sont relictuelles et n'hébergent que de faibles effectifs.
Évolution historique et menaces. Le Crapaud vert est en déclin en Europe. Il est menacé en Allemagne et a disparu de Suisse. Il est en régression et risque de s'éteindre en France continentale. Paradoxalement, l'espèce n'est pas menacée en Corse, où ses populations sont stables, voire en expansion. Au niveau national, le Crapaud vert n'est donc pas en danger d'extinction. Cependant, les populations corses sont limitées à l'étroite bande côtière et ne sont pas à l'abri de facteurs défavorables pouvant conduire à un déclin rapide de leurs effectifs. Les rares stations de l'espèce dans l'est de la France sont l'objet d'agressions parfois irréversibles conduisant peu à peu à la disparition des habitats propices à la reproduction. Les anciennes gravières sont transformées en piscicultures, ce qui induit une prédation quasi systématique des œufs et des têtards du Crapaud vert. Certains étangs sont remblayés, d'autres régulièrement recreusés. Les zones humides sont drainées. Certains sites sont pollués, en particulier à la suite de l'implantation d'industries. Une station a même été transformée en dépotoir dans le Haut-Rhin. L'extraction de granulats pourrait *a priori* favoriser l'espèce dans la mesure où elle est à l'origine de création de plans d'eau. En réalité, le mode d'exploitation des gravières constitue une menace supplémentaire. Outre les menaces pesant sur les habitats, certains facteurs agissent directement sur les individus. Les terrariophiles sont en effet tentés de prélever cette espèce à la livrée particulièrement attrayante et certains individus sont victimes de la circulation routière. En Corse, l'avenir de l'espèce est lié à la préservation des milieux côtiers.
Mesures de conservation. Le statut très précaire du Crapaud vert en France continentale ainsi que la mauvaise santé de certaines populations dans d'autres pays d'Europe justifient pleinement qu'il fasse l'objet de mesures de conservation particulières. En Suède, par exemple, un programme d'élevage pour renforcer les rares populations de cette espèce a été entrepris. Dans le Haut-Rhin, un ensemble d'actions de protection est mené par le Fonds d'action mécénat, sciences et arts, associé à plusieurs partenaires. Ont été réalisés : l'établissement du bilan de la situation de l'espèce, la création de mares, des opérations de pêche de poissons prédateurs, une étude de la migration qui a permis la mise en place d'un dispositif de passage lors de la construction d'une route et une expérience de radio-pistage. Cette dernière, qui a consisté à équiper un individu avec un

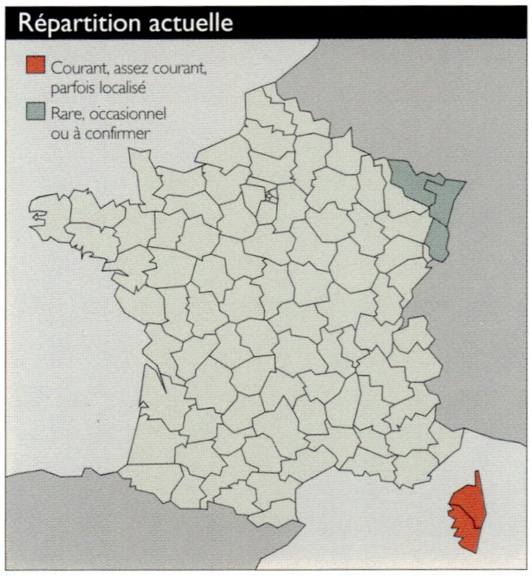

émetteur porté à la manière d'un sac à dos, a été l'occasion d'une campagne de presse. Les stations hébergeant le Crapaud vert dans l'est de la France méritent d'être mises en réserve et devraient être surveillées pendant la période de reproduction. Les habitats devraient faire l'objet de plans de gestion appropriés. Une recommandation du Conseil de l'Europe faite au gouvernement français va dans ce sens. Une information auprès des élèves habitant dans les secteurs où l'espèce est présente est également nécessaire. Le Crapaud vert est totalement protégé en France par l'arrêté du 22 juillet 1993. Il est aussi inscrit à l'annexe IV de la directive Habitats ainsi qu'à l'annexe II de la convention de Berne.

Références bibliographiques.

Baumgart G., 1994 ; Guyétant R., 1989 ; Herold E., 1990.

Rainette verte

Hyla arborea (Linnaeus, 1758)

O. Anoures

F. Hylidés

Distribution actuelle. La Rainette verte se rencontre dans la majeure partie de l'Europe, à l'exception des régions les plus nordiques et d'une grande partie de la péninsule Ibérique. Elle est absente des îles Baléares et de Malte. Elle atteint le nord de la Turquie. En France continentale, elle est absente de la région méditerranéenne. On l'observe jusqu'à une altitude de 840 m dans le Massif central. En Corse, on rencontre la sous-espèce *Hyla a. sarda,* considérée par certains comme une espèce à part entière.

Évolution historique et menaces. La Rainette verte est en déclin dans l'ensemble de l'Europe, spécialement dans ses régions occidentales et septentrionales. Pour ce qui concerne la France, c'est au nord et à l'est que la régression est le plus sensible (Bassin parisien, Franche-Comté, Alsace). La sous-espèce corse n'est pas menacée. Les causes du déclin de la Rainette verte sont multiples. La destruction de ses habitats, avec comme corollaire la disparition de sites de reproduction, constitue le facteur principal de cette régression. Ces pertes sont dues aux pollutions (principalement celles d'origine agricole), au comblement des mares ou à leur transformation en décharges, à l'assèchement des marais, à l'introduction de poissons dans certains étangs. Le prélèvement par les terrariophiles est important.

Mesures de conservation. Un programme de rétablissement de la Rainette verte a été conduit aux Pays-Bas. Il comportait la création et la restauration de mares avec plantation de buissons sur les berges, mais aussi des coupes régulières dans la végétation afin de ménager des accès et d'assurer un ensoleillement correct. Il prévoyait également des opérations de réintroduction. Ce programme a presque totalement échoué, car les mares créées ou réhabilitées n'ont pas fait l'objet d'une gestion suivie. Des introductions de poissons et des prélèvements incontrôlés ont également réduit les chances de succès de ce programme. La seule réussite s'est produite dans un secteur où les mares créées sont très proches (moins de 100 m). La création de mares et des tentatives de réintroduction ont également été menées au Danemark et en Suisse. De telles actions pourraient être entreprises en France

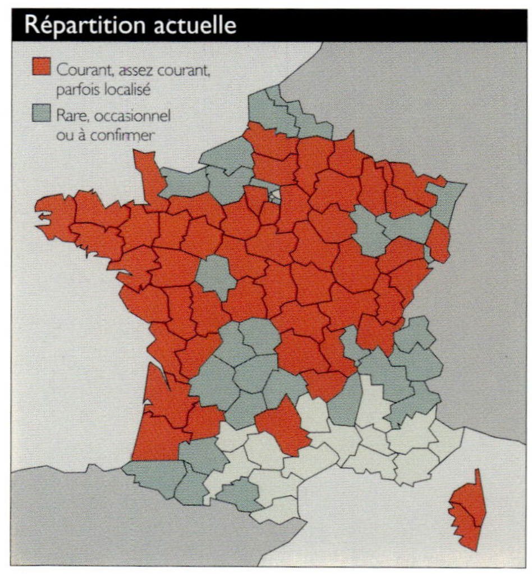

dans des secteurs pilotes, à condition de tenir compte des enseignements apportés par les expériences déjà tentées dans d'autres pays. Des mares ont été créées à l'intention de la Rainette verte dans le Haut-Rhin. Il serait souhaitable de protéger les sites où l'espèce cohabite avec la Rainette méridionale *(H. meridionalis).* En France, la Rainette verte est totalement protégée par l'arrêté du 22 juillet 1993. Elle est également inscrite à l'annexe II de la convention de Berne ainsi qu'à l'annexe IV de la directive Habitats.

Références bibliographiques.

Paillette M., 1989 ; Stumpel A., 1994.

Grenouille des champs

Rana arvalis Nilsson, 1842

O. Anoures

F. Ranidés

Distribution actuelle. L'aire de répartition de la Grenouille des champs s'étend sur la majeure partie de l'Europe septentrionale, centrale et orientale. À l'est, l'espèce atteint la Sibérie. En France, la Grenouille des champs ne se rencontre qu'à l'extrême Nord-Est (principalement le Bas-Rhin et le Territoire de Belfort). Elle a également été signalée dans le nord du pays au début du siècle, mais ces observations n'ont jamais pu être confirmées. La Grenouille des champs dépasse rarement 600 m d'altitude en montagne. L'espèce vit à la limite occidentale de son aire de répartition et ses effectifs sont très restreints.

Évolution historique et menaces. La Grenouille des champs est en déclin dans quelques pays d'Europe (Danemark, Roumanie). En France, elle subit également une forte régression. Les observations récentes dans le Sundgau du Territoire de Belfort sont rares. Elle a peut-être déjà disparu du Haut-Rhin. Les modifications des pratiques agricoles autour des étangs du Sundgau, l'introduction massive de poissons (brochets, perches) consécutive à la transformation de certains plans d'eau en étangs de pisciculture, le drainage, l'extraction des granulats sont les principales causes de régression de cette espèce. Les pluies acides ont probablement également contribué à la détérioration de la qualité de l'eau dans les sites de reproduction. Une menace particulière pèse sur la Grenouille des champs : celle-ci ressemble beaucoup à la Grenouille rousse *(R. temporaria)*, espèce plus commune, recherchée pour la consommation de ses cuisses. Certains individus peuvent donc être capturés par ignorance.

Mesures de conservation. Les rares sites où vit encore la Grenouille des champs devraient être totalement protégés et faire l'objet d'une gestion appropriée de l'habitat. Une surveillance particulière devrait être menée au moment de la reproduction afin de limiter les risques de prédation humaine. À cet égard, une information du public, signalant l'existence de l'espèce ainsi que sa ressemblance avec la Grenouille rousse, est nécessaire. La Grenouille des champs est totalement protégée en France par l'arrêté du 22 juillet 1993. Elle est également inscrite à l'annexe IV de la directive Habitats ainsi qu'à l'annexe II de la convention de Berne.

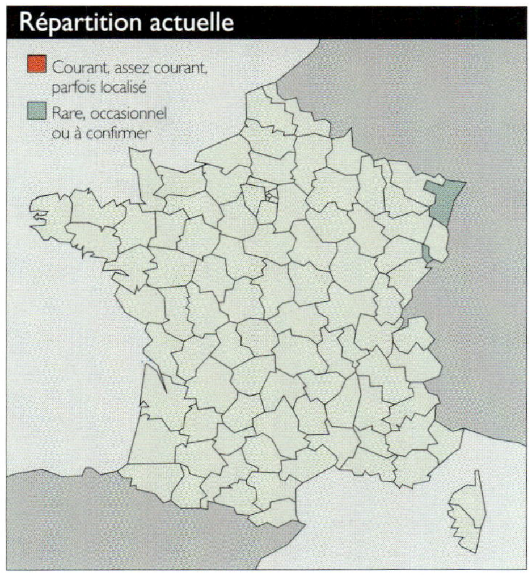

Références bibliographiques.
Grossenbacher K., 1988 ; Guyétant R., 1989 ; Herold E., 1990.

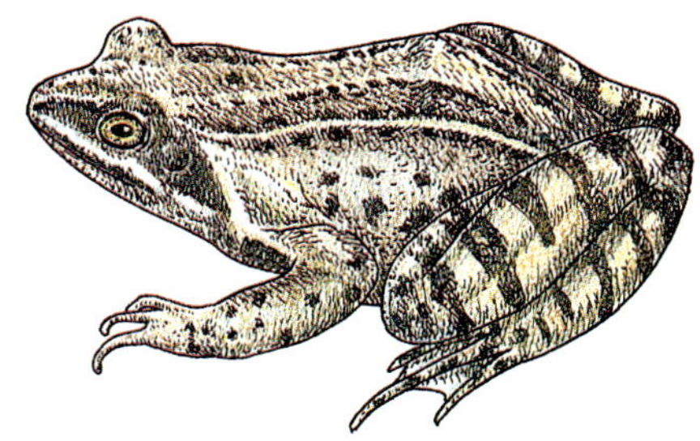

Apparus il y a au moins 320 millions d'années, les Reptiles sont à l'origine de groupes variés de Vertébrés dont certains se sont éteints (tels les Dinosaures) et d'autres sont aujourd'hui largement représentés (Mammifères, Oiseaux). Eux-mêmes ont évolué jusqu'à donner naissance aux formes actuelles. Mais nos très lointains cousins sont, pour la plupart, si discrets qu'ils pourraient disparaître sans qu'à peine nous nous en apercevions. Qui a remarqué la lente régression de la Cistude d'Europe *(Emys orbicularis),* du Lézard ocellé *(Lacerta lepida)* ou de la Vipère péliade *(Vipera berus)* si ce n'est une poignée de naturalistes et de scientifiques passionnés par ces animaux ? Il est vrai que les Reptiles sont très timides, silencieux et, sous nos latitudes, inactifs en hiver et pendant les heures les plus chaudes des journées estivales. Leur taille en général modeste, leur port « rampant » et leurs livrées mimétiques les rendent presque invisibles pour qui n'a pas l'œil exercé. Pourtant, incapables de grands déplacements (hormis les tortues marines), ces animaux se révèlent très vulnérables lorsqu'ils sont menacés par nos activités bien trop souvent destructrices.

Les principales causes de la régression des espèces

La dégradation des habitats

Certains Reptiles, tels les vipères et plusieurs espèces de lézards, ont beaucoup souffert de la disparition des haies occasionnée par les remembrements, de la mise en culture des landes, de l'urbanisation des friches et du maquis, ou encore de l'assèchement des tourbières. Les plus aquatiques d'entre eux, comme la Cistude d'Europe ou la Couleuvre vipérine *(Natrix maura)* sont également touchés par le comblement des mares, le recalibrage des rivières ou le drainage des marécages. D'autres habitats sont dégradés par la construction de complexes touristiques (littoral, montagne). Par exemple, les deux tiers de l'habitat d'une population de la Vipère d'Orsini *(Vipera ursinii)* ont été détruits par une station de sports d'hiver. Le piétinement des dunes littorales, conséquence d'une forte pression touristique, met localement en péril le Psammodrome d'Edwards *(Psammodromus hispanicus).* Tous les Reptiles vivant en forêt, en particulier le Lézard des souches *(Lacerta agilis),* sont victimes de l'enrésinement...

Ces quelques exemples montrent que les activités humaines conduisent bien souvent à l'altération ou à la disparition de biotopes vitaux pour les Reptiles. Pourtant, à l'inverse, l'abandon des terrasses cultivées dans le sud de la France et en Corse a occasionné une fermeture du milieu défavorable à la Tortue d'Hermann *(Testudo hermanni)* et à l'Algyroïde de Fitzinger *(Algyroides fitzingeri).*

Pour la plupart des Reptiles, les mesures visant à protéger les habitats se montreront plus efficaces que les mesures protégeant les individus. Dans certains cas, il est même envisageable de restaurer un habitat dégradé pour le rendre de nouveau accueillant (reconstitution de haies, par exemple). Il faut cependant se garder de gérer un milieu avec comme seul objectif de le rendre favorable aux Reptiles : on pourrait alors porter préjudice à d'autres espèces tout aussi remarquables. La disparition de biotopes lors des remembrements n'a pas pour seul effet de conduire à l'extinction locale de certaines espèces : elle provoque aussi la fragmentation de leurs populations. Tout projet d'aménagement agricole devrait donc être accompagné de mesures assurant la préservation de couloirs de végétation reliant les zones non cultivées. En effet, la plupart des Reptiles, peu mobiles, hésitent à traverser un large espace dépourvu d'abris.

Les incendies sont particulièrement meurtriers pour les Reptiles, ces derniers n'ayant généralement pas la capacité physique ou comportementale de fuir à grande distance. En France méditerranéenne et en Corse, les Tortues d'Hermann paient chaque année un lourd tribut aux incendies de forêt et de maquis : 85 % des tortues d'un secteur donné peuvent être ainsi décimées par un seul feu. Dans une moindre mesure, le brûlage des talus ou l'écobuage font périr de nombreux orvets *(Anguis fragilis)*, lézards ou couleuvres.

Autres causes de destruction

Autrefois assuré en grande partie par les animaux domestiques (chèvres, moutons), le débrousaillage est aujourd'hui réalisé par des machines tuant ou mutilant gravement un certain nombre de Reptiles (serpents, en particulier). Même certaines machines conçues pour gérer la flore des réserves naturelles se sont révélées meurtrières. De telles opérations devraient, dans la mesure du possible, être effectuées hors des périodes d'activité des Reptiles. De même, les machines utilisées pour l'entretien des berges ou pour le recalibrage des rivières mettent en péril certaines populations de Cistude d'Europe.

L'emploi massif de pesticides conduit à l'empoisonnement de certains Reptiles, soit par ingestion directe, soit par l'intermédiaire de proies contaminées. Les pesticides provoquent aussi une baisse de ressources alimentaires en éliminant les animaux dont se nourrissent les Reptiles. Les espèces aquatiques (tortues d'eau douce, couleuvres du genre *Natrix*) sont particulièrement exposées aux pollutions.

Les tortues (Cistude d'Europe, Tortue d'Hermann) sont parfois victimes de la route. Des passages sous chaussée sont à l'étude pour ces espèces. Les serpents se font écraser en nombre lorsqu'ils viennent, au printemps ou en été, se chauffer sur le bitume, ou bien lors de changements saisonniers de territoires (passage de la zone d'hivernage à la zone estivale ou de la zone de ponte à la zone d'alimentation). Les autres Reptiles sont moins exposés au trafic routier. Enfin, les routes larges et à forte circulation contribuent à la fragmentation de certaines populations de Reptiles, car elles constituent de véritables barrières.

Les prélèvements effectués par les terrariophiles ou par certains laboratoires scientifiques ont maintenant presque totalement cessé depuis que la loi les interdit. Cependant, la tentation de prélever certaines espèces rares (Vipère d'Orsini) ou certains individus de populations particulières (Vipères péliades mélaniques) conduit encore à quelques captures illégales. Par ailleurs, c'est souvent par ignorance que les vacanciers ramassent des Tortues d'Hermann et les rapportent chez eux. Cet acte est, bien sûr, totalement illégal. Mais il est aussi stupide : de nombreuses tortues se retrouvent ainsi déportées sous des climats qui ne sont pas les leurs et dépérissent lentement au fond d'un jardin.

Les Reptiles sont, pour la plupart, mal aimés, voire détestés. Le fait que certains d'entre eux puissent se révéler occasionnellement dangereux (certaines vipères) les rend encore plus impopulaires. Ainsi, la rencontre d'un humain avec un serpent se solde encore trop souvent par la mort de ce dernier. La Couleuvre vipérine est fréquemment victime d'une confusion avec les vipères. Mais, pour certains, tout serpent représente un danger potentiel et doit

Liste rouge des Reptiles disparus ou menacés en France métropolitaine

Disparus	☒
Tortue caouanne	*Caretta caretta*
En danger	⚠
Émyde lépreuse	*Mauremys leprosa*
Vipère de Séoane	*Vipera seoanei*
Vulnérables	V
Cistude d'Europe	*Emys orbicularis*
Tortue d'Hermann	*Testudo hermanni*
Lézard ocellé	*Lacerta lepida*
Vipère d'Orsini	*Vipera ursinii*
Rares	R
Hémidactyle verruqueux	*Hemidactylus turcicus*
Algyroïde de Fitzinger	*Algyroides fitzingeri*
Lézard de Bedriaga	*Lacerta bedriagae*
Lézard des Pyrénées	*Lacerta bonnali*
Indéterminés	?
Lézard des souches	*Lacerta agilis*
Vipère péliade	*Vipera berus*
À surveiller	👁
Phyllodactyle d'Europe	*Phyllodactylus europaeus*
Tarente de Mauritanie	*Tarentola mauritanica*
Seps tridactyle	*Chalcides chalcides*
Orvet fragile	*Anguis fragilis*
Lézard vert	*Lacerta viridis*
Lézard vivipare	*Lacerta vivipara*
Lézard hispanique	*Podarcis hispanica*
Lézard des murailles	*Podarcis muralis*
Lézard des ruines	*Podarcis sicula*
Lézard thyrrénien	*Podarcis tiliguerta*
Psammodrome algire	*Psammodromus algirus*
Psammodrome d'Edwards	*Psammodromus hispanicus*
Couleuvre verte et jaune	*Hierophis viridiflavus*
Coronelle lisse	*Coronella austriaca*
Coronelle girondine	*Coronella girondica*
Couleuvre d'Esculape	*Elaphe longissima*
Couleuvre à échelons	*Elaphe scalaris*
Couleuvre de Montpellier	*Malpolon monspessulanus*
Couleuvre vipérine	*Natrix maura*
Couleuvre à collier	*Natrix natrix*

être tué. Même s'ils sont reconnus inoffensifs, certains Reptiles sont jugés indésirables. On les accuse de manger des œufs et des poussins d'espèces gibier (serpents) ou des poissons (Couleuvre vipérine, Cistude d'Europe). Le Lézard ocellé est également victime de persécutions.

L'introduction d'espèces étrangères

La multiplication récente des observations de Tortues dites de Floride *(Trachemys scripta)* dans la nature inquiète sérieusement les naturalistes et les scientifiques. Importées des États-Unis, celles-ci sont relâchées par leurs propriétaires lorsqu'elles deviennent trop encombrantes. Il existe des témoignages de reproduction dans le sud de la France. De toute façon, leur longue durée de vie les rend concurrentes des tortues aquatiques autochtones (essentiellement la Cistude d'Europe, mais aussi l'Émyde lépreuse *Mauremys leprosa*), ce qui peut conduire à la disparition de ces dernières. Elles peuvent aussi transmettre des maladies aux espèces sauvages. La Tortue de Floride ne devrait donc pas être autorisée à l'importation. Par ailleurs, il ne faut surtout pas lâcher dans la nature les individus dont on ne veut plus. En France, plusieurs associations (telles la S.O.P.T.O.M., la S.P.A. ou la Cistude) se chargent de les recueillir. Pour d'autres raisons (prédation anormalement élevée), l'introduction de rats sur certains îlots pourrait mettre en péril les populations de lézards.

Le cas des tortues marines

Nous n'avons retenu, dans ce chapitre, que les Reptiles se reproduisant ou s'étant reproduits en France. Un certain nombre de tortues marines fréquentent cependant plus ou moins régulièrement nos eaux. La Tortue caouanne *(Caretta caretta)* n'est pas rare en été au large de notre littoral méditerranéen, y compris en Corse. La Tortue luth *(Dermochelys coriacea)* est observée principalement prêt des côtes de la Charente-Maritime et de la Vendée, également en été. Les autres espèces sont occasionnelles. Les tortues marines sont toutes gravement menacées à l'échelle mondiale. Leurs plages de ponte, particulièrement en Méditerranée, sont de plus en plus sacrifiées au tourisme balnéaire. Mais elles n'en sont pas moins vulnérables en mer. Les captures accidentelles par les engins de pêche, les prélèvements volontaires pour le commerce (soupes, carapaces), les pollutions chimiques et par hydrocarbures, l'ingestion de sacs en plastique flottant pris pour des méduses sont autant de causes de mortalité affectant des populations déjà perturbées sur leurs lieux de ponte. Au large des côtes françaises, les captures par les engins de pêche (trémails à langoustes et à soles, orins de casiers, chaluts pélagiques) ne sont pas négligeables. En Méditerranée, on estime que quelques centaines de tortues marines sont capturées chaque année par la flotte de pêche française alors que, pendant la même période, 50 000 captures seraient effectuées dans l'ensemble de cette mer. Toutes les captures ne sont pas mortelles, et certains individus sont capturés plusieurs fois. Cependant, 10 000 tortues marines périraient chaque année à cause de la pêche en Méditerranée. Même si quelques dizaines de tortues seulement meurent annuellement au large de nos côtes, c'est déjà trop. Nous devons donc, nous aussi, faire tout notre possible pour limiter les prises accidentelles de tortues marines. Enfin, si nous voulons avoir encore le plaisir de voir évoluer des tortues marines dans nos eaux, nous pouvons agir individuellement en modérant notre usage de sacs en plastique, en refusant d'acheter des produits issus de tortues (commerce réglementé par la convention de Washington), ou bien encore, si nous avons l'occasion de voyager, en choisissant de ne pas passer nos vacances sur des plages fréquentées par les tortues. Parce que les tortues marines ne connaissent pas de frontières, leur protection n'est pas l'affaire des autres, mais bien celle de tous.

Les Reptiles menacés ou disparus de France

Une espèce (la Tortue caouanne) a disparu de la faune française en tant que reproductrice depuis le début du siècle. Sur les 33 espèces se reproduisant actuellement en France, 12 sont menacées à des degrés divers. Les autres espèces sont cependant également très vulnérables et doivent être surveillées. C'est pourquoi presque tous les Reptiles français sont totalement protégés par la loi (arrêté du 22 juillet 1993). Seules la Vipère péliade et la Vipère aspic *(Vipera aspis)* peuvent être détruites quand elles présentent un danger. Mais elles ne peuvent être transportées sans autorisation, même mortes. Quant aux tortues marines, les 6 espèces susceptibles d'être vues dans nos eaux sont protégées par l'arrêté du 17 juillet 1991. Un suivi et un plan d'action de protection sont souhaitables pour l'ensemble des tortues marines. Ils sont d'ailleurs en cours d'instauration par le ministère de l'Environnement.

Patrick Haffner

Remerciements

Ce chapitre n'aurait pu être écrit sans l'aide déterminante d'un certain nombre de personnes. J. Lescure, H. Saint Girons et M. Cheylan ont relu les textes et en ont fait des critiques constructives. Avec M. Delaugerre et M. Thireau, ils m'ont aidé à établir la liste des espèces et déterminer leurs statuts. R. Bour et J. Servan m'ont communiqué de précieuses informations. Enfin, P. Pellegrini m'a efficacement assisté dans la recherche des références bibliographiques. Qu'ils soient tous ici chaleureusement remerciés.

Tortue caouanne

Caretta caretta (Linnaeus, 1758)

O. Chéloniens

F. Chéloniidés

Distribution. La Tortue caouanne est une espèce fréquentant surtout les eaux tempérées et chaudes du Pacifique, de l'Atlantique, de l'océan Indien et de la Méditerranée. Ses principales colonies de reproduction sont situées sur la côte est des États-Unis et à Oman, mais des plages de ponte existent en de nombreux autres points du globe. C'est la tortue marine la plus commune de Méditerranée. Elle s'y reproduit surtout dans sa partie orientale (Grèce, Chypre, Turquie, Israël, Libye, Tunisie). En dehors de la période de reproduction, la Tortue caouanne effectue de grandes migrations qui peuvent la conduire dans des eaux parfois froides. En France, l'espèce est observée en été au large des côtes méditerranéennes, notamment en Corse et dans le golfe du Lion. Elle est beaucoup plus rare en Atlantique et en Manche. La Tortue caouanne se serait reproduite en Corse dans les premières décennies du siècle entre Aleria et Cervione. Malheureusement, les témoignages oraux ou écrits à l'origine de cette hypothèse n'ont jamais pu être confirmés par des éléments concrets (photographies ou restes conservés de pontes, par exemple). Il est, en tout cas, très peu probable qu'un tel événement se soit produit dans une période récente.

Évolution historique et menaces. La Tortue caouanne est en déclin sur une grande partie de son aire de répartition. Elle est particulièrement vulnérable en Méditerranée, où elle est menacée sur ses sites de ponte (aménagement et fréquentation touristique des plages) et surtout en mer (captures accidentelles par engins de pêche). Par ailleurs, selon des études génétiques récentes, les juvéniles originaires de l'Atlantique et pénétrant en Méditerranée occidentale ne viennent pas renforcer la population qui se reproduit dans le secteur oriental de cette mer. La survie de l'espèce en Méditerranée dépend donc en priorité de la sauvegarde des reproducteurs méditerranéens, tant sur les sites de ponte qu'en mer. Si la Tortue caouanne s'est effectivement reproduite en Corse, il est vraisemblable que ce lieu de ponte était marginal. La disparition de celui-ci s'inscrirait alors dans le mouvement de régression dont souffre l'espèce depuis le début du siècle (abandon progressif des sites de ponte en Méditerranée occidentale). Aucune menace particulière ne semblait, en effet, peser sur

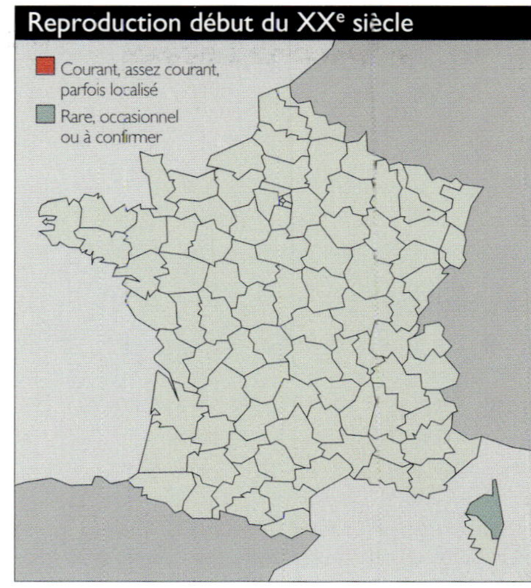

l'espèce en Corse au moment de son extinction présumée, en dehors d'une petite pression de pêche.

Mesures de conservation. Grâce, en particulier, à l'action du Conservatoire des espaces littoraux et des rivages lacustres, certaines plages corses sont encore relativement préservées des aménagements et de l'afflux touristique, restant ainsi potentiellement favorables à la nidification de la Tortue caouanne. Par contre, il faut prendre des mesures limitant les captures accidentelles de tortues par les engins de pêche (filets trémails langoustiers principalement). Toutefois, l'espèce s'est à ce point raréfiée en Méditerranée que son retour en Corse en tant que reproductrice est très peu probable. En France métropolitaine, la Tortue caouanne est totalement protégée par l'arrêté du 17 juillet 1991. Elle est également protégée en Guyane, Guadeloupe et Martinique. Elle est inscrite aux annexes II et IV de la directive Habitats et en constitue l'une des espèces prioritaires. Elle est également inscrite à l'annexe II de la convention de Berne, à l'annexe II de la convention de Bonn et à l'annexe I de la convention de Washington.

Références bibliographiques.
Delaugerre M., 1992 ; Fretey J., 1987 ; Groombridge B., 1990 ; Laurent L., 1991 ; Lescure J. et Laurent L., 1994.

Cistude d'Europe

Emys orbicularis (Linnaeus, 1758)

O. Chéloniens

F. Émydidés

Distribution. La Cistude d'Europe habite l'Europe méridionale, centrale et orientale jusqu'aux pays baltes et à la mer d'Aral. Elle est présente aussi en Afrique du Nord, ainsi qu'en Asie Mineure et occidentale. En France, on l'observe à l'état naturel uniquement au sud de la Loire et de la région lyonnaise ainsi qu'en Corse. Ses populations les plus denses se rencontrent en Brenne, en Aquitaine et sur le littoral corse. Dans le Midi, elle n'est bien représentée qu'en Camargue, où elle semble se raréfier du fait de la progression des eaux saumâtres, et dans le massif des Maures. Au nord et à l'est de la France, les individus rencontrés dans la nature ne sont vraisemblablement pas indigènes et ne peuvent probablement pas s'y reproduire de façon régulière. La Cistude d'Europe évite les régions montagneuses. En Corse, elle dépasse rarement 100 m d'altitude.

Évolution historique et menaces. La Cistude d'Europe est en déclin dans de nombreux pays d'Europe. Elle a disparu dans l'ouest de l'Allemagne et en Suisse. La régression de l'espèce est également très marquée en France. Celle-ci est très ancienne puisque, dès l'époque gallo-romaine, la Cistude d'Europe disparaissait de Vendée. L'espèce s'est ensuite éteinte dans les Vosges au XVIIe siècle ainsi que dans d'autres régions du nord et de l'est de la France au XIXe siècle et au début du XXe siècle. Ce déclin se poursuit aujourd'hui en France continentale. Bien qu'elle soit moins menacée, l'espèce est très vulnérable en Corse. Si des causes climatiques peuvent être invoquées, un certain nombre de facteurs modernes d'origine humaine accélèrent très certainement le déclin de la Cistude d'Europe. Le drainage des marais, le comblement des étangs littoraux, la pollution des eaux (industries, agriculture, campagnes d'éradication des moustiques), l'endiguement des rivières sont autant d'atteintes aux habitats de l'espèce. Les engins mécaniques utilisés pour le recalibrage des rivières tuent ou mutilent les tortues. En Brenne, où les herbages bordant les étangs sont, par endroits, rem-

Répartition actuelle

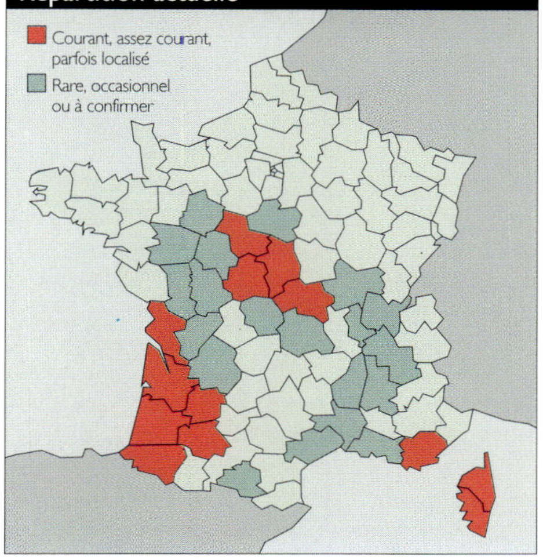

placés par des cultures céréalières, le déchaumage et les labours détruisent les pontes tardives, et les pesticides réduisent les ressources alimentaires des tortues. Dans cette même région, les piscicultures extensives sont remplacées par des piscicultures intensives, moins favorables à l'espèce. De nombreuses tortues, en se rendant sur leurs lieux de ponte, se font écraser sur les routes. Même si la collecte des Cistudes est désormais interdite, le prélèvement d'individus dans la nature reste une menace potentielle. Enfin, une compétition défavorable avec la Tortue de Floride *(Trachemys scripta)*, espèce de compagnie trop souvent relâchée dans la nature, n'est pas à exclure et pourrait représenter une menace grave à moyen terme.

Mesures de conservation. Les experts de la Commission herpétologique du Conseil de l'Europe considèrent que des plans de rétablissement de population doivent être mis en place pour la Cistude d'Europe. Des projets de réintroduction ont été élaborés en Allemagne, en Suisse et en Italie. En France, un tel projet a vu le jour en Haute-Savoie au début des années 1980, mais celui-ci n'a pas abouti. D'autres projets existent (Savoie, Alsace). La protection de certains sites de reproduction ou d'aires d'alimentation est déjà assurée grâce à plusieurs arrêtés de biotope. Une partie des populations de Camargue, d'Aquitaine et de Brenne sont protégées par des réserves naturelles. Certains terrains acquis par le Conservatoire des espaces littoraux et des rivages lacustres abritent la Cistude en Camargue et en Corse. Enfin, plusieurs associations de protection de la nature font actuellement l'achat de marais hébergeant l'espèce (Ariège, Charente-Maritime). D'autres sites devraient être protégés, en particulier en Brenne et dans les Maures. Une recommandation du Conseil de l'Europe adressée au gouvernement français va d'ailleurs dans ce sens. Mais c'est surtout vers un écodéveloppement durable des zones humides qu'il faudrait s'orienter pour venir en aide efficacement à la Cistude d'Europe. Ainsi, en appliquant cette politique, le parc naturel régional de la Brenne offre aujourd'hui une protection satisfaisante à l'espèce dans cette région. La Cistude d'Europe est totalement protégée en France par l'arrêté du 22 juillet 1993. Elle est également inscrite aux annexes II et IV de la directive Habitat ainsi qu'à l'annexe II de la convention de Berne.

Références bibliographiques.
Cheylan M., 1992 ; Parent G.H., 1983 ;
Servan J., 1988 ; Servan J., 1989 ;
Thibault J.-C. et al., *1984.*

Émyde lépreuse

Mauremys leprosa (Schweigger, 1812)

O. Chéloniens

F. Émydidés

Distribution. L'Émyde lépreuse se rencontre essentiellement en Afrique du Nord (du Maroc à la Libye), et dans la péninsule Ibérique. En France, elle est connue avec certitude dans les Pyrénées-Orientales (massif des Albères). Sa présence est très probable dans le cours moyen de l'Hérault. Elle est également signalée dans les Pyrénées-Atlantiques (région d'Espelette) et dans le Gard.

Évolution historique et menaces. La population française de l'Émyde lépreuse du massif des Albères est très probablement autochtone, même si des introductions ont pu avoir lieu de temps à autre à partir du versant espagnol. L'indigénat des Émydes lépreuses signalées dans l'Hérault et dans le Gard n'est pas établi avec certitude. On sait cependant que l'espèce atteignait le Rhône il y a 4 000 ans. La présence de populations relictuelles dans ces départements est donc tout à fait plausible. En revanche, la présence de l'Émyde lépreuse dans le Pays basque est surprenante. Cette station semble en effet isolée du reste de son aire de répartition. De plus, les conditions climatiques y régnant ne devraient pas satisfaire aux exigences écologiques de l'espèce. L'Émyde lépreuse n'est pas menacée dans la majeure partie de son aire de répartition. Elle est cependant en régression locale en Espagne, et certaines populations ont même disparu. Les effectifs de chacune des populations françaises ne doivent pas excéder quelques dizaines d'individus, mais seraient stables, au moins dans les Albères et au Pays basque. Les populations

Répartition actuelle

françaises sont donc extrêmement vulnérables. Toute atteinte à leurs habitats ou tout prélèvement clandestin auraient de graves conséquences sur le maintien de l'espèce dans notre pays.

Mesures de conservation. Les habitats des Émydes lépreuses devraient faire l'objet de mesures de protection appropriées dans le massif des Albères. La protection de l'espèce dans l'Hérault passe par une meilleure connaissance de son statut et de sa répartition. Enfin, l'indigénat de la population des Pyrénées-Atlantiques devrait être, si possible, démontré avant de prendre des mesures de conservation. L'Émyde lépreuse est totalement protégée en France par l'arrêté du 22 juillet 1993. Elle est inscrite aux annexes II et IV de la directive Habitats ainsi qu'à l'annexe III de la convention de Berne.

Références bibliographiques.
Bour R., 1989.

Tortue d'Hermann

Testudo hermanni Gmelin, 1789

O. Chéloniens

F. Testutinidés

Distribution. La Tortue d'Hermann habite l'Europe méditerranéenne, de l'Espagne à la Turquie d'Europe. En France, on la trouve encore dans les Maures et en Corse. Elle atteint 200 m d'altitude en Corse et 650 m d'altitude dans les Maures.

Évolution historique et menaces. La sous-espèce occidentale *(T. h. hermanni)* subit un déclin considérable. Elle est dans une situation critique dans les trois pays qui l'accueillent (Espagne, France et Italie). En France continentale, elle est très menacée dans les Maures. Elle s'est éteinte à la fin des années 1980 dans la partie française du massif des Albères. Bien que moins menacée, elle régresse fortement en Corse. En fait, la régression de l'espèce en France s'est amorcée il y a plusieurs millénaires. Des facteurs anthropiques ont probablement amplifié les effets des facteurs climatiques à l'origine de ce déclin. Citons, en particulier, l'extension de l'agriculture dans les plaines méditerranéennes au Moyen Âge, et le commerce actif dont cette espèce a fait l'objet au XIXe siècle et au début du XXe siècle. Aujourd'hui, les Tortues d'Hermann sont menacées jusque dans leurs derniers refuges. L'installation de résidences secondaires et le développement du tourisme dans des secteurs encore récemment sauvages ont multiplié les risques d'incendies. Ces derniers ont un impact considérable : en 1990, les incendies dans les Maures ont détruit 25 000 ha, soit environ le sixième du massif et de ses habitats ; un autre, en 1976, a failli anéantir la population espagnole des Albères. Les prélèvements, pourtant interdits, se poursuivent tant en Corse que sur le continent (plusieurs milliers d'individus chaque année probablement). Dans les Maures, l'abandon des terrasses cultivées (restanques) conduit à la disparition de zones dégagées et ensoleillées propices à la ponte des tortues : faute de pouvoir produire suffisamment de jeunes, la population vieillit. Les routes font de nombreuses victimes au sein de populations déjà peu denses. Enfin, la plaine des Maures est toujours menacée par de nombreux projets (centres d'essai industriel, autoroutes, lignes de T.G.V., golfs, centres de loisirs...).

Mesures de conservation. Les experts du Comité herpétologique du Conseil de l'Europe appellent les pays européens concernés à mettre en place des plans de restauration de populations pour la Tortue d'Hermann. La S.O.P.T.O.M. œuvre dans ce sens. Cette association est à l'origine d'un centre d'élevage (le village des Tortues) pour renforcer la population de tortues des Maures. L'objectif est de relâcher 500 individus par an (ce qui remplace à peine les tortues prélevées illégalement ou tuées accidentellement, mais permet de réinjecter de jeunes individus dans la population). Le centre fonctionne avec des tortues données par des particuliers. L'association travaille aussi à l'entretien de sites de ponte en dégageant les restanques et étudie la possibilité de réaliser des passages à tortue sous chaussée afin de limiter l'impact des routes. Enfin, elle informe le public sur la nécessité de ne pas prélever les tortues. Un centre équivalent vient d'être créé en Corse. Un projet de réintroduction de la Tortue d'Hermann à Port-Cros a été élaboré dans les années 1970, mais n'a pas abouti. En revanche, une opération de réintroduction est en cours sur l'île du Levant. Une recommandation du Conseil de l'Europe adressée au gouvernement français demande la création d'une réserve naturelle dans les Maures ainsi que la protection des meilleurs sites en Corse. Il n'existe, en effet, aucun habitat protégé en France continentale. Par ailleurs, certains terrains acquis en Corse par le Conservatoire des espaces littoraux et des rivages lacustres abritent des Tortues d'Hermann, mais les plus grosses populations ne sont pas protégées. Un centre d'élevage est projeté dans la partie espagnole du massif des Albères pour des actions de repeuplement. Une telle réalisation pourrait permettre un retour de l'espèce sur le versant français. Cette recolonisation devrait être favorisée par une mise en réserves de secteurs frontaliers favorables. Les lâchers clandestins et non contrôlés scientifiquement sont totalement à proscrire. L'introduction de la sous-espèce orientale *(T. h. boettgeri)*, difficilement identifiable, dans une population autochtone pourrait conduire à une pollution génétique. Par ailleurs, les individus introduits peuvent véhiculer certaines maladies (herpès, virus et parasites) et les transmettre à des populations saines. En France, la Tortue d'Hermann est totalement protégée par l'arrêté du 22 juillet 1993. Elle est inscrite aux annexes II et IV de la directive Habitats, à l'annexe II de la convention de Berne et à l'annexe II de la convention de Washington.

Répartition actuelle

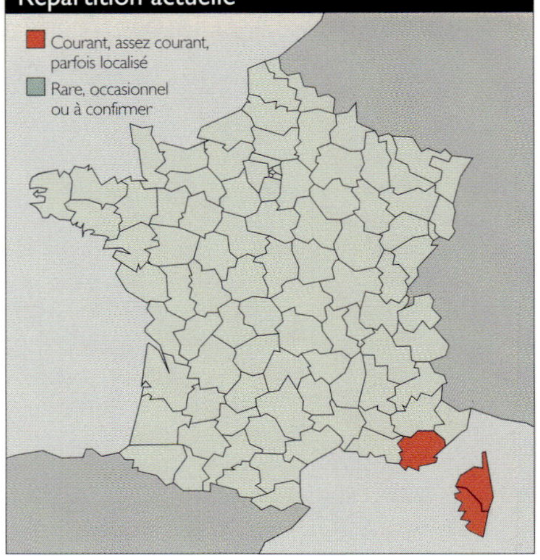

Références bibliographiques.
Bour R., 1989 ; Cheylan M., 1992 ;
Devaux B., 1988 ; Devaux B., 1990 ;
Stubbs D., 1991 ; Montori A. et al., *1994 ;*
Stumpel A. et al., *1992 ;*
Thibault J.C. et al., *1984.*

Hémidactyle verruqueux

Hemidactylus turcicus (Linnaeus, 1758)

O. Squamates

F. Geckonidés

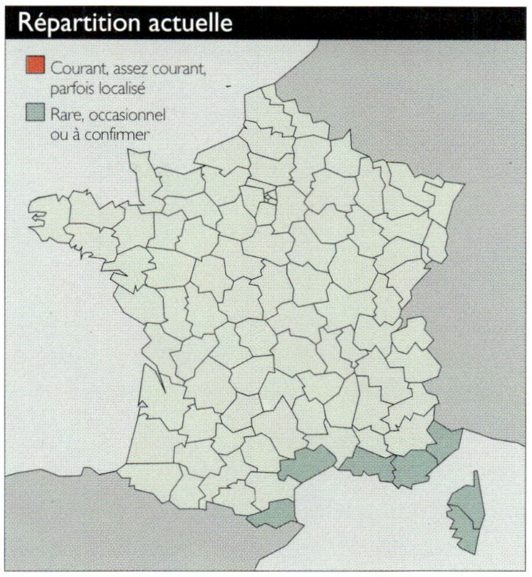

Distribution. L'Hémidactyle verruqueux occupe le pourtour du bassin méditerranéen. Il a été introduit dans les Caraïbes, en Amérique centrale et au sud-est des États-Unis. En France, on le rencontre sporadiquement le long du littoral méditerranéen, sur les îles d'Hyères et sur l'ensemble des côtes rocheuses corses. L'Hémidactyle verruqueux est beaucoup plus anthropophile dans le Midi que sur l'île de Beauté. Il atteint exceptionnellement 400 m d'altitude en Corse, mais ne dépasse généralement pas 100 m.

Évolution historique et menaces. L'Hémidactyle verruqueux n'est pas en danger. Cependant, à la suite de la révision systématique dont il a fait l'objet, il serait beaucoup moins répandu qu'on ne le croyait. Sa grande rareté, tant dans le Midi qu'en Corse, le rend très vulnérable en France. Les populations vivant dans des habitats naturels sont beaucoup moins exposées que les populations urbaines. C'est donc surtout dans le midi de la France qu'il faut rester vigilant. La rénovation des vieux quartiers constitue la menace la plus sérieuse pour l'espèce.

Mesures de conservation. En Corse, certains terrains acquis par le Conservatoire des espaces littoraux et des rivages lacustres hébergent l'Hémidactyle verruqueux. Dans le Midi, les populations urbaines ne bénéficient pas de mesures de conservation particulières. Seule la population de Port-Cros profite de la protection que lui confère le parc national. Dans la mesure du possible, il serait souhaitable d'effectuer un suivi régulier de ces populations, en cherchant, en particulier, à déceler d'éventuels projets de rénovation de bâtiments. Une information auprès des maires et l'intervention auprès d'entreprises ou de particuliers pour étudier des techniques « douces » de restauration, voire des solutions compensatoires, pourraient se révéler utiles à la conservation de populations très exposées. C'est notamment le cas des populations du Languedoc-Roussillon, extrêmement isolées les unes des autres, et pour lesquelles aucune recolonisation naturelle ne serait possible en cas de disparition. En France, l'Hémidactyle verruqueux est totalement protégé par l'arrêté du 22 juillet 1993. Il est inscrit à l'annexe III de la convention de Berne, mais n'est pas concerné par la directive Habitats.

Références bibliographiques.

Delaugerre M., 1992 ; Geniez P., 1989.

Algyroïde de Fitzinger

Algyroides fitzingeri (Wiegmann, 1835)

O. Squamates

F. Lacertidés

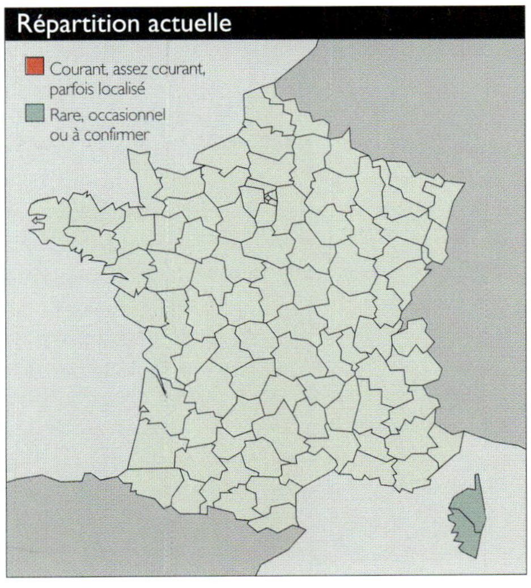

Distribution. L'Algyroïde de Fitzinger ne vit qu'en Corse, en Sardaigne et sur certains de leurs îlots satellites. On peut l'observer dans l'ensemble de l'île de Beauté, mais il n'est nulle part abondant. Bien qu'on le rencontre jusqu'à 1 000 m d'altitude, il préfère l'étage méditerranéen inférieur (0-600 m).

Évolution historique et menaces. L'Algyroïde de Fitzinger serait en déclin en Corse. Il est difficile d'apprécier l'ampleur de cette régression. Ses mœurs discrètes ne facilitent pas son observation. On sait cependant que la population corse est peu dense. Diverses causes peuvent expliquer cette éventuelle raréfaction. L'abandon des vergers et des vignobles, associé à l'exode rural, conduit peu à peu à une fermeture du milieu (envahissement par les ronces, installation du maquis). Cette espèce, qui aime le soleil, semble en souffrir. Par ailleurs, l'installation de cette végétation favorise les incendies. La fréquence de ces derniers a considérablement augmenté ces dernières décennies. Il est fort probable que de nombreux Algyroïdes en aient été les victimes.

Mesures de conservation. Aucune mesure de conservation n'a été prise jusqu'à présent en faveur de l'Algyroïde de Fitzinger. Il est vrai que la discrétion de l'espèce ainsi que sa répartition très diffuse rendent toute intervention difficile. L'espèce bénéficiera cependant de la mise en réserve d'habitats naturels. À cette occasion, le milieu pourrait être géré afin de ménager des espaces ouverts, d'ailleurs favorables aussi à la reproduction de la Tortue d'Hermann *(Testudo hermanni)*. L'Algyroïde de Fitzinger est totalement protégé en France par l'arrêté du 22 juillet 1993. Il est inscrit à l'annexe IV de la directive Habitats ainsi qu'à l'annexe II de la convention de Berne.

Références bibliographiques.

Delaugerre M., 1992 ; Keymar P.F., 1988.

Lézard de Bedriaga

Lacerta bedriagae Camerano, 1885

O. Squamates

F. Lacertidés

R

Distribution. Le Lézard de Bedriaga habite uniquement la Corse et la Sardaigne. En Corse, l'espèce est absente de la plaine orientale et de l'extrême nord de l'île. Bien que vivant essentiellement au-dessus de 1 000 m d'altitude, le Lézard de Bedriaga n'est pas franchement montagnard. C'est plutôt une espèce rupicole, capable de vivre près de la côte si celle-ci est rocheuse. Il existe même une population vivant sur un îlot satellite de l'île de Beauté : la Folaca.
Évolution historique et menaces. Le Lézard de Bedriaga est rare et en déclin en Sardaigne. En Corse, les populations semblent stables. Il n'est pas exclu cependant que l'espèce ait disparu du nord de l'île. Certaines populations littorales, isolées et aux effectifs faibles, sont très vulnérables. Les incendies et le surpâturage expliquent peut-être l'absence du Lézard de Bedriaga au nord de la Corse. L'espèce pourrait être aussi menacée par le développement du tourisme ou par l'ouverture de carrières dans ses habitats. Aujourd'hui, ces menaces restent cependant encore très faibles. La collecte d'individus par les terrariophiles a constitué un danger non négligeable dans le passé.
Mesures de conservation. Une recommandation du Conseil de l'Europe adressée au gouvernement français souligne la nécessité de protéger, par les moyens les plus appropriés, les populations de Lézard de Bedriaga du haut Asco contre les effets nocifs des aménagements touristiques. Le Conservatoire des espaces littoraux et des rivages lacustres devrait pouvoir jouer un rôle important dans la protection des populations côtières les plus menacées. Le Lézard de Bedriaga est totalement protégé en France par l'arrêté du 22 juillet 1993. Il est inscrit à l'annexe IV de la directive Habitats ainsi qu'à l'annexe II de la convention de Berne.

Références bibliographiques.
Michelot M., 1992 ; Stumpel A. et al., *1992.*

Lézard des Pyrénées

Lacerta bonnali Lantz, 1927

O. Squamates

F. Lacertidés

R

Distribution. Le Lézard des Pyrénées est une espèce endémique de la chaîne pyrénéenne (Espagne et France). Sur le versant français, l'aire de répartition de l'espèce s'étend de façon discontinue de l'extrême sud-est des Pyrénées-Atlantiques à l'extrême sud-ouest de l'Ariège. On l'observe essentiellement au-dessus de 1 800 m d'altitude.
Évolution historique et menaces. La découverte de ce lézard dans les Pyrénées est récente (1927). D'abord décrit comme sous-espèce du Lézard montagnard *(Lacerta monticola bonnali)*, il a été élevé au rang d'espèce en 1993. On ne sait presque rien de l'évolution des effectifs du Lézard des Pyrénées depuis sa découverte. On pense cependant qu'ils sont stables. Les populations de cette espèce sont isolées et de petite taille. Bien que faiblement exposé, le Lézard des Pyrénées est donc extrêmement vulnérable : la moindre perturbation dans l'habitat d'une population pourrait la faire disparaître, et la recolonisation naturelle du site serait très improbable. Le Lézard des Pyrénées est surtout menacé par le tourisme estival et par l'aménagement des stations de ski. Le moindre prélèvement par un terrariophile peu scrupuleux aurait également des conséquences graves.
Mesures de conservation. Le Conseil de l'Europe recommande au gouvernement français de protéger l'ensemble des sites connus sur notre territoire par les moyens les plus adéquats. Une partie non négligeable de la population française est déjà protégée par le parc national des Pyrénées et la réserve naturelle de Néouvielle. Des mesures ponctuelles pourraient être prises dans les sites les plus fréquentés (modification du tracé des sentiers) ou lors de travaux d'aménagement de stations de ski. Une surveillance particulière des populations les plus exposées devrait également être assurée afin de prévenir tout prélèvement. Le Lézard des Pyrénées est totalement protégé en France par l'arrêté du 22 juillet 1993 (en tant que sous-espèce du Lézard montagnard). Il est inscrit aux annexes II et IV de la directive Habitats ainsi qu'à l'annexe II de la convention de Berne.

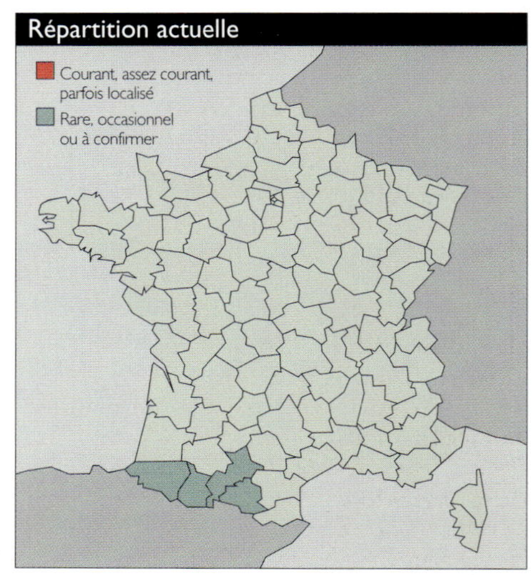

Références bibliographiques.
Bertrand A. et Crochet P.A., 1992 ;
Michelot M. et Martinez Rica J.-P., 1989 ;
Stumpel A. et al., *1992 ;*
Perez Mellado V. et al., *1993.*

Lézard des souches

Lacerta agilis Linnaeus, 1758

O. Squamates

F. Lacertidés

Distribution. Le Lézard des souches est une espèce continentale habitant l'Europe moyenne jusqu'à l'Asie centrale (lac Baïkal). En France, ce caractère continental se manifeste par son absence du pourtour méditerranéen et de l'ouest du pays. Dans le reste de l'Hexagone, sa distribution est morcelée. Il atteint 2 000 m d'altitude dans les Pyrénées et dans les Alpes du Sud.

Évolution historique et menaces. Le Lézard des souches est en régression dans la plupart des pays du nord-ouest de l'Europe ainsi qu'en Suisse. En France, il serait en déclin dans le Nord et le Nord-Est. Il est cependant difficile d'apprécier l'ampleur de cette régression. Les populations de la sous-espèce pyrénéenne *Lacerta agilis garzoni* sont morcelées, donc probablement fragiles. Il en est de même des populations du sud des Alpes. Dans le reste de la France, le Lézard des souches n'est pas menacé, mais il n'est nulle part abondant. Le Lézard des souches est essentiellement victime de la destruction de ses habitats, du brûlage des talus, des pesticides et de l'enrésinement.

Mesures de conservation. Les experts de la Commission herpétologique du Conseil de l'Europe considèrent que des plans de rétablissement de populations devraient être développés pour cette espèce en Europe. Au Royaume-Uni, des élevages en vue de renforcer certaines populations de Lézard des souches ont été créés. Des réintroductions ont même été menées avec succès. En France, il est nécessaire d'affiner nos connaissances sur le statut de l'espèce avant de mettre

Répartition actuelle

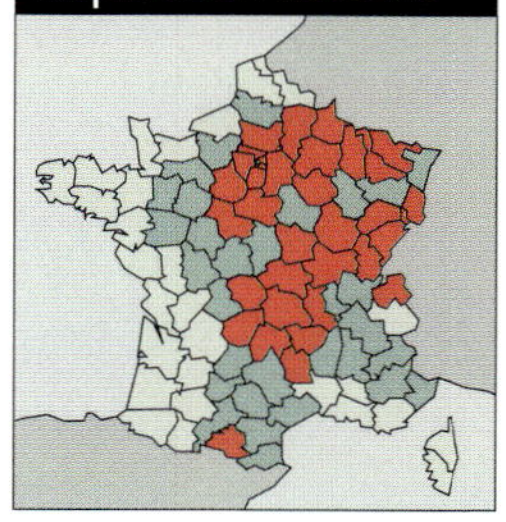

en route de telles opérations. C'est pourquoi le Conseil de l'Europe a adressé au gouvernement français une recommandation dans laquelle il demande qu'un recensement du Lézard des souches soit effectué dans le nord-est de la France et que des mesures de conservation adéquates soient prises en fonction des résultats. D'ores et déjà, les populations isolées du Sud-Est (région subalpine) et du Sud-Ouest (Pyrénées) devraient être protégées. Le Lézard des souches est totalement protégé en France par l'arrêté du 22 juillet 1993. Il est également inscrit à l'annexe IV de la directive Habitats ainsi qu'à l'annexe II de la convention de Berne.

Références bibliographiques.
Castanet J., 1989 ; Gent T., 1994.

Lézard ocellé

Lacerta lepida Daudin, 1802

O. Squamates

F. Lacertidés

Distribution. Le Lézard ocellé vit uniquement dans le sud-ouest de l'Europe (péninsule Ibérique, sud de la France, nord-ouest de l'Italie). En France, on le rencontre essentiellement dans la région méditerranéenne (y compris l'île de Porquerolles), mais aussi sur le littoral atlantique où vivent quelques populations relictuelles entre les Landes et la Vendée, et sur les causses du sud-ouest du Massif central. Il est présent sur l'île d'Oléron. Il atteint 1 350 m dans les Alpes du Sud.

Évolution historique et menaces. Le Lézard ocellé est en déclin en Italie. Les populations méditerranéennes françaises sont également en régression. L'espèce aurait disparu de l'île de Ratonneau. Le statut des populations atlantiques et des vallées de la Dordogne et de la Garonne est moins connu. Cependant, le caractère relictuel, le faible effectif et le morcellement de ses populations le rendent extrêmement vulnérable. Plus que les autres lézards, cette espèce est victime des persécutions humaines. Mais ce sont surtout les atteintes portées à son habitat qui sont à l'origine de son déclin. Dans le sud de la France, la régression du Lézard ocellé est due essentiellement à la mise en culture (généralement la vigne en Languedoc-Roussillon et l'arboriculture en Crau). La fragmentation de la Crau, très récente (à partir de 1975), a amené la destruction partielle d'une des plus belles populations connues en France. L'urbanisation, même diffuse, fait fuir cette espèce particulièrement farouche. Les pesticides réduisent considérablement ses ressources alimentaires. Jusque dans un passé récent, les captures par les terrariophiles ont probablement été aussi une cause importante de régression.

Mesures de conservation. Le groupe d'experts de la Commission herpétologique du Conseil de l'Europe souligne l'urgence d'élaborer des projets de

Répartition actuelle

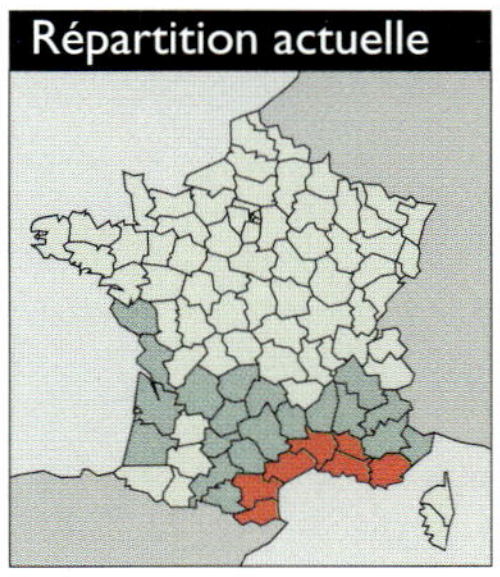

rétablissement de population pour le Lézard ocellé. Plus précisément, le Conseil de l'Europe a adressé au gouvernement français une recommandation dans laquelle il demande qu'une réserve naturelle soit créée en Crau afin de protéger la population de cette espèce. Mais un effort particulier de conservation devrait être porté sur les populations du littoral atlantique et des causses du sud-ouest du Massif central dont le statut est particulièrement précaire. En France, le Lézard ocellé est totalement protégé par l'arrêté du 22 juillet 1993. Il est inscrit à l'annexe II de la convention de Berne. Il n'est pas concerné par la directive Habitats, mais mériterait d'être inscrit à l'annexe IV.

Références bibliographiques.
Ewald P., 1989.

Vipère péliade

Vipera berus (Linnaeus, 1758)

O. Squamates

F. Vipéridés

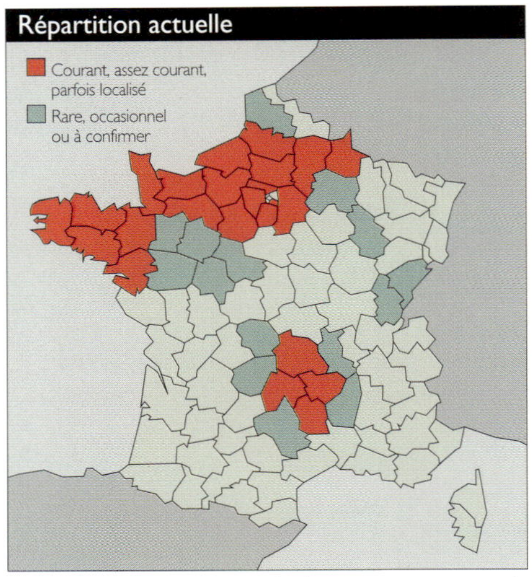

Distribution. La Vipère péliade est une espèce nord-eurasiatique. Elle est présente en Europe septentrionale et centrale, à l'exception de l'Irlande. À l'est, elle atteint l'île de Sakhaline (Russie). En France, l'espèce est présente au nord d'une ligne reliant l'embouchure de la Loire aux Ardennes, dans le Massif central et, d'une façon discontinue, dans l'Est (Champagne, Lorraine, Jura). Ces trois ensembles sont aujourd'hui isolés les uns des autres, mais des populations relictuelles existent peut-être encore çà et là. Une petite population introduite survit dans une tourbière vosgienne.

Évolution historique et menaces. La Vipère péliade est en régression dans la plupart des pays d'Europe. Ce déclin est très ancien puisque la contraction de l'aire de répartition de l'espèce vers le nord s'est amorcée dès le post-glaciaire. En France, la Vipère péliade a disparu de Côte-d'Or, des Alpes méridionales, de Vendée et de l'Indre (Brenne) au XIXe siècle et au début du XXe siècle. Dans ces régions, elle a été remplacée par la Vipère aspic *(Vipera aspis)*. L'aire de répartition de la Vipère péliade s'est stabilisée depuis lors, mais l'espèce continue de se raréfier dans de nombreuses régions. Les modifications progressives du climat en Europe expliquent le lent déclin de la Vipère péliade. Cependant, de nombreux facteurs anthropiques défavorables accélèrent cette tendance. La Vipère péliade a beaucoup souffert des modifications qu'ont subies ses habitats dans la seconde moitié de ce siècle. L'espèce supporte beaucoup moins bien que la Vipère aspic les remembrements, la mise en culture des landes, l'enrésinement et l'assèchement des tourbières. Mise en situation de compétition avec cette dernière, elle est défavorisée et cède peu à peu la place. On constate, en effet, une complémentarité des aires de répartition de ces deux espèces qui semblent s'exclure mutuellement. La Vipère péliade est aussi victime de destructions directes volontaires (persécutions), ou involontaires (débroussaillage mécanique, brûlage des talus). Les populations mélaniques sont encore l'objet de prélèvements par certains collectionneurs. Ces captures sont pourtant interdites par la loi.

Mesures de conservation. Les efforts de conservation de la Vipère péliade devraient surtout se concentrer sur ses habitats (préservation des haies, des tourbières, des landes), en particulier dans les secteurs où celle-ci coexiste avec la Vipère aspic. Les populations mélaniques du Jura devraient également faire l'objet de mesures de protection particulières. La Vipère péliade est partiellement protégée en France par l'arrêté du 22 juillet 1993. Seule sa destruction est autorisée du fait du danger qu'elle peut parfois représenter. Le transport de l'animal est, par contre, formellement interdit. L'espèce est également inscrite à l'annexe III de la convention de Berne.

Références bibliographiques.
Duguy R. et Saint Girons H., 1989 ;
Saint Girons H., 1989.

Vipère de Séoane

Vipera seoanei Lataste, 1879

O. Squamates

F. Vipéridés

Distribution. La Vipère de Séoane habite le nord-ouest de la péninsule Ibérique et l'extrême sud-ouest de la France (région de Saint-Jean-de-Luz, forêt de Sare et haute vallée des Aldudes). L'aire de répartition de l'espèce est donc réduite, en France, à quelques kilomètres carrés, et les effectifs sont de quelques centaines d'individus tout au plus.

Évolution historique et menaces. La Vipère de Séoane est en danger au Portugal. En France, elle est très rare et localisée. Par ailleurs, les populations les plus importantes (littoral atlantique) sont de plus en plus menacées, et certaines ont même disparu ces dernières années. L'avenir de l'espèce dans notre pays est donc extrêmement compromis. L'urbanisation progressive de la côte basque est la principale cause de régression de la Vipère de Séoane. Celle-ci conduit peu à peu à la disparition des habitats de l'espèce. De plus, l'accroissement de la population humaine favorise les rencontres avec la Vipère de Séoane et augmente les risques de destruction de cette dernière.

Mesures de conservation. Seule la mise en réserve des habitats encore viables de la Vipère de Séoane permettrait à celle-ci de se maintenir en France. Ce rôle pourrait être assuré en partie par le Conservatoire des espaces littoraux et des rivages lacustres. Encore faudrait-il pouvoir éviter la fragmentation et l'isolement génétique des différentes populations de l'espèce. La Vipère de Séoane est totalement protégée en France par l'arrêté du 22 juillet 1993. Elle est inscrite à l'annexe IV de la directive Habitats ainsi qu'à l'annexe III de la convention de Berne.

Références bibliographiques.
Saint Girons H., 1989.

Vipère d'Orsini

Vipera ursinii (Bonaparte, 1835)

O. Squamates

F. Vipéridés

Distribution. La Vipère d'Orsini se rencontre des Alpes à la Chine (Xinjiang). Sa répartition est très morcelée. Certaines sous-espèces vivent en plaine. D'autres, comme *V. u. ursinii* (France et Italie) sont montagnardes. En France, on rencontre une douzaine de populations isolées de cette espèce dans les Alpes du Sud (Hautes-Alpes, Alpes-de-Haute-Provence, Vaucluse, Alpes-Maritimes, Var). Ces populations habitent des pelouses sèches à genévrier entre 900 m et 2 200 m d'altitude. Chacune d'elles est composée généralement d'un nombre restreint d'individus.

Évolution historique et menaces. Les sous-espèces de plaine sont plus menacées que celles de montagne. Certaines, telle *V. u. rakosiensis,* sont même au seuil de l'extinction dans le centre et l'est de l'Europe. La Vipère d'Orsini a probablement disparu de Bulgarie. Quelques populations italiennes de *V. u. ursinii* sont en régression. En France, l'aire occupée par la population du mont Ventoux a fortement diminué ces dernières années. Celle de la montagne de Lure a été décimée. Les autres populations, bien qu'elles soient plus stables, sont extrêmement vulnérables en raison de leurs faibles effectifs, de leur isolement et de la spécificité des habitats qu'elles occupent. De nombreuses menaces pèsent sur la Vipère d'Orsini en France. Les aménagements touristiques (stations de ski, parkings, pistes d'envol de parapente) dégradent l'habitat de l'espèce. Ainsi, une station de ski a détruit les deux tiers de l'habitat de la population du mont Ventoux. Lors de la construction de telles infrastructures, les genévriers sont arrachés, les pierres concassées. La construction de routes d'accès entraîne une surfréquentation estivale. D'autres populations sont menacées par l'abandon de l'élevage traditionnel. Celui-ci conduit à la fermeture du milieu (embroussaillement, plantation de conifères, création de cultures à gibier dans les fonds de doline). À la dégradation des milieux s'ajoutent des destructions d'individus (parfois opérées par les touristes) et des captures illégales effectuées par des collectionneurs. Sur le plateau de Caussols, une route récemment construite traverse l'habitat de la Vipère d'Orsini.

Mesures de conservation. Les experts de la Commission herpétologique du Conseil de l'Europe estiment que des plans de restauration de populations de Vipères d'Orsini doivent être mis en place. La création de réserves protégeant les populations les plus menacées serait souhaitable. Une gestion du milieu, voire une restauration de certains habitats seraient envisageables dans de tels espaces. Une surveillance pourrait aussi y être assurée, à l'exemple du mont Ventoux où celle-ci est confiée à la garderie de l'Office national de la chasse. Jusqu'à présent, seule la population du mont Ventoux bénéficie d'un arrêté de biotope, mais le Conseil de l'Europe a adressé au gouvernement français une recommandation dans laquelle il demande la protection de la population de Vipères d'Orsini du plateau de Caussols. Par ailleurs, une circulaire préfectorale devrait être diffusée auprès des maires des communes où l'espèce est présente afin de leur demander de veiller à la préservation de leurs populations de Vipères d'Orsini, en particulier en cas d'aménagements. Une campagne d'information pourrait aussi être menée auprès des touristes susceptibles de fréquenter les milieux de vie de cette vipère en insistant sur le fait qu'elle est inoffensive. En France, la Vipère d'Orsini est totalement protégée par l'arrêté du 22 juillet 1993. L'espèce est également inscrite aux annexes II et IV de la directive Habitats, à l'annexe II de la convention de Berne ainsi qu'à l'annexe I de la convention de Washington.

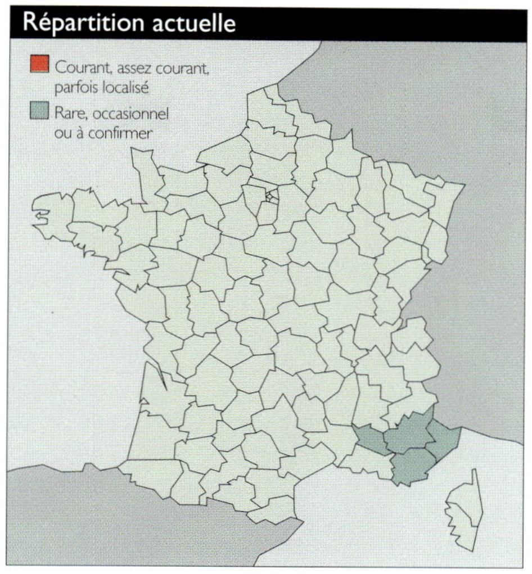

Références bibliographiques.
Baron J.-P., 1989 ; Baron J.-P. et al.*, 1993 ; Orsini P. et Y., 1992 ; Saint Girons H., 1983 ; Stumpel A.* et al.*, 1992.*

De tout temps, les relations homme-fleuve ont été très riches. Les berges ont constitué pendant des siècles des sites privilégiés pour l'installation des villages : le fleuve était source de nourriture (grâce à la pêche ou au passage de mammifères dans les gués) et d'eau potable. Au Moyen Âge, l'organisation des villages était liée à l'utilisation de l'eau : les abattoirs, grands consommateurs d'eau claire et propre, se situaient toujours à l'amont ; les teinturiers, moins exigeants, suivaient, et les gobelins étaient, quant à eux, encore plus à l'aval.
Avec l'avènement de l'ère industrielle, les rapports homme-fleuve ont évolué : les besoins en énergie ont augmenté, les moulins ont été remplacés par des ouvrages plus importants, les matériaux de construction ont changé. Le respect du fleuve et de ses ressources a fait place à la volonté de le maîtriser.
Depuis près d'un siècle et demi, nos rivières ont été barrées, canalisées, rectifiées, transformées en de simples conduits à ciel ouvert servant d'égouts aux déchets urbains et industriels. La faune aquatique n'est évidemment pas restée indifférente à ces modifications démesurées du milieu. Les biocénoses ont été réduites ou anéanties, les écosystèmes fragilisés.
En effet, dans l'écosystème fluvial, les espèces sont réparties selon des gradients écologiques. Au long de leur développement, elles effectuent dans le cours d'eau des migrations longitudinales mais aussi latérales à la recherche de nourriture, de frayères ou de zones de repos. L'existence de ces compartiments et le passage des espèces de l'un à l'autre sont essentiels pour le maintien de l'intégrité des écosystèmes aquatiques.
Les espèces les plus sensibles ont disparu ou se sont considérablement raréfiées, ne se maintenant que dans quelques bassins versants; d'autres, dont l'aire de répartition semble plus vaste, ont cependant des populations réduites et se renouvellent plus difficilement.
Tous ces phénomènes, qui entravent la libre circulation des espèces ou détruisent leur milieu de vie, relèvent de cinq modalités, souvent associées dans leur action néfaste sur le milieu naturel.

Les principales causes de la régression ou de la disparition des espèces (eau douce et saumâtre)

Les obstacles aux déplacements des poissons

Depuis le milieu du XIXe siècle, de nombreux barrages ont été construits sur les rivières et sur les fleuves français, réduisant la surface des frayères disponibles pour la reproduction. Ces barrages sont l'une des causes majeures de la disparition des poissons migrateurs de nos rivières. Le barrage de Donzère, par exemple, construit sur le Rhône en 1947, a amputé l'aire de migration des Aloses dans ce bassin de près de 70 %.

Des ouvrages ont été équipés de « passes à poissons » pour faciliter la circulation des migrateurs. Malheureusement, certaines d'entre elles sont d'accès malaisé, ont été mal conçues ou sont trop spécifiques pour laisser passer des migrateurs qui n'ont pas un comportement de saut comme l'Anguille.

Les bouchons vaseux que l'on rencontre pratiquement dans tous les estuaires sont, à l'origine, des phénomènes naturels résultant de l'apport et du brassage massif des sédiments collectés lors du cheminement fluvial.

L'aménagement des estuaires (aménagements portuaires, endiguements...), le besoin d'approfondir ou de maintenir le chenal de navigation ont augmenté considérablement leurs impacts : la largeur du fleuve diminue, les quantités de matières en suspension augmentent, ce qui nécessite des dragages supplémentaires et accroît la pollution. Ces bouchons bloquent les migrateurs plus longtemps à l'entrée des estuaires et les exposent à une pression de pêche plus importante.

En période d'étiage, les pompages excessifs (irrigation...) ne laissent dans certaines rivières que de petits filets d'eau qui constituent, entre autres, des barrières infranchissables pour les migrateurs.

Les grands bassins versants français

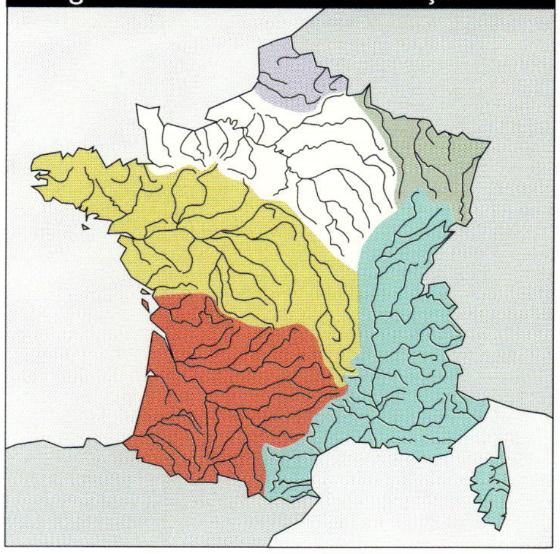

- Artois - Picardie
- Seine - Normandie
- Loire - Bretagne
- Adour - Garonne
- Rhin - Meuse
- Rhône - Méditerranée - Corse

La destruction des habitats et des frayères

Le dragage et l'extraction de graviers dans les rivières entraînent des altérations profondes du milieu ; ils provoquent notamment une érosion des berges, la mise en suspension des matériaux fins qui augmentent la turbidité et colmatent les frayères, provoquant l'asphyxie des œufs.

Les matériaux extraits sont principalement le gravier et le sable ; or, au niveau biologique, le gravier joue deux rôles principaux :

– c'est un milieu propice au développement de la faune benthique, nourriture principale du poisson. On y trouve des larves d'Insectes, de Mollusques, de Crustacés...; cette faune a aussi un rôle essentiel dans la capacité d'auto-épuration d'un cours d'eau;

– c'est un support de ponte pour de nombreuses espèces ; la circulation de l'eau dans les interstices assure une oxygénation permettant le bon développement des œufs, à l'abri de toute prédation.

Les espèces sont généralement très exigeantes sur la qualité des sites et des supports choisis pour déposer ou coller leurs œufs. Les Salmonidés, par exemple, ont besoin de graviers et de galets propres, traversés par un courant d'eau claire et bien oxygénée, pendant toute la durée d'incubation.

Les retenues constituées sur les barrages entraînent la suppression des zones courantes nécessaires à la production des jeunes Salmonidés et une dégradation de la qualité de l'eau.

Les lâchers d'eau des retenues provoquent des variations brutales et fréquentes des niveaux d'eau qui empêchent l'installation d'une végétation stable le long des berges et sont aussi responsables, d'une part, de brusques variations de température, préjudiciables à la reproduction, et, d'autre part, du siphonage des boues déposées dans la retenue, qui accroît la turbidité des eaux, diminuant ainsi la photosynthèse.

Elles provoquent enfin un déficit en oxygène dissous à l'aval immédiat du barrage, notamment en période d'étiage, qui peut être responsable de la mort de nombreuses espèces.

En 1787, M. Grette de Paluel obtint le prix de la Société d'agriculture de Laon pour un mémoire sur le « dessèchement des marais » décrits comme « inaccessibles aux hommes et aux bestiaux, ne produisant que des roseaux et des joncs » et, de surcroît, « fangeux, malsains, où les eaux perpétuellement croupissantes répandent un air pestilentiel ».

Deux cents ans plus tard, les partisans du drainage systématique continuent d'appliquer une politique archaïque d'assèchement : le drainage des sols, à des fins agricoles ou immobilières, atteint aujourd'hui en France 110 000 ha par an.

Statut des espèces par grand bassin versant

Afin de mettre en place de véritables politiques locales de protection et de gestion des milieux naturels aquatiques adaptées aux bassins, des listes rouges ont été établies pour les 6 grands bassins versants français.

Lamproie marine	!	V	V	V	!	X	V
Lamproie de rivière	!	V	V	V	!	X	V
Esturgeon	X	X	X	!	X	X	!
Grande alose		!	V	V	!	X	V
Alose feinte		!	V	V	V	X	V
Truite de Corse					R		R
Truite de mer	V	V	V	!	?	!	V
Saumon atlantique	!	V	V	!		!	V
Omble chevalier				V	V	?	V
Ombre commun		V	V	?	V	V	V
Brochet	V	V	V	V	V	V	V
Barbeau méridional				?	R		R
Able de Heckel	?	?	?		?	?	?
Toxostome		V	V	V	V		V
Blageon					R		R
Bouvière	V	V	V	?	V	V	V
Loche de rivière	V	V	!	!	!	V	V
Loche d'étang	?	?	?		!	V	?
Anguille	V	V	V	V	V	V	V
Lote		V	V		V	?	V
Aphanius de Corse					R		R
Aphanius d'Espagne					X		X
Cyprinodonte					X		X
Apron					!		!
Blennie				V	V		V

- Artois - Picardie
- Seine - Normandie
- Loire - Bretagne
- Adour - Garonne
- Rhin - Meuse
- Rhône - Méditerranée - Corse
- Niveau national

Cette politique de récupération de terres arables est d'autant plus aberrante qu'elle se trouve confrontée à une politique de « gel des terres » destinée à résorber les excédents de la production agricole.

L'ensemble « zones humides-marais-fleuves » forme pourtant une chaîne de milieux interdépendants. L'intégrité de cet ensemble est indispensable au cycle biologique des espèces et à leur survie.

Il constitue en effet :

– des zones de frayères : bon nombre d'espèces déposent leurs œufs sur des feuilles ou des tiges de végétaux, en eau peu profonde, dans des zones marécageuses ou inondées temporairement ;

– des zones de nurserie (nourrissage, croissance...) essentielles pour les premiers stades de développement des alevins. Par ailleurs, 70 % des activités de pêche maritime concernent des poissons et des crustacés ayant passé leur période de croissance dans les zones humides littorales ou continentales ;

– des zones tampons : agissant comme de gigantesques éponges, elles se gonflent en période de pluie pour absorber les trop-plein qu'elles restituent aux rivières en périodes de sécheresse ;

– des zones de filtres, transformant rapidement, par oxydation, la matière organique en excès.

Naguère, les riverains assuraient régulièrement le curage des rivières, le débroussaillement des rives et l'entretien des berges. Ces opérations fournissaient du bois de chauffage et évitaient l'asphyxie des cours d'eau. Actuellement, ces travaux sont de plus en plus souvent mécanisés. On profite alors de la présence des engins pour creuser des chenaux, aplanir des seuils, supprimer des méandres en vue de permettre un écoulement plus « régulier » des eaux. Refaites à la pelleteuse et au bulldozer, les rivières deviennent alors semblables à des fossés, à des canaux de drainage aux berges nues, rectilignes, sans végétation, sujettes à l'érosion et aux éboulements. Le nombre d'espèces aquatiques peut ainsi diminuer de 20 à 60 %.

La végétation des berges, la forêt alluviale, les roseaux sont pourtant garants de la qualité de l'eau. Ils épurent les eaux d'infiltration et de ruissellement chargées de nitrates par l'excès d'épandage d'engrais dans les cultures.

Les pollutions

La dégradation de la qualité de l'eau est générale sur l'ensemble des bassins fluviaux.

Certaines pollutions par déversement de produits toxiques provoquent des mortalités massives et spectaculaires de Poissons.

Les pollutions chroniques, dont les effets ne sont pas immédiatement visibles, sont encore plus redoutables. Elles ont été accentuées par le développement des grandes villes et des industries au bord des cours d'eau et par les pratiques agricoles. Elles sont dues à tous les produits d'usage courant difficilement biodégradables (détergents, herbicides, pesticides, engrais, etc.) qui arrivent aux rivières avec les eaux de ruissellement et d'égouts.

Les organismes dulçaquicoles y sont très sensibles. L'accumulation de ces résidus dans tous les maillons de la chaîne alimentaire entraîne la mort, une baisse de fécondité ou même la stérilité d'un certain nombre d'individus.

Les chocs thermiques dus à des rejets irréguliers d'eaux chaudes par les centrales thermoélectriques ou nucléaires sont également nocifs, de même que les apports de substances organiques (industries agricoles et alimentaires : porcheries, laiteries, vidanges de retenues, bouchon vaseux des estuaires...) en quantités trop importantes pour être rapidement oxydées et dégradées et qui privent le milieu de la quasi-totalité de son oxygène.

Ainsi, en quelques heures, la vidange des retenues de barrage restitue aux fleuves des éléments qui se sont accumulés pendant trois à dix ans. Ces sédiments contiennent des éléments très variés : des minéraux, des métaux lourds, mais aussi des matières organiques, qui, emprisonnées à l'abri de l'air, ne peuvent être dégradées. Libérées, elles entraînent la chute de la concentration en oxygène dissous dans l'eau et la mort des espèces aquatiques.

La pêche

En France, la pêche n'est totalement interdite que pour l'Esturgeon. Pour d'autres espèces, elle est soumise, dans les eaux douces, à une réglementation qui porte sur les lieux, les périodes d'ouverture, les heures, les engins et techniques autorisés ainsi que sur les quantités et les tailles minimales au-dessous desquelles les poissons capturés doivent être relâchés.
Malgré ces restrictions, qui ne protègent d'ailleurs les poissons migrateurs que dans les limites du domaine continental, une pression de pêche excessive s'exerce sur certaines espèces dont les effectifs ont été abaissés à un niveau critique par la détérioration de l'eau et des milieux naturels aquatiques.
La pêche qui, de nos jours, fait l'objet des plus grands abus est sans conteste la pêche à la civelle (alevin de l'Anguille).
On peut signaler aussi le braconnage des Esturgeons femelles (pour le caviar) au large de l'estuaire de la Gironde, malgré la protection stricte de l'espèce.

Introductions et repeuplements

Les introductions d'espèces non autochtones sont pratiquées depuis longtemps. La Carpe commune a été, pense-t-on, importée par les Romains, mais elle est maintenant considérée comme un élément de notre faune indigène.
C'est vers la fin du XIXe et le début du XXe siècle qu'ont été tentées les acclimatations de nombreuses espèces d'origine nord-américaine. Certains essais se sont soldés par un échec et ont sombré dans l'oubli, d'autres non.
Sur les 72 espèces de poissons d'eau douce susceptibles d'être présentes dans nos eaux, 24 ont été introduites. Sont considérées comme :
<u>Acclimatées stables ou en extension</u>
Omble de fontaine, Carassin doré, Carpe commune, Pseudorasbora, Silure, Gambusie, Sandre, Perche soleil.
<u>Acclimatées en régression</u>
Poisson chat, Hotu, Black-bass à grande bouche.
<u>Non acclimatées en extension</u>
Truite arc-en-ciel, Carpes chinoises (Carpe amour, Carpe argentée, Carpe à grosse tête).
<u>Non acclimatées en régression</u>
Huchon, Saumon chinook, Saumon coho, Black-bass à petite bouche.
<u>Sans information</u>
Cristivomer, Umbre pygmée, Ide mélanote, Crapet de roche, Tête de boule.
Mais il faut rester extrêmement prudent en matière d'introductions afin d'éviter que des espèces importées ne concurrencent les formes locales et ne les éliminent.
Il ne faut pas sous-estimer non plus la possibilité d'introduire involontairement des maladies infectieuses, virales ou parasitaires dont les ravages sont d'autant plus graves chez les espèces indigènes que celles-ci n'ont aucun mécanisme de défense contre des maladies inconnues auparavant dans leurs eaux. On peut rappeler, à ce titre, l'introduction avec les Anguilles japonaises d'un parasite de la vessie natatoire, *Anguillicola crassa,* qui s'attaque maintenant aux populations d'Anguilles européennes.

Les espèces menacées en France

Un statut national a été attribué à chaque espèce en fonction du degré des menaces qui pèsent sur elles. Cette contribution est cependant limitée aux connaissances actuellement disponibles. Pour certaines espèces, l'évaluation d'un statut a été difficile en raison du peu d'informations que l'on possède sur leur biologie, leur écologie ou sur leur répartition actuelle et passée. La liste rouge compte 25 espèces.

Liste rouge des Poissons d'eau douce disparus ou menacés en France métropolitaine

Disparus	☒
Aphanius d'Espagne	*Aphanius iberus*
Cyprinodonte de Valence	*Valencia hispanica*
En danger	!
Esturgeon commun	*Acipenser sturio*
Apron	*Zingel asper*
Vunérables	V
Lamproie marine	*Petromyzon marinus*
Lamproie de rivière	*Lampetra fluviatilis*
Grande Alose	*Alosa alosa*
Alose feinte	*Alosa fallax* ssp.
Saumon atlantique	*Salmo salar*
Truite de mer	*Salmo trutta trutta*
Omble chevalier	*Salvelinus alpinus*
Ombre commun	*Thymallus thymallus*
Brochet	*Esox lucius*
Bouvière	*Rhodeus sericeus*
Toxostome	*Chondrostoma toxostoma*
Loche de rivière	*Cobitis taenia*
Anguille	*Anguilla anguilla*
Lote	*Lota lota*
Blennie fluviatile	*Blennius fluviatilis*
Rares	R
Truite à grosses taches	*Salmo trutta macrostigma*
Barbeau méridional	*Barbus meridionalis*
Blageon	*Leuciscus (Telestes) soufia*
Aphanius de Corse	*Aphanius fasciatus*
Indéterminés	?
Able de Heckel	*Leucaspius delineatus*
Loche d'étang	*Misgurnus fossilis*

Liste rouge des Poissons d'eau de mer menacés en France métropolitaine	
En danger	▽!
Raie blanche	*Raja alba*
Vunérables	V
Squale bouclé	*Echinorhinus brucus*
Grande Roussette	*Scyliorhinus stellaris*
Pocheteau gris	*Raja batis*
Pocheteau noir	*Raja oxyrinchus*
Raie bouclée	*Raja clavata*
Raie lisse	*Raja brachyura*
Hippocampe moucheté	*Hippocampus ramulosus*
Mérou	*Epinephelus marginatus*
Corb	*Sciaena umbra*
Indéterminés	?
Ange de mer commun	*Squatina squatina*

Le cas des espèces marines

Il est difficile de se faire une idée de la raréfaction ou du niveau de régression des poissons marins, étant donné le manque de données historiques sur les effectifs des populations. En raison de leur mode de vie marin à plus ou moins grandes profondeurs, ces animaux ne sont pas directement visibles par l'homme, sauf pour les espèces les plus littorales. Les observations anciennes qui nous servent de références de base ont été faites essentiellement à partir des débarquements des bateaux de pêche ou des étals des marchands, ce qui ne reflète que très imparfaitement la composition qualitative et quantitative de la faune. En effet, les captures diffèrent selon les techniques de pêche utilisées (chalutages de fond ou pélagiques, filets tournants ou maillants, trémails, carrelets, lignes à main ou de traîne, palangres de fond ou flottantes...).
En outre, la zone la plus fréquentée par l'homme, le plateau continental et son talus, n'est ni totalement ni régulièrement prospectée ; les lieux de pêche fréquentés par les marins de chaque port, même s'ils présentent des variations saisonnières, sont en effet limités à des secteurs traditionnels ; or, la prise plus ou moins abondante d'une espèce est liée aux techniques de capture utilisées et aux lieux de pêche fréquentés. Certains poissons, échappant aux moyens de prospection actuels, sont alors considérés comme peu courants. L'abondance ou la raréfaction d'une espèce peut être liée à des facteurs autres que l'intervention plus ou moins directe de l'homme et pas toujours élucidés. Des variations climatiques ou trophiques peuvent être à l'origine de l'apparition d'espèces nouvelles ou de la raréfaction d'autres espèces.
Les Poissons migrateurs, qui passent une partie de leur vie en eau douce et l'autre en mer, ont été étudiés dans la partie consacrée aux Poissons d'eau douce et saumâtre. Rappelons qu'ils font l'objet de nombreuses agressions : obstacles à la remontée des cours d'eau, détérioration ou disparition des frayères, pollution et pêche excessive.
Les Poissons marins sont essentiellement victimes de la surexploitation des fonds. L'effort de pêche n'a cessé d'augmenter depuis le début du siècle : moteurs de plus en plus puissants permettant aux chalutiers de couvrir une surface de plus en plus grande, engins de pêche de plus en plus performants, appareils de positionnement (sondeurs, radars...) permettant de pêcher dans des endroits jusqu'alors épargnés et qui étaient des réserves naturelles, prédation directe par la chasse sous-marine d'espèces qui échappaient en partie aux engins traditionnels de pêche.
Les Poissons littoraux se raréfient aussi par dégradation de leur milieu naturel, de leurs lieux de frayères ou de nurseries, qui, situés près des côtes, sont soumis à divers types de pollution et aux perturbations dues aux aménagements côtiers (endiguement, ports...).
Comment protéger ces espèces ? La mesure de protection la plus fréquente est l'augmentation du maillage des chaluts et filets ; certaines espèces commerciales font l'objet de quotas de capture fixés par l'Union européenne.
Les parcs marins et les réserves créés sur les côtes françaises ont montré l'influence bénéfique des mesures de protection sur les Poissons littoraux. Non seulement la présence, l'abondance et la taille des individus sont supérieures dans les zones protégées, mais on a pu constater aussi une diminution des réactions de fuite et une récupération des habitats d'élection, souvent situés à faible profondeur et abandonnés pour leur trop grande vulnérabilité à certaines formes de prédation humaine.
Compte tenu des difficultés d'évaluer le statut d'une espèce marine, seules une dizaine d'espèces, pour lesquelles les données sont plus nombreuses, font l'objet d'une description dans cet ouvrage. L'ensemble des phénomènes responsables de la régression des poissons ne pourra être efficacement combattu que par des mesures visant à la protection et à la restauration du milieu aquatique dans son ensemble.
Sauvegarder ou restaurer la qualité du milieu, maintenir l'intégrité des écosystèmes aquatiques dulçaquicoles et marins représentent en effet deux objectifs indispensables pour la conservation et pour le développement durable des ressources naturelles, et un préalable à toute politique de gestion.

Philippe Keith

Remerciements

Je tiens à remercier tous ceux qui ont permis, par leur collaboration directe ou indirecte, la réalisation de ce chapitre sur les Poissons. En particulier, M. Tendron, directeur général du Conseil supérieur de la pêche, grâce à qui la collaboration avec le Muséum national d'histoire naturelle n'a jamais été aussi efficace ; mais aussi J. Allardi, B. Barbier, T. Changeux, M. Berdayes, P. Élie, M. Holl, J.-C. Hureau, A. Keith, M. Kerloch, M. Lepage, P. Maire, J.-M. Ollivier, H.Persat, J.-P. Porcher, C. Taverny.

Lamproie marine

Petromizon marinus Linnaeus, 1758

C. Cyclostomes

O. Pétromyzoniformes

F. Pétromyzonidés

V

Distribution actuelle. La Lamproie marine fréquente les eaux littorales de la mer Blanche à Gibraltar et l'ouest de la Méditerranée. Elle se rencontre aussi sur la côte est des États-Unis. C'est une espèce migratrice qui remonte les fleuves pour frayer.

Évolution historique et menaces. La Lamproie marine, qui remontait jadis la Loire jusqu'à Orléans, la Seine jusqu'au département de l'Aube, la Moselle jusqu'à Metz et le bassin du Rhône jusque dans le Doubs, est en régression dans le nord et dans l'est de la France. Elle a en effet de plus en plus de difficultés à accéder aux frayères en raison de la prolifération des ouvrages sur les cours d'eau, or l'espèce est peu féconde et meurt en général après la reproduction. Les larves, aveugles, vivent dans les sédiments pendant deux à cinq ans. L'importance de la durée de cette phase larvaire rend cette espèce très sensible à la pollution des milieux continentaux qui s'accumule dans les sédiments et dans les micro-organismes dont se nourrissent les larves. La Lamproie marine est considérée comme vulnérable en France.

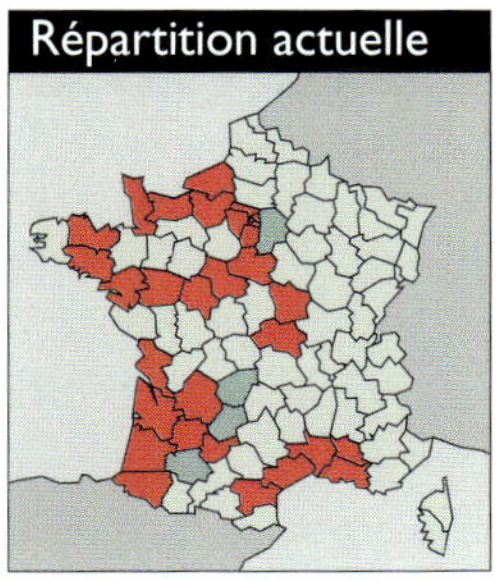

Mesures de conservation. Il faut maintenir un accès libre aux cours d'eau et restaurer les frayères traditionnelles. Cette espèce est susceptible de bénéficier de mesures de protection prises dans le cadre d'un arrêté de biotope, de la convention de Berne (annexe III) ou de la directive Habitats (annexe II).

Références bibliographiques.
Ducasse et Leprince, 1980.

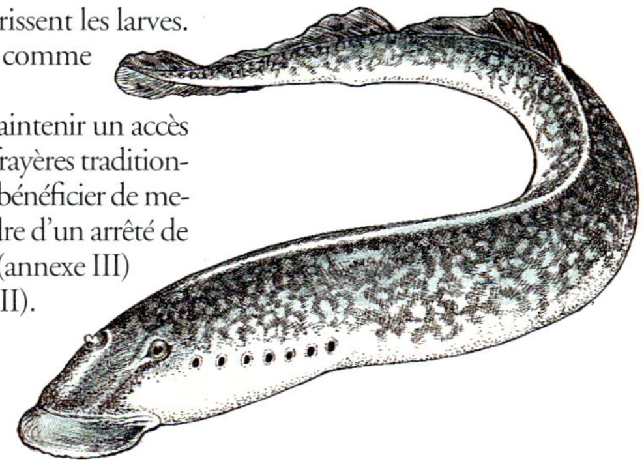

Lamproie de rivière

Lampetra fluviatilis (Linnaeus) 1758

C. Cyclostomes

O. Pétromyzoniformes

F. Pétromyzonidés

V

Distribution actuelle. La Lamproie de rivière fréquente les eaux littorales européennes et les fleuves depuis la mer du Nord et la Baltique jusqu'en Italie et en Dalmatie. C'est une espèce migratrice qui se reproduit en eau douce.

Évolution historique et menaces. La Lamproie de rivière semble en régression par rapport aux années 1960 où elle était signalée comme assez répandue dans tous les bassins fluviaux. Elle connaît les mêmes difficultés que la Lamproie marine : multiplication des obstacles entre la mer et les frayères, pollution des cours d'eau, extraction de granulats… Les larves ou ammocètes vivent de trois à cinq ans dans les sédiments, puis migrent en mer après leur métamorphose. L'importance de la durée de cette phase larvaire les rend aussi très sensibles aux pollutions qui s'accumulent dans les sédiments et dans les micro-organismes dont elles se nourrissent. La Lamproie de rivière est considérée comme vulnérable en France.

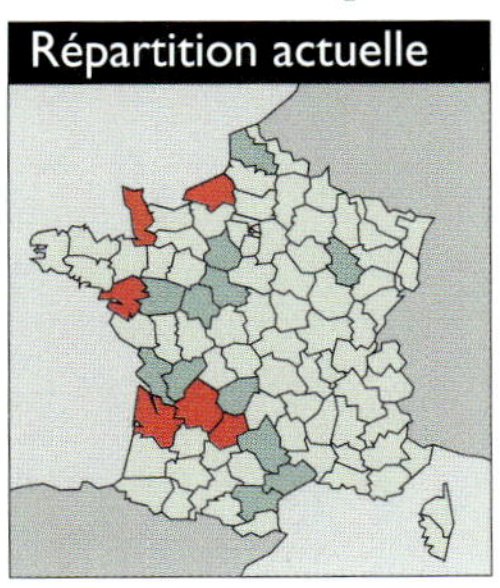

Mesures de conservation. Il faut maintenir un accès libre aux cours d'eau et restaurer les frayères traditionnelles. Cette espèce est susceptible de bénéficier de mesures de protection prises dans le cadre d'un arrêté de biotope, de la convention de Berne (annexe III) ou de la directive Habitats (annexes II et V).

Références bibliographiques.
Ducasse et Leprince, 1980.

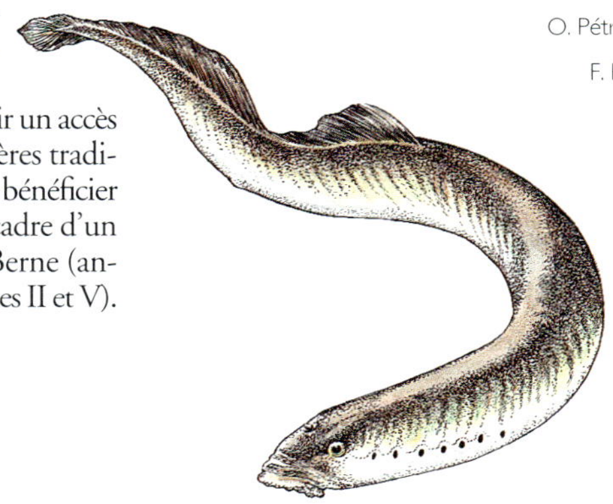

Esturgeon commun

Acipenser sturio Linnaeus, 1758

C. Ostéichtyens

O. Acipensériformes

F. Acipenséridés

!

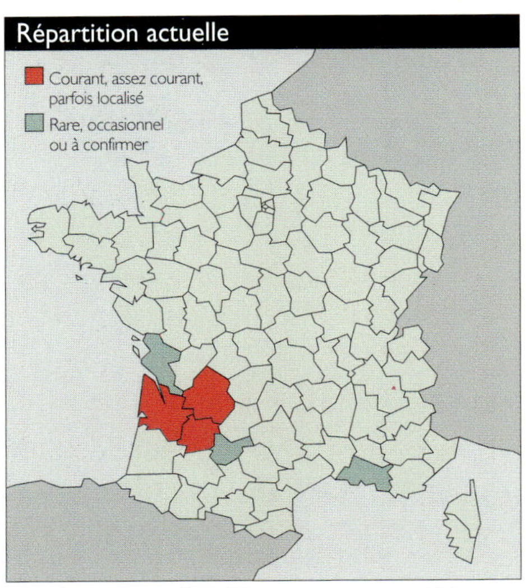

Distribution actuelle. L'Esturgeon commun fréquente les eaux littorales européennes de l'Islande à la Norvège jusqu'en Méditerranée et en mer Noire. C'est un poisson migrateur qui remonte en eau douce à partir du mois d'avril pour frayer. Les juvéniles vivent en estuaire et en mer. La maturité sexuelle est atteinte à 7-11 ans pour les mâles et 8-14 ans pour les femelles.

Évolution historique et menaces. Autrefois présent dans la plupart de nos grands cours d'eau, l'Esturgeon commun aurait disparu du bassin de la Seine vers 1917, du bassin de la Loire vers 1940, du bassin du Rhin vers 1921 et du bassin du Rhône vers 1923. De nos jours, il ne subsiste plus de façon certaine que dans le système fluvial Gironde-Garonne-Dordogne, où une faible population se maintient et se reproduit dans le milieu naturel. Sa migration de reproduction s'arrête actuellement au niveau de Golfech, sur la Garonne, et de Bergerac, sur la Dordogne. Jusqu'au milieu du XXe siècle, il y était pêché régulièrement et permettait une certaine production de caviar : de 8 à 10 t (pour 100 t de chair) vers 1920, on passe à 3 t vers 1950, puis à 0 vers 1982. Actuellement, le maintien des populations est menacé par l'importance des pêches, accidentelles ou dirigées, dont l'espèce fait l'objet, en particulier sur le plateau continental. Elle souffre beaucoup de la capture des immatures (pêche au chalut en mer, braconnage en eau douce) et de la surexploitation des femelles matures recherchées pour le caviar.

Fin du XVIIIe siècle

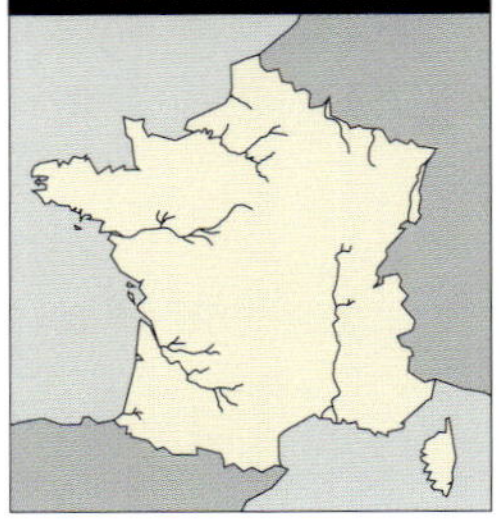

Le dragage, la rectification du lit des cours d'eau et l'extraction intensive de granulats ont détruit la majorité des frayères et des zones de grossissement des alevins. De plus, les barrages ont rendu inaccessibles d'importants sites de reproduction. L'esturgeon est aussi sensible à la diminution de la qualité de l'eau liée aux pollutions physico-chimiques et organiques de type agricole et industriel ; pollutions qui entraînent aussi la disparition des Invertébrés benthiques participant à son régime alimentaire. L'Esturgeon est considéré comme en danger en France.

Fin du XIXe siècle

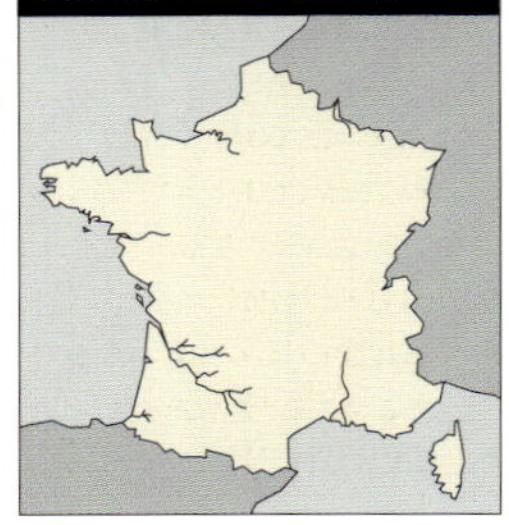

Fin du XXe siècle

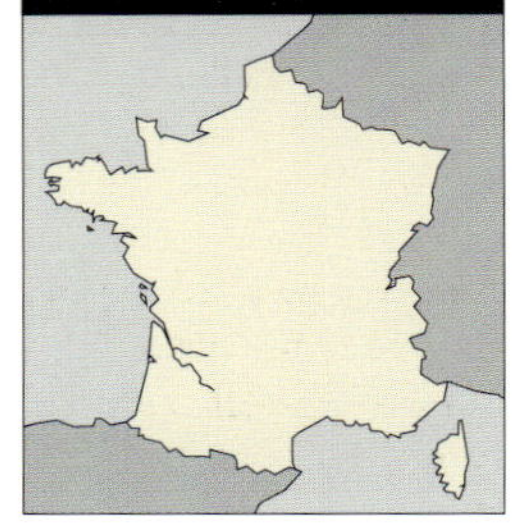

Mesures de conservation. C'est seulement à partir de 1980 qu'un programme de restauration a été lancé dans le bassin Garonne-Dordogne afin d'acquérir des connaissances biologiques sur l'espèce, de suivre les stocks et de produire des alevins en vue du repeuplement. L'arrêté interministériel du 25 janvier 1982 interdit sa pêche et sa vente. L'espèce figure aussi à l'annexe I de la convention de Washington, à l'annexe III de la convention de Berne et aux annexes II et IV de la directive Habitats.

Références bibliographiques.
Keith et al., *1992 ; Rochard* et al., *1990 ; Williot, 1991.*

Grande Alose et Alose feinte

Alosa alosa (Linnaeus) 1758
et *Alosa fallax* ssp.

C. Ostéichtyens

O. Clupéiformes

F. Clupéidés

Répartition actuelle

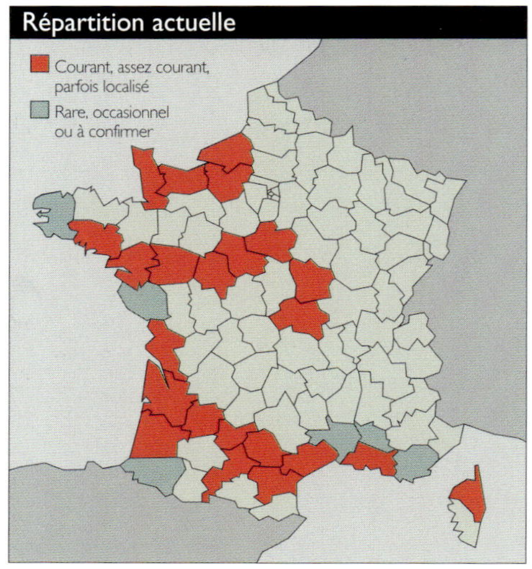

Grande Alose

Alose feinte

Distribution actuelle. Les Aloses fréquentent les eaux littorales de la côte nord-est de l'Atlantique, du sud de la Norvège au nord de l'Afrique et l'ouest du bassin méditerranéen. Ce sont des poissons migrateurs qui se reproduisent en eau douce, de mai à juillet. Il existe en France deux espèces : la Grande Alose *(Alosa alosa)*, ou Alose vraie, et l'Alose feinte, pour laquelle on distingue en général la forme atlantique *Alosa fallax fallax* (Lacépède, 1803) de la forme méditerranéenne *Alosa fallax rhodanensis* (Roule) 1924.

Évolution historique et menaces. L'aire de répartition des Aloses a fortement régressé depuis la première moitié du XIXe siècle. Les pressions anthropiques sur les diverses composantes de sa population ont provoqué sa disparition ou sa quasi-disparition dans de nombreux bassins. Les Aloses auraient disparu du bassin du Rhin à la fin du XIXe siècle et ont progressivement déserté le bassin Seine-Normandie à partir de 1887, date de la construction sur la Seine, en amont de Rouen, des barrages de Poses et de Martot, qu'elles ne peuvent franchir. Les prises n'ont cessé de diminuer jusqu'à nos jours où l'on n'observe plus que de très rares Aloses feintes. Dans le bassin du Rhône à partir de 1947, date de la construction du barrage de Donzère, les Aloses qui remontaient le Rhône jusqu'au lac du Bourget et la Saône jusqu'à Gray (Haute-Saône) virent leur aire de remontée amputée de près de 70 % de sa longueur. Le barrage de Beaucaire (1971), situé entre Arles et Avignon, réduit encore leur aire d'à peu près 15 %. Dans le bassin Loire-Bretagne, le nombre de captures a diminué assez régulièrement depuis le début du XXe siècle. En revanche, après une phase critique et la construction de passes à poissons adaptées, il semble que les Aloses reconquièrent le bassin Adour-Garonne. Les limites amont de répartition des Aloses sont toutes liées à la présence d'obstacles (barrages, seuils...) qui bloquent les migrations. Bon nombre d'aménagements sont en effet infranchissables pour l'ensemble des migrateurs, et ceux qui présentent un dispositif de franchissement pour les Saumons ne sont pas adaptés aux Aloses qui ne possèdent pas de comportement de saut et ont besoin de courants moins rapides. L'Alose feinte remonte moins haut sur les fleuves que la Grande Alose ; elle rencontre, par conséquent, moins d'obstacles à la migration et subsiste dans des cours d'eau où *Alosa alosa* a disparu (Seine, rivières côtières...). En plus des obstacles à la migration, d'autres facteurs conditionnent le maintien des populations :

Fin du XVIIIe siècle

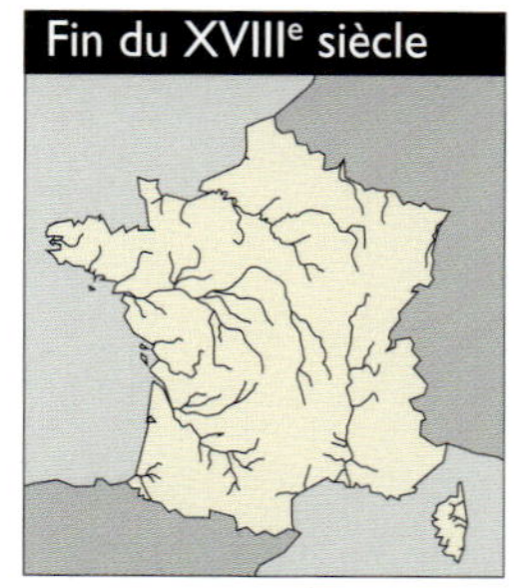

Fin du XIXe siècle

– l'extraction de granulats dans les rivières détruit les zones de frayères actuelles ou potentielles et les zones de grossissement des alevins ;
– les bouchons de pollution urbaine, agricole et industrielle, bloquent les Aloses au niveau des estuaires ;
– la construction de centrales électriques

provoque, par les pompages nécessaires à leur fonctionnement, l'aspiration des juvéniles qui dévalent dans les estuaires. En 1984-1985, 3,6 millions d'alosons (soit 5,4 t) ont, par exemple, été détruits à la centrale thermonucléaire de Braud-Saint-Louis sur la Gironde ;
– sur les fleuves où les Aloses subsistent en plus grand nombre, elles sont soumises à une importante exploitation halieutique : elles sont en effet capturées par tous les types de pêcheurs (marins pêcheurs, professionnels fluviaux, amateurs aux filets et aux engins). Elles supportent également une exploitation indirecte : la pêche de la Crevette blanche, intense lors de la dévalaison, engendre, par l'utilisation de filets non sélectifs, une mortalité importante chez les jeunes Aloses ; la pêche de la civelle, dans de moindres proportions, participe également à la destruction des juvéniles. Les Aloses sont vulnérables en France.

Fin du XXe siècle

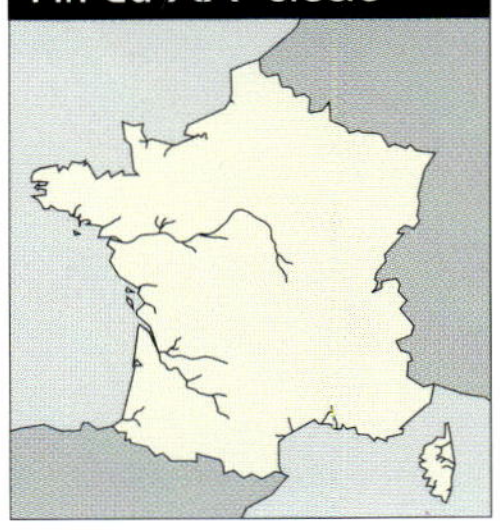

Mesures de conservation. Des améliorations dans les dispositifs de franchissement des ouvrages peuvent permettre aux Aloses de recoloniser rapidement des zones d'où elles avaient disparu. Les Aloses peuvent bénéficier de mesures de protection prises dans le cadre d'un arrêté de biotope, de la convention de Berne (annexe III) ou de la directive Habitats (annexes II et V).

Références bibliographiques.
Menesson-Boisneau et Boisneau, 1990 ; Taverny et Elie, 1988.

Saumon atlantique

Salmo salar Linnaeus, 1758

C. Ostéichtyens

O. Salmoniformes

F. Salmonidés

V

Répartition actuelle

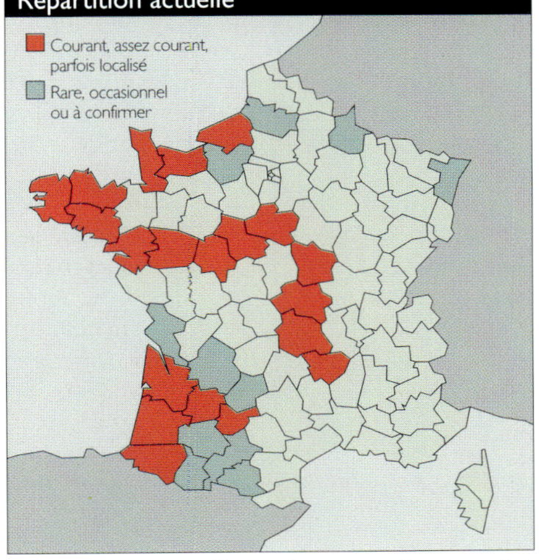

Distribution actuelle. Le Saumon atlantique fréquente les eaux littorales du sud du Portugal au Groenland, les îles Féroé, le Canada et le nord-est des États-Unis. C'est un poisson migrateur qui se reproduit en eau douce après un séjour en mer de un à trois ans. Les jeunes Saumons, ou tacons, vont rester plusieurs mois en rivière avant de gagner la mer et de rejoindre leur zone d'engraissement au large du Groenland.

Évolution historique et menaces. À l'origine, le Saumon atlantique fréquentait l'ensemble des cours d'eau de la façade atlantique, de la Manche et de la mer du Nord. Son aire de répartition a assez fortement régressé si on la compare à ce qu'elle était au milieu du XVIIIe siècle : le Saumon a, en effet, disparu totalement de certains bassins (Rhin, Moselle, Meuse, Somme, Seine, Rance, affluents de la Loire moyenne, Haute-Loire, affluents de la Garonne et de la Dordogne). Les aménagements des cours d'eau à partir du siècle dernier, et en particulier la construction des barrages pour les besoins de la navigation et de la production hydroélectrique, ont bloqué l'accès aux frayères. Dans les grands fleuves, la reproduction n'est possible que loin en amont (il y a donc plus d'obstacles à franchir), et les migrateurs s'accommodent difficilement d'une multiplication d'obstacles, même équipés de dispositifs de franchissement. Il faut aussi noter que le taux de mortalité dû au passage dans les turbines des jeunes Saumons regagnant la mer peut atteindre 35 %. La dégradation générale du milieu, liée aux activités humaines, affecte les frayères restantes : elles sont souillées par les pollutions ou détruites par les extractions de granulats, les œufs sont asphyxiés par les dépôts de limons… Les stocks sont aussi soumis à une forte exploitation sur les aires marines d'engraissement où la pêche commerciale est importante. Le Saumon est vulnérable en France.

Fin du XVIIIe siècle

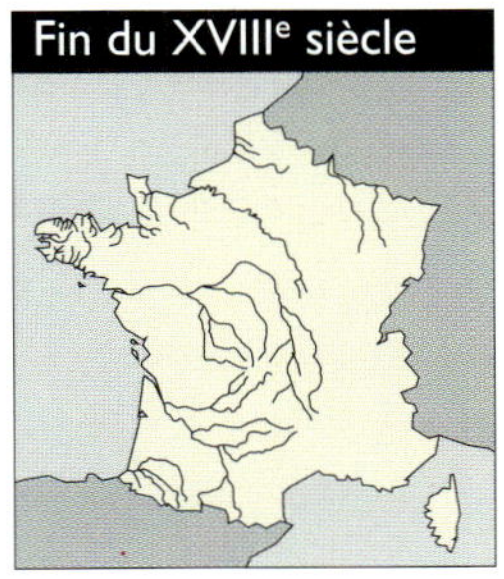

Mesures de conservation. L'amélioration des connaissances sur les besoins du Saumon a permis de mettre au point des dispositifs de circulation adaptés. Ces passes à poissons ont permis d'envisager la restauration de stocks disparus ou relictuels dans plusieurs bassins français. D'anciennes zones favorables à la reproduction et rendues inaccessibles ont pu être ainsi rouvertes à la migration. Il reste cependant encore bien des choses à accomplir au niveau de la qualité de l'eau et de l'habitat pour favoriser le retour des migrateurs. Cette espèce est susceptible de bénéficier de mesures de protection prises dans le cadre d'un arrêté de biotope, de la convention de Berne (annexe III) ou de la directive Habitats (annexes II et V).

Références bibliographiques.
Baglinière et al., *1990 ; Keith* et al., *1992 ; Thibault, 1987.*

Fin du XIXe siècle

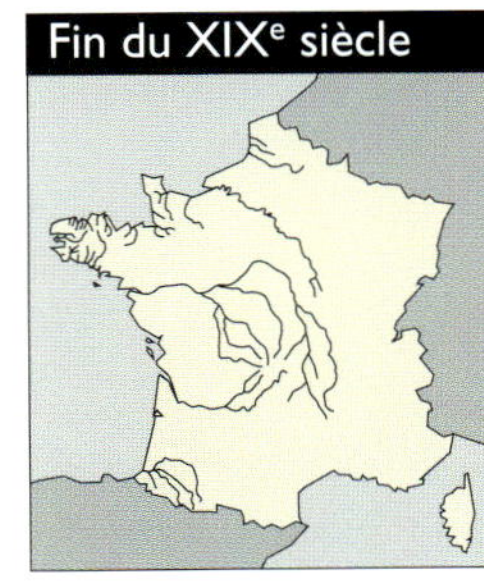

Fin du XXe siècle

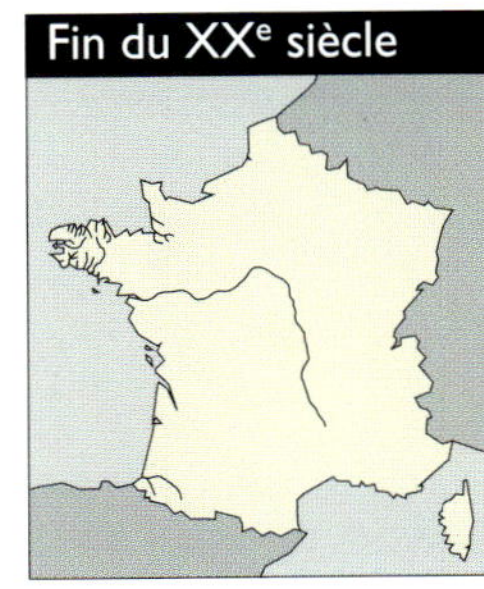

Truite de mer

Salmo trutta trutta Linnaeus, 1758

C. Ostéichtyens

O. Salmoniformes

F. Salmonidés

V

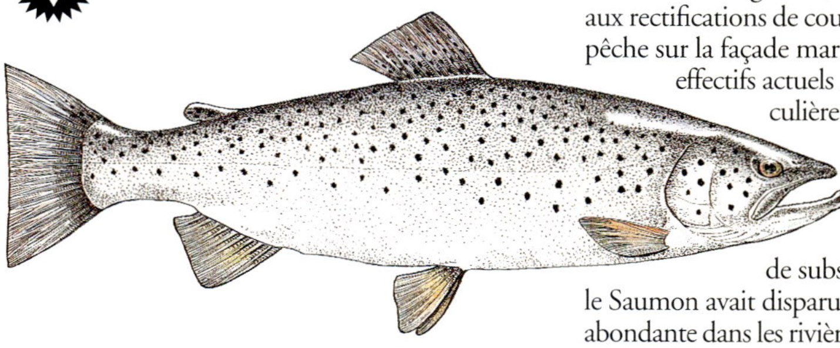

Distribution actuelle. La Truite de mer existe de la mer Blanche jusqu'au nord de l'Espagne. Elle reste de un à cinq ans en eau douce, puis descend vers la mer.

Évolution historique et menaces. La biologie de la Truite de mer rappelle, par de nombreux aspects, celle du Saumon (comportement de ponte, migration de reproduction, occupation du territoire) ; elle est donc tout aussi vulnérable : elle est sensible aux obstacles à la migration, aux destructions de frayères, aux rectifications de cours d'eau, à la pollution, à la pêche sur la façade maritime... La faiblesse de ses effectifs actuels mérite une attention particulière. La Truite de mer s'adapte cependant plus facilement que le Saumon aux modifications de l'environnement, ce qui lui a permis de subsister dans des bassins d'où le Saumon avait disparu. Elle est actuellement plus abondante dans les rivières normandes situées à l'est du Cotentin. La Truite de mer est vulnérable en France.

Répartition actuelle

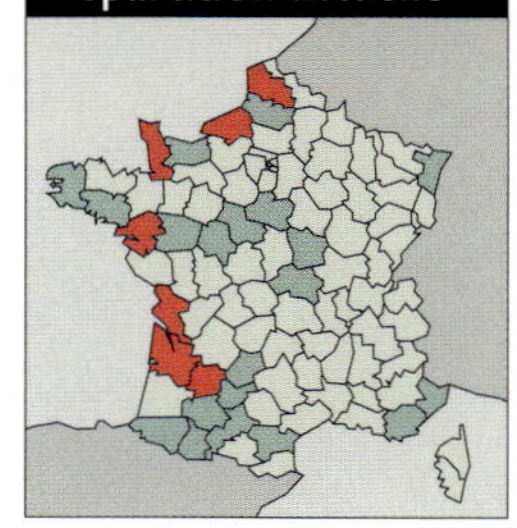

Mesures de conservation. La Truite de mer a bénéficié des programmes développés pour le Saumon atlantique, et l'ouverture d'axes nouveaux lui profite particulièrement (fleuves côtiers de la Manche : Orne, Touques, Bresles). Cette espèce est susceptible de bénéficier de mesures de protection prises dans le cadre d'un arrêté de biotope.

Références bibliographiques.
Allardi et Keith, 1991.

Truite à grosses taches

Salmo trutta macrostigma (Duméril) 1858

C. Ostéichtyens

O. Salmoniformes

F. Salmonidés

R

Distribution actuelle. La Truite à grosses taches existe en Corse, en Italie, en Grèce et au sud de la Bulgarie. Elle se distingue de la Truite fario *(Salmo trutta fario)* par de petites taches noires disséminées sur les flancs et sur les opercules et par la présence d'un large point noir en arrière de l'œil.

Répartition actuelle

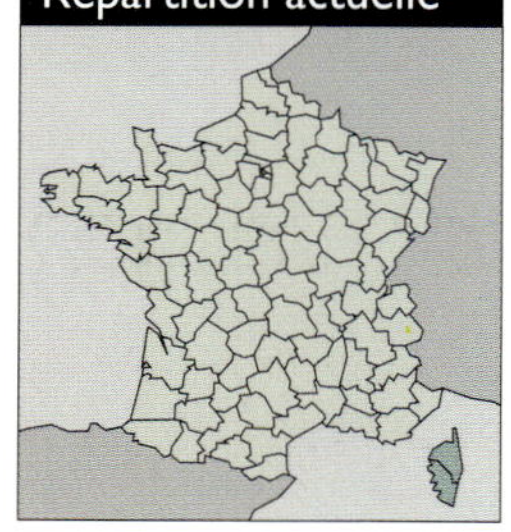

Évolution historique et menaces. Naguère, la Truite à grosses tâches était présente dans la grande majorité des cours d'eau corses. La plupart des fleuves côtiers possèdent, en effet, de nombreux affluents capables d'accueillir les géniteurs. Mais, dans les années 1940-1950, les campagnes aériennes d'éradication des moustiques au D.D.T. organisées pour lutter contre les Anophèles (vecteur du paludisme), puis l'introduction pour la pêche de la Truite fario, ont cantonné l'espèce dans des aires relictuelles (régions de haute montagne). La Truite de Corse est rare.

Mesures de conservation. La conservation des populations locales et la survie de l'espèce en Corse nécessitent l'arrêt des alevinages en Truite fario (risques de compétition et de pollution génétique) et la suppression du braconnage. Cette espèce est susceptible de bénéficier de mesures de protection prises dans le cadre d'un arrêté de biotope ou de la directive Habitats (annexe II).

Références bibliographiques.
Thibault et al., *1984.*

Omble chevalier

Salvelinus alpinus (Linnaeus) 1758

C. Ostéichtyens

O. Salmoniformes

F. Salmonidés

V

Distribution actuelle. L'Omble chevalier fréquente l'Europe du Nord (Écosse, Irlande, Scandinavie, Islande) et les régions montagneuses de l'Europe de l'Ouest. On le trouve également dans les fjords, lacs et fleuves nordiques du continent nord-américain. C'est une espèce d'origine boréale dont l'aire de répartition est assez réduite. En France, l'Omble chevalier est une espèce lacustre autochtone dans plusieurs lacs (Léman, Le Bourget).

Répartition actuelle

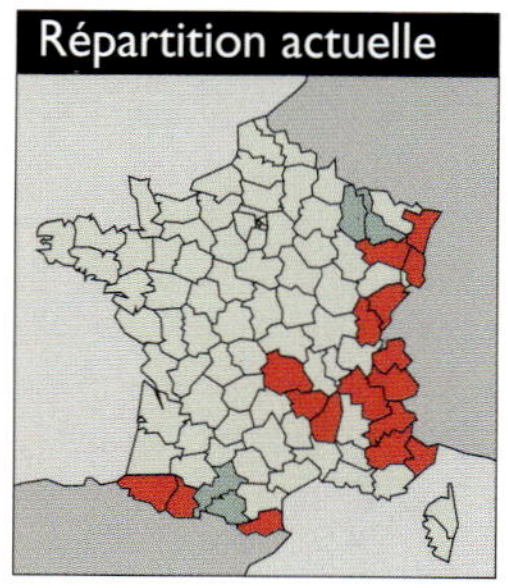

Évolution historique et menaces. L'Omble chevalier a fait l'objet de soutien d'effectifs dans les plans d'eau où il était autochtone et d'introductions dans des lacs et retenues artificielles des Alpes, des Pyrénées, du Jura, des Vosges et du Massif central. Les tentatives d'acclimatation ont échoué dans un certain nombre de ces lacs, et l'Omble ne s'est pas acclimaté dans les Vosges ni dans le Jura. Il n'a jamais été introduit en Corse. Son extrême sensibilité à la pollution le rend particulièrement vulnérable à la dégradation de la qualité des eaux des milieux lacustres profonds. L'Omble chevalier est vulnérable en France.

Mesures de conservation. Il serait souhaitable de protéger certains biotopes de haute altitude où les populations sont essentiellement monospécifiques. Cette espèce est susceptible de bénéficier de mesures de protection prises dans le cadre d'un arrêté de biotope.

Références bibliographiques.
D'Aubenton et Spillmann, 1979 ;
Machino, 1991.

Ombre commun

Thymallus thymallus (Linnaeus) 1758

C. Ostéichtyens

O. Salmoniformes

F. Thymallidés

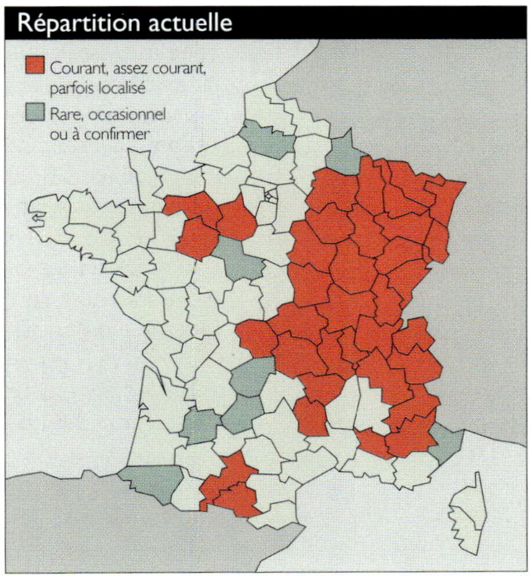

Distribution actuelle. L'Ombre commun fréquente le centre et le nord de l'Europe, de la France à la Grande-Bretagne et la Scandinavie, à l'est, il vit jusque dans l'ex-Yougoslavie et l'ex-Union soviétique. C'est un poisson grégaire qui fréquente les eaux claires et fraîches. L'Ombre commun est un excellent indicateur de la qualité des eaux.

Évolution historique et menaces. L'évolution de la répartition de l'Ombre commun est assez bien connue : il est autochtone dans le bassin du Rhin, dans celui du Rhône et, d'une façon encore inexpliquée, dans la Loire. Des introductions récentes (bassins de la Seine, de l'Aube, de l'Yonne, de la Marne, de l'Huisne, etc.) lui ont permis d'étendre son aire de répartition. Il reste cependant une espèce souvent menacée dans son aire d'origine, en raison de la pollution des eaux (il y est très sensible) et de l'exploitation des bancs de graviers qui constituent ses zones de reproduction privilégiées. L'Ombre commun est vulnérable.

Mesures de conservation. La survie de l'espèce dépend de la protection de certaines portions de rivière disposant de frayères de qualité. L'Ombre commun est susceptible de bénéficier de mesures de protection prises dans le cadre d'un arrêté de biotope, de la convention de Berne (annexe III) ou de la directive Habitats (annexe V).

Références bibliographiques.

Persat, 1976.

Brochet

Esox lucius Linnaeus, 1758

C. Ostéichtyens

O. Salmoniformes

F. Ésocidés

Distribution actuelle. L'aire de répartition du Brochet s'étend du nord-ouest des États-Unis et du Canada jusqu'au Kamtchatka, dans les lacs et les fleuves de la zone tempérée. Il fréquente donc l'Europe, exception faite du nord-ouest de la péninsule Ibérique, du sud de l'Italie et de la Grèce, des îles méditerranéennes ainsi que de l'Islande et de la Norvège. Le Brochet préfère les eaux claires à fond graveleux. La reproduction se déroule de février à mai. Les ovules sont pondus en eau peu profonde parmi la végétation ou dans l'herbe des prairies inondées.

Évolution historique et menaces. Commun dans toute la France, à l'exception des départements méditerranéens, jusqu'à la première guerre mondiale, le Brochet régresse après celle-ci en raison de la pêche abusive des brochetons et des épidémies. Les premiers rempoissonnements ont alors lieu en vue du repeuplement et du développement de la pêche sportive. Son aire de répartition s'est ainsi étendue progressivement aux départements du sud de la France. Mais, depuis deux décennies, les populations de Brochets se sont considérablement réduites sur l'ensemble du territoire. Les modifications du régime hydraulique des cours d'eau (recalibrage, curage, construction de barrages, extraction de granulats, pompage, travaux hydrauliques agricoles…) font disparaître les zones propices à sa reproduction (prairies inondables…) et constituent une menace pour le maintien de l'espèce et de son habitat. À l'heure actuelle, les populations subsistent dans certaines régions essentiellement grâce au repeuplement artificiel, bien que le Brochet trouve rarement dans les milieux où il est introduit les conditions favorables au maintien de ses populations : en particulier dans les retenues ou les plans d'eau à fort marnage où les ceintures végétales nécessaires au frai ne peuvent s'installer. Le Brochet est aussi très sensible aux pollutions, et les brochetons sont souvent capturés en dessous de la taille autorisée. Notons cependant que la plupart des pays européens ont une taille minimale de capture et prennent des

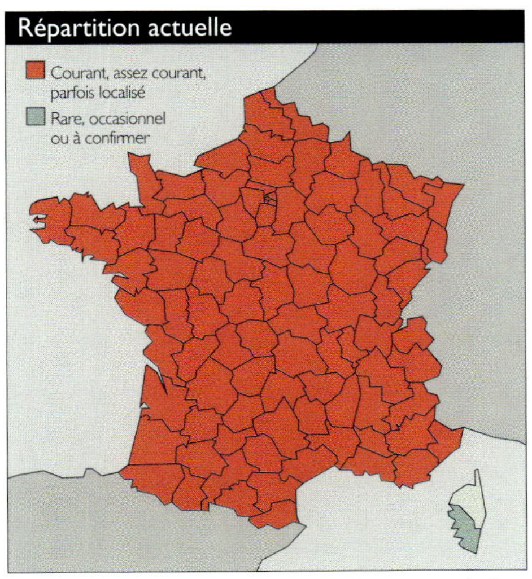

dispositions pour la protection et la gestion de l'espèce. La pêche européenne totale est évaluée à plus de 10 000 t par an. Bien qu'il soit encore présent sur l'ensemble du territoire, le Brochet n'en demeure pas moins très vulnérable.

Mesures de conservation. Outre la préservation des milieux naturels aquatiques, il convient de respecter les tailles minimales de capture et les saisons de fermeture de la pêche. Le Brochet est susceptible de bénéficier de mesures de protection prises dans le cadre d'un arrêté de biotope.

Références bibliographiques.

Keith et al., *1992 ; Morruzzi, 1975.*

Bouvière

Rhodeus sericeus (Bloch) 1785

C. Ostéichtyens

O. Cypriniformes

F. Cyprinidés

Distribution actuelle. Au nord, la Bouvière fréquente l'Europe tempérée, du sud de l'Angleterre (à la suite d'une introduction humaine) jusqu'à la Baltique ; au sud, du bassin du Rhône jusqu'à la mer Caspienne et au bassin de la Volga. Elle vit en bancs sur les fonds de sable et de limon. Elle fréquente le cours inférieur des rivières de plaine (zones larges à courant faible), mais aussi les lacs et les étangs.
Évolution historique et menaces. La Bouvière était signalée au siècle dernier dans la Seine, la Marne, la Saône, le département de la Moselle et était absente au sud d'une ligne allant de la Charente au Massif central. Des captures ont cependant eu lieu en Camargue en 1980 – l'espèce se serait étendue vers le sud par le Rhône et les canaux de Provence. Elle aurait gagné le bassin de la Loire par le canal du Nivernais. Son aire de répartition, qui apparaît actuellement comme très fragmentée, est largement conditionnée par la présence des Mollusques qui abritent la ponte. En effet, en période de frai (avril-juin), le mâle choisit un territoire qui contient une Moule d'eau douce (du genre *Unio* ou *Anodonta*) et la femelle dépose ses ovules (une quarantaine) dans la cavité palléale du bivalve grâce à un très long ovipositeur. Le mâle libère alors sa semence à proximité du Mollusque, le siphon inhalant de ce dernier entraîne les spermatozoïdes avec l'eau filtrée et les ovules sont fécondés. L'incubation dure deux ou trois semaines, puis les alevins abandonnent la moule qui les abritait. La raréfaction de ces Mollusques engendre une diminution de l'aire de répartition de la Bouvière. Ces moules sont en effet affectées par la dégradation des milieux naturels et par la pollution et sont aussi la proie du Ragondin et du Rat musqué, en particulier en hiver lorsque les espèces végétales à la base de leur alimentation se font rares. Ces deux Rongeurs de grande taille ont d'abord été élevés en captivité pour la production de fourrure, puis, à la suite de lâchers involontaires (ou non), ils ont progressivement

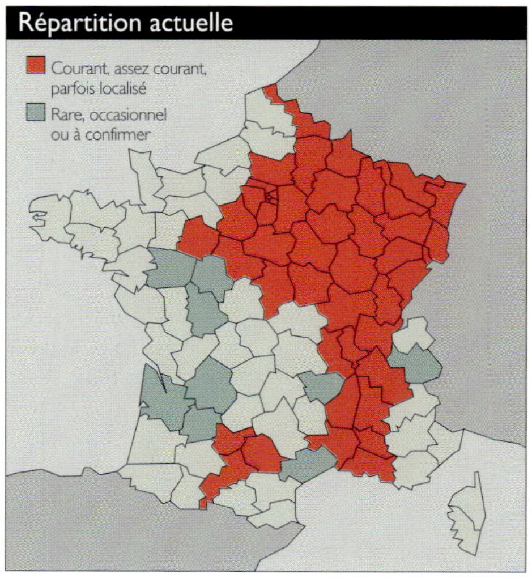

colonisé les eaux libres sur presque tout le territoire national. Cependant, les Bouvières ont disparu de certaines régions où les moules existent encore. Elles sont en effet sensibles à la pollution bien qu'elles soient peu exigeantes en oxygène. Elles ont disparu des zones les plus peuplées d'Europe centrale (bassin du Main…). La Bouvière est vulnérable en France.
Mesures de conservation. Il convient de protéger son biotope et de lutter contre les pollutions. La Bouvière est susceptible de bénéficier de mesures de protection prises dans le cadre d'un arrêté de biotope, de la convention de Berne (annexe III) ou de la directive Habitats (annexe II).

Références bibliographiques.
Keith et al., *1992.*

Barbeau méridional

Barbus meridionalis Risso, 1826

C. Ostéichtyens

O. Cypriniformes

F. Cyprinidés

Distribution actuelle. Le Barbeau méridional fréquente le nord de la péninsule Ibérique, le sud de la France, le nord et le centre de l'Italie et le bassin du Danube jusqu'aux rivières Ron et Ipel en Slovaquie.
Évolution historique et menaces. Le Barbeau méridional, assez localisé en France, fréquente seulement les cours d'eau clairs et oxygénés du pourtour méditerranéen (Dauphiné, Provence-Côte d'Azur, Cévennes, Languedoc-Roussillon). Sa limite nord-est de répartition se situe au voisinage de l'Ay et de la Valaure (affluents du Rhône). Son aire de répartition est donc assez limitée. Il présente plusieurs écotypes le long des côtes méditerranéennes. Il vit en bancs au fond de l'eau et est particulièrement résistant aux assecs passagers des rivières méditerranéennes, mais il exige une eau fraîche, saturée en oxygène, et il est très sensible à toutes les formes de pollution ainsi qu'à tout changement apporté au régime des cours d'eau.
Mesures de conservation. Il faut préserver ses biotopes caractéristiques. Le Barbeau méridional est susceptible de bénéficier de mesures de protection prises dans le cadre d'un arrêté de biotope, de la convention de Berne (annexe III) ou de la directive Habitats (annexes II et V).

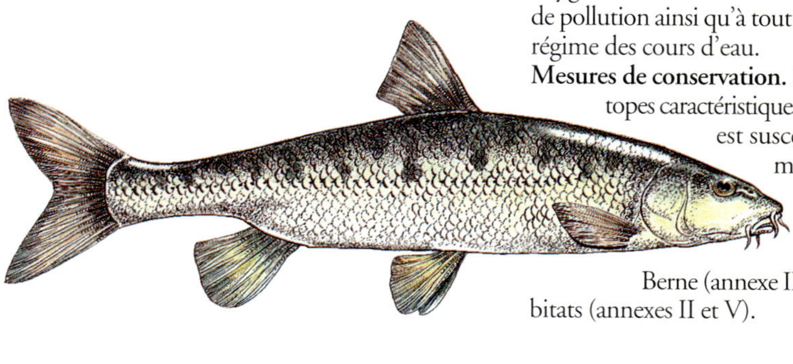

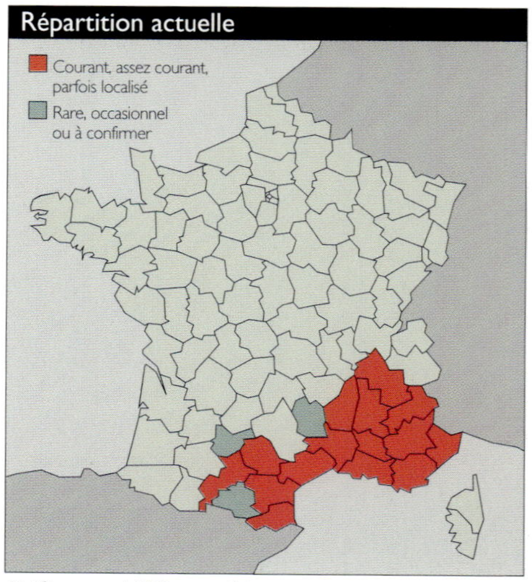

Références bibliographiques.
Persat et Berrebi, 1990.

Able de Heckel

Leucaspius delineatus (Heckel) 1843

C. Ostéichtyens

O. Cypriniformes

F. Cyprinidés

Distribution actuelle. L'Able de Heckel fréquente surtout l'est de la France, le bassin du Rhin et du Danube jusqu'à l'Oural et à la mer Caspienne. Il est absent des Alpes, des îles Britanniques et du Danemark, mais on le rencontre dans le sud de la Suède. L'Able de Heckel vit dans les eaux lentes ou stagnantes (marais, étangs, fossés, zones calmes des rivières) avec de la végétation riveraine.

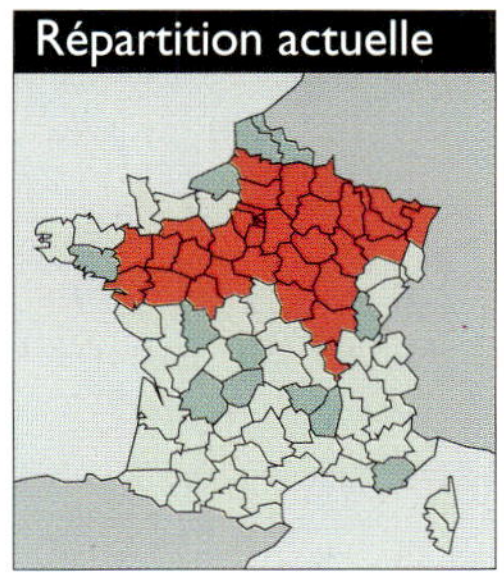

Évolution historique et menaces. Originaire d'Europe centrale et orientale, il serait autochtone dans le nord et l'est de la France (Moselle, Nord-Pas-de-Calais, bassin de la Seine et de la Saône). Sa situation est cependant mal connue, et son aire de répartition actuelle semble très fragmentée; il a « colonisé » certains départements bretons où il est utilisé dans les repeuplements comme poisson fourrage. Le drainage et l'assèchement des zones humides en vue de leur utilisation agricole ont contribué à faire disparaître de nombreux fossés ou des mares qui correspondaient au biotope privilégié de l'Able de Heckel. L'utilisation massive d'insecticides et d'herbicides a peut-être aussi contribué, localement, à la disparition de cette espèce.

Mesures de conservation. Il faut préserver ses biotopes privilégiés. Cette espèce figure à l'annexe III de la convention de Berne.

Références bibliographiques.
Cassou et Lelouarn, 1991 ; d'Aubenton et Spillmann, 1977.

Toxostome

Chrondrostoma toxostoma (Vallot) 1836

C. Ostéichtyens

O. Cypriniformes

F. Cyprinidés

Distribution actuelle. En Europe, le Toxostome fréquente le sud de la France et le nord de l'Espagne (bassin de l'Èbre) jusqu'au Portugal où on le trouve dans le Tage. Il vit en bancs au fond de l'eau et recherche pour pondre des substrats de graviers dans des zones à fort courant et bien oxygénées.

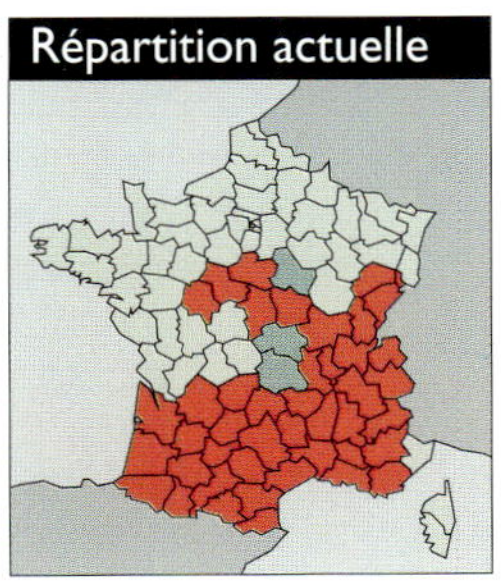

Évolution historique et menaces. En France, le Toxostome a une répartition géographique limitée : il est autochtone dans les bassins du Rhône (Ardèche, Durance…), de la Garonne et de l'Adour. Il a colonisé le bassin de la Loire (où il reste plus rare) à la même époque que le Hotu. La pullulation de ce dernier aurait entraîné la raréfaction du Toxostome dans la Saône. Dans le bassin du Rhône, le Toxostome se rencontre surtout dans les affluents, tandis que le Hotu vit dans le fleuve et ne semble remonter les affluents que sur de faibles distances. C'est une espèce qui reste cependant mal connue. Elle est considérée comme vulnérable en France.

Mesures de conservation. Il faut préserver son biotope. Cette espèce est susceptible de bénéficier de mesures de protection prises dans le cadre de la convention de Berne (annexe III) ou de la directive Habitats (annexe II).

Références bibliographiques.
Keith et al., *1992.*

Blageon

Leuciscus (Telestes) soufia (Risso) 1826

C. Ostéichtyens

O. Cypriniformes

F. Cyprinidés

Distribution actuelle. L'aire de répartition du Blageon couvre les bassins du Rhône et du Main. Les affluents roumains de la Tisa constituent son habitat le plus oriental. En France, il est autochtone dans les bassins du Rhône et les fleuves côtiers de l'Est méditerranéen.

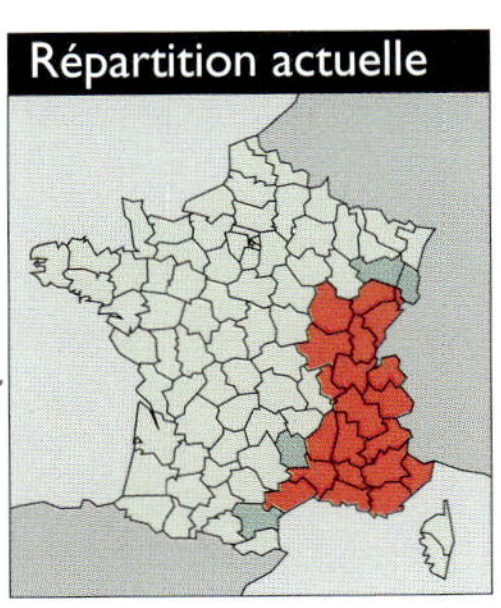

Évolution historique et menaces. Le Blageon est en régression en Europe où il a souffert des modifications de son environnement. Il existe des variations morphologiques de l'espèce selon la situation géographique. Ces variations se font suivant une ligne allant de l'Italie à la Bavière en passant par les Alpes. Ainsi *Leuciscus soufia soufia* est cantonné au fleuve Var, *L. s. agassizi* à la vallée du Rhône, à l'Argens, au Gapeau et à l'Hérault et *L. s. multicellus* est présent dans la Bevera (Alpes-maritimes). L'une des menaces qui pèsent sur ces espèces locales est celle de repeuplements comportant des sous-espèces non représentées dans le cours d'eau. L'hybridation risquerait de faire perdre à la forme locale ses caractéristiques de façon irrémédiable.

Mesures de conservation. Il faut protéger le biotope de chaque sous-espèce. Celles-ci sont susceptibles de bénéficier de mesures de protection prises dans le cadre de la convention de Berne (annexe III) ou de la directive Habitats (annexe II).

Références bibliographiques.
D'Aubenton et al., *1971.*

Loche de rivière

Cobitis taenia Linnaeus 1758

C. Ostéichtyens

O. Cypriniformes

F. Cobitidés

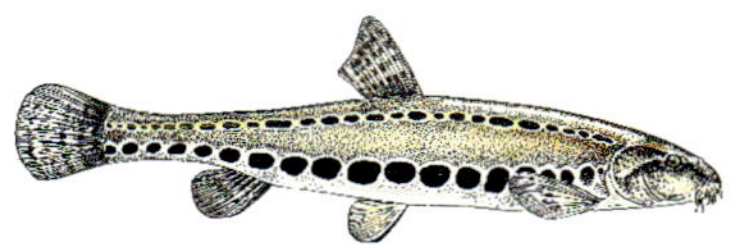

Distribution actuelle. La Loche de rivière est répartie à travers toute l'Europe, à l'exception de l'Islande, de l'Irlande et d'une grande partie de l'Angleterre, de la Norvège et de la Suède. En France, elle ne semble présente que dans le quart nord-est et localement dans le Languedoc-Roussillon. La Loche de rivière vit dans les cours d'eau et les lacs clairs à fond sablo-vaseux.

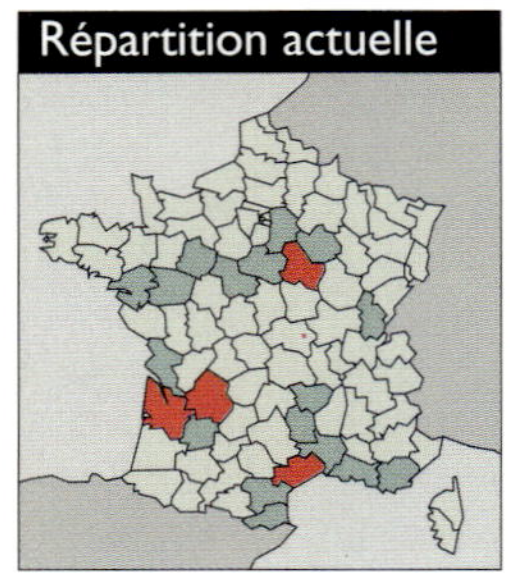

Évolution historique et menaces. Autrefois signalée dans le bassin Seine-Normandie, dans le bassin Loire-Bretagne, dans le bassin Rhin-Meuse et dans le bassin Rhône-Méditerranée, il semble que la Loche ait actuellement disparu d'un certain nombre d'entre eux. Elle est en régression dans plusieurs pays européens, et sa distribution actuelle en France est très fragmentée. Active au crépuscule, elle s'enterre durant le jour dans le sable ou la vase. Elle est, par conséquent, très sensible à la pollution qui s'accumule dans les sédiments.

Mesures de conservation. Il faut diminuer la pollution des rivières. Cette espèce est susceptible de bénéficier de mesures de protection prises dans le cadre d'un arrêté de biotope, de la convention de Berne (annexe III) ou de la directive Habitats (annexe II).

Références bibliographiques.

Allardi et Keith, 1991.

Loche d'étang

Misgurnus fossilis (Linnaeus) 1758

C. Ostéichtyens

O. Cypriniformes

F. Cobitidés

Distribution actuelle. L'aire de répartition de la Loche d'étang s'étend du nord-est de la France au bassin de la Volga. On la trouve dans le bassin du Danube, mais pas en Scandinavie, ni à l'est de la Neva. Elle est absente des bassins de la Garonne, du Rhône et de tous les fleuves de la Méditerranée, de l'Adriatique et de la mer Égée.

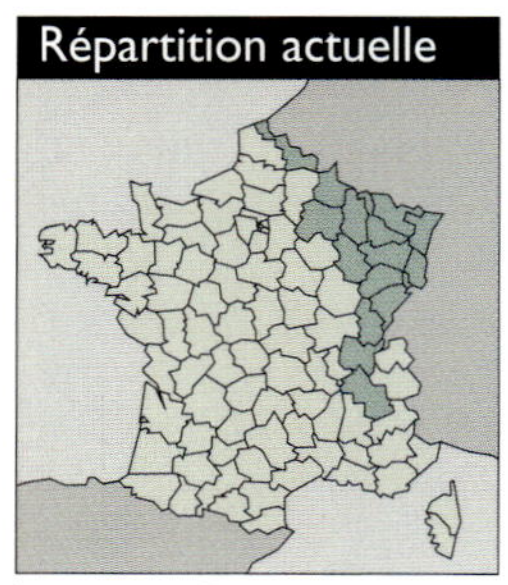

Évolution historique et menaces. La Loche d'étang vit dans les eaux stagnantes et peu profondes à fond vaseux (mares, fossés, étangs). Elle fréquentait autrefois la moitié nord de la France, à l'exception de la Bretagne et de la Normandie. Bien qu'elle soit considérée comme rare, sa répartition géographique est vraisemblablement sous-estimée en raison des milieux qu'elle fréquente (qui sont peu pêchés) et de son mode de vie benthique. Elle est cependant en régression en Europe centrale où l'assèchement des marais et la pollution des étangs l'ont fait disparaître de régions entières.

Mesures de conservation. Il faut préserver les biotopes particuliers de cette espèce. Elle est susceptible de bénéficier de mesures de protection prises dans le cadre d'un arrêté de biotope, de la convention de Berne (annexe III) ou de la directive Habitats (annexe II).

Références bibliographiques.

Allardi et Keith, 1991.

Anguille

Anguilla anguilla (Linnaeus) 1758

C. Ostéichtyens

O. Anguilliformes

F. Anguillidés

Distribution actuelle. L'Anguille fréquente les cours d'eau tributaires du nord-est de l'Atlantique depuis la Petchora, la mer Blanche, l'Islande et les Féroé jusqu'aux Açores, aux Canaries et aux côtes occidentales de l'Afrique ; et ceux de la mer du Nord, de la Baltique, de la Méditerranée et de l'Adriatique.

Évolution historique et menaces. L'Anguille est un poisson amphihalin thalassotoque (elle se reproduit en mer). La reproduction a lieu au printemps dans la mer des Sargasses. À l'éclosion, les larves (ou leptocéphales) remontent dans les eaux superficielles et sont amenées par les courants jusqu'aux côtes européennes ; elles se métamorphosent alors en civelles avant de migrer en eau douce où s'effectuent l'alimentation et la croissance. Devenues « anguillettes », elles poursuivent leur migration à l'intérieur des terres, puis deviennent « anguilles jaunes » généralement considérées comme sédentaires (4-8 ans). La phase de croissance se termine avec une seconde métamorphose, qui voit la transformation de l'anguille jaune en « anguille argentée « (forme migratrice). À ce stade, les adultes partent vers la mer des Sargasses (août-septembre) pour s'y reproduire. La dégradation des milieux naturels, la pêche et la durée du cycle biologique de l'Anguille sont les principaux responsables de sa régression dans les bassins fluviaux. On observe actuellement, en effet, une diminution importante des captures de civelles sur le littoral atlantique, une réduction de l'aire de répartition de l'espèce (elle a disparu de biotopes où elle était abondante récemment encore) et une raréfaction de la biomasse à l'hectare dans les milieux où elle est encore présente. Les différents ouvrages disposés sur les cours d'eau entravent gravement la libre circulation de l'espèce. De la civelle arrivant en estuaire à l'anguille argentée regagnant la mer, deux migrations massives se déroulent en phase continentale :

– lors de la remontée en eau douce, la prolifération des ouvrages (barrages, chaussée de moulin, pertuis…) provoque une concentration des individus en aval de chaque obstacle, entraînant une augmentation de la mortalité naturelle (épizooties, compétition alimentaire intraspécifique, prédation)

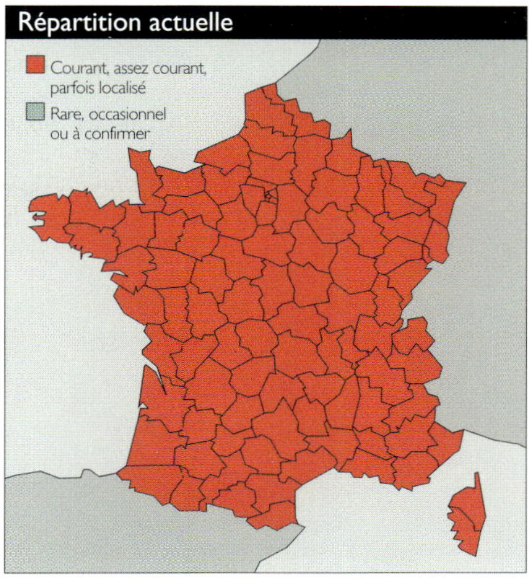

et de la mortalité liée à la pêche ;
– lors de la dévalaison, les anguilles argentées descendent massivement vers la mer : le passage dans les dispositifs de turbinage (microcentrales...) peut provoquer de 70 à 80 % de mortalité.
Il est donc nécessaire, pour le franchissement des obstacles, d'adapter des solutions techniques au passage de l'Anguille, qui ne présente pas les mêmes caractéristiques que les autres migrateurs ; en effet, sa vitesse de nage est limitée, et elle ne peut sauter les obstacles. Dans tous les pays d'Europe du Nord, ce problème a été pris en compte depuis des années alors que la France a un retard important dans ce domaine. Des dispositifs adaptés y sont encore peu nombreux. L'Anguille est exploitée à tous les stades biologiques continentaux et par tous les types de pêcheurs (professionnels maritimes et fluviaux, amateurs aux engins et aux filets, amateurs aux lignes). La forte valeur ajoutée de la civelle a provoqué une certaine surpêche des stocks dans les estuaires et une augmentation du braconnage. Actuellement, en France, la production avoisine 3 000 t, dont 500 t de civelles qui représentent plus de 70 % de la valeur totale. La pollution de l'eau par les métaux lourds, les pesticides et les hydrocarbures, sans obligatoirement provoquer des mortalités massives, a des conséquences sans doute plus insidieuses (diminution de la croissance, réduction des capacités de reproduction...) sur cette espèce qui possède un cycle biologique très long et qui a des relations importantes avec le sédiment (enfouissement, recherche trophique...). L'introduction récente (par l'intermédiaire des Anguilles japonaises) d'un parasite de la vessie natatoire *Anguillicola crassa* provoque une mortalité importante dans les populations. La vessie natatoire joue en effet un rôle essentiel dans la régulation des pressions rencontrées par l'Anguille lors de sa phase de reproduction.
Mesures de conservation. Il est nécessaire de faciliter l'accès de l'Anguille aux cours d'eau et de limiter la pêche et le braconnage des civelles. L'Anguille n'est pas protégée par les conventions européennes ou internationales.

Références bibliographiques.
Elie et al., *1988 ; Gascuel, 1985.*

Lote de rivière

Lota lota (Linnaeus) 1758

C. Ostéichtyens

O. Gadiformes

F. Gadidés

V

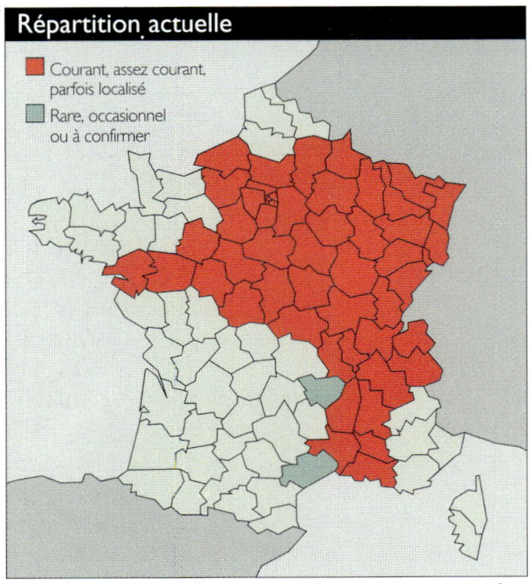

Distribution actuelle. La Lote de rivière est répandue au-dessus de 40° nord dans l'ensemble de l'Amérique du Nord et de l'Eurasie, à l'exception du Kamtchatka. En Europe, il n'y a guère que dans l'ouest et le nord-est de la Norvège, en Islande et dans les îles arctiques qu'elle soit totalement absente. En France, la Lote de rivière est autochtone dans les bassins de la Seine, de la Loire, du Rhône, dans les lacs des Vosges (Gérardmer, Longemer, Retournemer) et de la Savoie (Annecy, Leman, Le Bourget).
Évolution historique et menaces. La Lote fréquente les eaux saumâtres, les lagunes, les cours d'eau clairs et frais et les lacs ; elle est d'activité crépusculaire et nocturne. La pêche et l'eutrophisation des rivières et des lacs ont entraîné sa raréfaction dans plusieurs régions (Bourgogne, Rhône-Alpes [notamment le lac Léman]...). Elle est aussi très souvent combattue par les sociétés de pêche qui considèrent que la prédation qu'elle exerce sur les Salmonidés est importante. Cette espèce est considérée comme vulnérable.
Mesures de conservation. La Lote de rivière n'est pas protégée par les conventions européennes ou internationales. Sa protection suppose d'abord de convaincre les gestionnaires que le taux de prédation exercée par la Lote est dû à la mauvaise qualité des repeuplements (alevins peu farouches, fatigués par le transport...).

Références bibliographiques.
Keith et al., *1992.*

Aphanius de Corse

Aphanius fasciatus
(Cuvier et Valenciennes) 1821

C. Ostéichtyens
O. Cyprinodontiformes
F. Cyprinodontidés

R

Répartition actuelle

Distribution actuelle. L'Aphanius de Corse fréquente les côtes méditerranéennes de la Corse, de la Sardaigne et de l'Italie.
Évolution historique et menaces. L'Aphanius de Corse est une espèce euryhaline adaptée aux milieux lagunaires périodiquement peu oxygénés. Sa sensibilité au froid (la reproduction s'effectue entre les mois d'avril et de septembre à une température avoisinant 25 °C) limite, pour les eaux françaises, sa répartition géographique aux lagunes et aux estuaires de la Corse du Sud et de l'Est (lagunes de Biguglia, Diana, Palo… et marais salés de Porto-Vecchio). Il existe un polymorphisme et un polychromatisme chez l'Aphanius de Corse selon les biotopes qu'il occupe, créant ainsi un certain nombre de « races locales ». L'Aphanius de Corse est considéré comme une espèce rare.
Mesures de conservation. Il faut préserver son biotope. Cette espèce est susceptible de bénéficier de mesures de protection prises dans le cadre de la convention de Berne (annexe III) ou de la directive Habitats (annexe II).

Références bibliographiques.
Allardi et Keith, 1991 ; Keith et al., *1992 ; Spillmann, 1961.*

Aphanius d'Espagne

Aphanius iberus
(Cuvier et Valenciennes) 1846

C. Ostéichtyens
O. Cyprinodontiformes
F. Cyprinodontidés

Répartition actuelle

Distribution actuelle. L'Aphanius d'Espagne fréquente les eaux douces et saumâtres de la côte orientale de l'Espagne où il vit dans les petits plans d'eau, les fossés et les marécages riches en végétation.
Évolution historique et menaces. Il a été signalé pour la première fois en France en 1951 dans les Pyrénées-Orientales, puis dans les canaux d'irrigation de Coursan dans l'Aude. Il est curieux que ce poisson caractéristique n'ait jamais été observé avant ces dates dans ces régions. Il semble qu'actuellement cette espèce ne soit plus signalée ; par ailleurs, on ne sait si les spécimens qui ont été capturés étaient autochtones – le sud de la France constituant la limite nord de leur aire de répartition – ou introduits d'Espagne.
Mesures de conservation. Si des populations étaient redécouvertes en France, il faudrait prendre rapidement des mesures de protection et de gestion. Cette espèce est susceptible de bénéficier de mesures de protection prises dans le cadre de la convention de Berne (annexe III) ou de la directive Habitats (annexe II).

Références bibliographiques.
Arnoult, 1957 ; Keith et al., *1992 ; Spillmann, 1961.*

Cyprinodonte de Valence

Valencia hispanica
(Cuvier et Valenciennes) 1846

C. Ostéichtyens
O. Cyprinodontiformes
F. Cyprinodontidés

Répartition actuelle

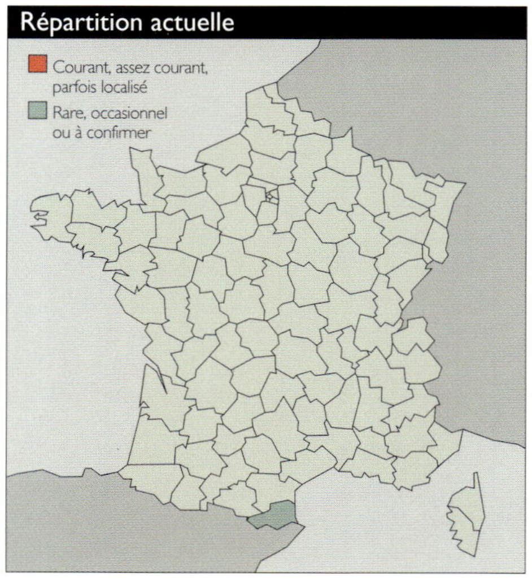

Distribution actuelle. Espèce d'origine espagnole, le Cyprinodonte de Valence est répandu en Catalogne, dans la région de Valence et jusque dans la vallée du Guadalquivir aux environs de Séville.
Évolution historique et menaces. Le Cyprinodonte de Valence vit dans les eaux stagnantes et lentes, douces ou saumâtres. Il fut signalé pour la première fois en 1957 dans les Pyrénées-Orientales en amont de Collioure, puis, en 1961, à proximité des Pyrénées. Comme l'Aphanius d'Espagne, le Cyprinodonte de Valence ne semble actuellement plus signalé ; on ne sait si les individus capturés étaient autochtones – le sud de la France constituant la limite nord de leur aire de répartition – ou introduits d'Espagne.
Mesures de conservation. Si des populations étaient redécouvertes en France, il faudrait prendre rapidement des mesures de protection et de gestion. Cette espèce est susceptible de bénéficier de mesures de protection prises dans le cadre de la convention de Berne (annexe II) ou de la directive Habitats (annexes II et IV).

Références bibliographiques.
Arnoult, 1957 ; Keith et al., *1992 ; Spillmann, 1961.*

Apron

Zingel asper (Linnaeus) 1758

C. Ostéichtyens

O. Perciformes

F. Percidés

Distribution actuelle. L'Apron, poisson endémique du bassin du Rhône, vit dans les eaux claires et oxygénées à fond de graviers. Il est présent localement dans le Rhône et ses affluents (Doubs, Ain, Drôme, Ardèche, Gard, Durance, Verdon…). La reproduction a lieu en mars-avril sur les pierres ou dans la végétation, dans les eaux fraîches et peu profondes. L'alevin présente successivement deux modes de vie : il est d'abord pélagique, puis il gagne le fond. L'adulte, solitaire, se tapit au fond de l'eau durant la journée et sort au crépuscule en quête de nourriture.

Évolution historique et menaces. Au siècle dernier, l'Apron fréquentait près de 1 700 km de cours d'eau dans tout le bassin du Rhône : Rhône, Ain, Isère, Gard, Durance, Saône et affluents (Ognon, Ouche…). Ses exigences écologiques (eau courante, bien oxygénée…) et la vulnérabilité de sa ponte le rendent très sensible aux modifications du milieu naturel, aux pollutions organiques (rejets urbains, agricoles, agroalimentaires), chimiques (industriels, agricoles…) et mécaniques (extraction de granulats…). À la suite de la création de retenues, consécutives à la construction de barrages, à l'envasement progressif des fonds, à des débits réservés insuffisants, à la rectification et au recalibrage de cours d'eau, on a assisté à la disparition progressive de l'Apron : il est devenu très rare dans le Rhône (secteur de Chautagne, Pierrelatte) et dans l'Ain, et a disparu de l'Ouche, de la Saône et de la Bienne. Il est possible qu'il ait aussi, dans certains cas, été victime de déversements abusifs de carnassiers. Il occupe aujourd'hui moins de 380 km de cours d'eau, soit 17 % du territoire qu'il occupait au début du siècle. Encore présent dans le Doubs, il y est aujourd'hui menacé par le projet de construction d'une voie navigable à grand gabarit qui assurerait la liaison Rhin-Rhône. L'Apron est considéré comme en danger en France.

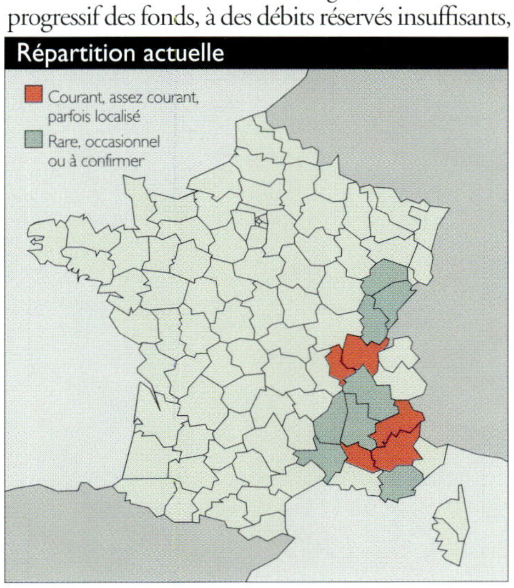

Mesures de conservation. Il faut préserver son biotope et limiter la pollution. Cette espèce est susceptible de bénéficier de mesures de protection prises dans le cadre d'un arrêté de biotope, de la convention de Berne (annexe II) ou de la directive Habitats (annexes II et IV).

Références bibliographiques.
Boutitie, 1984 ; Perrin, 1988.

Blennie fluviatile

Blennius fluviatilis Asso, 1801

C. Ostéichtyens

O. Perciformes

F. Blenniidés

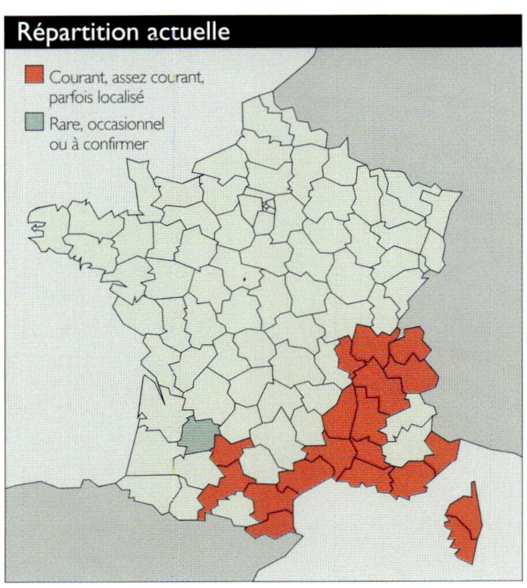

Distribution actuelle. La Blennie fluviatile fréquente le pourtour de la Méditerranée occidentale de l'Espagne à la Grèce. En France, on la trouve dans les départements méridionaux, du Tarn-et-Garonne aux Alpes-Maritimes et à la Corse ; sa limite nord de répartition atteint actuellement le lac d'Annecy et la Saône jusqu'au sud de Mâcon. Elle occupe également le lac du Bourget. C'est un poisson benthique qui fréquente les eaux claires et peu profondes des lacs, canaux et ruisseaux lents à fonds rocheux.

Évolution historique et menaces. Espèce plutôt méditerranéenne, la Blennie fluviatile est toujours très localisée et jamais très commune en raison de ses exigences écologiques et de la vulnérabilité de sa ponte. La dégradation du milieu naturel (aménagements irraisonnés des cours d'eau, envasement dû aux gravières…) et la pollution mettent en danger la pérennité de l'espèce. La Blennie fluviatile est vulnérable en France.

Mesures de conservation. Il faut préserver son biotope. Cette espèce est susceptible de bénéficier de mesures de protection prises dans le cadre d'un arrêté de biotope. Elle figure aussi à l'annexe III de la convention de Berne.

Références bibliographiques.
Allardi et Keith, 1991 ;
Keith et al., *1992.*

Squale bouclé

Echinorhinus brucus (Bonnaterre, 1788)

C. Chondrichtyens

O. Squaliformes

F. Squalidés

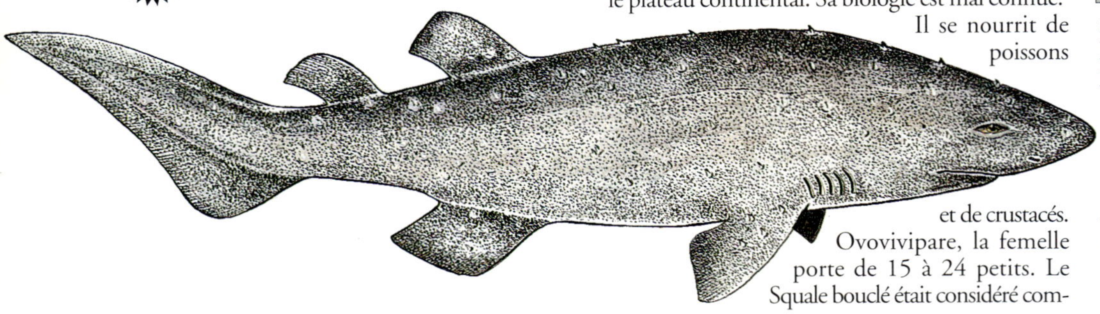

Distribution actuelle. Le Squale bouclé fréquente l'Atlantique, du nord de l'Écosse et de l'Irlande à l'Afrique, la Manche, la mer du Nord et la Méditerranée. Il vit sur le fond entre 20 et 900 m selon la saison ; il se rapproche des côtes au printemps.

Évolution historique et menaces. Le Squale bouclé, qui peut atteindre 3,10 m de long, est aisément reconnaissable à la présence sur le corps et sur les nageoires de gros écussons épineux. Ce grand Requin est probablement un nageur lent qui vit sur le plateau continental. Sa biologie est mal connue. Il se nourrit de poissons et de crustacés. Ovovivipare, la femelle porte de 15 à 24 petits. Le Squale bouclé était considéré comme commun dans le golfe de Gascogne dans la bibliographie ancienne. Ses captures sont peu fréquentes de nos jours. Moins d'une douzaine de signalements ont eu lieu dans les vingt dernières années. Nous ne connaissons pas les raisons de sa raréfaction ni l'état de ses populations. Le Squale bouclé est vulnérable.

Répartition actuelle

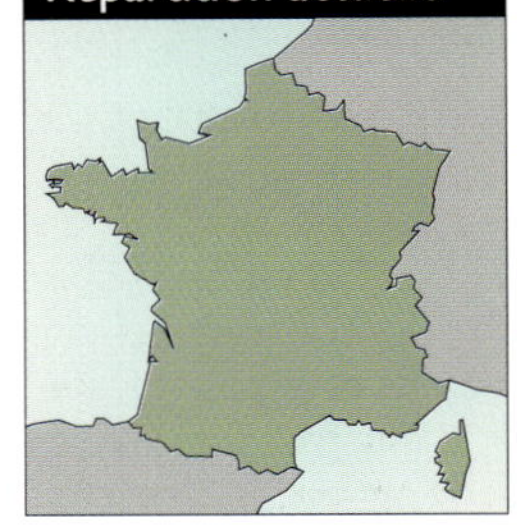

Mesures de conservation. Il serait souhaitable d'évaluer l'état des effectifs afin de prendre rapidement des mesures de gestion adaptées. Cette espèce ne fait l'objet d'aucune mesure de protection particulière.

Références bibliographiques.
Compano, 1984 ; Quérot et al., *1987.*

Ange de mer commun

Squatina squatina (Linnaeus, 1758)

C. Chondrichtyens

O. Squaliformes

F. Squatinidés

Distribution actuelle. L'Ange de mer fréquente le nord-est de l'Atlantique, des îles Canaries au nord de l'Angleterre et au sud de la Norvège, le sud-ouest de la mer du Nord, la Manche et la Méditerranée. Il vit sur le fond, plus ou moins enfoui dans le sable ou dans la vase en eaux côtières entre 5 et 100 m de profondeur.

Répartition actuelle

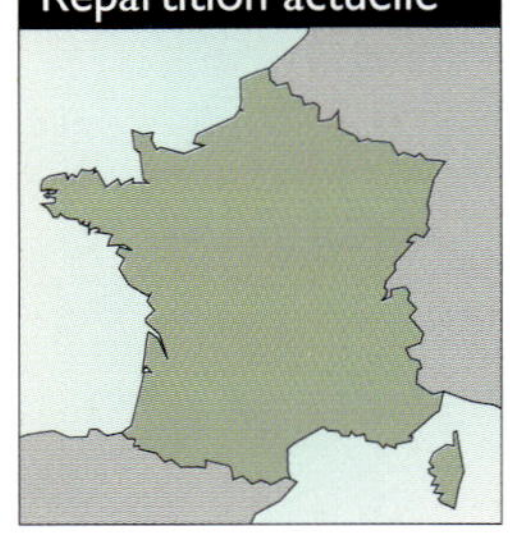

Évolution historique et menaces. L'Ange de mer se caractérise par la forme aplatie de son corps, intermédiaire entre celle du Requins et de la Raie. Vivipare, la femelle vient mettre bas près du littoral et donne naissance à 10-25 jeunes qui mesurent 20-30 cm. Considéré comme commun au début du siècle, l'Ange de mer a régressé progressivement sans que l'on en connaisse les raisons précises. Les eaux côtières, qu'il fréquente préférentiellement, sont sujettes à de nombreuses dégradations (pollutions chimiques, thermiques ou organiques, aménagements littoraux…) et sont soumises à une pression de pêche importante. Cela pourrait expliquer en partie sa disparition, mais il n'est pas exclu que d'autres facteurs, de type climatique par exemple, en soient aussi responsables.

Mesures de conservation. La survie de cette espèce est assujettie à la protection du littoral contre toute dégradation (pollutions, urbanisation…). Cette espèce ne fait l'objet d'aucune mesure de protection particulière.

Références bibliographiques.
Quérot, 1984 ; Quérot et al., *1987.*

Grande Roussette

Scyliorhinus stellaris (Linnaeus, 1758)

C. Chondrichtyens

O. Galéiformes

F. Scyliorhinidés

Distribution actuelle. La Grande Roussette fréquente le nord-est de l'Atlantique, de l'Écosse et du sud de la Norvège au nord-ouest de l'Afrique ; le sud-ouest de la mer du Nord, la Manche et la Méditerranée. Ce requin vit près du fond, de préférence sur les substrats durs ou rocheux de la zone côtière jusqu'à 60 m de profondeur en Atlantique et 120 m en Méditerranée.

Évolution historique et menaces. Active au crépuscule et durant la nuit, la Grande Roussette était bien plus abondante au début du XXe siècle. Elle était signalée comme fréquente dans la Manche et notamment sur les côtes bretonnes où elle était considérée comme aussi abondante que la Petite Roussette *(Scyliorhinus canicula).* Elle acquiert sa maturité sexuelle en Atlantique plus tard qu'en Méditerranée. De nos jours, la population décroît rapidement au nord du golfe de Gascogne. Son mode de vie benthique en fait une espèce sensible à la pollution qui s'accumule dans les sédiments et les Invertébrés dont elle se nourrit (Crustacés, Mollusques Céphalopodes et Poissons).

Répartition actuelle

Mesures de conservation. Il faut limiter la pollution de la zone côtière. Cette espèce ne fait l'objet d'aucune mesure de protection particulière.

Références bibliographiques.
Bauchot, 1980 ; Quérot, 1984 ; Quérot et al., *1987.*

Pocheteau gris

Raja batis (Linnaeus, 1758)

C. Chondrichtyens

O. Rajiformes

F. Rajidés

Distribution actuelle. Le Pocheteau gris fréquente le nord-est de l'Atlantique, depuis l'Islande et le nord de la Norvège jusqu'à Madère ; la mer du Nord, la Manche, l'ouest de la Baltique et la Méditerranée. Il vit sur les fonds vaseux ou sableux du plateau continental et du haut de talus à partir de 20 m pour les juvéniles et de 100 à 300 m de profondeur pour les adultes.

Évolution historique et menaces. Jadis très commun, le Pocheteau gris est la plus grande espèce de Rajidés des eaux de l'Europe du Nord-Ouest (il peut atteindre 2,50 m), et il joue un rôle économique important. Ces dernières décennies, l'augmentation de l'effort de pêche sur les populations de Pocheteau gris a provoqué une importante chute des effectifs. En effet, l'augmentation de la pression de pêche a porté sur des individus immatures, bien que de taille appréciable. Cette espèce n'atteint en effet sa maturité sexuelle que dans sa onzième année, alors qu'elle mesure déjà 1,20-1,50 m. L'impact de la pêche sur la faune benthique dont il se nourrit (Crustacés, Poissons...) a également conduit à sa raréfaction.

Répartition actuelle

Mesures de conservation. Cette espèce ne fait l'objet d'aucune mesure de protection. Une gestion des effectifs adaptée permettrait sans doute de restaurer les populations.

Références bibliographiques.
Quérot, 1984 ; Quérot et al., *1987.*

Pocheteau noir

Raja oxyrinchus (Linnaeus, 1758)

C. Chondrichtyens

O. Rajiformes

F. Rajidés

Distribution actuelle. Le Pocheteau noir fréquente le nord-ouest de l'Atlantique, depuis la Norvège jusqu'au Maroc. Il vit aussi en Méditerranée – on peut le rencontrer au printemps au large de la Sicile et au large de Venise à la fin de l'été et en automne. On le trouve sur les fonds vaseux ou sableux du plateau continental et du talus entre 200 et 400 m de profondeur en moyenne.

Évolution historique et menaces. Le Pocheteau noir est proche du Pocheteau gris, mais il est plus petit (il ne dépasse pas 1,50 m). Bien que d'un intérêt économique moindre que le Pocheteau gris, le Pocheteau noir a néanmoins été exploité par la pêche. Ces dernières décennies, l'augmentation de l'effort de pêche sur les populations a provoqué une importante chute des effectifs. En effet, l'augmentation de la pression de pêche a porté sur des individus immatures. Cette espèce n'atteint sa maturité sexuelle que lorsqu'elle mesure 1-1,20 m. Alors qu'il était fréquemment pêché avant la Seconde Guerre mondiale, il est devenu moins commun sur nos côtes.

Répartition actuelle

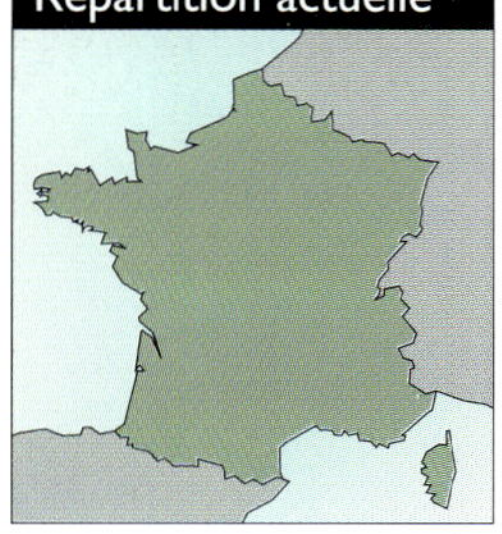

Mesures de conservation. Cette espèce ne fait l'objet d'aucune mesure de protection. Une gestion des effectifs adaptée permettrait sans doute de restaurer les populations.

Références bibliographiques.
Quérot et al., *1987.*

Raie blanche

Raja alba Lacépède, 1803

C. Chondrichtyens

O. Rajiformes

F. Rajidés

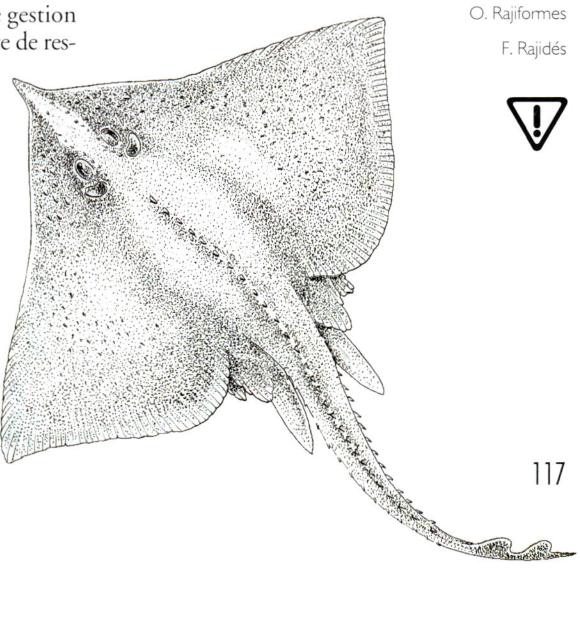

Distribution actuelle. La Raie blanche fréquente l'Atlantique Est, depuis l'Irlande, la Cornouailles, la Manche jusqu'aux côtes occidentales et méridionales d'Afrique du Sud. En Méditerranée, elle est plus fréquente en été dans le nord de l'Adriatique et en hiver autour de la Sicile. Elle préfère les eaux littorales sur fond sableux ou graveleux, généralement entre 40 et 200 m de profondeur. Les jeunes pénètrent occasionnellement dans les eaux moins profondes.

Répartition actuelle

Évolution historique et menaces. Comme les Rajidés précédents, cette espèce de grande taille (il peut atteindre 2,15 m) est sexuellement mature tardivement (à la taille de 1,40 m en moyenne). L'effort de pêche, essentiellement dû aux palangriers, a donc porté sur des individus immatures et a entraîné un déficit de la reproduction de l'espèce et une chute des effectifs des populations. Encore régulièrement pêchée il y a une quinzaine d'années sur la côte atlantique, la Raie blanche a aujourd'hui quasi disparu de nos côtes. La Raie blanche est considérée comme en danger.

Mesures de conservation. Cette espèce ne fait l'objet d'aucune mesure de protection. Une gestion adaptée des effectifs permettrait sans doute de restaurer les populations.

Références bibliographiques.
Bauchot, 1980 ; Quérot, 1984 ; Quérot et al., *1987.*

Courant, assez courant, parfois localisé

Rare, occasionnel ou à confirmer

Raie bouclée

Raja clavata Linnaeus 1758

C. Chondrichtyens

O. Rajiformes

F. Rajidés

Distribution actuelle. La Raie bouclée fréquente l'Atlantique Est, depuis le nord de la Norvège et le sud de l'Islande, jusqu'au large de l'Afrique du Sud ; la mer du Nord, l'ouest de la Baltique, la Manche, la Méditerranée et la mer Noire. Elle vit sur les fonds de graviers, de sables et de vases du plateau continental et du bord du talus entre 10 et 400 m de profondeur. Elle est active au crépuscule. Elle acquiert la maturité sexuelle entre sept et neuf ans selon le sexe. Ovipare, la femelle pond en janvier et en février dans la Méditerranée, de février à septembre dans la Manche.

Évolution historique et menaces. Citée comme commune sur toutes nos côtes dans la bibliographie ancienne, la Raie bouclée est aujourd'hui un poisson peu fréquent. L'augmentation de l'effort de pêche, à partir des années 1970-1980, et la pollution qui s'accumule dans les sédiments côtiers et dans les organismes dont elle se nourrit (Crustacés, Poissons, Annélides polychètes et Mollusques) sont probablement en grande partie responsables de sa raréfaction. La Raie bouclée est vulnérable.

Mesures de conservation. Cette espèce ne fait l'objet d'aucune mesure de protection. Une gestion adaptée des effectifs permettrait sans doute de restaurer les populations.

Références bibliographiques.
Bauchot, 1980 ; Quérot, 1984 ; Quérot et al., *1987.*

Raie lisse

Raja brachyura Lafont, 1873

C. Chondrichtyens

O. Rajiformes

F. Rajidés

Distribution actuelle. La Raie lisse fréquente le nord-est de l'Atlantique, depuis les îles Shetland jusqu'à Madère et le long de la côte du nord-ouest de l'Afrique. On peut aussi parfois la trouver dans l'ouest de la Méditerranée. Elle vit sur le fond, de préférence sur des substrats de roches, de graviers ou de sables grossiers peu profonds. Elle acquiert la maturité sexuelle au cours de sa neuvième année. Les jeunes sont souvent en eaux peu profondes, tandis que les adultes se retirent dans les zones plus basses et ne se rapprochent du littoral qu'en été.

Évolution historique et menaces. Citée comme commune sur toute nos côtes dans la bibliographie ancienne, la Raie bouclée est aujourd'hui un poisson peu fréquent. L'augmentation de l'effort de pêche, à partir des années 1970, son faible taux de reproduction (environ 90 œufs par an) et la pollution qui s'accumule dans les sédiments côtiers et dans les organismes dont elle se nourrit (Crustacés, Poissons et Annélides polychètes) sont probablement en grande partie responsables de sa raréfaction. La Raie lisse est vulnérable.

Mesures de conservation. Cette espèce ne fait l'objet d'aucune mesure de protection. Une gestion adaptée des effectifs permettrait sans doute de restaurer les populations.

Références bibliographiques.
Bauchot, 1980 ; Quérot, 1984 ; Quérot et al., *1987.*

Hippocampe moucheté

Hippocampus ramulosus Leach, 1814

C. Ostéichtyens

O. Syngnathiformes

F. Syngnathidés

Distribution actuelle. L'Hippocampe moucheté fréquente l'Atlantique, des Canaries jusqu'à l'Angleterre, la mer Noire et la Méditerranée. En France, il est présent sur toutes nos côtes de la Manche à la Méditerranée.

Évolution historique et menaces. On rencontre l'Hippocampe moucheté dans des milieux très côtiers et même jusqu'en eau saumâtre. Jadis très commune, son observation est devenue peu fréquente. Sa raréfaction suit celle de son milieu d'élection, les herbiers littoraux qui régressent un peu partout sur le littoral méditerranéen notamment avec l'augmentation des pollutions diverses et des aménagements côtiers (endiguements, marinas…). Les Hippocampes ont un mode de reproduction très particulier. Les œufs sont déposés par la femelle dans la poche incubatrice ventrale du mâle. Après plusieurs semaines de gestation, les jeunes, déjà bien formés, sont expulsés. Le faible taux de fécondité de cette espèce et la fragilité de ses juvéniles en font une espèce très sensible aux perturbations du milieu naturel. L'Hippocampe moucheté est vulnérable en France.

Mesures de conservation. Cette espèce ne fait l'objet d'aucune mesure de conservation.

Références bibliographiques.
Bauchot, 1980 ; Quérot et al., *1987.*

Mérou

Epinephelus marginatus (Lowe, 1834)

C. Ostéichtyens

O. Perciformes

F. Serranidés

Répartition actuelle

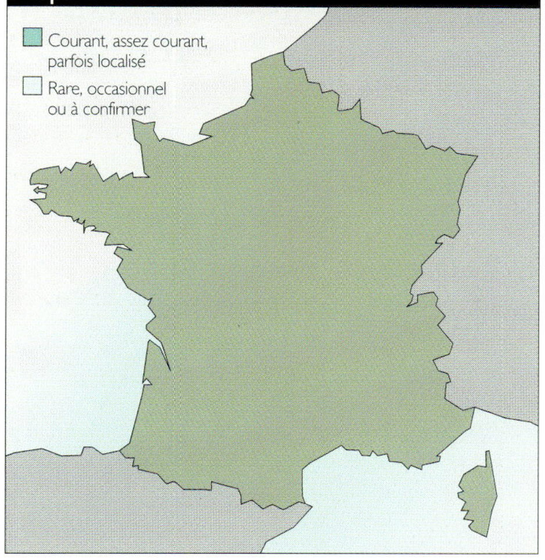

Distribution actuelle. Le Mérou noir fréquente l'Atlantique, des côtes d'Afrique jusqu'au golfe de Gascogne, et surtout la Méditerranée. Il vit sur les côtes rocheuses sur un territoire qui comprend généralement une faille ou une grotte dans lesquelles il peut se réfugier.

Évolution historique et menaces. Le Mérou est un prédateur puissant qui chasse à l'affût. Il était considéré au siècle dernier comme assez commun dans la région méditerranéenne, mais cette espèce sédentaire, très prisée pour sa chair et pour sa valeur de trophée, s'est considérablement raréfiée sur nos côtes depuis l'avènement de la chasse sous-marine. Sa raréfaction s'accentue d'autant plus que le Mérou ne semble pas se reproduire sur les côtes françaises méditerranéennes, mais plus au sud, en particulier sur les côtes d'Afrique du Nord. Ce sont généralement des individus de moyenne et de grande taille qui se rencontrent sur les côtes françaises, où leur arrivée et leur renouvellement sont encore très peu connus. Il semble cependant qu'en 1993, et pour la première fois, des mérous se soient reproduits le long des côtes méditerranéennes françaises, puisque quelques juvéniles ont été récoltés.

Mesures de conservation. Cette espèce ne fait l'objet d'aucune mesure de protection. Un contrôle strict de la pêche sous-marine permettrait sans doute de restaurer les populations.

Références bibliographiques.
Bauchot, 1980 ;
Quérot et al., *1987.*

Corb

Sciaena umbra Linnaeus, 1758

C. Ostéichtyens

O. Perciformes

F. Sciaenidés

Répartition actuelle

Distribution actuelle. Le Corb fréquente le nord-est de l'Atlantique, des eaux littorales du Sénégal, de Mauritanie, du Maroc et des Canaries jusqu'à la côte méridionale du Portugal ; plus rarement le sud du golfe de Gascogne. On le trouve aussi en Méditerranée, dans la mer Noire et la mer d'Azov.

Évolution historique et menaces. Le Corb est une espèce côtière qui peuple les zones rocheuses et les herbiers entre 5 et 30 m de profondeur. Autrefois très commun sur les côtes méditerranéennes françaises, le Corb s'est raréfié à partir des années 1965-1970, alors qu'il était resté abondant en Corse et très fréquent en Afrique du Nord. Puis, à partir des années 1983-1984, il a commencé à réapparaître sur nos côtes sans qu'aucune explication réellement satisfaisante puisse être avancée. Sa présence reste cependant précaire. Espèce sédentaire, peu farouche, le Corb est soumis à une forte pression prédatrice de la part des chasseurs sous-marins, rendant sa réinstallation aléatoire. Cette espèce pose le problème des fluctuations des populations de poissons dont les amplitudes et les mécanismes nous échappent encore. Les facteurs favorisant un bon recrutement sont aussi importants sur la dynamique de population des espèces que les phénomènes de prédation.

Mesures de conservation. Cette espèce ne fait l'objet d'aucune mesure de conservation.

Références bibliographiques.
Bauchot, 1980 ; Quérot et al., *1987.*

Bien que n'ayant pas d'existence réelle dans la classification des animaux, le groupe des Invertébrés rassemble tous les organismes dépourvus d'axe squelettique dorsal (corde ou colonne vertébrale). Il est composé de l'ensemble des êtres microscopiques qui constituent le sous-règne des Protozoaires et d'animaux plus complexes appartenant au sous-règne des Métazoaires, à l'exception des Procordés (Ascidie, Amphioxus) et des Vertébrés.

Le sous-règne des Protozoaires est constitué d'organismes unicellulaires dont certains ont une importance considérable, car ils sont à l'origine de maladies ou de parasitoses touchant directement l'homme (maladie du sommeil, paludisme…).

Le sous-règne des Métazoaires comporte des formes aux modes de vie très variés. Il s'agit des Éponges, Hydres, Méduses, Coraux, Vers (au sens large), Mollusques, Araignées, Insectes, Mille-Pattes, Crustacés, Oursins et Étoiles de mer, entre autres. Ils se caractérisent par l'absence de squelette interne, et la plupart ont un corps mou.

Les Invertébrés constituent, sans aucun doute, le plus grand groupe du règne animal avec plusieurs millions d'espèces connues dans le monde. Présents à tous les niveaux des équilibres biologiques, ils forment un maillon indispensable au fonctionnement et au maintien des écosystèmes.

Mais, malgré le rôle qu'ils tiennent dans les chaînes trophiques, ils sont rarement pris en compte dans les programmes d'aménagement ou de gestion du territoire, et un grand nombre d'espèces sont sur le déclin.

Il n'était pas possible dans un tel ouvrage d'aborder, comme pour les Vertébrés, toutes les espèces d'Invertébrés menacés au niveau national. En effet, les Invertébrés colonisent le plus souvent des biotopes très particuliers dans lesquels ils trouvent des conditions favorables. Mais ces milieux sont souvent fragiles et soumis à une forte pression anthropique : lorsqu'une biocénose disparaît dans une zone humide, sur le littoral ou en montagne à la suite d'actions humaines ou climatiques, plusieurs dizaines d'espèces d'Invertébrés disparaissent, et la majorité d'entre eux sont peu connus.

Il existe, en effet, peu d'études sur l'évolution des populations de certaines catégories d'Invertébrés en réponse aux perturbations. Il est donc difficile d'évaluer les menaces qui pèsent sur elles.

De plus, si le niveau des connaissances sur les espèces françaises de Vertébrés et de leur répartition commence à être satisfaisant, il n'en est pas de même pour les Invertébrés. Le constat est simple : la vision de la biodiversité de notre pays reste floue, car très sectorielle, et le nombre d'espèces présentes reste pratiquement inconnu. Il oscillerait entre 45 000 et 60 000.

Le problème des Invertébrés menacés ne peut donc s'appréhender qu'au travers du peu d'informations disponibles.
Cependant, l'état des connaissances sur l'évolution des populations de quelques espèces a permis de prendre des mesures de protection visant à enrayer la chute des effectifs.
Le parti a donc été pris de ne traiter dans ce chapitre que les espèces qui font l'objet de mesures de protection au titre de la réglementation nationale, de la directive européenne concernant la conservation des habitats naturels, ainsi que de la faune et de la flore sauvages (dite directive Habitat) et/ou de la convention internationale de Berne.
Les groupes d'Invertébrés qui possèdent des espèces protégées sont les Insectes (112 espèces), les Mollusques (67 espèces), les Crustacés (3 espèces) et les Échinodermes (1 espèce).
Les causes de la raréfaction ou de la disparition de ces espèces sont évoquées dans les chapitres suivants.

Philippe Keith

Les Insectes, qui se classent parmi les Arthropodes, se différencient des autres Invertébrés par une carapace externe. Leur corps est divisé en trois parties bien distinctes : la tête, le thorax et l'abdomen. Leur cycle évolutif comprend un état larvaire, puis un état adulte, durant lesquels leurs formes, leur alimentation et leur comportement sont souvent différents : la chenille se nourrit de feuilles, le papillon boit du nectar. Pour passer d'un état à l'autre, les Insectes se métamorphosent.

Ils représentent à eux seuls les trois quarts des espèces animales connues. Actuellement, 1 million d'espèces sont recensées. Tous les ans, de 4 000 à 5 000 espèces sont décrites dans le monde. Ce chiffre ne cesse d'augmenter, bien qu'une infime partie seulement des forêts tropicales soit inventoriée et que souvent, par manque de systématiciens, les prélèvements de faune soient partiels. Il reste encore plusieurs millions d'espèces à découvrir, et certains chercheurs avancent même le chiffre de plusieurs dizaines de millions (seulement 70 000 espèces de Vertébrés sont connues !). Si l'on voulait connaître aussi bien le monde des Insectes que celui des Oiseaux, il faudrait mille ans aux entomologistes !

On recense en Europe environ 150 000 espèces d'Insectes, dont 39 000 en France.

Les Insectes sont indispensables au fonctionnement des écosystèmes

Les Insectes peuplent tous les milieux terrestres et toutes les eaux douces. Ils se nourrissent aux dépens de substances animales ou végétales. La plupart d'entre nous les connaissent pour les dommages qu'ils occasionnent aux cultures et à la santé humaine, à certains stades de leur développement. Ces dommages concernent toutefois moins de 3 % des espèces connues. En réalité, les Insectes constituent l'un des éléments fondamentaux du fonctionnement de tous les écosystèmes terrestres. Ils jouent un rôle primordial dans la formation et dans la fertilisation des sols. On dénombre environ 10 kg d'insectes par hectare de sol dans une prairie en Normandie et 150 000 individus dans 1 m^2 de sol forestier. Ils interviennent également dans la fécondation des végétaux en transportant le pollen de fleur en fleur, et, par voie de conséquence, dans l'alimentation humaine ; 33 % de notre régime alimentaire, végétal ou protéique, dépend des insectes pollinisateurs. Il faut préciser également que de nombreux insectes entomophages limitent naturellement les populations d'Insectes.

De tout temps, ils ont été une ressource pour les hommes

En premier lieu, les Insectes sont source de nourriture pour de nombreux peuples qui les utilisent dans leur alimentation. Le Ver à soie *(Bombyx mori)* est domestiqué et élevé par l'homme depuis cinq mille ans en Chine. Chaque cocon dévidé donne à peu près 1 km de fil, à l'origine d'une industrie prospère.

Dans la médecine populaire, de nombreux insectes sont utilisés comme source de médicaments. C'est le cas, par exemple, d'un Coléoptère staphylinidé *(Paederus fuscipes)* qui produit la pédérine, puissant stimulateur de la croissance des tissus.

L'utilisation par l'homme de certaines cochenilles remonte aux temps les plus anciens ; les Kermès, outre leurs usages thérapeutiques, étaient une source de colorant très recherchée (rouge écarlate). Une autre espèce est encore commercialisée par certaines industries alimentaires et cosmétologiques.

La recherche scientifique et la bionique ont trouvé avec les Insectes de nombreuses sources d'inspiration. Le développement des connaissances sur la génétique, par exemple, est dû, pour partie, aux multiples travaux réalisés sur la Mouche du vinaigre *(Drosophila)*. Il en est de même dans les domaines de la biologie cellulaire, de la dynamique des populations, etc.

Les Insectes, par leur spécificité – association biologique (Hyménoptères pollinisateurs-plantes) ou phénomène de coévolution (association plantes-chenilles-fourmis) – peuvent apporter une réponse aux changements globaux dans la dynamique des écosystèmes.

Parnassius apollo francisi, disparu des monts du Forez (Puy-de-Dôme)

Verso Recto

Pieris manni andegava était localisée dans l'Ouest (Deux-Sèvres, Maine-et-Loire, Charentes, Gironde).

Verso Recto

Coennonympha oedippus sebrica, de l'ouest de la France, a disparu dans les années 1963-1965.

Verso Recto

De nombreuses espèces sont en danger dans le monde et en France

Malgré le rang qu'ils tiennent dans les équilibres biologiques et dans les chaînes trophiques, malgré le patrimoine génétique qu'ils représentent, les Insectes sont rarement pris en compte dans les programmes d'aménagement ou de gestion du territoire.

De par le monde, de nombreuses espèces ont déjà irrémédiablement disparu. L'extinction d'espèces est un phénomène tout à fait naturel. Cependant, l'exploitation des ressources naturelles amène une accélération du processus mille fois supérieure à la normale. Il faut savoir que la destruction des forêts tropicales (15 ha par minute) représente quotidiennement l'équivalent de 15 000 terrains de football, et que, entre 1960 et 1985, 40 % des marais côtiers bretons ont disparu !

Le Conseil de l'Europe considère que de 10 à 15 % des espèces sont menacées en Europe, dont une centaine de papillons de jour sur les 380 existantes. Certaines espèces ont déjà disparu ; le premier cas connu est celui de *Thersamolycaena dispar* en Angleterre en 1848. Depuis 1946, huit espèces se sont éteintes aux Pays-Bas.

En France métropolitaine, la liste des Insectes protégés compte cent onze espèces, dont soixante-dix-huit sont en danger si des mesures de protection ne sont pas prises rapidement (une serait peut-être déjà éteinte), vingt-et-une sont vulnérables (deux sont en cours d'extinction).

Les espèces figurant sur cette liste ne doivent pas cacher les nombreuses autres, qui sont, elles aussi, menacées : des Hyménoptères pollinisateurs (bourdons, abeilles solitaires, etc.), des papillons comme deux hespérides : l'Hespérie du Barbon *(Gegenes pumilio)*, peut-être déjà disparu du littoral des Alpes-Maritimes qui était la limite nord de son aire de répartition, le Miroir *(Heteropterus morpheus)*, espèce caractéristique des clairières, chemins et prairies intraforestiers. De nombreux Coléoptères, comme la belle Cétoine *Eupotosia koenigi* dont la sous-espèce *balcanica* Miskic vivant dans le sud de l'Ardèche, voient leurs populations décliner parce qu'elles subissent de forts prélèvements depuis plusieurs années.

Les causes de la régression des insectes sont multiples

Les Insectes ont des aires de répartition différentes d'une espèce à l'autre. À l'intérieur de ces aires, ils colonisent des milieux définis dans lesquels ils trouvent les conditions qui leur sont favorables, et ces biotopes sont souvent très particuliers. Il peut s'agir de reliques glaciaires qui offrent des conditions écologiques proches de celles du nord de l'Europe : climat froid et humide (tourbières) ou, au contraire, de pelouses sèches, milieux semi-naturels à influence méditerranéenne (végétation composée de Graminées et de Dicotylédones herbacées), ou de prés mouillés et de marais, de clairières et de forêts, de rivières, de lacs et d'étangs ou encore d'habitats souterrains.

La pression exercée par l'homme sur tous ces habitats relictuels est énorme. Par exemple, tourbières et pelouses sont morcelées. Les Insectes ne subsistent alors que dans quelques îlots résiduels, fragilisant leurs populations qui ne peuvent plus assurer d'échanges génétiques. Ces fragmentations sont souvent la cause d'extinction d'espèces. La surfréquentation des grottes provoque l'accumulation de produits toxiques qui rendent les habitats impropres. Le vandalisme, occasionnel ou organisé, pour l'extraction et la commercialisation d'objets fossiles ou préhistoriques, peut aboutir à la destruction des biotopes.

En France, peu d'études nous fournissent des informations rigoureuses sur l'évolution de la faune entomologique. Les quelques informations connues confirment une baisse généralisée des niveaux de population avec toutefois des différences sensibles selon la partie du territoire concernée. Pour le cas des Lépidoptères, les problèmes les plus cruciaux, liés à une forte industrialisation et à une agriculture intensive, se situent dans la partie nord-ouest. Cette région est au moins aussi dégradée que les Pays-Bas et le Luxembourg, où un tiers des papillons de jour ont disparu.

La baisse constante des populations d'Insectes réduit considérablement la biodiversité des milieux naturels et semi-naturels que l'homme s'approprie sans discernement. Les causes de la régression de l'entomofaune sont multiples.

La pollution de l'air et de l'eau : c'est à la pollution du Rhin que l'on attribue la disparition du Trichoptère *Hydropsyche tobiasi*. Ces pollutions menacent aussi les faunes cavernicoles extrêmement vulnérables aux modifications des conditions biotiques et abiotiques.

L'aménagement du territoire détruit de nombreux biotopes qui sont à jamais perdus. Ainsi, le nombre de papillons de jour diminue significativement lorsqu'on s'approche de Paris : de 61 espèces recensées à Thomery (au sud de Fontainebleau), on passe à seulement 10 espèces dans Paris intra-muros. Cette diminution de la diversité est le résultat du déséquilibre écologique des zones urbaines, directement lié au manque de diversité biologique des milieux.

La modification des pratiques agricoles ou sylvicoles. La suppression des haies et du bocage amène une réduction importante de la diversité biologique (réduire de 80 % la surface d'une prairie provoque la disparition de 33 % des espèces de carabes). La destruction irrémédiable de milieux caractérisés par une faune et par une flore spécifiques tels que les pelouses sèches (en Champagne crayeuse, 110 000 ha ont été mis en culture ces trente dernières années), les prés mouillés et les tourbières asséchés par le drainage, pose le problème de l'isolement des populations. Les biotopes des milieux ouverts de montagne peuvent être détruits par le surpâturage, qui aboutit parfois à la destruction des plantes nourricières ou, au contraire, par la fermeture de ces milieux si l'activité pastorale est supprimée. Actuellement, l'utilisation de produits vermifuges appliqués aux animaux d'estive provoque une mortalité significative des coléoptères coprophages, réduisant leur rôle dans le recyclage des fèces.

La monoculture forestière (enrésinement) et le boisement des clairières amènent une baisse généralisée des populations d'Insectes et de leur diversité. (En France, 10 % de la faune des papillons vit aux dépens de diverses espèces de Chênes.)

Que dire de l'impact négatif que peut avoir sur l'ensemble de l'entomofaune l'utilisation irraisonnée des pesticides ? Bien que 80 % des produits de traitement n'atteignent pas leur cible (défaut d'application, dégradation solaire…), il n'en reste pas moins vrai qu'ils exercent une pression de sélection sur les organismes vivants et en réduisent la diversité spécifique. Quant aux herbicides, ils détruisent les plantes hôtes des Insectes.

D'autres problèmes préoccupants sont liés à la déprise agricole. En effet, certains terrains

Liste des Insectes protégés en France métropolitaine et statuts de menace

En danger	⚠
Leste enfant	*Sympecma annulata* (= *paedisca*) *
Agrion de mercure	*Coenagrion mercuriale*
Gomphe à pattes jaunes	*Gomphus flavipes*
Leucorrhine à front blanc	*Leucorrhinia albifrons*
Leucorrhine à gros thorax	*Leucorrhinia pectoralis*
Leucorrhine à large queue	*Leucorrhinia caudalis*
Criquet rhodanien	*Prionotropis rhodanica*
Grand Dytique	*Dytiscus latissimus*
Barbot ou Pique-prune	*Osmoderma eremita*
Carabe à reflets d'or	*Chrysocarabus auronitens* ssp. *subfestivus*
Carabe de Solier	*Chrysocarabus solieri*
Aphaenops (34 espèces)	*Aphaenops* sp.
Hydraphaenops (14 espèces)	*Hydraphaenops* sp.
Apollon	*Parnassius apollo*
Solitaire	*Colias palaeno*
Nacré de la Canneberge	*Boloria aquilonaris* **
Nacré de la Bistorte	*Proclossiana eunomia*
Damier des Knauties	*Euphydryas (Eurodryas) desfontainii* **
Damier de la Succise	*Euphydryas (Eurodryas) aurinia*
Damier du Frêne	*Euphydryas (Eurodryas) maturna*
Fadet des Laîches ou Œdipe	*Coenonympha oedippus*
Daphnis ou Fadet des tourbières	*Coenonympha tullia*
Mélibée	*Coenonympha hero*
Bacchante	*Lopinga achine*
Cuivré de la Bistorte	*(Lycaena) Helleia helle*
Cuivré des marais	*(Lycaena) Thersamolycaena dispar*
Protée ou Azuré des mouillères	*Maculinea alcon*
Azuré de la Sanguisorbe	*Maculinea telejus*
Azuré du Serpolet	*Maculinea arion*
Azuré des paludes	*Maculinea nausithous*
Écaille des marais	*Diacrisia (Rhyparioides) metelkana* *
Vunérables	Ⓥ
Gomphe à cercoïdes fourchus	*Gomphus graslinii*
Gomphe serpentin	*Ophiogomphus cecilia*
Cordulie à corps fin	*Oxygastra curtisii*
Criquet hérisson	*Prionotropis hystrix* ssp. *azami*
Rosalie des Alpes	*Rosalia alpina*
Carabe à reflets cuivrés	*Chrysocarabus auronitens* ssp. *cupreonitens*
Carabe doré de Provence	*Carabus auratus* ssp. *honnorati*
Trichaphaenops (5 espèces)	*Trichaphaenops* sp.
Petit Apollon	*Parnassius phoebus*
Semi-Apollon	*Parnassius mnemosyne*
Diane	*Zerynthia polyxena*
Proserpine	*Zerynthia rumina*
Porte-queue de Corse	*Papilio hospiton*
Alexanor	*Papilio alexanor*
Moiré des sudètes	*Erebia sudetica*
Isabelle de France	*Graellsia isabellae*
Écaille-brune ou Matrone	*Pericallia matronula*
Indéterminés	❓
Cordulie splendide	*Macromia splendens*
Magicienne dentelée	*Saga pedo*
Graphodère à deux lignes	*Graphoderus bilineatus*
Grand Capricorne	*Cerambyx cerdo*
Zygène cendrée ou Zygène Rhadamanthe	*Zygaena rhadamanthus*
Zygène de la Vésubie	*Zygaena brizae* ssp. *vesubiana*
Piéride de l'Æthionème	*Pieris ergane*
Nacré tyrrhénien	*Fabriciana elisa*
Laineuse du Prunellier	*Eriogaster catax*
Sphinx de l'Épilobe	*Proserpinus proserpina*
Sphinx de l'Argousier	*Hyles hippophaes*
Écaille funèbre	*Phragmatobia (Arctinia) caesarae*

* espèce peut être disparue.

** espèce en cours d'extinction.

Ne figure pas dans ce document *Cucujus cinnaberinus* ; cette espèce a été citée en France au début du siècle et n'a plus été observée depuis.

laissés à l'abandon sont envahis par une végétation arbustive qui entraîne la modification, puis la disparition, des biotopes favorables.

N'oublions pas les milieux souterrains dans lesquels la pollution chimique, liée à l'industrialisation, à l'urbanisation et aux accidents de transport de produits polluants, touche en premier les habitats souterrains aquatiques, et en second les terrestres. Les risques de pollution accidentelle sont élevés, en particulier par les hydrocarbures. Le karst, par ses très faibles capacités de filtration, y est particulièrement sensible.

L'implantation de dépôts d'ordures dans des dolines karstiques et le lessivage des produits toxiques qu'ils renferment est une autre cause de destruction de la faune.

Cette simple énumération n'est pas exhaustive. Nous n'avons pas parlé des facteurs climatiques qui, à court ou à moyen terme, ont une influence sur la répartition spatiale des espèces, tant en altitude *(Parnassius...)* qu'en extension géographique (Orthoptères...). Il faut hélas mentionner également les prélèvements abusifs effectués à des fins mercantiles, sur des populations isolées et à faible effectif (disparition depuis 1908 de la sous-espèce française de *Thersamolycaena dispar* ssp. *gronieri).*

Les Insectes sont porteurs d'une diversité biologique exceptionnelle. Leur forme, leur couleur, leur comportement, leur formidable pouvoir d'adaptation, leurs moyens de communiquer comme les relations qu'ils entretiennent avec les plantes ont toujours fasciné les hommes. De nombreuses espèces sont menacées.

La gestion de ce patrimoine naturel relève de notre responsabilité.

Robert Guilbot

Remerciements

Ce travail a été réalisé avec la participation de H. Descimon, J. Lhonoré et G. Luquet, qui m'ont communiqué des informations inédites sur l'évolution des Lépidoptères. Je me suis inspiré de leurs travaux réalisés, notamment, dans le cadre de contrats de recherche obtenus, conjointement avec l'O.P.I.E., auprès du ministère de l'Environnement. Le chapitre sur les Insectes cavernicoles a été rédigé avec la collaboration de Ch. Juberthie. Je ne saurais trop remercier ceux qui, de longue date, se sont investis dans le domaine de la biologie de la conservation des Insectes et ceux qui nous ont rejoints. Tous m'ont permis, par leur collaboration directe ou indirecte, de réaliser cette partie de l'ouvrage consacrée à l'entomofaune : L. Bigot, A. Chauliac, G. Coppa, R. Coutin, J.-Y. Crétin, J.-L. Dommanget, A. Foucart, Ph. Fouillet, P. Leblanc, J.-C. Malausa, G. Moragues, J.-C. Robert.

Qu'un hommage soit aussi rendu à tous les entomologistes dont les travaux se sont concrétisés par des publications dans les revues d'entomologie.

Merci à l'Office pour l'information écoentomologique (O.P.I.E.), notamment à G. Ricou, sa présidente, ainsi qu'à J. Lecomte, président du comité permanent du Conseil national de la protection de la nature pour leurs conseils.

Je ne peux oublier l'Institut national de la recherche agronomique (I.N.R.A.) qui soutient les activités de l'O.P.I.E.

Leste enfant

Sympecma paedisca Brauer, 1882

O. Odonates

F. Lestidae

Peut-être disparu

Distribution actuelle. Le Leste enfant est largement distribué en Asie ; son aire de répartition s'étend sur toute l'Europe centrale. L'Europe de l'Ouest est sa limite occidentale, son aire s'arrêtant au Rhône.

Évolution historique et menaces. Cette libellule se maintient en Hollande, dans quelques régions du sud de l'Allemagne et du nord de l'Italie ; elle ne subsiste en Suisse que dans deux localités du Valais central alors qu'avant 1970 treize localités l'abritaient. En France, cette espèce, si elle n'a pas disparu, doit être très localisée et fortement menacée. La bibliographie l'indique uniquement dans les départements de l'Isère et des Alpes-Maritimes. Il n'y a pas d'observations récentes. Il existe peu d'informations sur sa biologie et son comportement. Les adultes hivernent dans les bois proches des sites de ponte jusqu'à la mi-mai, époque où ils reprennent leur activité jusqu'au début du mois de juillet. Le développement larvaire est rapide ; les premiers imagos volent dès le mois d'août. Cette espèce affectionne les eaux stagnantes de type mésotrophe à eutrophe envahies d'une végétation luxuriante : fossés, mares, marais et étangs de plaine des régions chaudes ceinturés de roseaux, de scirpes ou de laîches.

Répartition actuelle

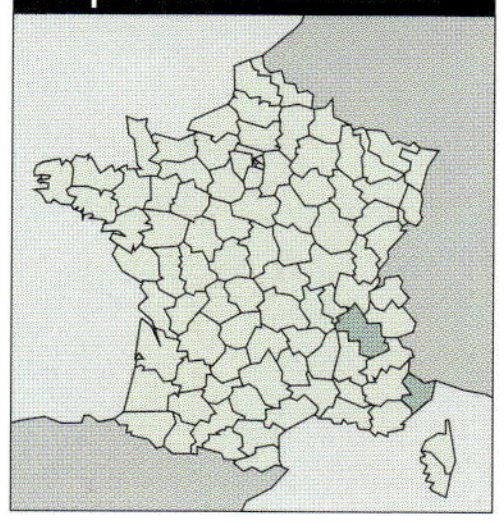

Mesures de conservation. Il faut poursuivre la recherche de cette espèce sur le territoire français. En cas de découverte, il importe de protéger ses biotopes par la création de réserves et d'assurer un suivi des populations. Cette espèce est protégée en France par l'arrêté du 22 juillet 1993, et inscrite à l'annexe II de la convention de Berne et à l'annexe IV de la directive Habitats.

Agrion de Mercure

Coenagrion mercuriale (Charpentier, 1840)

O. Odonates

F. Coenagrionidae

Moitié nord de la France

Partout ailleurs

Distribution actuelle. L'Agrion de Mercure vit dans le centre et le sud-ouest de l'Europe. On en trouve quelques indications au sud de l'Angleterre et du pays de Galles. En France, cette libellule est très disséminée – pourtour méditerranéen, dans l'Ouest et le Sud-Ouest. À l'est, elle a été observée dans le Bas-Rhin, et, plus au sud, dans l'Isère.

Évolution historique et menaces. En Autriche, l'espèce n'est connue que dans une seule localité (Tyrol). En Belgique, elle se rencontre encore dans la province de Namur. Elle a été redécouverte en 1984 dans la région de Beauraing et observée régulièrement depuis. Elle n'est plus observée au Luxembourg depuis les années 1950-1960. En Suisse, elle a disparu d'une quinzaine de localités et est limitée au seul canton de Zurich. En Allemagne, sa disparition semble inéluctable. En France, la connaissance de la répartition de l'Agrion de Mercure a progressé depuis une dizaine d'années. Il a été observé en 1987 dans trois localités d'Indre-et-Loire où il est surveillé depuis. Il est connu dans le nord de la Mayenne. De belles populations existent en Haute-Marne. Il a été observé dans la Nièvre, la Saône-et-Loire, la Savoie, le Gard et en Ardèche, puis dans l'Ariège. Il n'a pas été observé en Corse. Depuis le siècle dernier, aucune observation n'a été effectuée dans le département de la Haute-Garonne. Depuis cinquante ans, cet Agrion n'est plus observé dans plusieurs départements, en particulier dans l'Orne, la Mayenne, le Rhône, la Haute-Savoie, les Hautes-Pyrénées. Cet Agrion se rencontre dans les cours d'eau calcaire à courant plus ou moins vif, souvent ensoleillés – petits ruisseaux, fossés, effluents de sources, de marais de pentes envahis de joncs. Il ne semble pas se développer au-dessus de 700 m.

Répartition actuelle

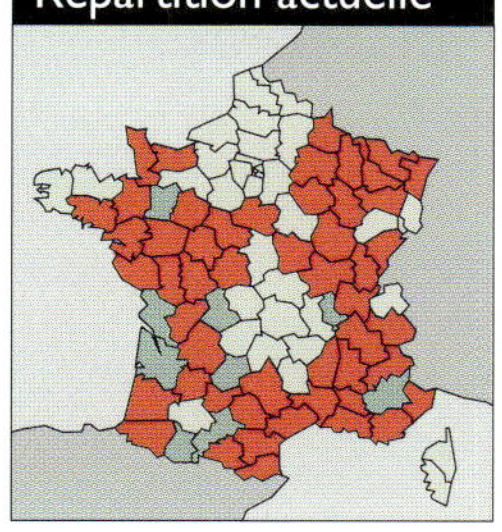

Mesures de conservation. Les localités connues doivent être protégées de la pollution et de l'eutrophisation. Il est indispensable de contrôler tout aménagement des cours d'eau. Des études doivent être réalisées pour approfondir son écologie, l'état de ses populations et sa répartition géographique. Cette espèce est protégée en France par l'arrêté du 22 juillet 1993. Elle est inscrite à l'annexe II de la convention de Berne et à l'annexe II de la directive Habitats.

■ Courant, assez courant, parfois localisé

■ Rare, occasionnel ou à confirmer

Gomphe à pattes jaunes

Gomphus flavipes (Charpentier, 1825)

O. Odonates

F. Gomphidae

Distribution actuelle. Le Gomphe à pattes jaunes vit en Europe centrale et orientale jusqu'en Asie. En France, on le rencontre dans l'Est, où il peut être observé lors de ses migrations vers le sud. Il est connu dans le Centre. Il est assez commun dans le bassin moyen de la Loire.

Évolution historique et menaces. Le Gomphe à pattes jaunes aurait disparu des Pays-Bas au début du siècle et du Luxembourg dans les années 1950-1960, puis de l'ouest de l'Allemagne depuis une cinquantaine d'années : il ne subsiste aujourd'hui qu'une population à l'est, sur la Spree. En Suisse, nos collègues le considèrent comme disparu. Il est éteint au Royaume-Uni. Son statut est inconnu dans de nombreux pays où il avait été observé au siècle dernier : Bulgarie, Roumanie, Luxembourg. Chez nous, ce Gomphe n'a pas été retrouvé dans les départements du Doubs, du Rhône, du Val-d'Oise, où il avait été signalé au XIXe siècle ; ni dans ceux du Maine-et-Loire, de la Seine-Maritime et des Bouches-du-Rhône, où il a été signalé entre 1900 et 1950. Actuellement, il est observé dans les départements de la Vienne, de l'Indre-et-Loire et de l'Allier, près de Vichy. Il a été récemment découvert dans la Nièvre (1990). Le Gomphe à pattes jaunes fréquente les grands cours d'eau non pollués. Les larves vivent enfouies dans le sable ou le limon.

Mesures de conservation. Le déclin de cette espèce est lié aux nombreuses pollutions touchant les

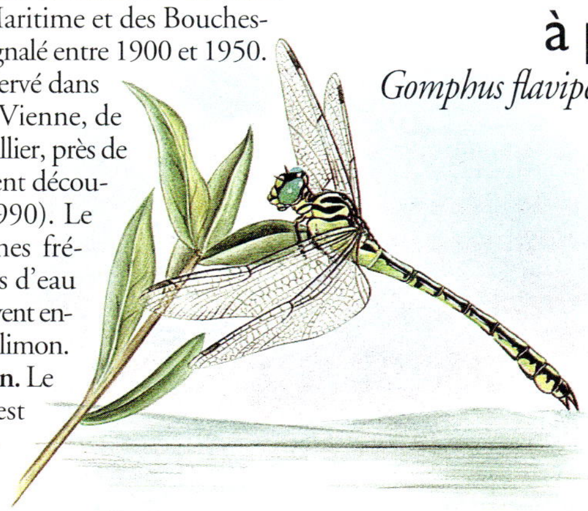

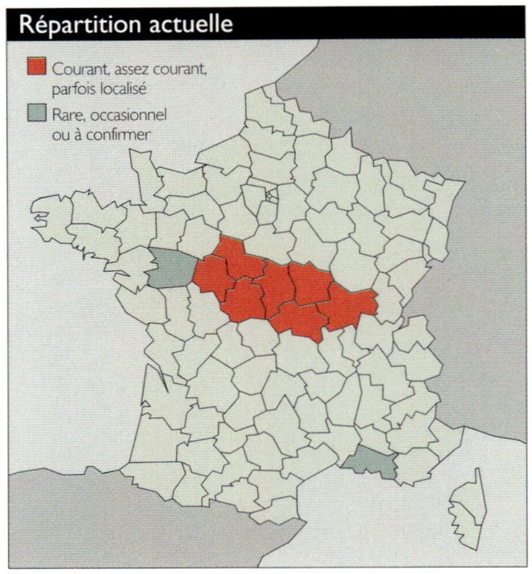

rivières et les fleuves. Il est urgent de protéger les systèmes fluviaux de toute pollution et si possible les bassins entiers. Il serait important de préciser son statut sur l'ensemble de son aire de distribution. Cette espèce est protégée en France par l'arrêté du 22 juillet 1993, elle est inscrite à l'annexe II de la convention de Berne, puis aux annexes II et IV de la directive Habitats.

Gomphe à cercoïdes fourchus

Gomphus graslinii Rambur, 1842

O. Odonates

F. Gomphidae

Distribution actuelle. Le Gomphe à cercoïdes fourchus vit en France centrale et méridionale et au sud de l'Espagne. Il se rencontre dans les Pyrénées-Atlantiques, l'Hérault, le Gard, l'Aveyron, le Tarn, le Tarn-et-Garonne, le sud du département du Lot et de la Dordogne, puis dans la partie sud de l'Indre, de l'Indre-et-Loire et de la Sarthe, où il atteint là sa limite extrême de répartition.

Évolution historique et menaces. En Espagne, cette libellule est en danger ; de petites populations subsistent dans quelques provinces d'Andalousie. Elle n'a plus été signalée depuis plus de quarante-cinq années dans les départements suivants : Gironde, nord de la Dordogne et du Lot, Charente-Maritime, Vienne, Deux-Sèvres, et Maine-et-Loire. Cette espèce est généralement peu abondante dans la plupart de ses localités connues. Elle est très localisée ; ses larves vivent dans les eaux à faible courant, souvent bordées d'une végétation arbustive abondante : Saule, Aulne, Peuplier… Elle cohabite souvent avec *Macromia splendens,* autre espèce protégée au niveau national, et *Oxygastra curtisi.* On observe les adultes de *G. graslinii* de juin à la mi-août.

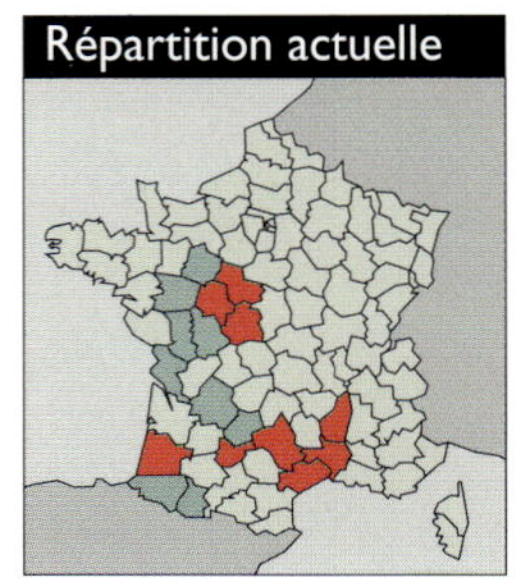

Mesures de conservation. Il n'existe pas d'étude spécifique sur cette espèce, il est donc urgent de développer les recherches sur sa biologie, sur l'état de ses populations et de sa répartition en France. Il semble que cette libellule soit sensible aux pollutions du milieu ; il convient donc d'éviter le drainage et le lessivage des sols agricoles, les rejets d'effluents domestiques ou industriels proches de ses biotopes. Cette espèce est protégée en France par l'arrêté du 22 juillet 1993, elle est inscrite à l'annexe II de la convention de Berne, puis aux annexes II et IV de la directive Habitats.

Gomphe serpentin

Ophiogomphus cecilia (Fourcroy, 1785)

O. Odonates

F. Gomphidae

Distribution actuelle. Cette libellule est limitée à la Sibérie, à l'Asie centrale et à l'Europe du Centre et du Nord. En France, elle est connue en Alsace et dans les Vosges du Nord, en Haute-Normandie, puis du bassin moyen de la Loire jusqu'au département de la Haute-Loire. Cette espèce se trouve dans le Loir-et-Cher, aux environs de Chaumont-sur-Loire et à l'est de Blois. Elle a été observée dans le département de l'Allier, au sud de Moulins, puis sur la rivière Allier à Toulon.

Évolution historique et menaces. Le Gomphe serpentin, très menacé en Europe, est en voie de disparition en Allemagne. Il est éteint depuis 1950-1960 au Luxembourg. La dernière observation aux Pays-Bas remonte à 1936. En Autriche, il a disparu du Burgenland ; dans le reste du pays, il est rare et localisé. Au Danemark, il est en déclin. En France, cette espèce est généralement très localisée, mais observée assez régulièrement. Si elle a été signalée récemment dans de nouvelles localités (Vosges, Loir-et-Cher), il faut noter que l'espèce n'a plus été vue depuis 1900 dans les départements de la Meurthe-et-Moselle, de la Meuse, de la Moselle et du Maine-et-Loire, et depuis cinquante ans dans la Seine-Maritime. Le Gomphe serpentin affectionne les cours d'eau à fond sableux au courant vif, sans toutefois être trop rapide ; il recherche les eaux neutres ou légèrement acides.

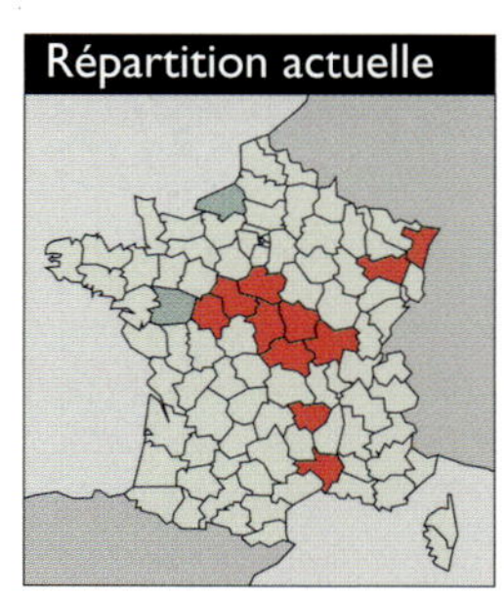

Mesures de conservation. La cause du déclin du Gomphe serpentin est principalement due à la pollution de l'eau et à la canalisation des ruisseaux. L'espèce semble habiter des biotopes très particuliers qu'il convient de protéger. Elle est protégée en France par l'arrêté du 22 juillet 1993, elle est inscrite à l'annexe II de la convention de Berne et aux annexes II et IV de la directive Habitats. Cette espèce fait actuellement l'objet d'une étude réalisée par le parc naturel régional des Vosges du Nord.

Cordulie à corps fin

Oxygastra curtisii (Dale, 1834)

O. Odonates

F. Corduliidae

Distribution actuelle. La Cordulie à corps fin vit en Afrique du Nord et dans le sud-ouest de l'Europe : Espagne, nord de l'Italie (principalement Préalpes et Apennins). En France, elle est commune dans les régions méridionales et occidentales. Elle est erratique en Champagne-Ardenne.
Évolution historique et menaces. L'essentiel des populations de cette libellule se trouve en France, au Portugal où l'espèce est très menacée et en Espagne. L'espèce a disparu des deux localités connues du lac Léman au début du siècle. Elle n'a plus été retrouvée après 1960 au Royaume-Uni. Dans les autres pays d'Europe, les populations sont en déclin pour des raisons liées à l'agriculture. En Suisse, où elle est rare, quelques populations survivent dans l'extrême sud du Tessin. En France, elle est localisée. Ses populations sont parfois importantes, mais il semble bien que certaines régressent. Ainsi, elle n'a plus été retrouvée depuis le début du siècle dans les départements de la Haute-Garonne, de la Gironde, de la Charente-Maritime et, depuis un demi-siècle de la

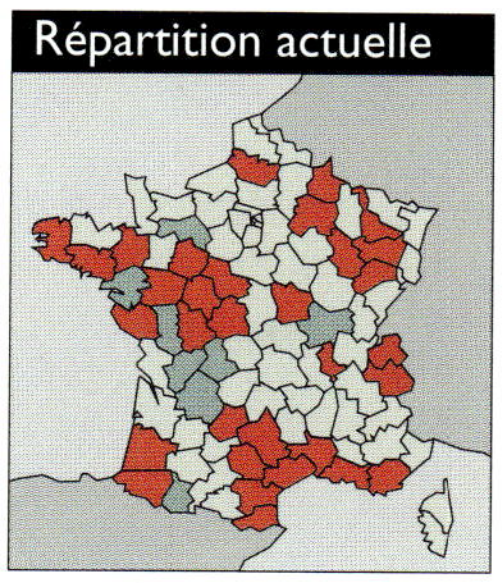

Haute-Vienne, de la Saône-et-Loire, de la Dordogne, de la Charente et des Deux-Sèvres. La Cordulie à corps fin est une espèce en régression. La larve se développe dans les rivières et les canaux à courant lent. Parfois dans les lacs. Des individus isolés peuvent fréquenter les étangs. Les adultes aiment les rives broussailleuses.
Mesures de conservation. Il semble indispensable de préciser le statut de cette libellule par des recherches sur sa biologie et sur sa répartition. Une gestion agricole raisonnée doit être mise en place sur l'ensemble de ses biotopes afin d'éviter toute pollution des eaux. Protégée en France par l'arrêté du 22 juillet 1993, elle est inscrite à l'annexe II de la convention de Berne et aux annexes II et IV de la directive Habitats.

Cordulie splendide

Macromia splendens (Pictet, 1843)

O. Odonates

F. Corduliidae

Distribution actuelle. La Cordulie splendide est connue uniquement dans le sud-ouest de la France, de l'Espagne et du Portugal. Elle semble bien établie dans le nord de l'Espagne, quoique localisée. Au Portugal, le statut de cette libellule n'est pas précisé et l'on ignore sa distribution. En France, on la trouve en région méditérranéenne : Var, Gard, Hérault, Aude, Aveyron, Tarn, Tarn-et-Garonne et Lot. L'espèce semble bien établie dans la partie ouest de la Lozère. Un individu mort a été observé à 620 m d'altitude aux environs de Florac, ce qui laisse à penser qu'elle pourrait se trouver aussi dans la partie sud de la Lozère. Elle est citée dans les Landes et la Dordogne, qui semblent constituer sa limite ouest. À l'est, elle ne paraît pas dépasser le département des Bouches-du-Rhône. Elle est absente des Pyrénées.

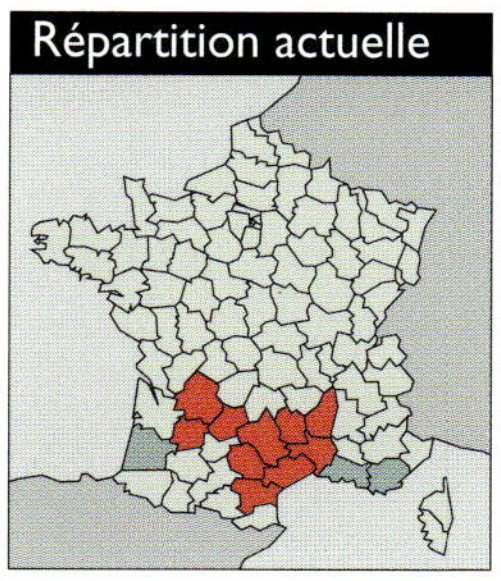

Évolution historique et menaces. Peu d'informations nous permettent de préciser l'évolution de cette espèce. On peut toutefois dire qu'elle n'a pas été revue depuis un siècle en Charente et dans les Bouches-du-Rhône. Quelques observations récentes l'indiquent en Ardèche. La Cordulie splendide fréquente les rivières à courant lent, assez profondes et aux eaux pures. C'est une espèce très localisée. On la rencontre souvent en présence, notamment, d'*Oxygastra curtisii* et de *Gomphus graslinii,* espèces elles aussi menacées.
Mesures de conservation. La pollution de l'eau et le profilage des cours d'eau sont néfastes à la survie de l'espèce. Il est indispensable d'éviter toute pollution des affluents de la Garonne, et plus particulièrement celle du Lot et de ses affluents. Protégée en France par l'arrêté du 22 juillet 1993, cette libellule est inscrite à l'annexe II de la convention de Berne et aux annexes II et IV de la directive Habitats. Des études ponctuelles ont été réalisées par des entomologistes adhérents à la Société française d'odonatologie.

Leucorrhine à front blanc

Leucorrhinia albifrons (Burmeister, 1839)

O. Odonates

F. Libellulidae

Distribution actuelle. La Leucorrhine à front blanc est connue en Europe moyenne et septentrionale et dans le sud de l'Asie occidentale. Cette libellule est très rare dans la plupart des pays d'Europe, hormis la Finlande. En France, elle se rencontre dans les zones de montagne jusqu'à 1 100 m d'altitude : Haute-Savoie, sud du département du Doubs, Jura ; puis dans le Centre-Ouest. Elle est citée dans les Landes, au sud-est du département de la Gironde, au sud de la Vienne et de l'Indre.

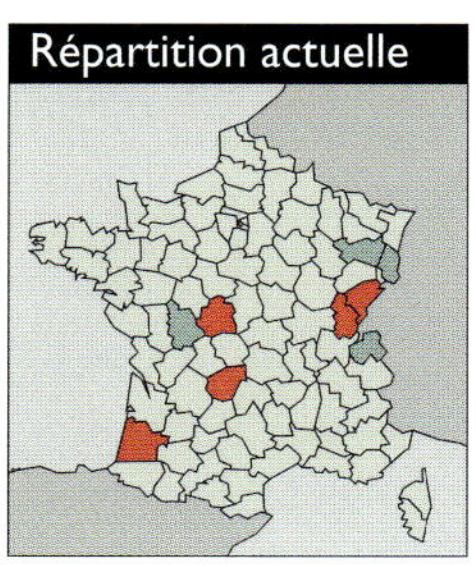

Évolution historique et menaces. La Leucorrhine à front blanc est en déclin en Allemagne. Elle est en cours d'extinction aux Pays-Bas : une seule localité subsiste dans le sud-est du pays. Les stations du nord-est de la Suisse ont disparu ; il ne reste actuellement dans ce pays que quatre sites connus (trois en Valais, un dans l'Ouest). En France, cette espèce n'a que de faibles effectifs. Elle a disparu des anciennes stations de la région parisienne, ainsi que de celles du département de la Moselle où elle était citée au siècle dernier. Elle n'a pas été revue depuis une cinquantaine d'années dans les départements de la Charente, de la Haute-Vienne, du Maine-et-

Loire et de la Sarthe. Cette espèce affectionne les landes et les tourbières mésotrophes. Extrêmement spécialisée, elle fréquente les étangs tourbeux acides, les eaux pauvres en substances nutritives à végétation flottante.

Mesures de conservation. C'est une espèce qui caractérise un biotope particulier. Elle est très sensible aux variations du milieu. Compte tenu de son déclin sur l'ensemble de son aire de répartition, les sites l'abritant doivent être préservés de l'eutrophisation. En France, elle est protégée par l'arrêté du 22 juillet 1993. Elle est inscrite à l'annexe II de la convention de Berne et à l'annexe IV de la directive Habitats. À notre connaissance, elle n'a pas fait l'objet d'une étude particulière.

Leucorrhine à gros thorax

Leucorrhinia pectoralis (Charpentier, 1825)

O. Odonates

F. Libellulidae

Distribution actuelle. La Leucorrhine à gros thorax vit dans le centre et l'est de l'Europe et au sud de la Scandinavie. Elle est connue actuellement dans une quinzaine de départements français. Elle se rencontre dans le Centre-Ouest (des Landes à la Sarthe), et dans la région parisienne, en Picardie et en Champagne-Ardenne. On la trouve dans deux localités du département des Vosges, dans une localité de Haute-Saône, et trois sites du Jura. Elle a été observée dans l'Isère.

Évolution historique et menaces. Elle n'est plus observée au Luxembourg depuis 1950-1960. En Belgique, elle est en danger, mais des populations très localisées ont été redécouvertes en 1981 en Campine. En Suisse, elle n'est plus signalée que dans les tourbières de la partie septentrionale. Elle est vulnérable en Norvège, en danger d'extinction au Danemark où, récemment, deux sites viennent d'être découverts. En Hongrie, elle est en fort déclin ; quelques populations sont connues aux lacs de Fertë et de Kis-Balaton, puis dans quelques localités du nord-est et du sud-ouest du pays. Dans le sud de son aire de répartition, cette libellule est rare, voire très rare ; elle semble plus commune dans le Nord. Elle n'a plus été observée depuis les années 1900 en Seine-et-Marne et dans le Maine-et-Loire. Dans le département de la Moselle, elle semble avoir régressé du fait de l'abandon de l'exploitation de la tourbe

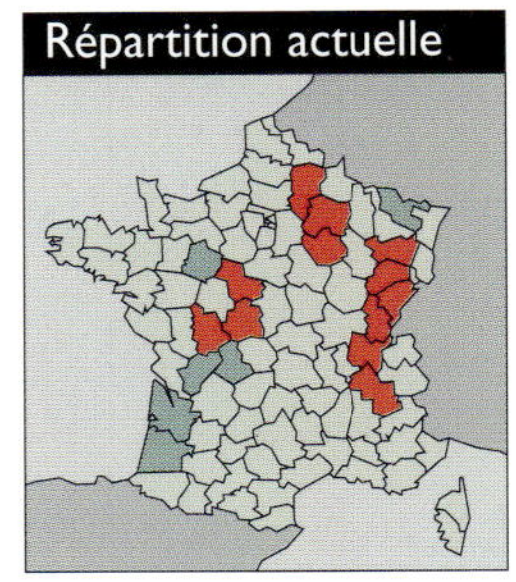

et du comblement d'anciennes fosses. Les larves se rencontrent dans les eaux stagnantes, peu profondes, des étangs, des marais de plaine, des anciennes carrières, des tourbières alcalines ou acides de plaine. les adultes s'éloignent peu de ces sites préférentiels. Leur période de vol se situe du mois de mai à la fin de juillet.

Mesures de conservation. La protection de la Leucorrhine à gros thorax passe par la gestion des zones humides oligotrophes et mésotrophes. On évitera l'exploitation intensive des tourbières, et, si nécessaire, on favorisera la création de nouvelles fosses. Il semble que les nouvelles méthodes piscicoles lui soient néfastes (apport de nourriture artificielle, introduction de poissons prédateurs). Cette espèce est protégée en France par l'arrêté du 22 juillet 1993. Elle est inscrite à l'annexe II de la convention de Berne et aux annexes II et IV de la directive Habitats.

Leucorrhine à large queue

Leucorrhinia caudalis (Charpentier, 1850)

O. Odonates

F. Libellulidae

Distribution actuelle. La Leucorrhine à large queue est connue en Europe centrale et orientale ; elle atteint ponctuellement l'Europe occidentale et le sud de la Scandinavie. En France, elle se limite au Centre-Ouest et à l'Est. Cette libellule est présente dans les départements du Maine-et-Loire et de l'Indre-et-Loire. On la trouve aussi dans la Vienne (réserve naturelle du Pinail). Récemment, elle a été découverte dans l'Isère, puis dans le Jura.

Évolution historique et menaces. La Leucorrhine à large queue est éteinte en Hollande depuis 1970 ainsi qu'en Belgique, au Danemark et dans l'est de l'Allemagne ; elle n'est pas abondante dans le reste de ce pays. En Suisse, sa situation est très critique ; deux sites seulement sont actuellement connus dans le nord-est. Elle est en danger en Norvège et en fort déclin en Hongrie, où l'on assiste à sa régression sur l'ensemble du territoire. Toutefois, de nouvelles populations qui semblent bien implantées ont été récemment découvertes dans le sud-ouest du pays (vallée de la rivière Drava). Elle est vulnérable en Russie. Avant 1900, elle était citée dans la Moselle. Des données régionales difficiles à confirmer l'ont signalée en Meurthe-et-Moselle et dans la Meuse. À cette époque, elle a aussi été observée dans le Val-d'Oise et en Gironde. Aucune information récente ne confirme ces observations. Cette Leucorrhine fréquente les tourbières et les marais, dont elle recherche

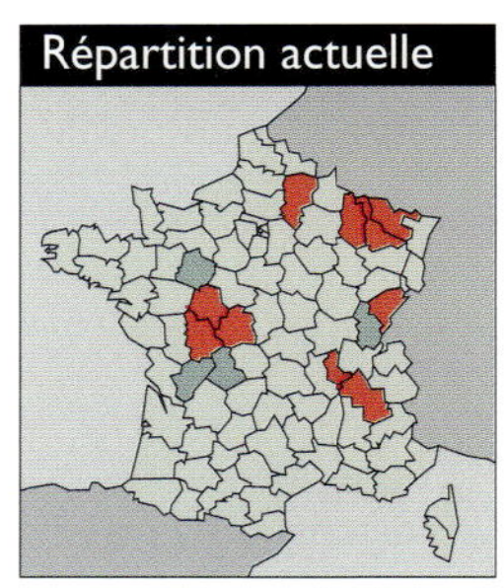

les eaux stagnantes et légèrement acides. Elle se rencontre aussi dans les petits lacs et les grands étangs pourvus d'une végétation aquatique et subaquatique abondante.

Mesures de conservation. Les causes de la régression de l'espèce sont liées à la destruction de son habitat et à la pollution par eutrophisation et oligotrophisation des landes. Il semblerait que le réempoissonnement des étangs avec des carpes et des tanches lui soit néfaste. Il convient de préciser sa cartographie, de protéger rapidement les biotopes identifiés et d'effectuer des recherches sur sa biologie afin d'établir des plans de gestion qui lui seraient spécifiques. Cette libellule est protégée en France par l'arrêté du 22 juillet 1993. Elle est inscrite à l'annexe II de la convention de Berne et à l'annexe IV de la directive Habitats.

Courant, assez courant, parfois localisé

Rare, occasionnel ou à confirmer

Criquet rhodanien

Prionotropis rhodanica Uvarov, 1922

O. Orthoptères

F. Pamphagidae

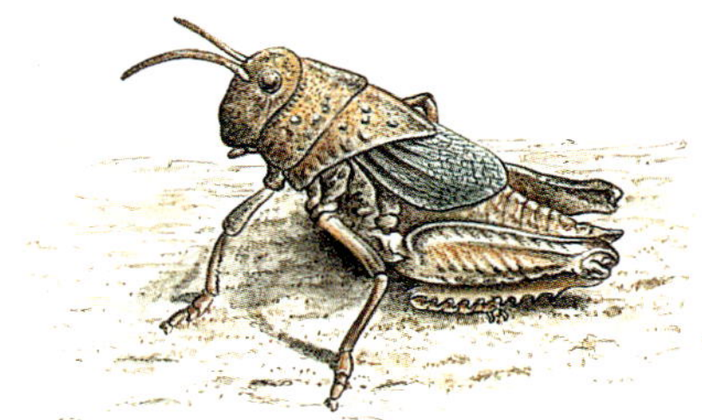

Distribution actuelle. Le Criquet rhodanien est endémique dans notre pays. Sa répartition se limite aux « coussous » de la plaine de la Crau, dans les Bouches-du-Rhône.

Évolution historique et menaces. Ce criquet de grande taille a été découvert entre Arles et Istres en juin 1919. Il est localisé aux pelouses à Asphodèles *(Asphodelus fistulosus)* et à Stipe *(Stipa capillata)* du delta fossile de la Durance. Il fréquente tous les faciès du coussou, quels que soient la densité de la couverture de galets siliceux, leur volume et les formations végétales dominantes. Il se rencontre dans le faciès à Agropirum, à Brome, Poa, Fétuque, à *Lavandula latifolia.* La densité de sa population est variable selon les années – elle dépend étroitement des conditions climatiques locales. Avant 1940, il semble que toute la population du Criquet rhodanien ait été abondante. Dans les années 1950, il pouvait encore être observé sans difficulté. Actuellement, il est très menacé.

Mesure de conservation. La menace principale qui guette le Criquet rhodanien repose sur la transformation inexorable du coussou, actuellement aménagé pour la culture, l'horticulture et les vergers, et gagné par des installations industrielles. La protection des biotopes par la mise place de réserves est indispensable et doit être accompagnée de la reprise des activités agropastorales traditionnelles. L'arrêté du 22 juillet 1993 permet la protection de son habitat.

Criquet hérisson

Prionotropis hystrix ssp. *azami* Uvarov, 1923

O. Orthoptères

F. Pamphagidae

Distribution actuelle. Le Criquet hérisson est une sous-espèce provençale d'une espèce décrite dans les Balkans. Dans notre pays, la répartition de ce criquet s'étend des Alpes-Maritimes aux Bouches-du-Rhône.

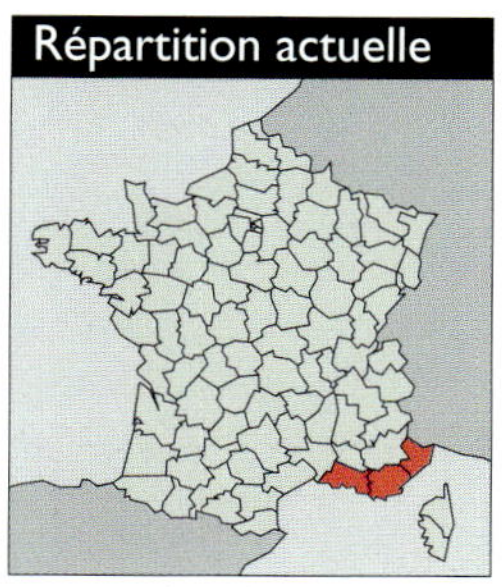

Évolution historique et menaces. Les deux territoires les plus connus du Criquet hérisson sont le plateau de Canjuers et le flanc nord de la Sainte-Victoire. Il forme des populations isolées les unes des autres, dont l'abondance annuelle est très variable. Souvent rare, il peut toutefois abonder dans certaines localités. Aucune menace importante ne pèse actuellement sur la majorité de ses biotopes. Dans certains sites, plus touristiques, le piétinement par les promeneurs peut vraisemblablement affecter les populations.

Mesures de conservation. C'est une espèce à prendre en compte lors de la création de réserves naturelles et des reboisements des zones détruites par les incendies. Il convient de mettre en place une gestion adaptée à ses exigences biologiques. L'arrêté du 22 juillet 1993 permet la protection de son habitat.

Magicienne dentelée

Saga pedo Pallas, 1771

O. Orthoptères

F. Sagidae

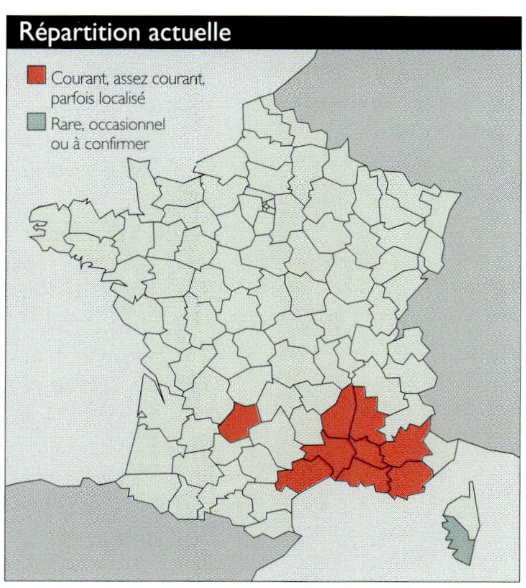

Distribution actuelle. La Magicienne dentelée est connue en Asie Mineure, dans le sud de la Russie, dans le Valais et le sud de l'Europe : pourtour nord de la Méditerranée.

Évolution historique et menaces. Cette sauterelle est en danger en République tchèque, en Hongrie, en Autriche et en Italie. Elle est très localisée en Suisse, en petites populations dans le Valais et les Grisons. Elle est vulnérable en Russie. En France, elle se rencontre dans toute la région méditerranéenne. Elle remonte assez haut la vallée du Rhône. Sa présence a été signalée depuis peu dans le département du Lot, qui constitue actuellement sa limite ouest. Elle a été découverte dans de nombreuses localités depuis une trentaine d'années. La répartition de cette espèce est plus étendue qu'on ne l'imaginait ; elle est peut-être en expansion vers le nord, comme ce fut le cas pour la Mante religieuse dans les années 1960. La Magicienne dentelée fréquente les garrigues. Elle ne se rencontre jamais en nombre, sauf dans certaines friches du flanc sud du Grand-Luberon. Ce massif semble héberger la population la plus importante de cette sauterelle qui présente un intérêt biologique considérable, car elle manifeste une parthénogenèse géographique. De mœurs carnassières, elle se nourrit principalement de sauterelles et de criquets.

Mesures de conservation. Il convient de protéger ses biotopes et de mettre en place une gestion adaptée à ses exigences biologiques. L'arrêté du 22 juillet 1993 permet la protection de son habitat. L'espèce est inscrite à l'annexe II de la convention de Berne et à l'annexe IV de la directive Habitats.

Grand Dytique

Dytiscus latissimus Linné, 1758

O. Coléoptères

F. Dytiscidae

Distribution actuelle. Le Grand Dytique est connu dans le nord et centre de l'Europe, en France septentrionale et orientale.

Évolution historique et menaces. Le Grand Dytique était autrefois assez répandu, mais ses populations régressent sur l'ensemble de son aire de répartition. En Allemagne et en Suisse, il est signalé en danger. En Hongrie, il est très rare (il n'y est connu que dans une seule localité). Au Danemark, il est signalé dans huit ou neuf sites. Il n'y a pas d'observation récente sur sa présence actuelle en Europe centrale et orientale. Il aurait disparu d'Autriche et des Pays-Bas. Erratique et sporadique en France, ce coléoptère aquatique était autrefois observé dans le Nord-Est, la Marne, l'Île-de-France, la Basse-Normandie. Dans les années 1930, il était cité dans le Centre (Sologne, Brenne…). Dans la Faune de France, en 1947, F. Guignot signalait déjà que l'on ne capturait plus cette espèce depuis plusieurs années et qu'elle paraissait en voie de disparition. La dernière citation française remonte à 1950, quand deux femelles ont été prises dans le Territoire de Belfort. Le Grand Dytique est une espèce de grande taille (40 mm et plus), relativement

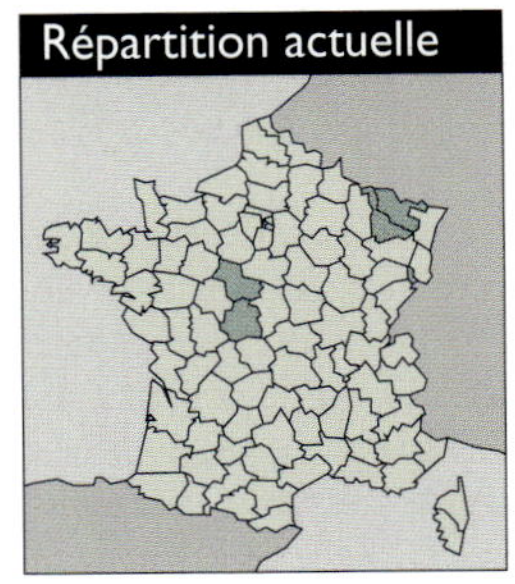

facile à identifier. Le peu d'observations confirme sa très grande rareté ; il se pourrait qu'il soit en voie d'extinction. Il fréquente les grands plans d'eau : lacs et étangs.

Mesures de conservation. Dans le cadre d'un plan de conservation des espèces, il serait souhaitable de réaliser des études sur l'écologie et la répartition géographique du Grand Dytique. Sa réintroduction pourrait être envisagée dans les grands plans d'eau du parc naturel régional de la forêt d'Orient. L'arrêté du 22 juillet 1993 permet la protection de son habitat. L'espèce est inscrite à l'annexe II de la convention de Berne et aux annexes II et IV de la directive Habitats.

Graphodère à deux lignes

Graphoderus bilineatus De Geer, 1774

O. Coléoptères

F. Dytiscidae

Distribution actuelle. Le Graphodère à deux lignes est connu en Europe septentrionale jusqu'à la Suède méridionale (il est absent de Finlande), en Europe centrale et occidentale.

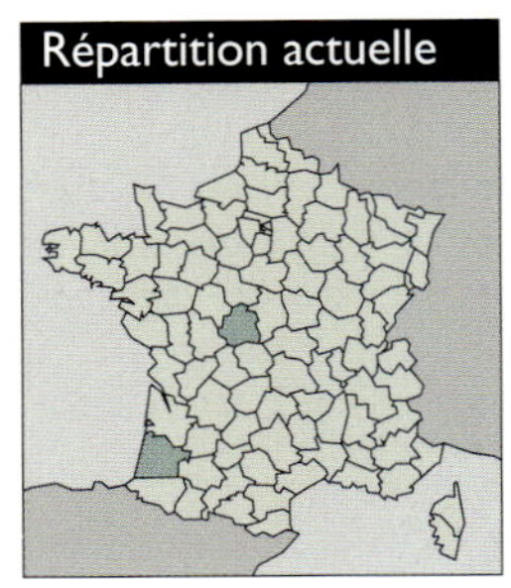

Évolution historique et menaces. Le statut du Graphodère à deux lignes est mal connu sur l'ensemble de son aire de répartition. Il serait en danger en Autriche, au Danemark, en Allemagne et serait éteint en Belgique depuis 1965 ainsi qu'au Royaume-Uni. Il est en cours d'extinction au Danemark, en danger en Norvège où seulement deux localités sont connues dans le sud, puis en Hongrie où ses populations sont très dispersées. En France, dans les années 1930, ce coléoptère aquatique était cité dans de nombreuses régions : Nord, Somme, Aube, Paris et ses environs (Meudon), Nord-Est (Vosges), Auvergne, Yonne, du bassin de la Saône à l'Ain ; dans le bassin de la Loire, de Moulins à Angers. Il était capturé très régulièrement il y a une dizaine d'années en Brenne. Il semble que cette espèce ait une large distribution sur notre territoire. L'état des populations n'est pas connu. Les multiples agressions à l'égard de ses biotopes (pollutions, assèchement des zones humides) peuvent faire craindre une baisse des effectifs. L'espèce, sédentaire, fréquente les eaux stagnantes riches en végétation.

Mesures de conservation. Dans le cadre d'un plan de conservation des espèces, il serait souhaitable de préciser le statut du Graphodère à deux lignes par des études sur son écologie, sur sa dynamique et sur sa répartition. L'arrêté du 22 juillet 1993 permet la protection de son habitat. L'espèce est inscrite à l'annexe II de la convention de Berne et aux annexes II et IV de la directive Habitats.

Barbot ou Pique-prune

Osmoderma eremita Scopoli, 1763

O. Coléoptères

F. Scarabaeidae

S.-F. Cetoniidae

Distribution actuelle. Le Barbot vit dans le sud et le centre de l'Europe, à l'exception des îles Britanniques, jusqu'à l'ouest de la C.E.I. Il est présent presque partout en France, surtout dans les régions de vieilles forêts de feuillus.

Évolution historique et menaces. Ce scarabée est en déclin dans tous les pays d'Europe à la suite de l'exploitation intensive des forêts anciennes. Il est éteint en Belgique où les dernières observations remontent à 1950 dans le Brabant. En Norvège et aux Pays-Bas, il est certainement éteint ou en cours d'extinction. En Finlande, son aire de répartition est réduite à deux sites (dans le sud-ouest). En France, on le rencontre un peu partout, localisé et généralement rare. Sa larve se nourrit de terreau et vit dans les cavités de vieux arbres feuillus (Saule, Hêtre…) et résineux (Ifs…).

Mesures de conservation. Il importe d'assurer une gestion forestière compatible avec la biologie de l'espèce : maintenir en place de vieux arbres – en particulier le Saule, le Chêne, le Hêtre… – et organiser

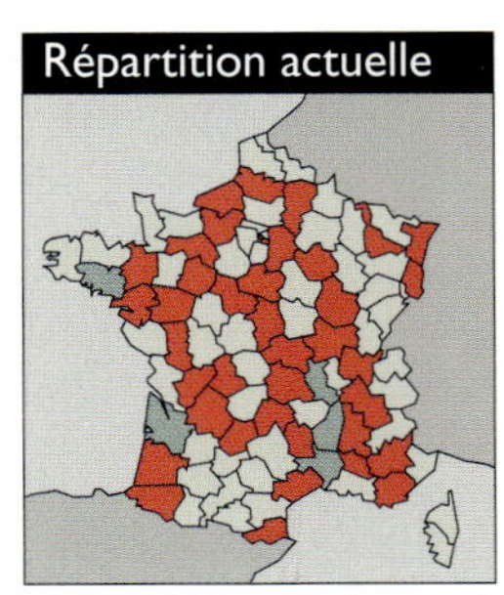

entre les massifs forestiers des couloirs permettant des échanges de populations. Dans le cadre d'un plan de conservation des espèces, en collaboration avec les partenaires concernés (Office national des forêts, entomologistes…), il conviendrait d'établir un état des populations, puis, parallèlement, de mettre en place sur l'ensemble du territoire un réseau de surveillance des populations. L'arrêté du 22 juillet 1993 permet la protection de son habitat. L'espèce est inscrite à l'annexe II de la convention de Berne et aux annexes II et IV de la directive Habitats.

Grand Capricorne

Cerambyx cerdo Linné, 1758

O. Coléoptères

F. Cerambycidae

Distribution actuelle. Le Grand Capricorne est connu dans toute l'Europe, dans l'ouest de la Russie, en Afrique du Nord et en Asie Mineure jusqu'au nord de l'Iran.

Évolution historique et menaces. Ce longicorne, jadis commun sur l'ensemble de son aire de répartition, voit actuellement ses populations régresser dans la partie orientale de l'Europe : Suède, République tchèque, Allemagne, Hongrie, Autriche. Il est en cours d'extinction aux Pays-Bas et vulnérable en Russie. En France, il est plus ou moins commun selon les régions. Il est absent du Nord, rare dans la Somme, plutôt rare dans les Vosges, encore plus rare en Bretagne et dans la Manche. Il serait en régression en Alsace. Sur le reste du territoire, l'espèce semble commune.

Mesures de conservation. En France, l'espèce ne semble pas actuellement menacée. Toutefois, si l'on tient compte de la régression des populations observée dans les pays voisins, à la suite de l'exploitation intensive des forêts, il conviendrait, dans le cadre d'un plan de conservation des espèces, en collaboration avec les partenaires concernés (Office national des forêts, entomologistes...), d'établir un état des populations, puis de mettre en place, sur l'ensemble du territoire, un réseau de surveillance. L'arrêté du 22 juillet 1993 permet la protection de son habitat. L'espèce est inscrite à l'annexe II de la convention de Berne et aux annexes II et IV de la directive Habitats.

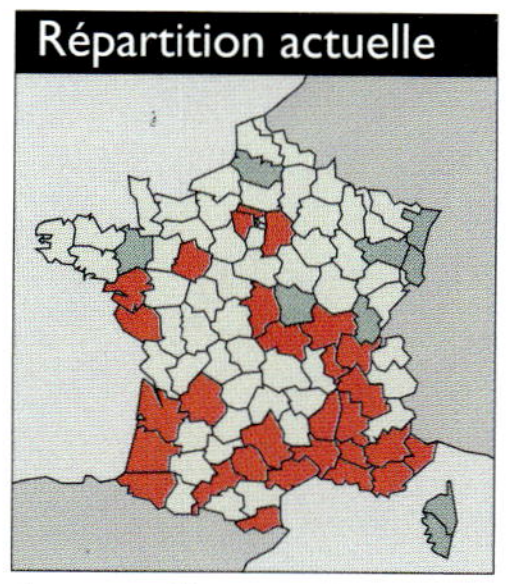

Rosalie des Alpes

Rosalia alpina (Linné, 1758)

O. Coléoptères

F. Cerambycidae

Distribution actuelle. La Rosalie des Alpes est connue dans l'Europe occidentale et centrale, jusqu'à la Russie. En France, elle se rencontre principalement sur les massifs montagneux – Alpes, Massif central, Pyrénées –, dans les Pays de la Loire, en Poitou-Charentes et dans le Centre.

Évolution historique et menaces. Les populations de la Rosalie des Alpes régressent dans de nombreux pays d'Europe. L'espèce est reconnue en danger en Autriche, en Bulgarie, en République tchèque, où elle est protégée, ainsi qu'en Allemagne, en Pologne, en Hongrie, en Grèce et au Liechtenstein. En France, elle est encore commune dans les régions montagneuses, mais se raréfie dans bon nombre de stations de plaine : dans les Deux-Sèvres où elle est limitée au Marais poitevin, en Charente, en Vendée et dans les Pays de la Loire, ainsi que dans l'Indre-et-Loire et le Loiret. Elle se développe principalement sur le Hêtre, le Chêne et le Saule.

Mesures de conservation. Ce longicorne est malheureusement soumis aux contraintes de l'exploitation intensive des forêts. En France, il semble actuellement menacé. Toutefois, il conviendrait, dans le cadre d'un plan de conservation des espèces, d'établir, en collaboration avec les partenaires concernés (Office national des forêts, entomologistes...), un état des populations. L'arrêté du 22 juillet 1993 permet la protection de son habitat. L'espèce est inscrite à l'annexe II de la convention de Berne et aux annexes II et IV de la directive Habitats.

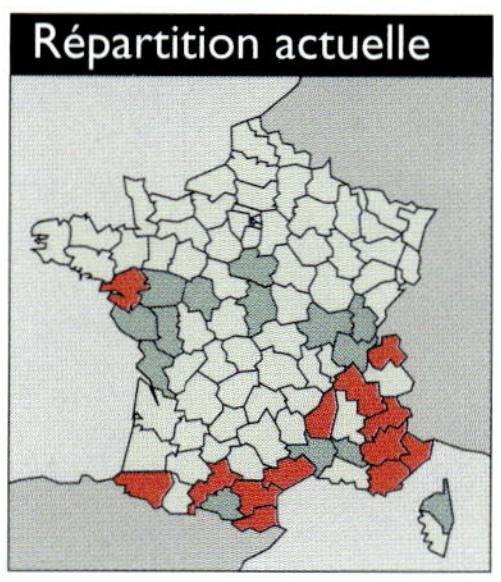

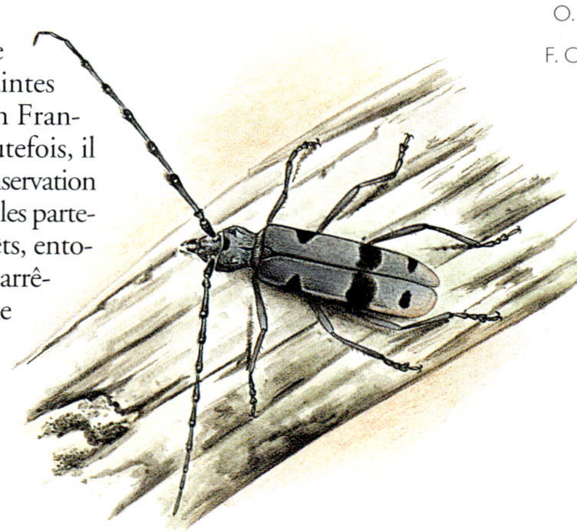

Carabe à reflets cuivrés

Chrysocarabus auronitens ssp. *cupreonitens* Chevrelat, 1861

O. Coléoptères

F. Carabidae

S.-F. Carabinae

Distribution actuelle. Une sous-espèce de Carabe à reflets cuivrés endémique à la France vit dans la forêt de Cerisy.

Évolution historique et menaces. Les populations du Carabe à reflets cuivrés semblent avoir régressé au cours de la dernière décennie. Dans une étude récente (1992), les données obtenues pour une période correspondant au principal pic d'activité annuel (période de reproduction) montrent que les populations actives sont peu importantes. Les milieux les plus riches sont les anciennes futaies au sous-bois hétérogène ou des zones de taillis sous futaie riches en micromilieux (talus, souches, buissons divers, ronciers, tapis de graminées et de mousses), situés au cœur du massif et sur sa périphérie. L'espèce a été très peu observée dans les parcelles artificialisées (jeunes plantations aux sous-bois dénudés).

Mesures de conservation. Ce carabe à faible pouvoir de dispersion est une espèce vulnérable. Les risques d'extinction ne sont donc pas négligeables pour cette petite population géographiquement limitée. Il est indispensable d'assurer une gestion forestière conduisant à préserver les vieilles hêtraies aux sous-bois diversifiés, lieu de prédilection de l'espèce. La richesse et l'hétérogénéité du milieu doivent être conservées, voire recréées, en particulier pendant et après les phases d'importante exploitation forestière (coupes et plantations). L'arrêté du 22 juillet 1993 permet la protection de son habitat.

Courant, assez courant, parfois localisé

Rare, occasionnel ou à confirmer

Carabe à reflets d'or

Chrysocarabus auronitens ssp. *subfestivus* Oberthür, 1884

O. Coléoptères

F. Carabidae

S.-F. Carabinae

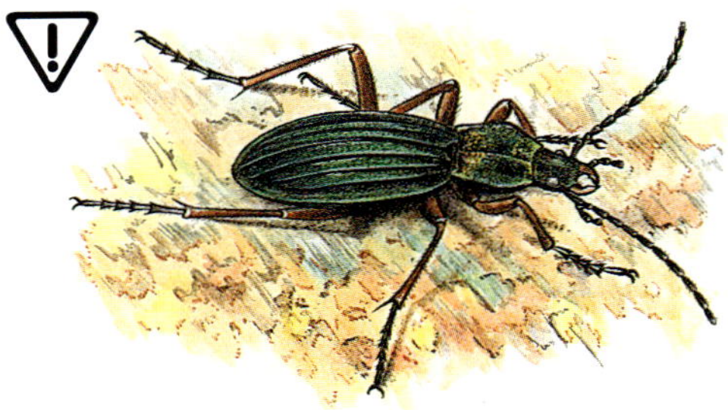

Distribution actuelle. Une sous-espèce de Carabe à reflets d'or endémique à la France vit en Bretagne.
Évolution historique et menaces. La répartition du Carabe à reflets d'or se limite strictement à la basse-Bretagne, au Finistère, aux Côtes-d'Armor et à l'extrême nord-ouest du Morbihan. Une quinzaine de massifs forestiers l'abritent actuellement. Son aire de répartition est de plus en plus morcelée, l'agriculture intensive s'étant substituée à la forêt. L'isolement des populations posera à terme un problème difficile à résoudre si l'on veut maintenir cette sous-espèce. Le Carabe à reflets d'or affectionne les forêts humides (précipitations 900-1 000 mm/an) de Hêtres et de Chênes en futaie et taillis. Il est absent dans les zones de plantations de Conifères. Sa régression est principalement due à la disparition de son habitat, à l'intensification de l'agriculture (disparition des petits bois et des réseaux bocagers qui permettaient les contacts entre les populations forestières), et à l'usage abusif des pesticides et des herbicides.
Mesures de conservation. Le maintien de ce carabe armoricain dépend entièrement de la protection et de la gestion de son habitat. Il faut éviter à tout prix le morcellement des massifs forestiers et l'enrésinement monospécifique. Mieux encore, il faudrait conserver les derniers lambeaux de forêts de basse Bretagne. Des études sur la dynamique et sur la génétique des populations semblent nécessaires, compte tenu de l'isolement dans lequel se trouve cette sous-espèce. L'arrêté du 22 juillet 1993 permet la protection de son habitat.

Carabe de Solier

Chrysocarabus solieri Dejean, 1826

O. Coléoptères

F. Carabidae

S.-F. Carabinae

Distribution actuelle. Le Carabe de Solier est limité en France aux Alpes méridionales et aux massifs voisins du Tanneron, de l'Esterel et du Rouet. On le retrouve en Italie dans les régions limitrophes, du Piémont à l'Apennin ligure.
Évolution historique et menaces. Cette espèce, assez peu connue jusqu'à un passé récent, a fait l'objet de nombreuses prospections dans les deux dernières décennies. On a découvert de très nombreuses populations très polymorphes et on a remarqué que les limites de son aire de répartition s'étaient largement étendues vers le nord et vers l'est. Cette espèce vit dans des milieux extrêmement diversifiés, s'échelonnant de la zone méditerranéenne jusqu'aux prairies alpines à plus de 2 500 m d'altitude. Elle a fait l'objet de divagations subspécifiques en dépit des règles élémentaires de la nomenclature, favorisant une collecte abusive, parfois mercantile. On ne peut toutefois pas juger objectivement de l'impact de ces prélèvements sur la démographie de l'espèce. Des menaces, bien plus graves, liées à la dégradation des biotopes, pèsent sur certaines populations : incendies, pratiques sylvopastorales…

Mesures de conservation. La richesse et l'hétérogénéité du milieu doivent être conservées, voire restaurées, si l'on veut garantir le maintien de l'ensemble des nombreuses populations de cette espèce très polymorphe. Il s'agit d'une espèce bien adaptée aux études sur la biologie des populations dans le cadre d'un plan de conservation des espèces. Localement, une meilleure surveillance devrait être mise en place pour éviter le prélèvement abusif des petites populations très localisées. L'arrêté du 22 juillet 1993 permet la protection de son habitat.

Carabe doré de Provence

Carabus auratus ssp. *honnorati* Dejean, 1826

O. Coléoptères

F. Carabidae

S.-F. Carabinae

Distribution actuelle. La sous-espèce du Carabe doré de Provence endémique à la France vit dans les Alpes-de-Haute-Provence, le Vaucluse et le Var. En limite de répartition, on trouve quelques populations isolées qu'il faut certainement rattacher à cette sous-espèce.
Évolution historique et menaces. Le Carabe doré était autrefois beaucoup plus répandu dans toutes les zones de culture. L'utilisation abusive des pesticides et l'intensification de l'agriculture l'ont fait disparaître de ces milieux. Il n'a survécu que dans certaines zones refuges en milieu naturel ou non traité chimiquement. Deux de ses populations (mont Ventoux et montagne de Lure), très polymorphes, comprennent de nombreuses variantes chromatiques, dont la forme *ventouxensis,* qui ont attiré de nombreux collectionneurs.
Mesures de conservation. La capture de ce carabe par des collectionneurs peu scrupuleux doit être surveillée. Parallèlement, il est indispensable d'assurer la protection et la gestion de son habitat. Il serait souhaitable de réaliser des études sur l'écologie et sur la répartition géographique de cette espèce. L'arrêté du 22 juillet 1993 permet la protection de son habitat.

Courant, assez courant, parfois localisé

Rare, occasionnel ou à confirmer

Toutes les espèces de Coléoptères cavernicoles sont très vulnérables. Leur vulnérabilité tient à la faible valence écologique, à la petite superficie de leurs aires de répartition (limitée parfois à une seule grotte) et à la faiblesse des effectifs des populations des carnassiers souterrains. La plus petite modification des conditions écologiques peut entraîner leur disparition.
La liste des espèces de Coléoptères souterrains protégés en France regroupe les *Aphaenops,* les *Hydraphaenops* et les *Trichaphaenops,* de la famille des *Carabidae* et de la sous-famille des *Trechinidae.* Renonçant à détailler la liste du statut des cinquante-deux espèces, qui deviendrait vite fastidieuse pour le lecteur, nous n'en présentons que quelques-unes, parmi les plus menacées. Mais bien d'autres espèces parmi les *Agostina* et les *Arctaphaenops,* par exemple, mériteraient notre attention tant leurs milieux sont en danger.
Ces espèces, rares et vulnérables, sont représentées en France dans les grottes des Pyrénées, des Alpes et du Jura. Les *Aphaenops,* avec trente-quatre espèces troglobies, sont exclusifs des Pyrénées, de même que les *Hydraphaenops* (quatorze espèces troglobies). Les *Agostina,* avec trois espèces, peuplent les grottes des Alpes méridionales, et les *Arctaphaenops,* dont une seule espèce est connue, vivent dans un gouffre dans les Alpes-de-Haute-Provence. Les *Trichaphaenops,* avec six espèces, peuplent le Jura, la Grande Chartreuse, le Vercors et le Devoluy.

Les Coléoptères souterrains

Aphaenops

Aphaenops sp. (34 espèces)

O. Coléoptères

F. Carabidae

S.-F. Trechininae

Répartition actuelle

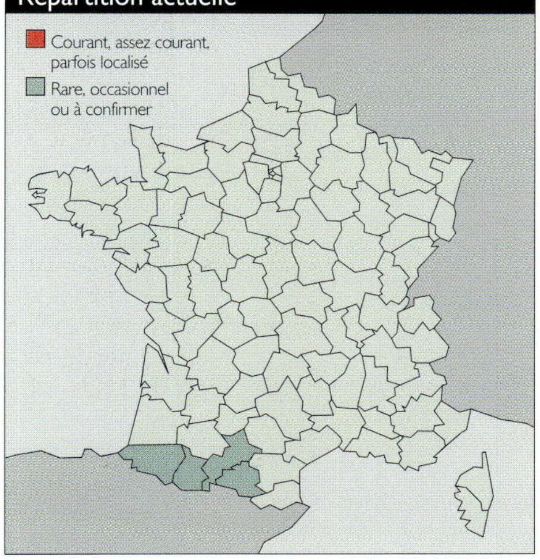

Distribution actuelle. Les espèces d'*Aphaenops* endémiques à la France peuplent les Pyrénées.
Évolution historique et menaces. À l'exception de quelques espèces, relativement abondantes, telles qu'*Aphaenops cerberus,* des grottes de la région de Saint-Girons (Ariège), *A. colluvii* et *A. vandeli* représentés par des milliers d'exemplaires dans le milieu souterrain superficiel en Ariège, pratiquement tous les *Aphaenops* sont des carabes carnivores relativement rares, ou très rares, aux effectifs réduits, et subissant une importante pression de chasse. Les espèces les plus vulnérables sont celles se caractérisant par une grande rareté ou vivant dans des aires réduites à quelques grottes. Les effectifs en relation avec la grotte sont souvent de l'ordre de cinq cents à quelques milliers d'individus. Bon nombre d'espèces ne sont connues que par quelques individus. Les *Aphaenops* des grottes d'altitude, de moyennes et basses altitudes, du fait de leur rareté et de la faiblesse de leurs effectifs, en partie dues à la pauvreté des ressources et à la température (2-7 °C), sont vulnérables : en Ariège, *Aphaenops delbreili* (Genest, 1983), est connu par seize exemplaires de quatre gouffres (vers 1 100-1 200 m), *A. laurenti* (Genest, 1983), est connu par une cinquantaine d'exemplaires vivant dans la grotte de Bordes de Crues (1 100 m) et *A. mariarosae* (Genest, 1983) par quelques exemplaires de la grotte du Trapech d'en-Haut (1 750 m). Ils cohabitent avec *A. carrerei* (Coiffait, 1953), observé dans de rares cavités du massif du mont Vallier ainsi que dans les grottes du Trapech d'en-Haut et de Bordes de Crues. Toujours dans l'Ariège, *A. bonneti* (Fourès, 1948) n'est connu que d'une seule station, le Trou du Rantou à 1 100 m, par quelques exemplaires seulement. Comme exemple d'une action négative sur une espèce, nous ne pouvons passer sous silence la disparition d'*A. loubensis,* l'une des plus grandes espèces de ce groupe, lors du tournage d'un film en 1962 avec un éclairage de 350 watts et d'un reportage de la télévision en 1965. Cette espèce disparaissait de la salle de La Verna dès le premier jour. En Ariège, bien d'autres grottes sont des stations uniques de petites populations d'*Aphaenops.* Les *Aphaenops* des grottes de moyenne et de basse altitude sont dans la même situation, par exemple *A. bouilloni* (Coiffait, 1954), connu dans une unique station, la grotte de Pétillac (Ariège, 900 m) par quelques dizaines d'exemplaires. *A. chappuisi* (Coiffait, 1955) est une espèce rare, limitée à quelques grottes de Haute-Garonne.
Mesures de conservation. Des projets de protection des habitats souterrains en Ariège sont en cours afin assurer la protection d'*A. bouilloni* et d'*A. sioberae.* La station type d'*Aphaenops pluto* est protégée depuis 1993 par un arrêté de biotope. Cette politique de protection des milieux doit se poursuivre par la création de réserves naturelles. Pour la grande majorité des espèces, des études complémentaires doivent être réalisées afin d'estimer les effectifs, de préciser les aires de répartition (grottes) et d'étudier la dynamique et la génétique des populations. Toutes les espèces d'*Aphaenops* sont protégées en France par l'arrêté du 22 juillet 1993.

Aphaenops mariarosae

Aphaenops laurenti

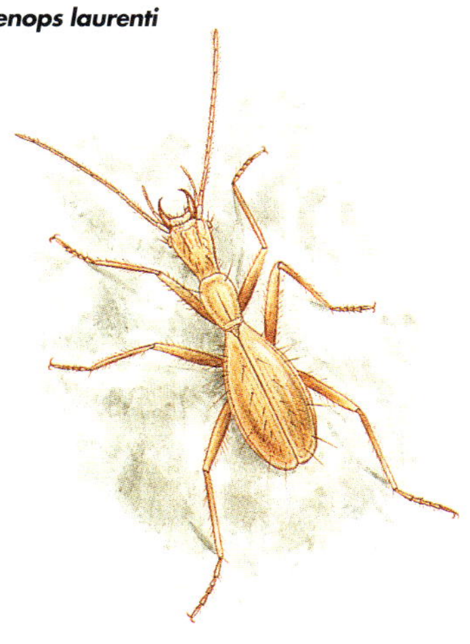

Hydraphaenops

Hydraphaenops sp.
(14 espèces)

O. Coléoptères

F. Carabidae

S.-F. Trechinae

Hydraphaenops vasconicus

Distribution actuelle. Des espèces d'*Hydraphaenops* endémiques à la France vivent dans les Pyrénées.
Évolution historique et menaces. Les quatorze espèces d'*Hydraphaenops* sont des espèces endémiques, rares, connues d'un petit nombre de grottes des Pyrénées (Ariège, Haute-Garonne, Hautes-Pyrénées et Pyrénées-Atlantiques) et dont les aires de répartition sont réduites. Certaines ne sont connues que d'une grotte ou d'un massif karstique : *H. mouriesi* du réseau Georges, *H. vandeli* de la grotte de Payssa, etc.

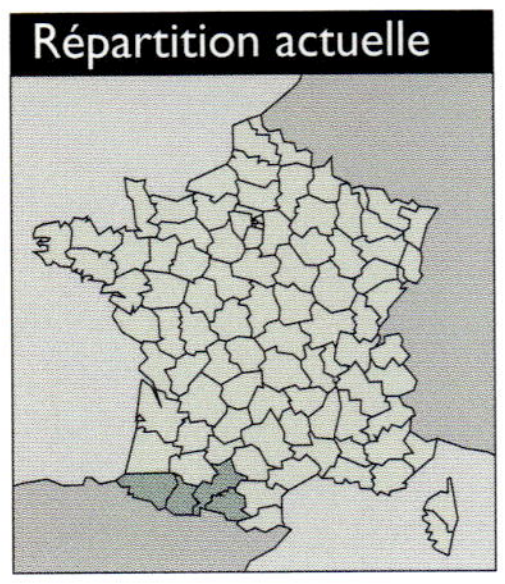

Mesures de conservation. L'habitat de ces espèces mérite d'être protégé par la création de réserves naturelles souterraines en Ariège. L'arrêté du 22 juillet 1993 interdit la capture de spécimens et permet la protection des habitats de ces espèces.

Trichaphaenops

Trichaphaenops sp.
(5 espèces)

O. Coléoptères

F. Carabidae

S.-F. Trechinae

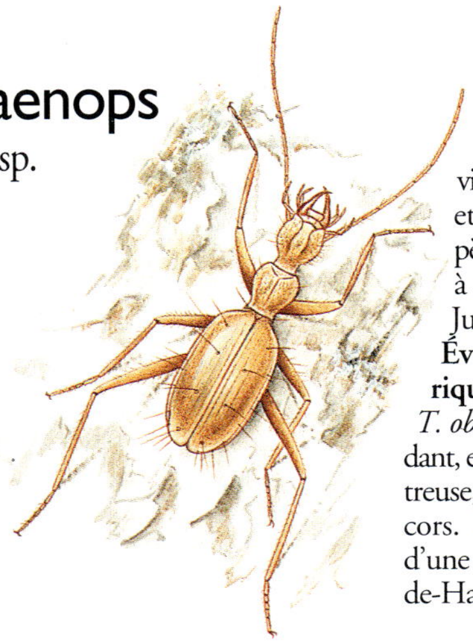

Trichaphaenops ssp.

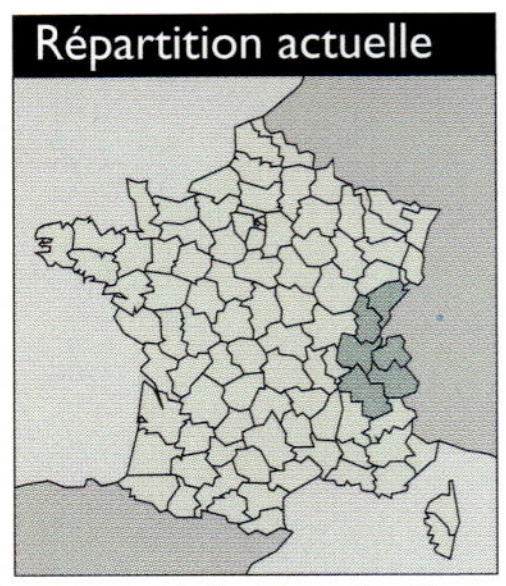

Distribution actuelle. Les *Trichaphaenops* vivent dans le Jura et les Alpes. Espèces endémiques à la France et au Jura suisse.
Évolution historique et menaces. *T. obesus,* peu abondant, est caractéristique des grottes de la Grande Chartreuse, *T. gounellei* et *T. crassicollis* de celles du Vercors. *T. sollaudi* de quelques grottes du Doubs et d'une grotte du gouffre du Caladaïre dans les Alpes-de-Haute-Provence. *T. cerdonicus,* l'espèce la mieux connue, est rare ; entre 1971 et 1973, un échantillon exceptionnel de soixante-six individus a été capturé dans une grotte.
Mesures de conservation. L'arrêté du 22 juillet 1993 interdit la capture des spécimens et permet la protection des habitats de ces espèces.

Courant, assez courant, parfois localisé

Rare, occasionnel ou à confirmer

Les Lépidoptères

Zygène cendrée ou Zygène rhadamanthe

Zygaena rhadamanthus Esper, 1793

O. Lépidoptères

F. Zygaenidae

Distribution actuelle. La Zygène cendrée vit dans le sud de l'Europe, en Espagne, dans le sud du Portugal et en Ligurie. En France, elle occupe le littoral méditerranéen avec une avancée vers le Lot et vers la vallée du Rhône jusqu'en Isère.
Évolution historique et menaces. En Espagne, ce papillon se répartit en petites colonies du nord au sud du littoral, dans le Centre et le long des Pyrénées. En France, il est essentiellement méridional : l'espèce se répartit de façon presque continue le long du littoral en petites colonies peu abondantes. Monovoltine, elle peut s'élever jusqu'à 2 000 m. On la trouve dans le causse Méjean et le causse du Larzac, en Aveyron, dans le Gers et les Pyrénées-Orientales. Cette Zygène se rencontre dans des milieux où poussent le Chêne pubescent et le Hêtre en boisements peu denses laissant place à des buissons et à une végétation herbacée. La chenille s'alimente sur *Onobrychis montana* et *Dorycnium.*

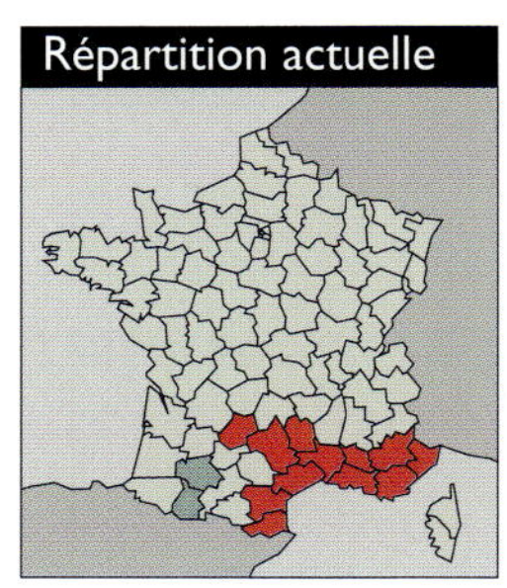

Mesures de conservation. L'isolement des populations nécessite la protection de leur biotope par la création de réserves. L'arrêté du 22 juillet 1993 permet la protection de l'habitat de cette espèce.

Zygène de la Vésubie

Zygaena brizae ssp. *vesubiana* Le Charles,1933

O. Lépidoptères

F. Zygaenidae

Distribution actuelle. La Zygène de la Vésubie est une sous-espèce endémique. Présente dans les Alpes méridionales, ce papillon couvre près de la moitié supérieure du bassin de la Durance.
Évolution historique et menaces. Cette sous-espèce de *Zygaena brizae* Esper décrite à Saint-Martin-Vésubie est restée longtemps connue exclusivement de la haute vallée de la Vésubie, puis des Alpes-Maritimes. Par la suite, entre 1950 et 1960, elle fut découverte dans les Hautes-Alpes, les Alpes-de-Haute-Provence et la Drôme. La Zygène de la Vésubie est toujours rare et localisée. Ses biotopes variés (sous-bois humides sous peuplements de pins, hêtraies d'altitude ou hêtraies infiltrées de divers feuillus, mais aussi milieux très secs) ont tous des points communs : une altitude oscillant entre 900

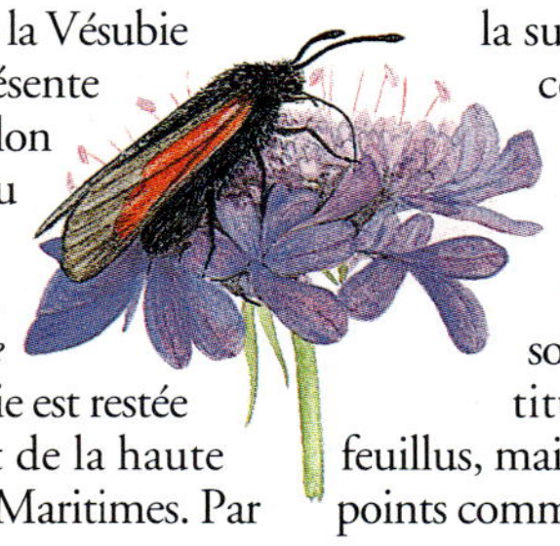

et 1300 m, un sous-sol calcaro-marneux sur lequel poussent les *Cirsium,* plantes nourricières des chenilles.
Mesures de conservation. L'isolement des populations nécessite une protection de leurs biotopes par des réserves. L'arrêté du 22 juillet 1993 permet la protection de son habitat.

Répartition actuelle

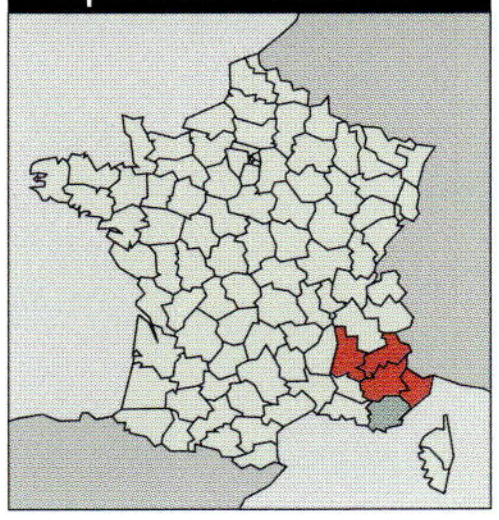

Petit Apollon

Parnassius phoebus Fabricius, 1793

O. Lépidoptères

F. Papilionidae

S.-F. Parnassiinae

Distribution actuelle. Le Petit Apollon est un papillon largement répandu : Alpes, monts Oural, Sibérie, ouest de l'Amérique du Nord, centre et nord-est de l'Asie. En France, on le rencontre dans les hautes vallées des Alpes, entre 1 400 et 2 500 m d'altitude.
Évolution historique et menaces. Une étude récente (1993) ne signale ni tendance à la régression de l'espèce ni contraction de son aire de répartition. La sous-espèce *gazeli* est plus vulnérable, mais ne suscite pas d'inquiétude. Le Petit Apollon se limite aux berges des ruisseaux, aux abords des sources suintantes et aux terrains marécageux. Les chenilles sont monophages ; elles s'alimentent sur *Saxifraga aizoides* (sous-espèce nominale), alors que la sous-espèce *gazeli* du Mercantour se nourrit de *Sedum roseum.* Cette espèce fréquente les milieux ouverts d'altitude, habitats qui assurent pour l'instant la protection de ses populations. Mais, si l'on n'y prend garde, la destruction de ces milieux par un envahissement herbacé et/ou arbustif et par le développement des activités touristiques posera à terme des problèmes.
Mesures de conservation. Il convient de contrôler l'activité touristique, qui pourrait aboutir à une dégradation du milieu et d'éviter la disparition des habitats en les gérant au mieux (pâturage modéré). L'arrêté du 22 juillet 1993 permet la protection de son habitat.

Répartition actuelle

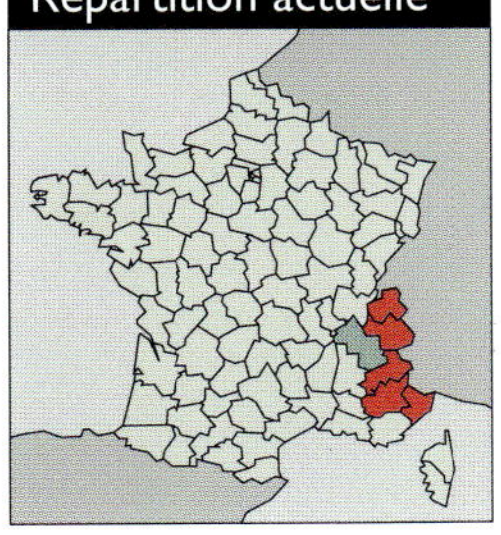

Chenille de *Parnassius phoebus* (forme *gazeli*)

Apollon

Parnassius apollo Linné, 1758

O. Lépidoptères

F. Papilionidae

S.-F. Parnassiinae

Distribution actuelle. L'Apollon vit dans les massifs montagneux de l'Europe continentale, de la Scandinavie, des Balkans et de l'Asie centrale. En Europe, il existe dans tout l'arc alpin, la péninsule Ibérique, les Carpates, le sud de la Scandinavie, le domaine danubien et les Balkans. Il est absent de Grande-Bretagne. Ce papillon était connu en France de tous les massifs montagneux d'altitude supérieure à 1 000 m. L'espèce se caractérise sur l'ensemble de son aire de répartition par de nombreuses sous-espèces.
Évolution historique et menaces. L'Apollon est éteint ou au bord de l'extinction en Allemagne, en République tchèque, en Pologne et au Danemark. Il serait éteint en Hongrie. En France, certaines sous-espèces sont éteintes : *francisci, peyerimhoffi.* Pour chaque région française, une étude récente résume l'état actuel des populations de *P. apollo* (Descimon, 1993) : « Dans les Vosges, l'espèce était limitée à quelques cirques glaciaires des plus hauts sommets. Ces populations se sont éteintes à partir de 1976. Dans le Jura, la distribution était continue à grande échelle, depuis l'extrême nord jusqu'à la suture avec le massif alpin. On observait de nombreuses populations "abyssales". Les zones rocheuses au-dessus de 800 m étaient partout colonisées. Une importante régression a été observée à partir des années 1960 et, à l'heure actuelle, il ne reste plus que des colonies fragmentées, peu nombreuses et précaires. Dans les Alpes, *P. apollo* est encore présent partout, de 800 m ou moins à 2 300 m. Largement distribué dans toutes les Préalpes, l'Apollon y connaît à l'heure actuelle un amenuisement marqué de ses peuplements, du Salève aux Préalpes de Grasse et à Vence ; en fait, la situation est comparable à celle du Jura, en moins grave. On notera néanmoins que les populations abyssales du massif du Ventoux et du Luberon, qui descendent jusqu'à 300 m, sont toujours présentes et même en bonne santé. C'est dans le Massif central que la régression est le plus spectaculaire. Au siècle dernier, on connaissait des colonies au mont Pilat, au col de l'Escrinet et même peut-être au Mont-d'Or, au-dessus de Lyon. Encore récemment, dans les années 1960, une colonie fugace a été observée au plateau de Millevaches. On peut définir deux ou trois noyaux de peuplement : l'axe Vivarais-Aigoual, les causses et l'axe Cantal-Sancy. Des peuplements nombreux et bien dispersés, quoique discontinus, existaient dans ces régions jusque dans les années 1960. Les habitats s'étendaient des flancs des gorges rocheuses à assez

Répartition actuelle

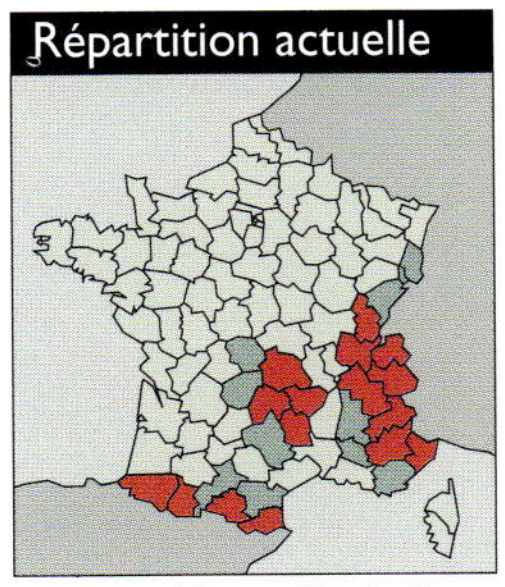

basse altitude. À partir des années 1970, on a observé un véritable effondrement des colonies. Jusqu'en 1988, les extinctions ont essentiellement touché les zones siliceuses du Forez, du Vivarais et de la Lozère, les basses gorges, les pentes du Puy-de-Dôme. Mais, en 1989, les florissantes colonies des causses méridionaux (Larzac, causse Noir) ont disparu en un an. Il ne reste plus à l'heure actuelle que des populations précaires au Mézenc et au Ray-Pic, à l'Aigoual (où l'espèce s'est beaucoup raréfiée), sur les causses Méjean et de Sauveterre, en quelques points peu nombreux et très exigus du massif du Cantal et dans le massif du Sancy, où l'espèce reste le plus solidement implantée, mais en altitude seulement. Dans les Pyrénées, la situation est identique à celle observée dans les Alpes : pas de régression notable en altitude, mais les populations des massifs inférieurs ont régressé, voire disparu. »

Mesures de conservation. Il faut contrôler l'activité et les aménagements touristiques qui détruisent l'habitat, éviter la fermeture des milieux en maintenant une gestion traditionnelle (pâturage modéré). L'arrêté du 22 juillet 1993 permet la protection de son habitat. L'espèce est inscrite à l'annexe II de la convention de Berne et à l'annexe IV de la directive Habitats. Elle est inscrite en annexe II de la convention de Washington. Elle fait l'objet d'un traitement spécifique de la part de la Communauté (C1) qui en interdit le commerce.

Semi-Apollon

Parnassius mnemosyne Linné 1758

O. Lépidoptères

F. Papilionidae

S.-F. Parnassiinae

Distribution actuelle. Le Semi-Apollon est largement répandu des Pyrénées à l'Asie centrale, en Europe centrale et occidentale. Il est absent de Grande-Bretagne. En France, on le trouve dans les Pyrénées, le Massif central, les Alpes et les Préalpes entre 900 et 2 000 m d'altitude.

Évolution historique et menaces. Le Semi-Apollon a vu ses populations décroître en Scandinavie, en Pologne et en Allemagne dans les années 1940. L'espèce est éteinte au Danemark. Elle a disparu de la Suisse septentrionale. En France, quelques sous-espèces sont menacées : dans les Alpes de Provence *(P. m. cassiensis)* et dans le Massif central *(P. m. montdorensis* et *P. m. vivariccus).* Une étude récente (Descimon, 1990-1993) indique que, dans les Préalpes, les populations sont fragmentées en petites unités. Il en est de même pour le Massif central. Quelques petites populations sont localisées dans l'Aubrac et dans la chaîne des Puys. L'espèce n'a pas été observée dans le nord des Préalpes ni au Ventoux. Le papillon vole dans les prairies à une altitude variant de 500 à 2 000 m ; les chenilles consomment des *Corydalis.*

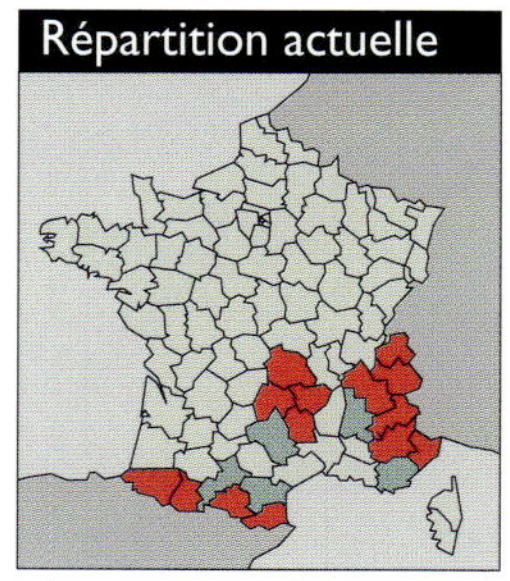

Mesures de conservation. Les colonies isolées méritent une protection de leur habitat et une gestion permettant le maintien de la plante nourricière et des plantes nectarifères où vont butiner les papillons. Il faut maintenir une agriculture et une sylviculture traditionnelles et contrôler l'activité touristique. L'arrêté du 22 juillet 1993 permet la protection de son habitat. L'espèce est inscrite à l'annexe II de la convention de Berne et à l'annexe IV de la directive Habitats.

Diane

Zerynthia polyxena

Denis et Schiffermüller, 1775

O. Lépidoptères

F. Papilionidae

S.-F. Papilioninae

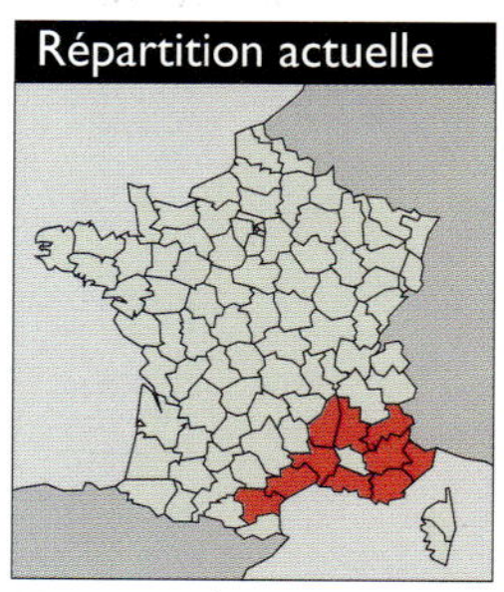

Distribution actuelle. La Diane est localisée en Europe méridionale et dans l'ouest de l'Asie Mineure. Cette espèce est largement dispersée en colonies plus au moins importantes du sud-est de l'Europe, de l'Autriche et de la Hongrie à la mer Noire et à la Grèce, puis dans le sud-est de la France, en Italie et en Sicile.

Évolution historique et menaces. En Italie, la Diane est en déclin. En Autriche et en Hongrie, elle est vulnérable. En Suisse, elle n'a plus été observée depuis plusieurs décennies dans le Tessin, ce qui laisse à penser qu'elle n'a peut-être disparu de cette région. En France, l'espèce se rencontre en colonies d'importance variable de la Haute-Provence aux Hautes-Alpes, sur le littoral méditerranéen où elle est menacée par l'urbanisation. Elle est dispersée sur le littoral languedocien et dans l'arrière-pays de l'Hérault, du Gard et de l'Ardèche. Les colonies se sont éteintes sur le littoral des Alpes-Maritimes. La situation est irrégulière dans le Var, où l'espèce profite de la culture des « canis ». Le papillon recherche les biotopes humides : bords de torrents, prairies, pelouses, berges où croît sa plante hôte *Aristolochia rotunda.* Dans les Préalpes du Sud, les colonies d'altitude sont liées à *A. pistolochia* et *pallida* sur terrain sec.

Mesures de conservation. La Diane est menacée par la destruction de son habitat : viticulture intensive, urbanisation, éradication des moustiques. Un inventaire précis de sa répartition et de l'état des populations doit être réalisé afin de protéger les colonies fragilisées. Dans certains cas, la création de réserves sera nécessaire. Des réintroductions pourraient être envisagées (celles réalisées en Italie ont été couronnées de succès). L'arrêté du 22 juillet 1993 permet la protection de son habitat. L'espèce est inscrite à l'annexe II de la convention de Berne et à l'annexe IV de la directive Habitats.

Proserpine

Zerynthia rumina Linné, 1758

O. Lépidoptères

F. Papilionidae

S.-F. Papilioninae

Distribution actuelle. La Proserpine vit dans le sud-est de l'Europe : sud-est de la France, Pyrénées-Orientales, Espagne et Portugal, et en Afrique du Nord.

Évolution historique et menaces. En Italie, l'espèce est menacée. Il en est de même en Espagne pour deux sous-espèces *(Z. r. cantabrica* et *Z. r. minima)* ; pourtant la Proserpine y est largement répandue. En France, la répartition de ce papillon est localisée dans le Sud-Est, des Hautes-Alpes aux Alpes-Maritimes, et dans les collines du pourtour méditerranéen. On la rencontre dans l'Isère, le Gard, en Ardèche, dans la Drôme, la Lozère et l'est des Pyrénées. La Proserpine recherche les biotopes secs, rocailleux et bien ensoleillés où pousse sa plante nourricière, *Aristolochia pistolochia.*

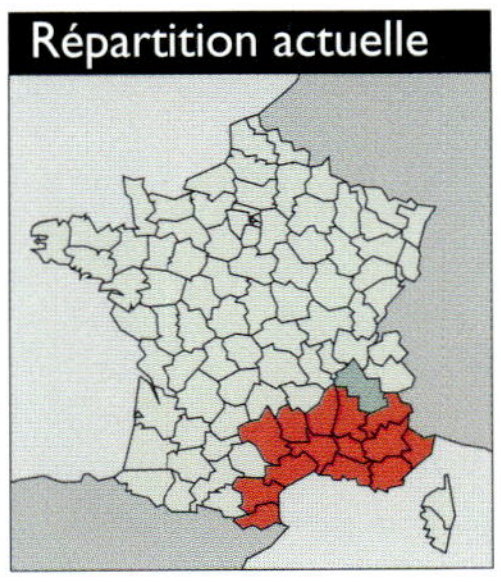

Mesures de conservation. La Proserpine est menacée par la destruction de son habitat – urbanisme, boisement, etc. Un inventaire précis de sa répartition et de l'état des populations doit être réalisé afin de protéger les colonies fragilisées. Dans certains cas, la création de réserves sera nécessaire. L'arrêté du 22 juillet 1993 permet la protection de son habitat.

Porte-queue de Corse

Papilio hospiton Guénee, 1839

O. Lépidoptères

F. Papilionidae

S.-F. Papilioninae

En raison de son endémisme

Distribution actuelle. Le Porte-queue de Corse est endémique en Corse et en Sardaigne.

Évolution historique et menaces. Le Porte-queue de Corse se rencontre au niveau de la mer, mais il fréquente surtout le maquis des zones montagneuses jusqu'à 2 000 m. Ce papillon se montre par endroits en populations denses, dans d'autres par individus dispersés. Les colonies paraissent instables ; elles peuvent régresser ou augmenter rapidement, ce qui rend difficile l'appréciation de son statut. Compte tenu de la dilution spatiale du papillon, l'espèce paraît rare, mais ne semble pas en danger actuellement. Le Porte-queue de Corse est très bien adapté à son environnement insulaire. Selon l'altitude, il fréquente les landes à bruyères et les garrigues claires. Ses plantes hôtes appartiennent à la famille des Ombellifères : *Ferula communis, Ruta corsica, Pencadanum paniculatum...*

Mesures de conservation. Il faudrait assurer un contrôle périodique des populations de ce papillon et garantir la protection de son habitat par un contrôle de l'activité touristique. On évitera la fermeture du milieu en y maintenant une gestion rationnelle (pâturage modéré). Le Porte-queue de Corse est protégé par l'arrêté du 22 juillet 1993 qui permet la protection de son habitat. Il est inscrit à l'annexe II de la convention de Berne, aux annexes II et IV de la directive Habitats, et en annexe I de la convention de Washington.

Alexanor

Papilio alexanor Esper, 1789

O. Lépidoptères

F. Papilionidae

S.-F. Papilioninae

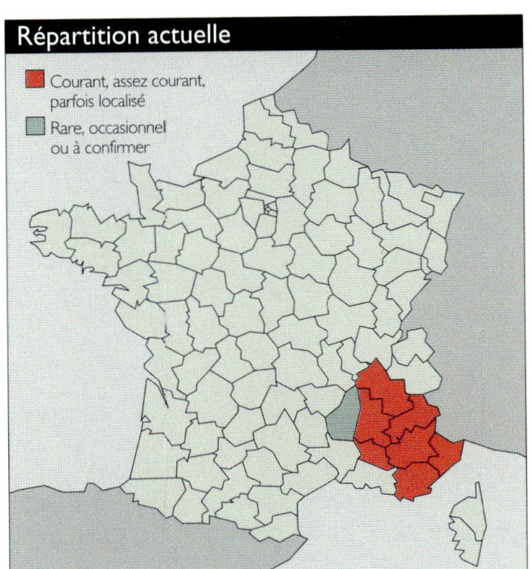

Distribution actuelle. L'Alexanor est connu du sud-est de l'Europe à l'Iran. En France, il se rencontre dans les Alpes du Dauphiné et en Provence.

Évolution historique et menaces. Ce papillon, rare et localisé, est en danger dans la péninsule des Balkans. Il est probablement éteint en Calabre et en Sicile. En France, il est observé à des altitudes variant entre 100 et 1 500 m à l'est du Rhône. Il vit dans le Vaucluse, l'Isère, le Var, les Alpes-Maritimes et les Alpes-de-Haute-Provence. Une nouvelle sous-espèce, abondante dans les quelques stations qu'elle colonisait, a été découverte en 1979 dans le Var *(P. a. destelensis)* ; elle y ferait toutefois l'objet de prélèvements abusifs. Dans l'ensemble, l'espèce n'est pas menacée immédiatement en France. Les chenilles se rencontrent sur deux Ombellifères : *Opopanax chironium* et *Ptychotis saxifraga.*

Mesures de conservation. Il convient de protéger son habitat par la création de réserves, puis d'en assurer la gestion, principalement pour *P. a. destelensis.* L'arrêté du 22 juillet 1993 permet la protection de son habitat. L'espèce est inscrite à l'annexe II de la convention de Berne et à l'annexe IV de la directive Habitats.

Solitaire

Colias palaeno Linné, 1761

O. Lépidoptères

F. Pieridae

S.-F. Coliadinae

C. p. europome

C. p. europomene

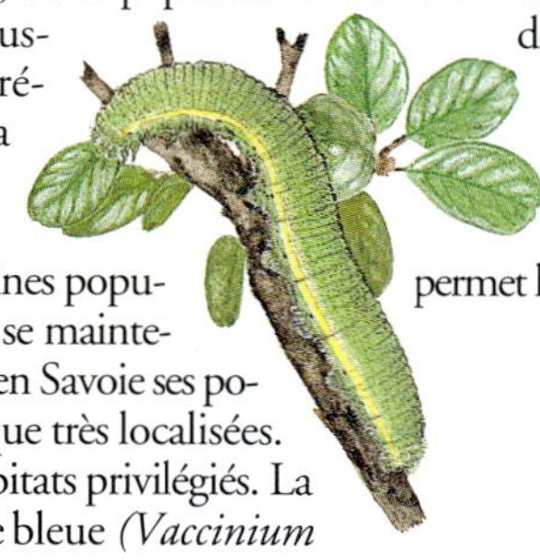

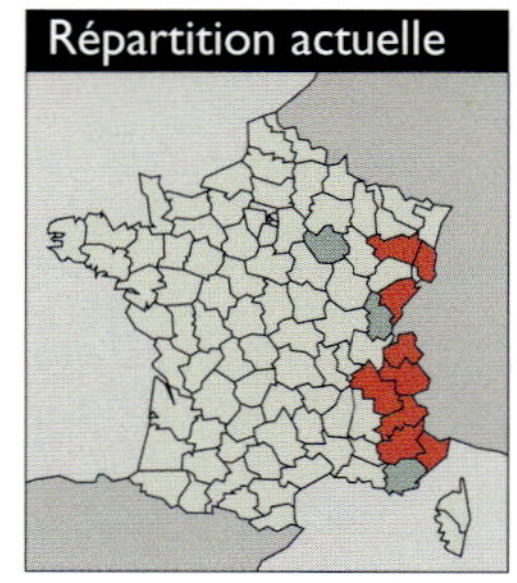

Distribution actuelle. Le Solitaire vit en Europe centrale et septentrionale jusqu'en Sibérie et au Japon. On le trouve en Scandinavie et dans l'arc alpin.

Évolution historique et menaces. Une sous-espèce de ce *Colias (C. p. belga)* a disparu depuis une vingtaine d'années de Belgique. *C. p. europomene* a disparu des Hautes-Fagnes belges. En Suisse, il est éteint dans de nombreuses régions où il était fréquent il y a quelques décennies ; les populations de régions d'altitude moyenne sont en danger d'extinction. Il en est de même dans de nombreux pays où les populations se fragmentent sans cesse et ne subsistent plus que dans des régions très éloignées des activités humaines. En France, le Solitaire *(C. p. europome)* ne se trouve plus que dans le Jura, où ses populations sont très fragmentées. Cette sous-espèce, en voie d'extinction, a récemment disparu des Vosges. La sous-espèce *C. p. europomene*, présente dans les Alpes, est moins menacée, mais certaines populations ont des difficultés à se maintenir localement. Il semble qu'en Savoie ses populations soient prospères quoique très localisées. Tourbières et marais sont ses habitats privilégiés. La chenille s'alimente sur la Myrtille bleue *(Vaccinium uliginosum)*. Comme tous les papillons de jour, le Solitaire est tributaire des plantes nectarifères, qui doivent être très abondantes en bordure des tourbières pour assurer ses besoins alimentaires.

Mesures de conservation. Le confinement du Solitaire à des biotopes très particuliers (reliques glaciaires) le rend vulnérable. On assiste, impuissant, à leur destruction par drainage, pollutions, boisement... Il est urgent de les protéger par la création de réserves, puis d'en assurer la gestion (régénération des tourbières dégradées). Une surveillance des populations pourrait être réalisée dans le cadre d'un plan de conservation des espèces. L'arrêté du 22 juillet 1993 permet la protection de leur habitat.

Piéride de l'Æthionème

Pieris ergane Geyer, 1828

O. Lépidoptères

F. Pieridae

S.-F. Pierinae

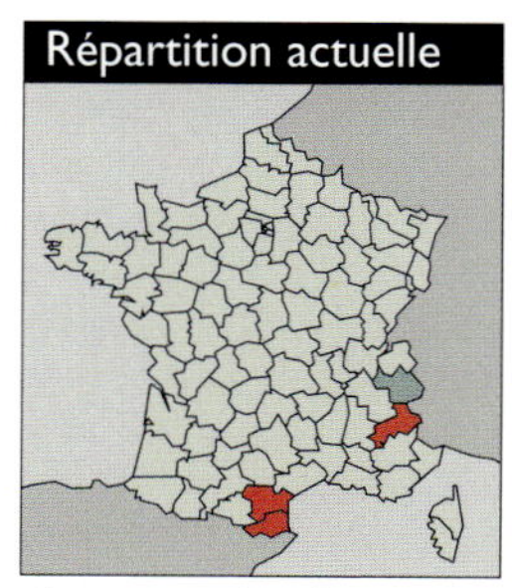

Distribution actuelle. La Piéride de l'Æthionème vit dans le sud-est de la France, et vers l'est jusqu'en Iran ; dans le nord et le centre de l'Espagne, dans les Pyrénées, au nord de l'Italie, en Grèce et dans les Balkans. Ce papillon fut cité en Suisse (1905), mais semble actuellement, selon les observations, ne plus faire partie de la faune helvétique.

Évolution historique et menaces. Cette espèce est en déclin dans le nord de l'Italie et vulnérable en Bulgarie. En Espagne, elle est très localisée. En France, elle est présente dans les Pyrénées-Orientales, où elle a été redécouverte en 1960 (première observation en 1932) ; elle y est localisée, mais pas très rare. Elle est également présente dans l'Aude, la Drôme et les Alpes-de-Haute-Provence, où elle est restreinte au Briançonnais. La chenille se nourrit d'*Aethionema saxatile* (Crucifère).

Mesures de conservation. Il convient de poursuivre l'inventaire et l'étude de la répartition géographique de ses populations. La surveillance des populations doit être réalisée dans le cadre d'un plan de conservation des espèces. L'arrêté du 22 juillet 1993 permet la protection de son habitat.

■ Courant, assez courant, parfois localisé

■ Rare, occasionnel ou à confirmer

Nacré tyrrhénien

Fabriciana elisa Godart, 1823

O. Lépidoptères

F. Nymphalidae

S.-F. Nymphalinae

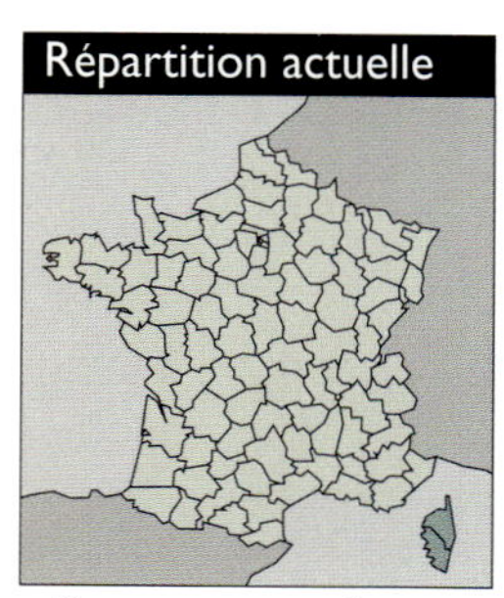

Distribution actuelle. Le Nacré tyrrhénien est endémique en Corse et en Sardaigne.

Évolution historique et menaces. Le Nacré tyrrhénien n'est pas une espèce que l'on voit communément. Il est partout en forêt au-dessus de 800 à 1 000 m. Ses populations sont importantes au col de Vergio et dans les environs de Corte (gorges de la Restonica). On le trouve également dans la forêt de type méditerranéen ; à l'Ospédale, aux environs du Monte Cinto et sur le col de la Vaccia. C'est une espèce d'altitude qui fréquente le maquis dans la montagne (altitude : 2 000 m) où l'on note la présence de fougères et de bruyères arborescentes. Elle se rencontre aussi à plus basse altitude en lisière des forêts et dans les vergers. Certaines violettes servent de plantes nourricières aux chenilles.

Mesures de conservation. Il faut assurer la protection de son habitat par la création de réserves, en assurer la gestion, préciser le statut de cette espèce, poursuivre son inventaire et déterminer sa répartition géographique. L'arrêté du 22 juillet 1993 permet la protection de son habitat. L'espèce est inscrite à l'annexe II de la convention de Berne et à l'annexe IV de la directive Habitats.

Nacré de la Canneberge

Boloria aquilonaris Stichel, 1908

O. Lépidoptères

F. Nymphalidae

S.-F. Nymphalinae

En cours d'extinction

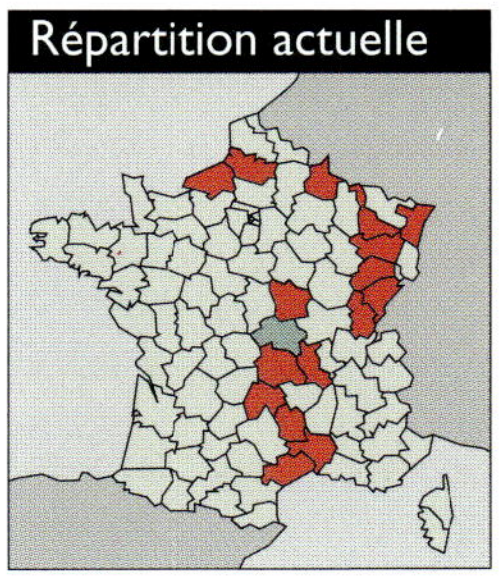

Distribution actuelle. Le Nacré de la Canneberge vit en Scandinavie, en Europe centrale, au Benelux, en Suisse et en France.

Évolution historique et menaces. Cette espèce, typique des tourbières à sphaignes sur sol acide, se trouve aujourd'hui menacée dans tous les pays qui l'abritent. En Allemagne, où elle est rare, elle est à la limite de l'extinction dans plusieurs régions (Forêt-Noire). En Suisse, ce papillon est encore abondant, mais il est confiné dans les tourbières entre 700 et 2 000 m d'altitude. En France, on le trouve en petites colonies isolées dans les Ardennes, les Vosges et le Jura, le Morvan, le Massif central, ainsi qu'à l'ouest, en Normandie, où il est représenté en petites populations éparses très localisées (forme *B. a. ericeti*). Il est probable qu'il était autrefois plus répandu dans cette région ; peut-être a-t-il même existé en Picardie. Les chenilles s'alimentent uniquement des feuilles d'*Oxycoccos palustris*.

Mesures de conservation. Le confinement du Nacré de la Canneberge dans des biotopes très particuliers, dont la distribution est très morcelée, rend ce papillon très vulnérable. Malgré l'insistance des scientifiques à exiger le maintien de ces habitats, leur destruction par drainage, pollutions ou boisement ne cesse de s'accroître. Il est urgent de protéger son habitat par la création de réserves, puis d'en assurer la gestion. Une surveillance des populations pourrait être réalisée dans le cadre d'un plan de conservation des espèces. L'arrêté du 22 juillet 1993 permet la protection de son habitat.

Nacré de la Bistorte

Proclossiana eunomia Esper, 1799

O. Lépidoptères

F. Nymphalidae

S.-F. Nymphalinae

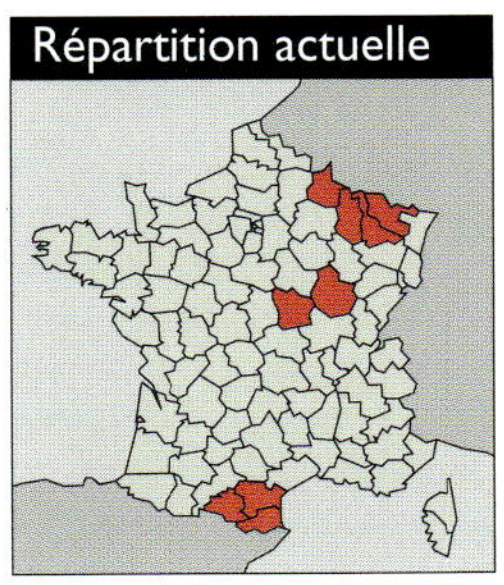

Distribution actuelle. Le Nacré de la Bistorte vit en colonies isolées en Europe occidentale, en Scandinavie, en Russie, en Sibérie jusqu'à l'Amour et en Amérique du Nord.

Évolution historique et menaces. Le Nacré de la Bistorte est une espèce qualifiée de relicte glaciaire. Son habitat rappelle les conditions écologiques du nord de l'Europe : climat froid et humide, sol tourbeux et marécageux où se développent une faune et une flore particulières. Ces habitats sont fragmentés et menacés. En Europe, ce nacré est très localisé. Hormis en Scandinavie, il est en danger sur l'ensemble de son aire de répartition. En France, il existe dans les Ardennes, où il était répandu dans les années 1960. Actuellement, il y régresse à cause de l'enrésinement de son habitat. Quelques populations subsistent encore dans divers microbiotopes dispersés. Il a été découvert en 1930 dans les Pyrénées-Orientales, où il était commun, mais son habitat y a été détruit par la construction d'un tunnel. Ailleurs, ses populations sont encore importantes, et l'espèce ne court aucun danger si l'on parvient à maîtriser la fragmentation de son habitat. Elle semble en extension dans la vallée de l'Eyne. Ses capacités de recolonisation sont importantes.

Mesures de conservation. Le confinement du Nacré de la Bistorte dans des biotopes très particuliers, dont la distribution est fortement fragmentée, le rend très vulnérable. Il est nécessaire de protéger son habitat en évitant sa destruction (fragmentation, aménagement, boisement…) ou en créant des réserves dans lesquelles une gestion adaptée sera mise en place. Une surveillance des populations doit être réalisée dans le cadre de l'Observatoire du patrimoine naturel, plan d'action pour l'entomofaune. L'arrêté du 22 juillet 1993 permet la protection de son habitat.

Damier des Knauties

Euphydryas (Eurodryas) desfontainii Godart, 1819

O. Lépidoptères

F. Nymphalidae

S.-F. Nymphalinae

En cours d'extinction

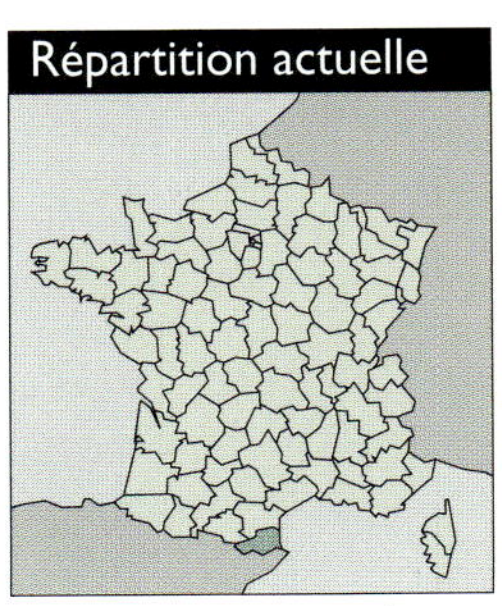

Distribution actuelle. Le Damier des Knauties vit en Afrique du Nord (non signalé en Tunisie), dans les Pyrénées et dans toute la moitié orientale de l'Espagne, en colonies très fragmentées vers le nord. Il est présent au sud du Portugal.

Évolution historique et menaces. En Europe, les populations de ce papillon, peu importantes et de faible effectif, sont en danger partout. En France, il semble que les deux seules stations connues des Pyrénées-Orientales aient été détruites à la fin des années 1970.

Mesures de conservation. Il convient de protéger l'habitat de l'espèce par la création de réserves. Il est urgent de développer des études sur son écologie et de lancer un programme d'inventaire et de cartographie. Des programmes de réintroduction sont à envisager. L'arrêté du 22 juillet 1993 permet la protection de son habitat.

Damier de la Succise

Euphydryas (Eurodryas) aurinia
Rottemburg, 1775

O. Lépidoptères

F. Nymphalidae

S.-F. Nymphalinae

E. (E.) aurinia

Autres sous-espèces

Distribution actuelle. Le Damier de la Succise vit dans une grande partie de l'Europe (de l'Espagne et du Portugal à la Scandinavie et aux Balkans), en Grande-Bretagne, en Russie, en Asie tempérée jusqu'à la Corée et en Afrique du Nord.

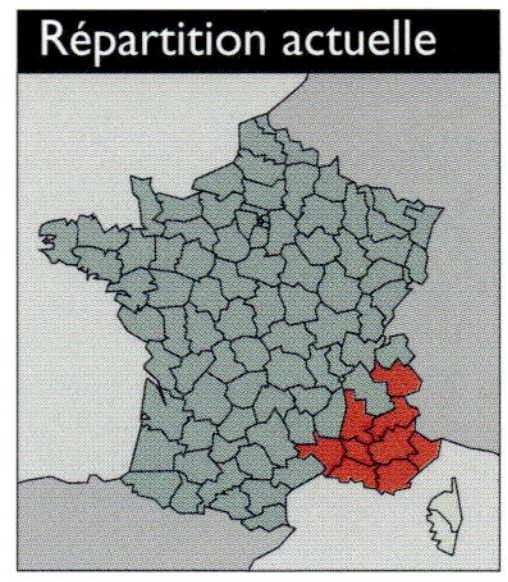

Évolution historique et menaces. Autrefois, ce papillon était largement répandu dans son aire de répartition. On assiste, depuis une cinquantaine d'années, à une régression et à une fragmentation de son habitat. Ces phénomènes sont liés à la destruction de ses biotopes (zones humides, pelouses sèches…). Le Damier de la Succise est largement répandu en France en plusieurs sous-espèces, vivant en colonies plus ou moins importantes. L'espèce type *(E. a. aurinia)*, liée aux tourbières et aux prés mouillés où pousse sa plante nourricière, la Succise *(Succisa pratensis)*, est menacée dans le nord de la France, d'une part, par l'apport de fumures azotées dans les prés – la Succise ne supportant pas la concurrence des plantes qui profitent de cette fumure et qui l'étouffent –, d'autre part, par la fragmentation de ses habitats. Dans le Sud-Ouest, *E. a. xeraurinia* fréquente les prairies mésophiles ou les plateaux calcaires où croît sa plante hôte *Scabiosa columbaria.* Des gorges du Tarn *(E. a. provincialis)* aux Pyrénées-Orientales *(E. a. glaciegenita, E. a. debilis, E. a. pyrenesdebilis)*, ces sous-espèces sont localisées dans les prés et les pâturages maigres et secs. Leurs chenilles se nourrissent sur *Cephalaria leucantha* et *Gentiana alpina.*

Mesures de conservation. Il convient de protéger son habitat par la création de réserves, puis d'en assurer la gestion, de régénérer des habitats et de réintroduire l'espèce, d'étudier sa structure génétique et sa taxonomie, enfin de poursuivre son inventaire et sa cartographie. L'arrêté du 22 juillet 1993 permet la protection de son habitat. L'espèce est inscrite à l'annexe II de la convention de Berne et à l'annexe II de la directive Habitats.

Damier du Frêne

Euphydryas (Eurodryas) maturna
Linné, 1758

O. Lépidoptères

F. Nymphalidae

S.-F. Nymphalinae

Populations au nord de la France

Partout ailleurs

Distribution actuelle. Le Damier du Frêne est une espèce eurosibérienne – Europe, au nord des Alpes, jusqu'à la Russie. En Europe : France, Allemagne, Benelux, Autriche, sud de la Scandinavie, Pologne, Hongrie et Roumanie.

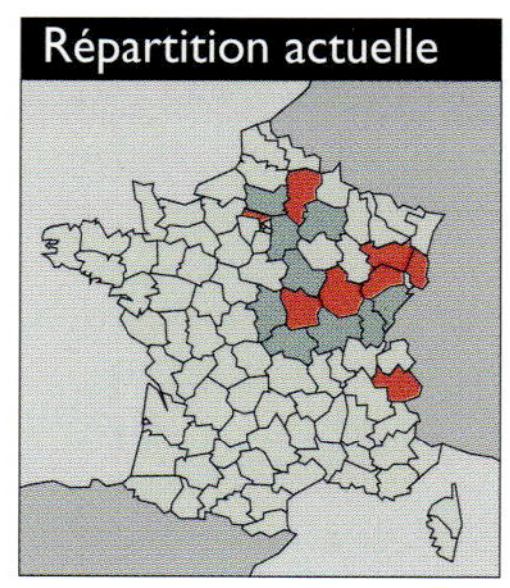

Évolution historique et menaces. Ce damier est en danger sur l'ensemble de son aire de répartition. Il est éteint dans le nord-ouest de l'Allemagne, et en Belgique (depuis 1921). Il est en cours d'extinction au Luxembourg (aucune observation n'a été signalée depuis 1960). En France, il se trouvait dans le Nord-Est, avec des colonies jusqu'en forêt de Tronçais. Il a été redécouvert en 1993 dans le sud de la Lorraine. Il a disparu du département de l'Indre et de la forêt d'Armainvillier, en région parisienne, vers 1968. Il était encore assez abondant dans les forêts des environs de Paris dans les années 1950. Il a disparu de la plupart de ses localités à partir des années 1960. Il a encore été vu, assez fréquemment, dans la fin des années 1980, dans les grandes forêts humides de la vallée de la Saône. Ce papillon se maintient difficilement dans quelques stations du Dijonnais. Il est lié aux grandes forêts humides – l'adulte a besoin de fleurs abondantes de Troène pour butiner, la plante nourricière est le Frêne. Son abondance est très cyclique ; il peut passer inaperçu pendant plusieurs années, puis devenir commun pour une courte période. Il est éteint dans plusieurs localités.

Mesures de conservation. Si aucune mesure n'est prise rapidement, le Damier du Frêne sera l'un des papillons de jour à disparaître. Cette espèce appartient à un ensemble écologique qu'il convient de protéger. Il faut, dans l'ensemble des forêts, revenir à un mode d'exploitation en petites parcelles. L'arrêté du 22 juillet 1993 permet la protection de son habitat. L'espèce est inscrite aux annexes II et IV de la directive Habitats et à l'annexe II de la convention de Berne.

Moiré des Sudètes

Erebia sudetica Staudinger, 1861

O. Lépidoptères

F. Nymphalidae

S.-F. Satyrinae

Distribution actuelle. Le Moiré des Sudètes vit en Autriche, en Allemagne, en Hongrie et en Pologne. L'espèce est signalée en Suisse (uniquement dans la vallée de Grindelwald). En France, sa répartition est limitée au Massif central et aux Alpes.

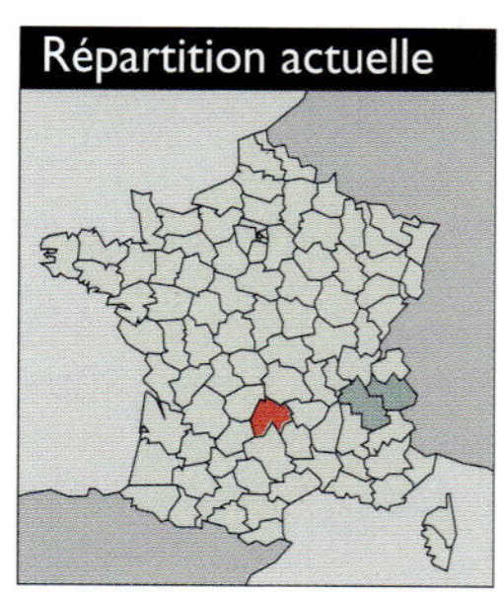

Évolution historique et menacas. Le Moiré des Sudètes est commun dans le Cantal, plus rare au Sancy. Dans les Alpes françaises, sa répartition est très fragmentée. On connaît quatre localités en Isère assez éloignées les unes des autres : massif du Taillefer, Grandes Rousses ouest, Belledonne, Belledonne ouest. En Savoie, il occupe la portion occidentale des grandes Alpes ; au nord, sa répartition s'étend jusqu'à la région de la Tarentaise. En Maurienne, ses biotopes sont nombreux et bien peuplés. Ce papillon fréquente les pelouses grasses et les pâturages humides colonisés par des associations herbacées à port élevé.

Mesures de conservation. La protection du Moiré des Sudètes nécessite un contrôle des aménagements touristiques (routes, nivellement des pistes…), la conservation des activités agropastorales et, si nécessaire, la protection de son habitat par la création de réserves. L'inventaire et la cartographie de ce papillon devront être poursuivis. L'arrêté du 22 juillet 1993 permet la protection de son habitat. L'espèce est inscrite à l'annexe II de la convention de Berne et à l'annexe IV de la directive Habitats.

Fadet des Laîches ou Œdipe

Coenonympha oedippus Fabricius, 1787

O. Lépidoptères

F. Nymphalidae

S.-F. Satyrinae

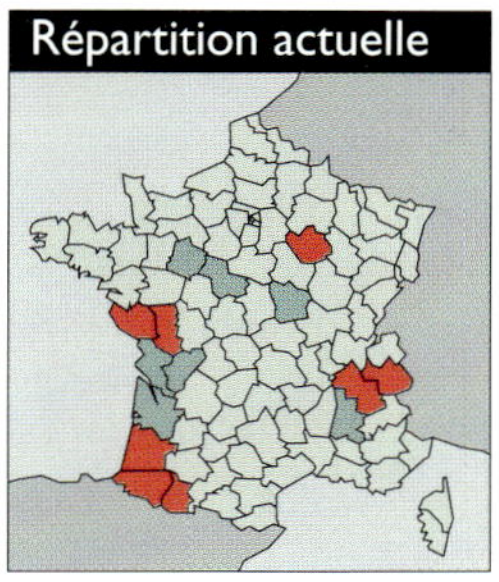

Distribution actuelle. Le Fadet des Laîches vit dans l'ouest de l'Europe jusqu'au centre de l'Asie, en Chine et au Japon.

Évolution historique et menaces. Le Fadet des Laîches est éteint en Espagne ainsi qu'en Hongrie où les données anciennes n'ont jamais été confirmées. Il est vulnérable en Russie. Ce papillon est extrêmement localisé et dispersé en France, où ses biotopes sont de plus en plus restreints. Dans le Marais poitevin, l'Œdipe était bien implanté entre 1900 et 1940, date à partir de laquelle il a commencé à régresser. Il n'y a plus été observé depuis 1968. Il a disparu ou est en cours d'extinction dans les vallées du Loing et du Fusain (Seine-et-Marne), au nord de la Loire, de même que dans le Maine-et-Loire, en Loire-Atlantique, aux environs de Besançon (Doubs), dans l'Ain et l'Isère, en Dordogne et dans le nord de la Gironde. Il est très vulnérable dans la Sarthe, la Charente, la Charente-Maritime, dans les Pyrénées-Orientales ainsi que dans le secteur occidental de la Savoie. Seules les populations présentes des Landes aux Pyrénées-Atlantiques semblent en état d'équilibre. Deux sous-espèces ont probablement disparu : *C. oe. sebrica* (1963-1965, dans l'Ouest) et *C. oe. herbuloti* (Isère). Les habitats de ce papillon sont principalement les prairies humides et les marais tourbeux de basse altitude (300 m), parfois les pelouses naturelles. Les chenilles se nourrissent sur *Lolium, Carex, Iris pseudacorus.* En Europe, cette espèce est très menacée sur l'ensemble de son aire de répartition.

Mesures de conservation. Ce papillon est l'un des plus menacés de France. Les principales causes de son déclin sont l'agriculture (drainages, extension de monocultures) et l'afforestation (plantation de peupliers). Il est urgent de protéger son habitat et d'en assurer une gestion adaptée à l'espèce (fauches en alternance). La surveillance des populations doit être réalisée dans le cadre d'un plan de conservation des espèces. Sa réintroduction pourrait être envisagée. L'arrêté du 22 juillet 1993 permet la protection de son habitat. L'espèce est inscrite à l'annexe II de la convention de Berne et aux annexes II et IV de la directive Habitats.

Daphnis ou Fadet des tourbières

Coenonympha tullia Müller, 1704

O. Lépidoptères

F. Nymphalidae

S.-F. Satyrinae

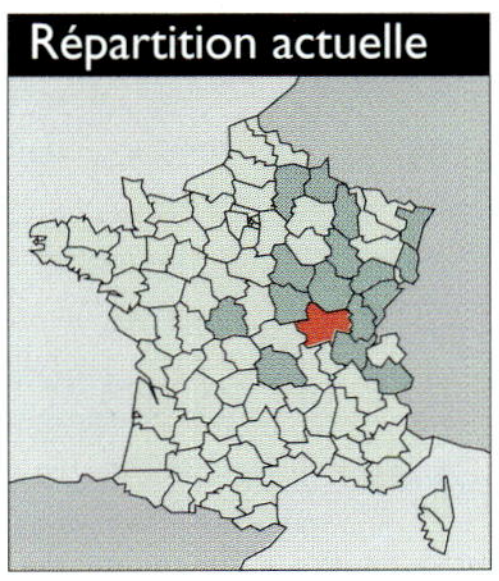

Distribution actuelle. Le Daphnis est un élément holarctique septentrional. En zone paléarctique, on le trouve dans les îles Britanniques, au nord-est de la France, en Europe septentrionale et centrale jusqu'à l'ex-Union soviétique.

Évolution historique et menaces. Le Fadet des tourbières présente de nombreuses sous-espèces, toutes menacées : au Danemark, l'espèce *(C. t. tullia)* est en voie d'extinction ; la sous-espèce britannique *(C. t. rothliebii)* serait éteinte dans le Cheshire et le Staffordshire. En France, une étude de la répartition du Fadet des tourbières *(C. t. davus)* réalisée en 1984, et complétée ultérieurement, a montré que la répartition de ce papillon s'étend sur dix-sept départements groupant quatre-vingt-cinq stations correspondant à des tourbières et marais tourbeux. Cette étude laisse supposer que l'espèce est encore relativement répandue, mais seules de nombreuses prospections pourraient préciser son statut. Il est commun dans le Morvan. Dans la plupart de ses localités, ce fadet est rare et d'effectifs souvent faibles.

Mesures de conservation. Ce papillon est situé dans le peloton de tête des espèces les plus menacées de France. Les principales causes de son déclin sont imputables à l'agriculture (drainage, pacage…), à l'afforestation (plantation d'Épicéas) et à l'aménagement du territoire (notamment hydraulique). Il est urgent de protéger son habitat par la création de réserves, en les préservant des pesticides par des zones tampons. Une gestion adaptée doit être mise en place. La surveillance des populations doit être réalisée dans le cadre d'un plan de conservation des espèces. L'inventaire et la cartographie de l'espèce doivent être poursuivis. L'arrêté du 22 juillet 1993 permet la protection de son habitat.

Mélibée

Coenonympha hero Linné, 1761

O. Lépidoptères

F. Nymphalidae

S.-F. Satyrinae

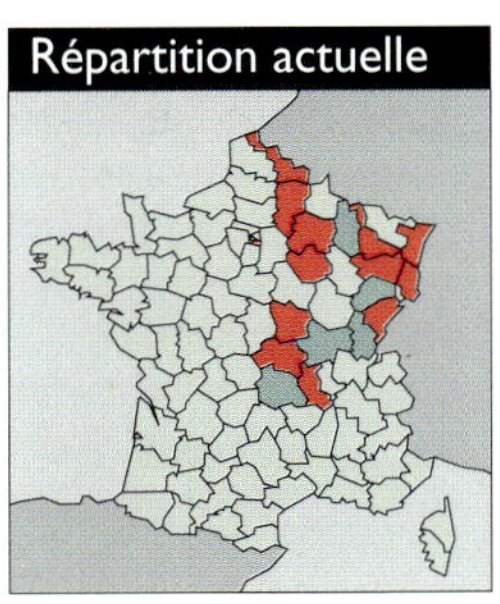

Distribution actuelle. Le Mélibée est connu du nord de la France à la Scandinavie, en Europe centrale et en Asie jusqu'en Corée et au Japon.

Évolution historique et menaces. En Europe, cette espèce, extrêmement localisée, est menacée sur l'ensemble de son aire de répartition. Aux Pays-Bas, elle est éteinte depuis 1959. En Belgique, l'espèce semblait éteinte, mais deux exemplaires ont été observés en 1992 dans la forêt d'Aulier. En France, à la fin du XIXe siècle, le Mélibée était répandu sur un bon quart du territoire. Il n'a plus été observé dans le Bassin parisien depuis 1968, alors qu'il y était commun autrefois ; il n'est plus observé en Bourgogne depuis 1976. En Alsace, il est en voie d'extinction. On ne le rencontre plus actuellement que dans la Meuse, la Moselle, le Jura et en Haute-Saône. Cette espèce sera probablement la première à disparaître du territoire français. Ce papillon fréquente les prairies humides et les coupes faites dans les bois marécageux. Plantes hôtes : diverses graminées.

Mesures de conservation. Il est urgent de créer des réserves là où les populations de ce papillon ont été observées, puis d'en assurer une gestion adaptée (fauche tous les deux ans, en alternance par rotation des parcelles, pâturage traditionnel…). Dans l'ensemble des forêts, il faut revenir à un mode d'exploitation en petites parcelles et favoriser les abattis. Des études sur l'écologie, la génétique et la cartographie du Mélibée doivent être engagées. L'arrêté du 22 juillet 1993 permet la protection de son habitat. L'espèce est inscrite à l'annexe II de la convention de Berne et à l'annexe IV de la directive Habitats.

Bacchante

Lopinga achine Scopoli, 1763

O. Lépidoptères

F. Nymphalidae

S.-F. Satyrinae

Distribution actuelle. La Bacchante est connue de l'Europe jusqu'au Japon.

Évolution historique et menaces. Cette espèce est en déclin en Autriche, éteinte en Belgique depuis 1926 et en cours d'extinction au Luxembourg. Elle a subi un fort déclin en Suisse dans les années 1950, qui se poursuit encore actuellement en Suisse septentrionale et dans le Jura. En France, ses colonies, largement dispersées, sont souvent localisées. La Bacchante affectionne les régions calcaires et marneuses du pourtour du Bassin parisien et de la Bourgogne. Très commune autrefois dans la Bresse, elle se trouve en densité relativement importante en Côte-d'Or. Dans la chaîne alpine, ses populations sont très limitées et ses habitats commencent à se fragmenter. Dans l'Ouest, ce papillon était autrefois assez commun, mais ses populations ont chuté entre 1925 et 1930. Actuellement, il aurait disparu de la région, à l'exception d'une population qui se maintiendrait dans les Deux-Sèvres. Deux populations ont récemment été découvertes en Meurthe-et-Moselle. La Bacchante fréquente les bois clairs et frais. Ses plantes nourricières sont diverses graminées, *Poa, Lolium*, etc.

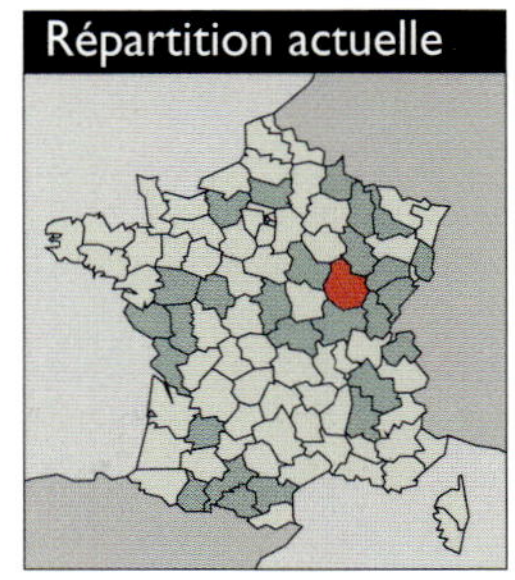

Mesures de conservation. Les principales causes du déclin de cette espèce sont l'agriculture (abandon du pâturage, drainage, extension des monocultures) et la sylviculture (goudronnage des chemins forestiers, futaies fermées...). Il est urgent de protéger son habitat par la création de réserves et d'assurer une gestion adaptée à l'espèce (conservation des lisières et des boisements clairs). La surveillance des populations doit être réalisée dans le cadre d'un plan de conservation des espèces. L'arrêté du 22 juillet 1993 permet la protection de son habitat. L'espèce est inscrite à l'annexe II de la convention de Berne et à l'annexe IV de la directive Habitats.

Cuivré de la Bistorte

(Lycaena) Helleia helle

Denis et Schiffermüller, 1775

O. Lépidoptères

F. Lycaenidae

S.-F. Lycaeninae

Distribution actuelle. Le Cuivré de la Bistorte est connu du centre au nord de l'Europe et à la Sibérie orientale.

Évolution historique et menaces. En Europe, le Cuivré de la Bistorte est vulnérable dans la majorité de son aire de répartition. En République tchèque, il est éteint depuis ces dernières années. En France, ce papillon est assez largement dispersé en petites colonies plus ou moins abondantes selon les localités. Ses populations s'étendent sur cinq centres de peuplement : les Ardennes, où il est en déclin ; les Vosges, dont les populations découvertes en 1970 sont peu abondantes et dispersées dans l'ouest ; le haut Jura, où certaines régressent (localité du Russey) ; certains points du Massif central : le massif du Sancy, où les populations sont abondantes, et le nord du Cantal, où elles sont plus localisées. Ce papillon se trouve aussi dans le département de la Loire (monts de la Madeleine), où il y est en danger, et dans les Pyrénées-Orientales, où les populations, localisées, restent assez abondantes. Ce cuivré fréquente les prairies humides et les tourbières de plaine, jusqu'à 1 600 m.

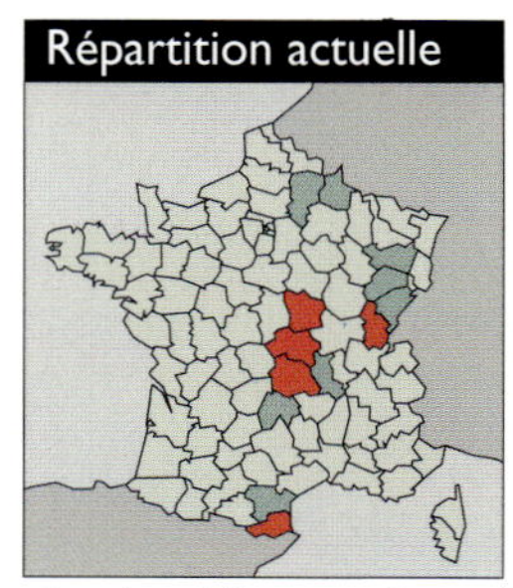

Mesures de conservation. Les principales causes de la régression des populations sont l'agriculture (drainages...), l'afforestation (enrésinement intensif) et l'aménagement du territoire (notamment hydraulique). Il est urgent de protéger son habitat par la création de réserves, en les préservant par des zones tampons. Une gestion adaptée doit être mise en place. La surveillance des populations doit être réalisée dans le cadre d'un plan de conservation des espèces. L'inventaire et la cartographie de l'espèce doivent être poursuivis. L'arrêté du 22 juillet 1993 permet la protection de son habitat.

Cuivré des marais

(Lycaena) Thersamolycaena dispar

Haworth, 1803

O. Lépidoptères

F. Lycaenidae

S.-F. Lycaeninae

Selon les stations

Distribution actuelle. Le Cuivré des marais vit de l'Europe occidentale au fleuve Amour.

Évolution historique et menaces. Cette espèce est en danger dans la plupart des pays d'Europe. De nombreuses sous-espèces sont déjà éteintes : au Royaume-Uni (1848), en France (*T. d. gronieri,* 1909), en République tchèque (1935), au Danemark. En France, le Cuivré des marais se rencontre au nord-est de la région parisienne aux Ardennes, dans la vallée du Rhin et sur la bordure des Alpes, dans le Centre, l'Ain, dans l'Ouest et le Sud-Ouest. Il était très commun à Lille et dans ses environs au début du siècle, mais son déclin a commencé après la Première Guerre mondiale. Il a disparu à la suite de l'urbanisation de cette région. Dans l'Est, ses populations régressent (surtout dans le sud de l'Alsace par suite de la reconversion des prés en cultures de maïs), ainsi qu'en basse Alsace en raison d'aménagements hydrauliques. Pour les mêmes causes, il est en cours d'extinction dans le Marais poitevin. Ce papillon est encore assez courant en Aquitaine. Il fréquente les prés à litière et les clairières des forêts humides, recherchant les biotopes à végétation herbacée haute et stable durant de longues périodes. Plantes hôtes : *Rumex hydrolapathum* et *aquaticus*.

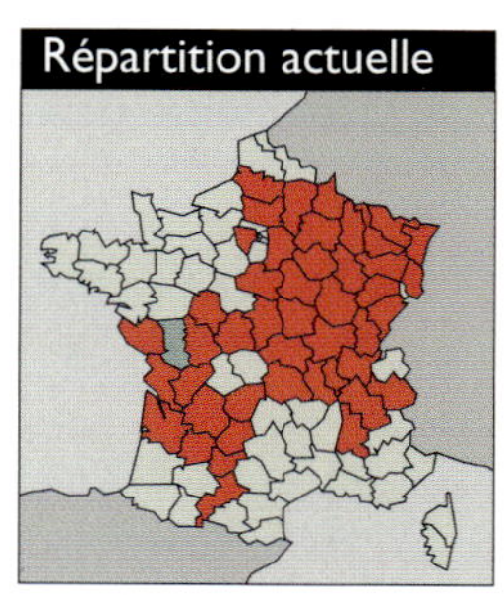

Mesures de conservation. Les principales causes de la régression des populations sont l'agriculture (drainages, transformation des prés mouillés en cultures extensives...) et l'aménagement du territoire (notamment hydraulique). Il est nécessaire d'assurer la protection de son habitat par la création de réserves et d'étudier la distribution et la structure génétique de cette espèce. La surveillance des populations doit être réalisée dans le cadre d'un plan de conservation des espèces. L'inventaire et la cartographie de l'espèce doivent être poursuivis. L'arrêté du 22 juillet 1993 permet la protection de son habitat. Il est inscrit à l'annexe II de la convention de Berne et aux annexes II et IV de la directive Habitats.

Les *Maculinea*

(note préliminaire)

La biologie très particulière des quatre espèces qui vont suivre nous oblige à décrire, au préalable, la complexité des relations qu'elles entretiennent avec leurs fourmis hôtes. La modification d'un seul facteur du milieu a immédiatement des répercussions sur la survie des espèces du genre *Maculinea.* Cette assertion a été malheureusement prouvée par l'extinction, en 1979, de *M. arion* en Grande-Bretagne.

Deux ou trois jours après son émergence, le papillon dépose ses œufs sur la plante nourricière de la chenille (selon les espèces : Gentiane, Thym, Sanguisorbe…). Quelques jours plus tard, la larve éclôt et pénètre dans les fleurs de la plante hôte, où elle se nourrit des anthères et des graines en formation. Au bout de trois semaines environ, la jeune chenille quitte la fleur, au crépuscule, descend le long de la tige ou se laisse tomber au sol. Là, elle attend qu'une fourmi (du genre *Myrmica*) la prenne en charge, sinon elle meurt rapidement. Lors de la rencontre, un rituel, plus ou moins complexe et plus ou moins long selon les espèces (de quelques secondes à plusieurs minutes), amène la fourmi à considérer la chenille comme une larve de son espèce. Elle la transporte alors avec soin dans la fourmilière. Durant plus de dix mois, nécessaires à son développement, les fourmis entretiendront avec soin cette chenille qui, elle, dévorera constamment les larves de fourmi ! Parvenue à maturité, la chenille se nymphose dans la fourmilière, d'où sortira le papillon quelques semaines plus tard pour rejoindre l'air libre.

Plusieurs conditions doivent être réunies pour que les populations de *Maculinea* prospèrent : les fourmilières doivent être en nombre suffisant dans le biotope, afin que les chenilles soient rapidement adoptées, et suffisamment peuplées pour nourrir les chenilles (une chenille consomme environ 660 larves en dix mois). La hauteur de la végétation herbacée revêt, elle aussi, une très grande importance, la plupart des espèces de *Formica* ne pouvant s'installer si l'herbe est rase ou trop haute. L'une des causes de la disparition de l'Azuré du Serpolet en Grande-Bretagne, en 1979, est l'abandon du pâturage sur les biotopes colonisés par le complexe papillons-fourmis.

Ce fragile équilibre nous oblige à prêter beaucoup d'attention aux milieux naturels dans lesquels vivent ces espèces ; parfois, il sera nécessaire de créer des réserves. Dans ce cas, il sera indispensable d'établir des plans de gestion adaptés aux papillons, mais aussi aux exigences des fourmis hôtes. Il sera impératif d'assurer une surveillance assidue des populations considérées.

Schéma du cycle de développement des *Maculinea*

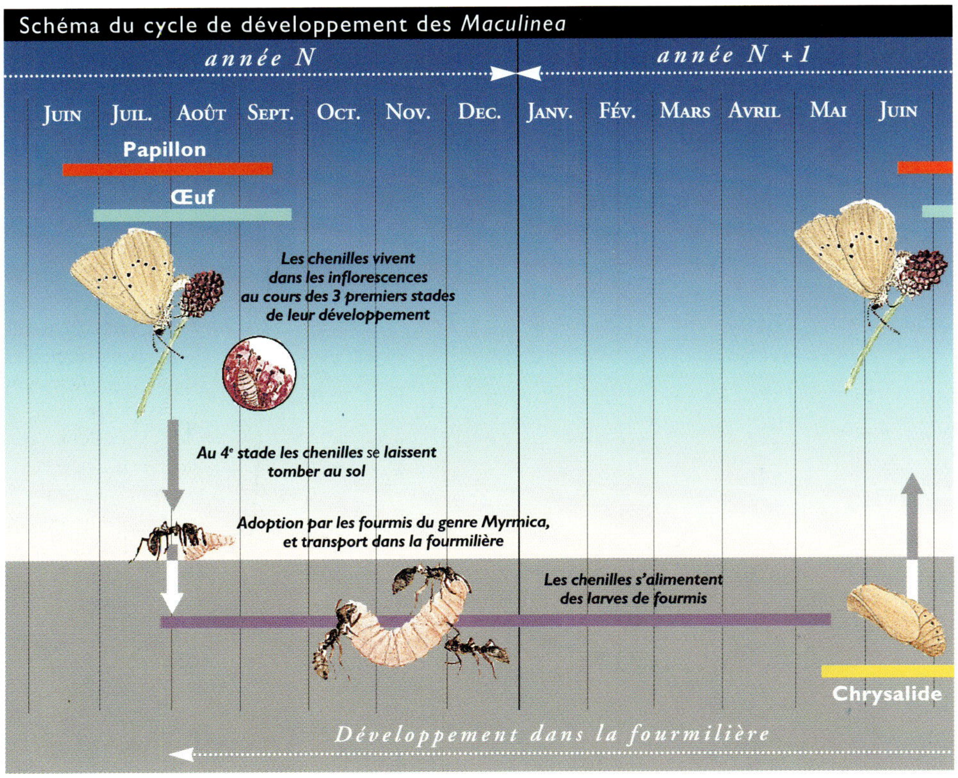

Protée ou Azuré des mouillères

Maculinea alcon
Denis et Schiffermüller, 1775

O. Lépidoptères

F. Lycaenidae

S.-F. Polyommatinae

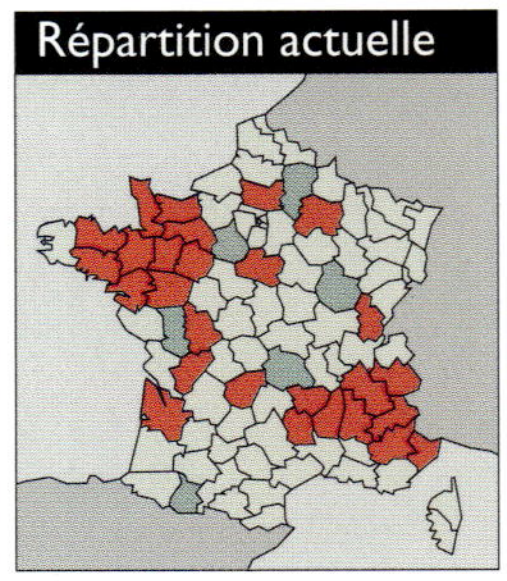

Distribution actuelle. Le Protée vit dans le nord, le centre et le sud de l'Europe jusqu'à l'Asie centrale.

Évolution historique et menaces. Cette espèce peut se confondre avec *Maculinea rebeli*, ce qui rend difficile l'étude de sa répartition et de son évolution. Elle est vulnérable ou en danger dans tous les pays d'Europe où elle vit. En France, elle est connue dans la région parisienne (mais elle a disparu de l'est d'Armainvilliers entre 1972-1975), dans le Massif central, le Vaucluse, le sud-est des Alpes, l'est des Pyrénées et l'Ouest, où elle est généralement rare. Ce papillon habite les prairies humides et tourbeuses, les bois frais et clairs où pousse *Gentiana pneumonanthe*. Les chenilles sont adoptées par *Myrmica ruginodis*.

Mesures de conservation. Les principales causes de la régression des populations sont l'agriculture (épandage d'engrais, drainages, fauches trop fréquentes, ou trop précoces), les reboisements et l'aménagement du territoire (urbanisation, morcellement des biotopes). Si nécessaire, il faudra protéger l'habitat de l'espèce par la création de réserves et mettre en place une gestion adaptée. La surveillance des populations doit être réalisée dans le cadre d'un plan de conservation des espèces. L'inventaire et la cartographie de cet azuré doivent être poursuivis. L'arrêté du 22 juillet 1993 permet la protection de son habitat.

Azuré de la Sanguisorbe

Maculinea telejus Bergsträsser, 1779

O. Lépidoptères

F. Lycaenidae

S.-F. Polyommatinae

Distribution actuelle. L'Azuré de la Sanguisorbe vit de la France au Japon, en passant par l'Europe centrale et l'Asie.

Évolution historique et menaces. Cet azuré, éteint depuis 1971 aux Pays-Bas et 1973 en Belgique, est vulnérable en Europe sur l'ensemble de son aire de répartition, plus particulièrement au nord. En Suisse, il est très localisé, et la plupart des colonies comptent moins de cent individus. En France, il semble encore relativement bien installé dans le Haut-Rhin, l'Ain, l'Isère et la Drôme, où il a été découvert en 1982 dans un petit nombre de localités. Il existe aussi dans l'Ouest, où la sous-espèce *M. t. burdigalensis* est en danger. Elle a disparu des environs d'Angoulême et est en cours d'extinction dans les environs de Bordeaux. Deux populations isolées ont été trouvées récemment en Indre-et-Loire. En Alsace, les populations régressent. Ce papillon habite les prairies humides, les marécages et les landes où pousse la Sanguisorbe. Ses chenilles sont acceptées par *Myrmica scabrinodis* et *Myrmica laevinodis*.

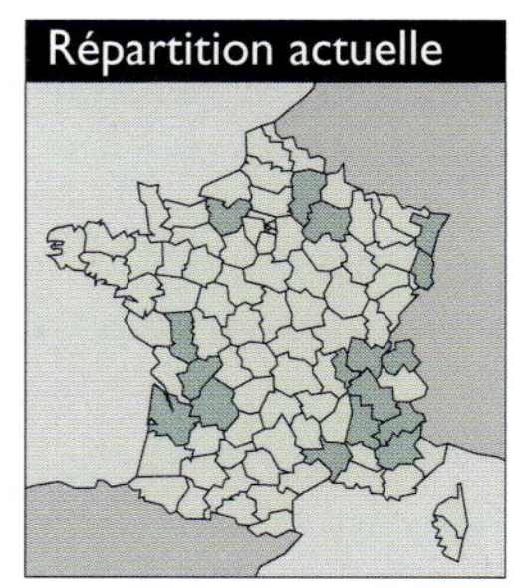

Mesures de conservation. Les principales causes de la régression des populations sont l'agriculture (drainages, piétinement par les bovins, abandon des fauches traditionnelles…), le boisement (fermeture du milieu) et l'aménagement du territoire (notamment hydraulique). Si nécessaire, il faudra protéger son habitat par la création de réserves et mettre en place une gestion adaptée (fauche par temps sec, choix des dates de fauche). La surveillance des populations doit être réalisée dans le cadre d'un plan de conservation des espèces. L'inventaire et la cartographie de l'espèce doivent être poursuivis. L'arrêté du 22 juillet 1993 permet la protection de son habitat. Elle est inscrite à l'annexe II de la convention de Berne et aux annexes II et IV de la directive Habitats.

Courant, assez courant, parfois localisé

Rare, occasionnel ou à confirmer

Azuré du Serpolet

Maculinea arion Linné, 1758

O. Lépidoptères

F. Lycaenidae

S.-F. Polyommatinae

Distribution actuelle. L'Azuré du Serpolet vit de l'Europe occidentale à la Sibérie et à la Chine.

Évolution historique et menaces. Ce lycène est éteint depuis 1950 aux Pays-Bas, depuis 1973 en Belgique et depuis 1979 au Royaume-Uni. Il est en danger au Danemark où il a été recemment découvert dans deux localités. Dans toute l'Europe, il est rare ou vulnérable. En France, l'espèce, qui se rencontre en petites colonies, présente une répartition étendue, mais sa distribution est très fragmentée . Elle est rare dans le Nord et le Centre. Elle est connue en Corse. L'Azuré du Serpolet est gravement menacé par la disparition de son habitat. Il fréquente les pelouses sèches et les bois clairs. Les chenilles, qui vivent sur le Serpolet, sont adoptées par *Myrmica scabrinodis*. En Suisse, la fourmi hôte est *Myrmica sabuleti*.

Mesures de conservation. La principale cause de la régression des populations est la destruction de leur habitat, qu'il convient de protéger par la création de réserves. Une gestion adaptée sera mise en place. La surveillance des populations doit être réalisée dans le cadre d'un plan de conservation des espèces. L'inventaire et la cartographie de l'espèce doivent être poursuivis. L'arrêté du 22 juillet 1993 permet la protection de son habitat. Il est inscrit à l'annexe II de la convention de Berne et à l'annexe IV de la directive Habitats.

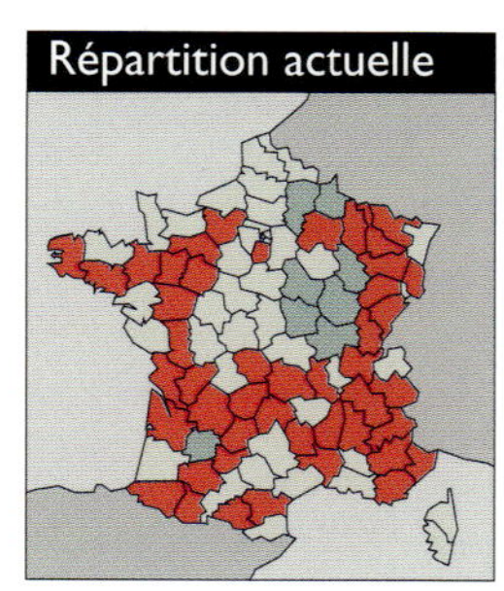

Azuré des paludes

Maculinea nausithous Bergsträsser, 1779

O. Lépidoptères

F. Lycaenidae

S.-F. Polyommatinae

Répartition actuelle

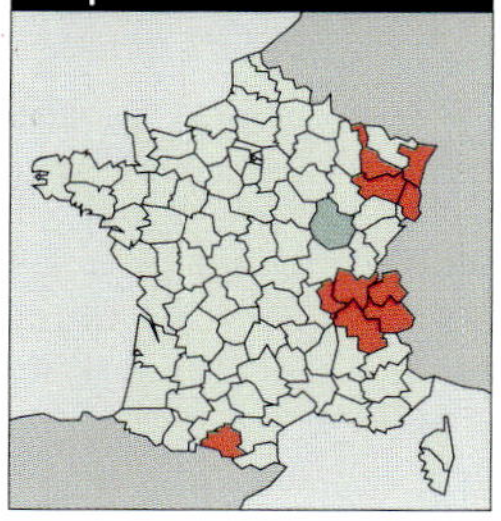

Distribution actuelle. L'Azuré des paludes vit dans toute l'Europe. Vers l'est, il atteint la Russie, le Caucase, le centre de l'Asie et l'ouest de la Sibérie.

Évolution historique et menaces. L'Azuré des paludes est en danger en Russie, en République tchèque, en ex-Yougoslavie, en Suisse, en France et en Espagne où sa présence est confirmée dans sept sites. Il a disparu de certaines régions de Hongrie et est éteint depuis 1972 aux Pays-Bas où une population a été réintroduite dans le sud. En France, on le rencontre en Alsace, dans l'Ain, l'Isère et la Savoie. Il a été découvert dans les Vosges en 1985. Tous les sites connus de la vallée du Rhône ont été détruits à la suite de la construction d'un barrage en 1981. Ce papillon habite les prairies marécageuses. Il pond ses œufs sur *Sanguisorba officinalis.* Les jeunes chenilles s'en nourrissent jusqu'au troisième stade de leur développement, puis, comme pour les autres *Maculinea,* elles sont adoptées par la fourmi *Myrmica rubra* dont elles consomment les larves.

Mesures de conservation. Les effectifs de l'Azuré des paludes régressent constamment à la suite de modifications de son habitat liées à l'activité humaine : drainage, pollution de la nappe phréatique par la fertilisation, modification de l'usage des sols, etc. Il convient de les protéger par la création de réserves. Une gestion adaptée sera mise en place (en particulier, fauches par rotation). La surveillance des populations doit être réalisée dans le cadre d'un plan de conservation des espèces. L'inventaire et la cartographie de l'espèce doivent être poursuivis. L'arrêté du 22 juillet 1993 permet la protection de son habitat. Elle est inscrite à l'annexe II de la convention de Berne et aux annexes II et IV de la directive Habitats.

Laineuse du Prunellier

Eriogaster catax Linné, 1758

O. Lépidoptères

F. Lasiocampidae

Répartition actuelle

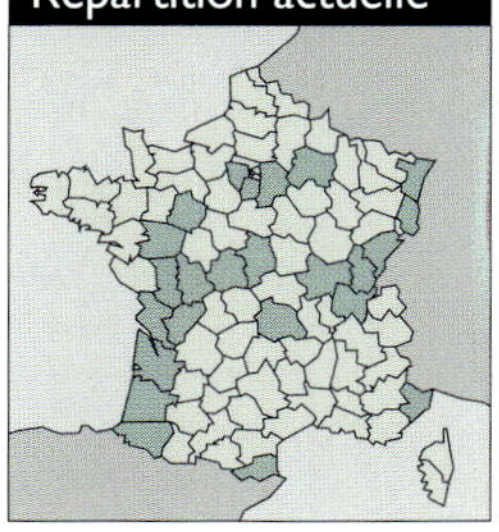

Distribution actuelle. La Laineuse du Prunellier est connue de l'ouest de l'Europe à l'Oural. Les populations les plus importantes se trouvent en Autriche, en République tchèque et en Hongrie.

Évolution historique et menaces. Cette espèce est menacée dans de nombreux pays d'Europe. Elle a disparu du Luxembourg et n'est plus observée en Italie depuis plusieurs années. Aux Pays-Bas, elle n'existe plus que dans une seule localité. L'espèce était relativement commune en Hongrie ; le déclin a commencé vers les années 1950. Actuellement, seules quelques petites populations sont toujours présentes de façon sporadique sur le versant sud des montagnes. En France, ses populations étaient autrefois dispersées sur la plus grande partie du territoire, mais n'ont plus été signalées depuis longtemps dans de nombreuses régions. Localisé et rarement commun, ce papillon fréquente les forêts de feuillus. Ses larves, qui vivent groupées dans une même toile, se nourrissent des feuilles de Chêne, de Bouleau, de Prunellier, d'Aubépine et d'Épinevinette. Les méthodes sylvicoles modernes (enrésinement, introduction d'essences exotiques, arrachage des aubépines) jouent manifestement un rôle néfaste sur le maintien de cette espèce.

Mesures de conservation. Dans le cadre d'un plan de conservation des espèces, il serait souhaitable de réaliser des études sur l'écologie de la Laineuse du Prunellier et d'étudier sa répartition géographique. L'arrêté du 22 juillet 1993 permet la protection de son habitat. La Laineuse du Prunellier est inscrite à l'annexe II de la convention de Berne et aux annexes II et IV de la directive Habitats.

Isabelle de France ou Papillon-vitrail

Graellsia isabellae Graëlls, 1849

O. Lépidoptères

F. Saturniidae

Répartition actuelle

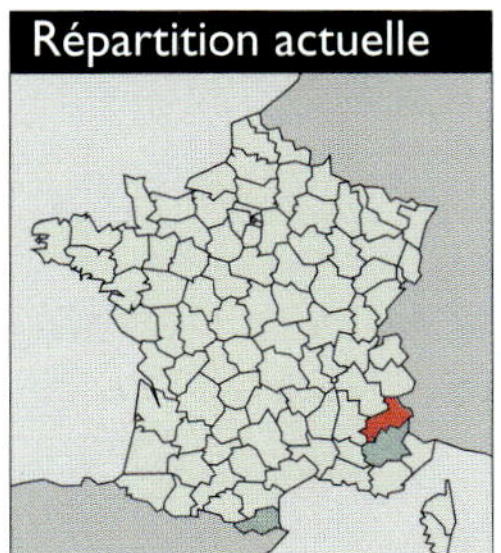

Distribution actuelle. L'Isabelle de France est connue en Espagne et au sud-est de la France.

Évolution historique et menaces. La sous-espèce française *G. i. galliaegloria* fut découverte en 1922 dans la vallée de la Durance. Cette espèce se rencontre surtout dans les Hautes-Alpes, dans tout le Briançonnais, mais sa répartition globale s'étend de l'Ain aux Alpes-Maritimes. On la signale aussi, localisée, dans les Pyrénées-Orientales. Ce très beau papillon, recherché par les collectionneurs, fut victime de prélèvements abusifs jusque vers la fin des années 1970. La prise de conscience, par les habitants de la vallée, de la valeur patrimoniale de cette espèce permit d'instaurer l'interdiction des captures. Ce *bombyx* est devenu le symbole de la protection des insectes français. Bien que ne courant plus actuellement de danger immédiat, l'espèce continue à payer un lourd tribut aux éclairages urbains (à vapeur de mercure). Elle habite les moyennes montagnes (de 1 000 à 1 800 m) de climat méridional, où elle colonise les peuplements de Pins sylvestres et de Pins à crochets, plantes hôtes des chenilles. Les adultes volent de la fin de mars au début de juillet selon l'altitude et les conditions météorologiques.

Mesures de conservation. Il convient d'assurer une gestion forestière appropriée à la biologie de l'espèce. Afin d'éviter des rassemblements d'individus autour des lampadaires, il faudrait équiper ceux-ci de lampes à vapeur de sodium. Cette action devrait être facilitée dans la mesure où le parc naturel régional du Queyras et le parc national des Écrins renferment une bonne partie des biotopes de l'espèce. L'arrêté du 22 juillet 1993 en interdit la capture et permet la protection de son habitat. L'espèce est inscrite aux annexes II et V de la directive Habitats et à l'annexe III de la convention de Berne.

Sphinx de l'Épilobe

Proserpinus proserpina Pallas, 1772

O. Lépidoptères

F. Sphingidae

Distribution actuelle. Le Sphinx de l'Épilobe est connu en Europe centrale et méridionale, au Maroc et en Asie jusqu'au Turkestan.

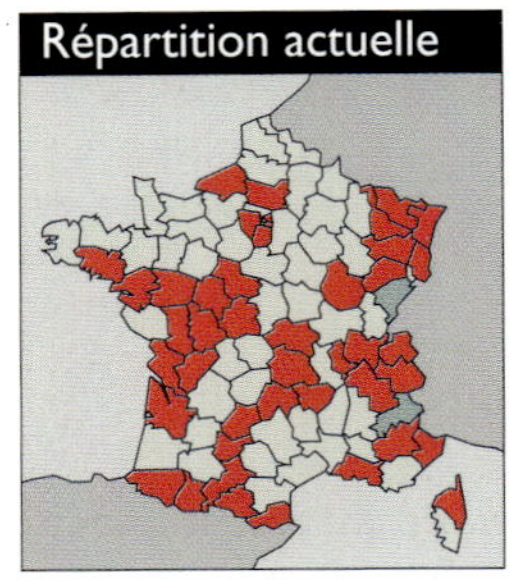

Évolution historique et menaces. Cette espèce, considérée comme en danger dans de nombreux pays d'Europe, est éteinte dans certaines localités d'Autriche. En France, le Sphinx de l'Épilobe se rencontre en populations diffuses et jamais abondantes, dans le Bassin parisien et les régions montagneuses (Vosges, Alpes, Auvergne, Pyrénées). Il est très commun dans les Pays de la Loire. Il a récemment été découvert en Corse (1989). Pour des raisons non déterminées, il semble que sa répartition soit actuellement en cours de régression. Les chenilles de ce papillon vivent sur les Épilobes, les Onagres et les Fuchsias.

Mesures de conservation. Dans le cadre d'un plan de conservation des espèces, il serait souhaitable de réaliser des études sur l'écologie de ce sphinx et d'étudier sa répartition géographique. L'arrêté du 22 juillet 1993 permet la protection de son habitat. L'espèce est inscrite à l'annexe II de la convention de Berne et à l'annexe IV de la directive Habitats.

Sphinx de l'Argousier

Hyles hippophaes Esper, 1793

O. Lépidoptères

F. Sphingidae

Distribution actuelle. Le Sphinx de l'Argousier est connu de l'Espagne au sud de l'Allemagne et jusqu'en Asie Mineure.

Évolution historique et menaces. Le statut de cette espèce est très mal connu sur l'ensemble de son aire de répartition. Elle est rare partout. En France, le Sphinx de l'Argousier, qui se rencontre essentiellement dans les régions du Sud-Est, atteint les Cévennes (Le Vigan). Il a été observé en Alsace (migration d'individus originaires d'Allemagne méridionale ?). Cette espèce vit sur l'Argousier, plante épineuse largement répandue dans le Sud-Est, mais également dans la vallée du Rhin, et tout le long du littoral nord-ouest, des Flandres à la Bretagne.

Mesures de conservation. Dans le cadre d'un plan de conservation des espèces, il serait souhaitable de réaliser des études sur l'écologie de cette espèce et d'affiner la connaissance de sa répartition géographique. L'arrêté du 22 juillet 1993 permet la protection de son habitat. L'espèce est inscrite à l'annexe II de la convention de Berne et à l'annexe IV de la directive Habitats.

■ Courant, assez courant, parfois localisé

■ Rare, occasionnel ou à confirmer

Écaille-brune ou Matrone

Pericallia matronula Linné, 1758

O. Lépidoptères

F. Arctiidae

Distribution actuelle. L'Écaille-brune est largement distribuée dans toute l'Eurasie tempérée. Elle atteint la région de l'Amour, en Sibérie orientale.

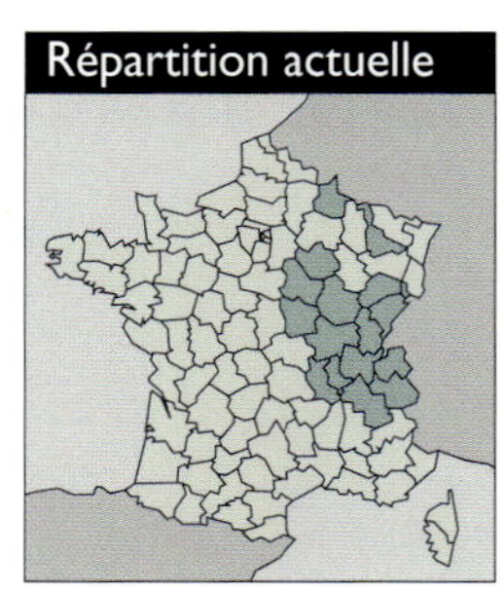

Évolution historique et menaces. La France constitue la limite occidentale de la répartition de ce papillon, qui a été autrefois signalé dans le Nord-Est (Nancy). Sa répartition actuelle se limite au Jura (région de la vallée de la Bienne, où il semble relativement fréquent), à la Franche-Comté, à la Bourgogne et au Dauphiné. Les effectifs de ses populations sont généralement bas. En France, l'Écaille-brune, considérée comme rare, semble régresser depuis le début du siècle. Le développement de la chenille dure généralement deux ans ; elle se nourrit de diverses plantes basses (Pissenlit, Plantin…), de Framboisier, de Prunus et de Lilas.

Mesures de conservation. Dans le cadre d'un plan de conservation des espèces, il serait souhaitable de réaliser des études sur l'écologie de cette espèce et d'approfondir la connaissance de sa répartition géographique, de protéger son habitat par la création de réserves, puis d'en assurer la gestion. L'arrêté du 22 juillet 1993 permet la protection de son habitat.

Écaille des marais

Diacrisia (Rhyparioides) metelkana

Lederer, 1861

O. Lépidoptères

F. Arctiidae

Peut-être éteinte

Distribution actuelle. L'Écaille des marais vit en Europe, jusqu'à la Russie méridionale, en Asie orientale et au Japon.

Évolution historique et menaces. En France, cette écaille fut jadis citée dans la Marne (environs de Reims), la Vienne et les Deux-Sèvres (Amuré, Épannes). Extrêmement rare et localisée, elle fréquente exclusivement les marais et les milieux humides où poussent ses plantes nourricières (Pissenlit, Euphorbe, Populage des marais). Encore très commune au siècle dernier, notamment en Europe centrale (Hongrie), ce papillon à la répartition très morcelée a décliné de manière très spectaculaire au cours des soixante dernières années, s'éteignant presque dans la partie la plus occidentale de son aire de répartition. Sa présence en France n'a plus été signalée depuis longtemps. Des recherches minutieuses mériteraient d'être entreprises.

Répartition actuelle

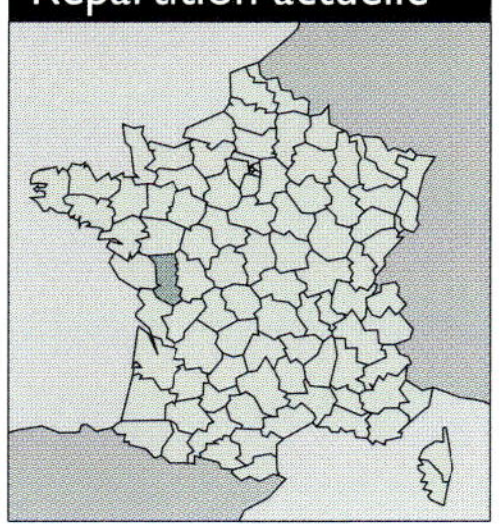

Mesures de conservation. Dans le cadre d'un plan de conservation des espèces, il serait urgent de protéger strictement son habitat par la création de réserves, puis d'en assurer la gestion. L'arrêté du 22 juillet 1993 permet la protection de son habitat.

Écaille funèbre

Phragmatobia (Arctinia) caesarea

Goeze, 1781

O. Lépidoptères

F. Arctiidae

Distribution actuelle. L'Écaille funèbre vit en Belgique, où elle est très rare, en France orientale, centrale et méridionale.

Évolution historique et menaces. Dans le Nord-Est, cette écaille se rencontre jusque dans le Bas-Rhin. Dans le Centre, elle est citée uniquement dans le Cher et la Côte-d'Or, mais elle existe egalement dans l'Yonne. Sa répartition méridionale est plus étendue : Corrèze, Rhône, Isère, Hautes-Alpes, Saône-et-Loire, Lot, Hérault, Alpes-de-Haute-Provence, Vaucluse, Drôme, Alpes-Maritimes et Bouches-du-Rhône. La chenille s'alimente des feuilles du Plantain lancéolé, de Véronique, de Stellaire et d'Épervière piloselle.

Répartition actuelle

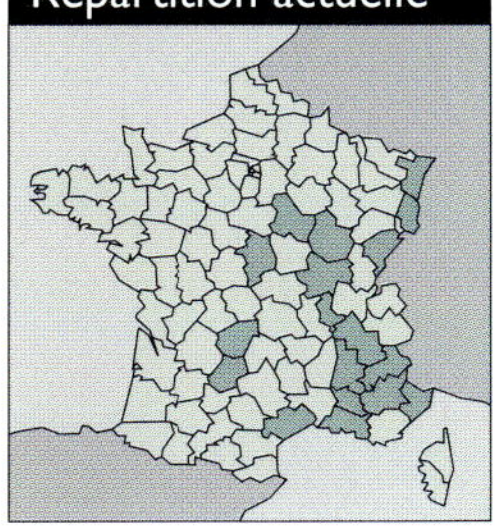

Mesures de conservation. Dans le cadre d'un plan de conservation des espèces, il serait souhaitable de réaliser des études sur l'écologie de cette espèce, d'approfondir la connaissance de sa répartition géographique, de protéger son habitat par la création de réserves et d'en assurer la gestion. L'arrêté du 22 juillet 1993 permet la protection de son habitat.

L'évocation de Mollusques menacés renvoit probablement davantage à des images de coquillages, de marées noires, de collections et beaucoup moins à celles d'escargots, de captages de sources, de pesticides. Et pourtant, les Mollusques terrestres et fluviatiles sont aujourd'hui aux premières loges de l'extinction globale, celle qui affecte l'espèce tout entière, et non simplement les populations se trouvant sur tel ou tel territoire national. Le Livre rouge de l'U.I.C.N. (édition de 1994) n'énumère pas moins de 286 espèces de Mollusques éteints dans le monde, c'est-à-dire davantage que d'Oiseaux et de Mammifères réunis. Et encore ce chiffre est-il une sous-appréciation manifeste car, faute de spécialistes, bien des faunes n'ont pas été réévaluées d'une manière critique depuis cinquante ou cent ans. Il est remarquable que, sur ces 286 extinctions de Mollusques, une seule affecte une espèce marine. Toutes les autres concernent le domaine terrestre et dulçaquicole. Plusieurs de ces extinctions se sont produites dans les D.O.M.-T.O.M., en particulier Mayotte, la Réunion, et la Polynésie française, mais on ne déplore encore aucune extinction globale en France métropolitaine proprement dite.

Répartition actuelle d'*Elona quimperiana*, présentant une curieuse distribution disjointe.

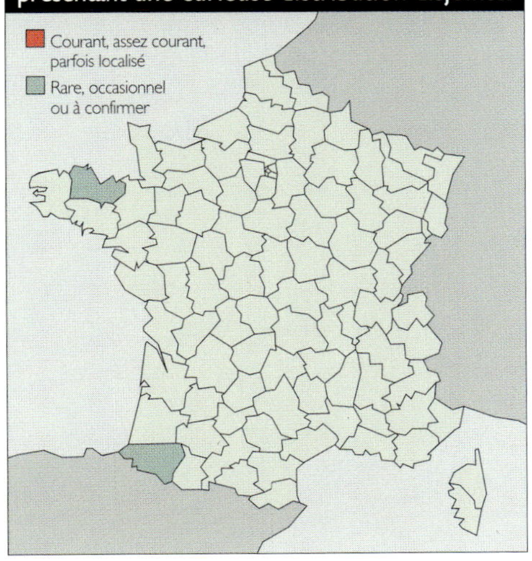

La grande vulnérabilité de bien des espèces terrestres et dulçaquicoles tient à l'exiguïté de leurs aires de répartition : pas moins de 82 espèces ou sous-espèces (30 dans les eaux douces, 52 terrestres), sur un total de 400, sont endémiques à la France. Les petits *Aciculidae* de l'arrière-pays de Nice et de Menton ont même des aires de répartition qui ne dépassent pas une centaine de kilomètres carrés. Il y a trois principaux foyers d'endémisme chez les escargots : la Corse (8 espèces), les Alpes du Sud (12 espèces) et les Pyrénées (27 espèces). Dans les eaux douces souterraines, le haut bassin de la Seine, le bassin du Rhône, ainsi que les deux extrémités de la chaîne pyrénéenne hébergent 27 espèces endémiques. Ce sont bien évidemment ces espèces qui ont la plus haute valeur patrimoniale, car pour elles il n'y a pas de population de secours en Espagne, en Italie ou en Pologne : leur extinction en France signifierait leur extinction tout court. Ce sont en priorité ces espèces qui sont protégées au titre de la loi sur la protection de la nature.

La localisation de cet endémisme aux massifs montagneux ne doit pas faire illusion sur la situation des peuplements malacologiques dans le reste du pays : bon nombre de Mollusques, jadis communs, sont en régression sur le territoire français, comme dans le reste de l'Europe. Les changements dans les pratiques agricoles, l'utilisation de pesticides, le grignotage des habitats

Dans les zones humides, la détérioration des habitats et des peuplements de *Myxas glutinosa* est générale

Remerciements

La carte de distribution de la Moule perlière (Margaritifera margaritifera) *tient compte de données inédites de Gilbert Cochet et Philippe Quéré. Les observations sur la situation des endémiques des Alpes-Maritimes sont de Theo Ripken. Les illustrations des Escargots de Corse ont été réalisées d'après des photographies de Guy et Anne-Marie Réal.*

P. B.

Liste rouge des Mollusques protégés en France métropolitaine et statuts de menace			
Mollusques continentaux			
En danger	(!)		
- *	*Renea bourguignatiana*	- *	*Margaritifera auricularia*
Hélix de Corse	*Helix ceratina*		
Vulnérables	(V)		
- *	*Solatopupa psarolena*	- *	*Myxas glutinosa*
- *	*Vallonia enniensis*	- *	*Pisidium pseudosphaerium*
- *	*Vertigo moulinsiana*	Mulette	*Margaritifera maragaritifera*
Rares	(R)	- *	*Paladilhia pleurotoma*
- *	*Arganiella exilis*	- *	*Paladilhiopis bourguignati*
	(Horatia exilis)	- *	*Palacanthilhiopsis vervierii*
- *	*Avenionia brevis*	- *	*Plagigeyeria conilis*
- *	*Belgrandiella pyrenaica*	- *	*Pseudamnicola anteisensis*
- *	*Bythinella bicarinata*		*(Corrosella anteisensis)*
- *	*Bythinella carinulata*	- *	*Pseudamnicola klemmi*
- *	*Bythinella pupoides*	- *	*Platyla foliniana*
- *	*Bythinella reyniesii*	- *	*Renea gormonti*
- *	*Bythinella vesontiana*	- *	*Renea moutonii*
- *	*Bythinella viridis*	- *	*Renea paillona*
- *	*Bythiospeum articense*	- *	*Renea singularis*
- *	*Bythiospeum bressanum*	- *	*Abida secale ssp ateni*
- *	*Bythiospeum diaphanum*	- *	*Chondrina megacheilos*
- *	*Bythiospeum garnieri*	- *	*Solatopupa cianensis*
- *	*Fissuria boui*	- *	*Solatopupa guidoni*
- *	*Hauffenia minuta*	- *	*Truncatellina arcyensis*
- *	*Hydrobia scamandri*	- *	*Cryptazeca monodonta*
- *	*Litthabitella elliptica*	- *	*Cryptazeca subcylindrica*
- *	*Moitessieria juvenisanguis*	- *	*Hypnophila remyi*
- *	*Moitessieria lineolata*	- *	*Macularia saintyvesi*
- *	*Moitessieria locardi*	Otala de Catalogne	*Otala punctata*
- *	*Moitessieria puteana*	- *	*Norelona pyrenaica*
- *	*Moitessieria rayi*	- *	*Trissexodon constrictus*
- *	*Moitessieria rolandiana*	- *	*Vitrea pseudotrolli*
- *	*Moitessieria simoniana*		
Indéterminés	(?)		
- *	*Cymotheba corsica*	Escargot de Quimper	*Elona quimperiana*
Escargot de Raspail	*Tacheocampylaea raspaili*	- *	*Laminifera pauli*
Escargot de Nice	*Macularia niciensis*	- *	*Unio turtoni*
Mollusques marins			
Vulnérables	(V)		
Arapède géante	*Patella ferruginea*	Datte de mer	*Lithophaga lithophaga*
Nacre	*Pinna nobilis*		
Indéterminés	(?)		
- *	*Pinna rudis*		
* nom vernaculaire restant à créer.			

Chez les Invertébrés en général, et chez les Mollusques en particulier, les données scientifiques concernant le statut des espèces et des populations manquent souvent cruellement de précision et d'actualité. Cela explique que bien des espèces figurent dans les rubriques « Rare » ou « Indéterminé », ce qui reflète probablement mal les menaces potentielles qui pèsent sur leur survie. Compte tenu de l'extrême localisation de certaines Hydrobies, par exemple, la destruction d'une seule population suffirait à faire passer ces espèces de la catégorie « Rare » à la catégorie « En Danger ».Par manque de données et compte tenu de l'espace imparti, toutes les espèces figurant sur la liste rouge française ne sont pas traitées dans les fiches qui suivent. De plus, les espèces partageant un même type d'habitat ou une même répartition ont parfois été groupées. L'absence de noms vernaculaires pour désigner la plupart des espèces oblige à l'utilisation de leurs noms latins.

naturels sont des facteurs de raréfaction qui affectent l'ensemble de la faune et de la flore de notre pays, Mollusques compris. Dans les eaux douces, les pollutions organiques et chimiques concernent la quasi-totalité des fleuves et de leurs principaux affluents, et les mulettes *Margaritifera margaritifera* et *M. auricularia* sont en voie de disparition. Toujours dans les zones humides, la détérioration des habitats et des peuplements de *Vertigo moulinsiana, Myxas glutinosa,* et *Pisidium pseudosphaerium* est générale. Plus insidieusement, le captage des sources et la pollution des nappes phréatiques représentent des menaces importantes pour la survie de nombreuses espèces de la faune souterraine. Ce sont essentiellement ces espèces à large répartition, mais en déclin général, qui sont concernées par la directive européenne sur les habitats, qui constitue un outil complémentaire à la loi française sur la protection de la nature.

La plupart des escargots et bivalves continentaux sont petits, voire minuscules, et leur observation comme leur détermination sont affaire de spécialistes. De plus, nos connaissances sur leur biologie sont dérisoires : nous en ignorons souvent les paramètres fondamentaux – durée de vie, mode d'alimentation, modalités de reproduction, etc. Pour toutes ces raisons, la protection des espèces passe donc avant tout par la protection des habitats.

La situation dans le milieu marin est tout à fait différente. Les aires de distribution s'y mesurent en milliers de kilomètres de côtes ou en millions de kilomètres carrés de surface océanique. Cependant, le long des côtes européennes, les populations sont fréquemment en recul à la suite d'une pêche intensive, sous l'effet de pollutions (effluents industriels et urbains, hydrocarbures), ou par modification des habitats (endiguement et remblaiements de zones littorales, construction de zones portuaires et de marinas). Les bancs d'huîtres plates *(Ostrea edulis),* qui s'étendaient jadis de manière quasi ininterrompue du Danemark à l'Espagne, avaient, dès le milieu du XIXe siècle, tellement régressé à la suite d'une pêche anarchique que l'ostréiculture dut se substituer à l'exploitation des bancs naturels. Aujourd'hui, la pêche à pied des coquillages et des crustacés est pratiquée, pour le loisir, par un nombre croissant de résidents et d'estivants, en général de manière dévastatrice pour les habitats. Ainsi, les blocs rocheux sont retournés et laissés sens dessus dessous, ce qui signifie la mort par dessiccation de la faune vivant à la face inférieure des blocs et le pourrissement de la couverture algale. Les individus de toute taille sont récoltés, sans égard pour les jeunes ou, dans le cas des Crustacés, pour les femelles grainées. Même si ces pratiques ne mettent pas en danger la survie globale des espèces, un compromis devrait être recherché entre l'utilisation récréative du littoral et sa préservation écologique, en réglementant davantage la pêche à pied et la collecte de « souvenirs » en plongée sous-marine, et en instituant, par exemple, des réserves tournantes.

Philippe Bouchet

Hydrobies

Genres *Arganiella* (1 espèce), *Avenionia* (1 espèce), *Belgrandiella* (1 espèce), *Bythinella* (6 espèces), *Bythiospeum* (4 espèces), *Fissuria* (1 espèce), *Hauffenia* (1 espèce), *Hydrobia* (1 espèce), *Litthabitella* (1 espèce), *Moitessieria* (7 espèces), *Paladilhia* (1 espèce), *Paladilhiopsis* (1 espèce), *Palacanthilhiopsis* (1 espèce), *Plagigeyeria* (1 espèce) et *Pseudamnicola* (2 espèces).

C. Gastéropodes

O. Caenogastropoda

F. Hydrobiidae

■ Courant, assez courant, parfois localisé

■ Rare, occasionnel ou à confirmer

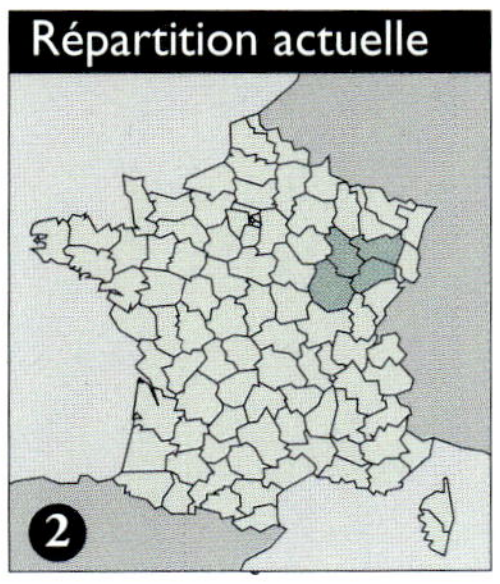

Distribution actuelle. Les Hydrobiidae sont des animaux de très petite taille, le plus souvent de 1 à 3 mm, qui peuvent former des populations denses, mais extrêmement localisées. Les espèces des genres *Bythiospeum, Moitessieria, Paladilhia* et *Horatia* habitent les sous-écoulements des rivières et les eaux souterraines, mais les *Bythinella* habitent exclusivement les sources, et sont inconnues des eaux souterraines. Très peu d'espèces vivent dans les eaux courantes de surface – dans ce cas, elles fréquentent uniquement les petits écoulements. En France, trois régions de roches calcaires ont une faune d'Hydrobiidae remarquable par leur diversité et par leur degré d'endémisme : la région pyrénéenne dans ses zones de basse et moyenne altitude ; les hauts bassins des petits fleuves côtiers et les zones de petites montagnes bordant la Méditerranée ; le massif du Jura. Vingt-trois des 30 espèces figurant dans la liste de la page 152 sont endémiques au territoire français. Beaucoup sont même endémiques d'un très petit territoire : à titre d'exemple, *Litthabitella elliptica* (Paladilhe, 1874) est endémique d'une partie du département des Pyrénées-Atlantiques, où elle est connue d'une dizaine de populations dans des sources, près d'Ascain et de Saint-Jean-Pied-de-Port.

Évolution historique et menaces. Les Hydrobiidae sont particulièrement vulnérables à tout aménagement (captage) des sources ; ils sont également sensibles aux pollutions, tant chimiques que physiques (en raison, par exemple, des risques de colmatage par injection de boue), de la nappe phréatique. Cette vulnérabilité est attestée par l'extinction récente de plusieurs espèces endémiques des Alpes autrichiennes, malgré l'absence de grandes pollutions industrielles. Faute d'études, la situation des espèces françaises n'est pas connue avec précision.

Mesures de conservation. Actuellement, un seul site est protégé en France pour sa faune phréatobie : la réserve biologique de Sauve (Gard), protégée par arrêté municipal. Des arrêtés de biotope devront être pris pour protéger les sources et les aquifères souterrains attenants. Les Hydrobies citées ci-contre sont protégées en France par l'arrêté du 7 octobre 1992.

Références bibliographiques.
Bouchet, 1990.

Moitessieria juvenisanguis

Bythinella carinulata

1. *Moitessieria juvenisanguis*
2. *Bythinella carinulata*

Escargots de Corse

Helix ceratina (Pfeiffer, 1843)

Cyrnotheba corsica (Shuttleworth, 1843)

Tacheocampylaea raspaili (Payraudeau, 1826)

C. Gastéropodes

O. Stylommatophora

F. Helicidae

Distribution actuelle. Les trois espèces d'Helicidae citées sont endémiques de Corse. Caziot disait déjà en 1902 d'*Helix ceratina* qu'elle était d'une « grande rareté et absolument cantonnée à 5 km d'Ajaccio, dans les champs situés dans le delta de la Gravone et du Prunelli ». Des coquilles vides ont été trouvées dans les années 1980. *Cyrnotheba corsica* est connue d'une vingtaine de localités du centre et du nord de l'île. Quant à *Tacheocampylaea raspaili,* elle paraît largement distribuée, mais est partout rare.

Évolution historique et menaces. L'imprécision des localisations anciennes et le manque de données actualisées ne permettent pas d'argumenter un éventuel recul dans la répartition de ces escargots. La situation d'*Helix ceratina* paraît particulièrement critique. *Cyrnotheba corsica* vit à moyenne altitude dans la litière, sous les pierres ou les troncs tombés, dans les forêts de feuillus et de conifères : cette écologie relativement peu exigeante est un bon gage de survie pour l'espèce. Le feu est probablement la principale menace qui pèse sur elle.

Mesures de conservation. Il est urgent d'actualiser les connaissances sur *Helix ceratina,* qui n'a pas été vu vivant depuis le début du siècle. Outre les trois grands Helicidae, *Hypnophila remyi* et *Solatopupa guidoni,* également endémiques de Corse, sont totalement protégées par la loi (arrêté du 7 octobre 1992) : toutes ces espèces devraient bénéficier de mesures de protection prises dans le cadre d'arrêtés de biotope.

Références bibliographiques.
Bouchet, 1990 ; Réal et Réal-Testud, 1988.

* *Cyrnotheba corsica, Helix ceratina et Tacheocampylaea raspaili*

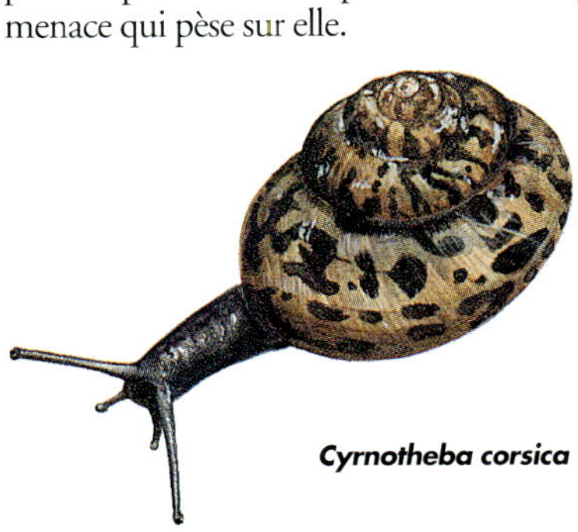

Cyrnotheba corsica

Tacheocampylaea raspaili

Helix ceratina

Escargots des Alpes du Sud

R

* *Macularia saintyvesi, Platyla foliniana, Renea bourguignatiana, Renea gormonti, Renea paillona, Renea singularis, Solatopupa cianensis et Solatopupa psarolena.*

Macularia saintyvesi

Distribution actuelle. Ce ne sont pas moins de 12 espèces d'escargots qui sont restreintes aux Alpes du Sud, en particulier le haut Var et les vallées des petits fleuves côtiers entre Grasse et Menton. Les sites les plus remarquables sont les gorges du Cians et de Daluis *(Solatopupa cianensis, Macularia saintyvesi),* les gorges du Loup et du Paillon *(Renea paillona, R. moutonii, R. singularis),* les gorges de Saorge *(Solatopupa psarolena, Macrogastra lineolata euzieriana),* et l'arrière-pays de Menton *(Platyla foliniana, Renea gormonti, R. bourguignatiana, Vitrea pseudotrolli).* Moins strictement localisée, la distribution de *Chondrina megacheilos* et *Macularia niciensis* s'étend également aux Alpes de Ligurie.

Évolution historique et menaces. *Macularia saintyvesi,* peu commun lors de relevés effectués en 1964 et 1971, est devenu plus rare à partir de 1974. En 1991, l'espèce avait disparu de plusieurs stations des gorges du Cians, à la suite des travaux accompagnant l'élargissement de la route et la construction de tunnels. L'espèce *Solatopupa psarolena,* qui n'avait pas été revue depuis 1958, a été récemment localisée au voisinnage de Saorge. L'espèce *Renea bourguignatiana* est peut-être éteinte du côté français, mais vit encore du côté italien des gorges de Saint-Louis. L'extrême localisation de toutes ces espèces les rend vulnérables à la modification ou à la destruction de leur habitat.

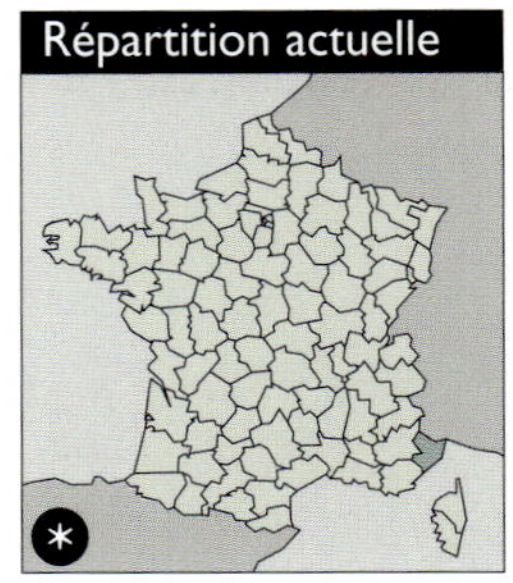

Mesures de conservation. Ces espèces sont protégées en France par l'arrêté du 7 octobre 1992. La protection de périmètres dans les vallées et les gorges du Loup, du Var, du Cians, du Paillon, de Saint-Louis et de La Roya s'impose, au minimum sous forme d'arrêtés de biotope. Il est probable que d'autres Invertébrés ont des distributions tout aussi resteintes, et les meilleurs sites devraient être classés en réserves naturelles.

Références bibliographiques.
Bouchet, 1990.

Renea singularis

Courant, assez courant, parfois localisé

Rare, occasionnel ou à confirmer

Escargots des Pyrénées

R

Trissexodon constrictus

Laminifera pauli

Distribution actuelle. Plusieurs dizaines d'espèces d'escargots sont endémiques de la chaîne pyrénéenne, avec des différences faunistiques considérables entre les versants nord et sud. *Laminifera pauli* et les deux *Cryptazeca* sont restreintes au Pays basque et *Abida secale ateni* est endémique de la vallée d'Aspe. La répartition de *Trissexodon constrictus* déborde du Pays basque jusqu'en pays d'Orthe et *Elona quimperiana,* localement commun, a une curieuse distribution disjointe, au Pays basque et en Bretagne. À l'autre bout de la chaîne, la distribution française de *Norelona pyrenaica* et de quelques autres est restreinte au département des Pyrénées-Orientales, avec quelques populations en Catalogne espagnole.

Évolution historique et menaces. Les espèces de moyenne montagne des Pyrénées centrales ne sont pas menacées. Nous manquons de données sur l'évolution historique des espèces localisées au Pays basque ou à la Catalogne, que leur extrême localisation rend vulnérables.

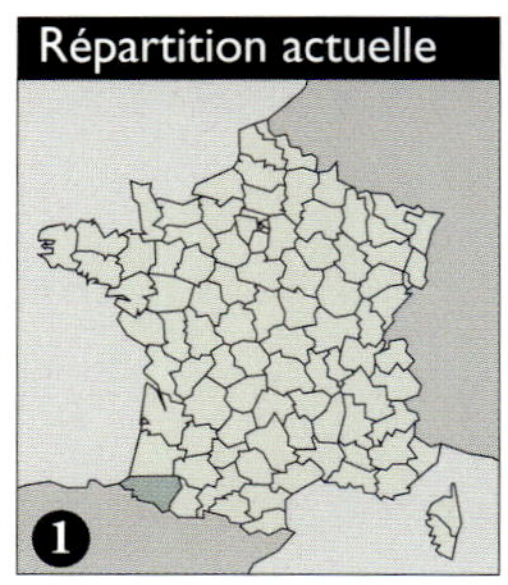

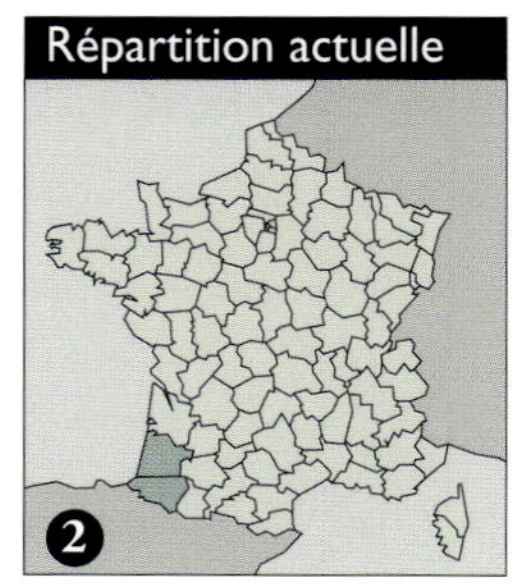

Mesures de conservation. L'habitat des espèces protégées par la loi française est susceptible d'être protégé par des arrêtés de biotope.

Références bibliographiques.
Bouchet, 1990 ; Prieto et al., *1988.*

1. *Cryptazeca monodonta, Cryptazeca subcylindrica* et *Laminifera pauli.*
2. *Trissexodon constrictus*

Mulettes

Margaritifera margaritifera
Margaritifera auricularia
Unio turtoni

C. Bivalves

O. Unionoida

F. Margaritiferidae

V

Distribution actuelle. Les Mulettes sont des grands bivalves nacrier, jadis communs dans les fleuves et les rivières de France, où l'on compte une dizaine d'espèces. En déclin général, trois espèces de la faune de France sont particulièrement menacées. La Moule perlière *Margaritifera auricularia (Pseudunio sinuatus)* vit peut-être encore dans l'Indre. *Margaritifera margaritifera* évite les eaux dures des massifs calcaires ; sa présence est confirmée dans les hauts bassins de la Loire et de l'Allier, dans le Morvan et le Finistère. Partout ailleurs, *Margaritifera margaritifera* est en net recul ou éteinte : ainsi, l'espèce paraît avoir entièrement disparu des Vosges. *Unio turtoni* est restreint à l'ensemble corso-sarde.

Évolution historique et menaces. Les populations européennes de *Margaritifera* ont été décimées par un ensemble de facteurs : en Europe du Nord, par la pêche intensive pour la récolte des perles d'eau douce, en Europe centrale et en France, par la pollution des eaux courantes, le curage et la rectification du tracé des rivières. La longévité et la complexité de la biologie de ces bivalves les rendent particulièrement vulnérables aux perturbations de la qualité des eaux douces. En effet, le développement

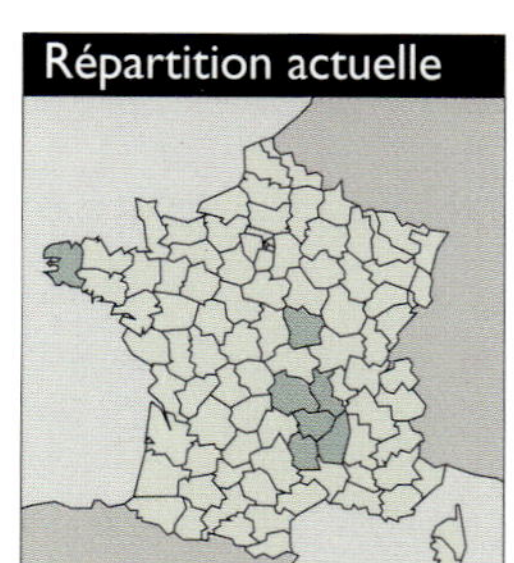

passe par une larve glochidium qui se fixe sur les branchies des poissons « nobles » (Salmonidés, Esturgeon ?) pendant une période pouvant atteindre dix mois. Chez *Margaritifera margaritifera*, la maturité sexuelle n'est atteinte qu'à l'âge de vingt ans, et les grands adultes dépassent cent ans. *M. auricularia* a disparu à l'époque historique d'Allemagne et d'Italie et n'existe plus en Espagne que dans le cours inférieur de l'Ebre. Les populations françaises, jadis présentes dans tous les grands fleuves, ont connu un déclin dramatique au cours du XXᵉ siècle et la survie de *Margaritifera auricularia* est aujourd'hui extrêmement préoccupante. Quant à *Unio turtoni*, l'absence de prospections récentes ne permet pas de statuer sur la santé des populations corses.
Mesures de conservation. La réduction de l'eutrophisation et de la pollution est susceptible de créer des conditions favorables au retour des poissons nobles, dont les Salmonidés indigènes, dans nos cours d'eau. L'introduction de Salmonidés non indigènes (sur lesquels le glochidium est incapable de se développer) et les rectifications de cours d'eau (pollution par la charge de sédiments) devraient être évitées. Les Mulettes sont strictement protégées par la loi française et la directive européenne Habitats.

Références bibliographiques.
Wells et Chatfield, 1992.

Courant, assez courant, parfois localisé

Rare, occasionnel ou à confirmer

Margaritifera margaritifera

Arapède géante

Patella ferruginea (Gmelin, 1791)

C. Gastéropodes

O. Patellogastropoda

F. Patellidae

V

Distribution actuelle. L'Arapède géante, ou Patelle géante, ne subsiste plus aujourd'hui qu'en Corse, en Sardaigne, dans le sud-est de l'Espagne et en Afrique du Nord. Même dans les secteurs qui lui conviennent, elle ne forme que des peuplements clairsemés.
Évolution historique et menaces. L'Arapède géante était jadis répandue dans tout le bassin occidental de la Méditerranée. Au début du siècle, elle a disparu des côtes de Provence et de Côte d'Azur, et peut-être de Sicile. Les jeunes se métamorphosent et commencent leur croissance juvénile préférentiellement sur la coquille d'un adulte de la même espèce, où ils se nourrissent de micro-algues jusqu'à ce qu'ils atteignent une taille de 10 mm environ. Le pêcheur à pied qui récolte au couteau, comme appât ou pour sa consommation, des arapèdes adultes détruit donc en même temps les effectifs jeunes. De plus, l'Arapède géante vit légèrement au-dessus du niveau de la mer, ce qui la rend facilement accessible aux pêcheurs et vulnérable aux pollutions par hydrocarbures qui souillent les rochers littoraux. Les très grands adultes de 10 cm sont devenus exceptionnels.

Mesures de conservation. L'interdiction de la pêche est prévue par la loi (arrêté du 26 novembre 1992 et annexe IV de la directive Habitats) ; elle devrait permettre, si elle est appliquée, le maintien des populations corses. Des peuplements existent dans les réserves naturelles de Scandola, des Cerbicale et des Lavezzi (parc naturel régional de Corse). Une réduction des pollutions par hydrocarbures, même les moins spectaculaires, est nécessaire.

Références bibliographiques.
Laborel-Deguen et Laborel, 1990 ;
Doneddu et Manunza, 1992 ;

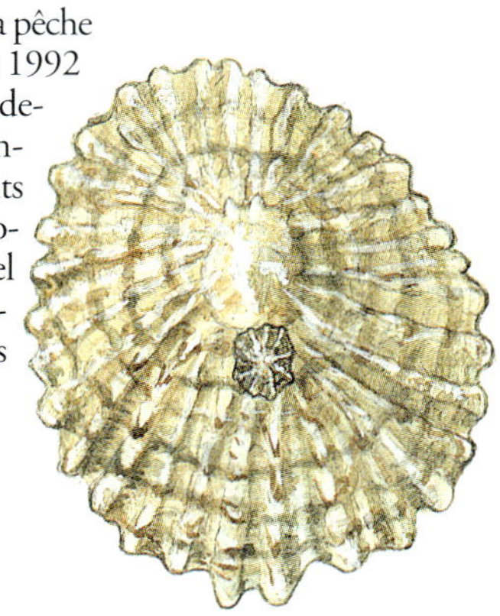

Nacre

Pinna nobilis (Linnaeus, 1758)

V

Datte de mer

Lithophaga lithophaga (Linnaeus, 1758)

V

C. Bivalves

O. Filibranchia

F. Pinnidae

F. Mytilidae

1. Nacre
2. Datte de mer

Distribution actuelle. Ce sont des bivalves marins à très large répartition méditerranéenne, mais dont les populations françaises sont aujourd'hui très clairsemées et menacées.
Évolution historique et menaces. *Pinna nobilis* est le grand « jambonneau », trop souvent le trophée des plongeurs méditerranéens. Quant à la datte de mer, elle était jadis vendue sur les marchés des ports provençaux à un prix très élevé, plus proche de celui du caviar que de celui de la moule. C'est un perforant qui affectionne les calcaires durs à faible profondeur et qui se pêchait donc à la dynamite ou avec des procédés approchants !
Mesures de conservation. L'interdiction pure et simple de la pêche (arrêté du 26 novembre 1992 et annexe IV de la directive Habitats) est la seule mesure efficace pour protéger ces espèces. Le parc national de Port-Cros est l'une des rares localités des côtes de France où il est encore possible de voir de beaux peuplements de *Pinna*.

Références bibliographiques.
Vicente, 1990.

Nacre

Datte de mer

Les Crustacés constituent un groupe très important au niveau mondial (plus de 40 000 espèces connues). Certaines de ces espèces sont terrestres, d'autres fréquentent les eaux douces ou marines.
C'est parmi les Crustacés décapodes (crustacés possédant cinq paires de pattes) que l'on trouve les trois espèces protégées. Les Crustacés décapodes (écrevisses, homards, crabes, crevettes...) sont les espèces les mieux connues en raison de la place qu'elles occupent dans l'économie de la pêche professionnelle ou non.
Les principales causes de régression des Crustacés d'eau douce, telles les écrevisses, sont surtout liées à la dégradation générale de la qualité des eaux et du milieu depuis le début du XXe siècle. Les pollutions chimiques et organiques et les rectifications de cours d'eau ont réduit considérablement leurs populations.
La présence d'épizooties et l'introduction d'espèces étrangères accentuent les dangers qui menacent les populations résiduelles des deux espèces d'écrevisses indigènes.
Un grand nombre de Crustacés marins (homards, tourteaux...), qui ont vu leurs populations s'effondrer en raison de leur surexploitation par la pêche, nécessiteraient des mesures de gestion des stocks rigoureuses, voire, pour certaines espèces, des mesures de protection strictes, du moins pendant un certain temps. Malheureusement, les pressions économiques sont telles que les espèces concernées par la haute gastronomie risquent de voir leurs effectifs chuter dangereusement avant que des mesures efficaces ne soient prises. Les causes principales de la régression des crustacés marins sont la surexploitation des stocks par la pêche professionnelle ou amateur et la dégradation générale des milieux côtiers (urbanisation, pollutions...) qui entraînent la disparition d'importantes zones de reproduction.
Quelques Échinodermes font aussi l'objet de prélèvements par la pêche amateur ou professionnelle, notamment les oursins.
Les causes de la régression de certaines de leurs populations sont voisines de celles concernant les Crustacés marins. Ils sont en effet également soumis à la pollution et à une importante pression anthropique (prédation par la pêche, le tourisme...).
Nous avons groupé dans ce dernier chapitre les Crustacés et les Échinodermes. Ces deux groupes d'Invertébrés comprennent respectivement trois espèces et une espèce protégées au niveau national ou communautaire et font donc l'objet de fiches descriptives.

Philippe Keith

Liste rouge des Crustacés protégés en France métropolitaine et statuts de menace	
En danger	!
Grande Cigale de mer	*Scyllarides latus*
Vunérables	V
Écrevisse à pattes rouges	*Astacus astacus* ssp. *astacus*
Écrevisse à pieds blancs	*Austropotamobius pallipes* ssp. *pallipes*

Liste rouge des Échinodermes protégés en France métropolitaine et statuts de menace	
En danger	!
Oursin diadème	*Centrostephanus longispinus*

Écrevisse à pattes rouges

Astacus astacus astacus Linnaeus, 1758

Cl. Crustacés

O. Décapodes

F. Astacidés

V

Courant, assez courant, parfois localisé

Rare, occasionnel ou à confirmer

Distribution actuelle. L'Écrevisse à pattes rouges fréquente l'Europe de l'Ouest, de la France et de l'Italie jusqu'au sud de la Norvège. Elle vit en eau peu profonde au bord des lacs, des étangs ou des petits cours d'eau clairs et bien oxygénés.

Évolution historique et menaces. L'Écrevisse à pattes rouges était très répandue au siècle dernier dans toute l'Europe centrale ; en France, elle fréquentait surtout les régions du Nord-Est. À la fin du XIXe siècle, puis au début du XXe siècle, une épizootie, la peste des écrevisses *(Aphanomyces astacii)* s'est développée et a sévèrement endommagé les populations, qui ne se sont pas reconstituées depuis. La raréfaction de cette espèce a encore été accentuée par la dégradation générale du milieu et de la qualité de l'eau au cours du XXe siècle. L'introduction d'espèces non indigènes porteuses saines de maladies (écrevisses américaines...) est un danger supplémentaire pour la survie de cette espèce.

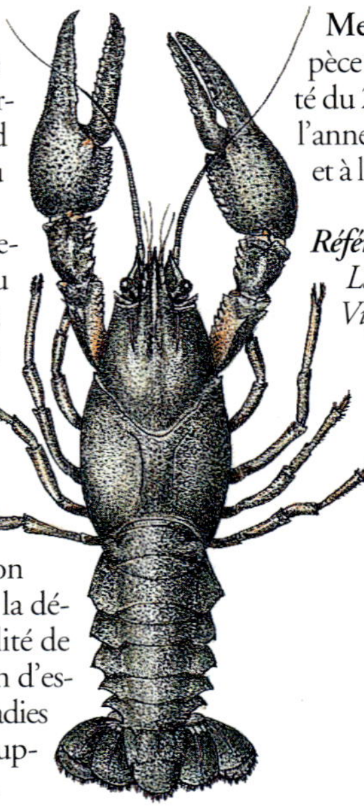

Mesures de conservation. Cette espèce est protégée en France par l'arrêté du 21 juillet 1983. Elle figure aussi à l'annexe III de la convention de Berne et à l'annexe V de la directive Habitats.

Références bibliographiques.
Lachat et Laurent, 1987 ; Vigneux, Keith et Noël, 1993.

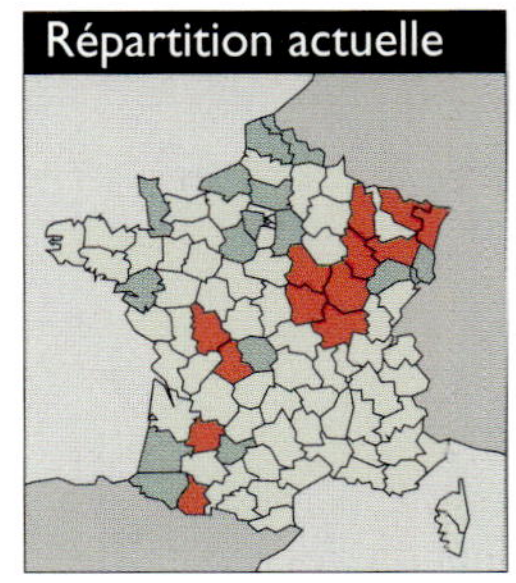

Écrevisse à pieds blancs

Austropotamobius pallipes pallipes (Lereboullet, 1858)

Cl. Crustacés

O. Décapodes

F. Astacidés

V

Distribution actuelle. L'Écrevisse à pieds blancs fréquente l'Europe de l'Ouest. Certains auteurs distinguent plusieurs sous-espèces. En France, en Suisse et en Angleterre, la variété *Austropotamobius pallipes pallipes* est normalement représentée, alors qu'en Italie comme en Dalmatie et en Herzégovine on signale la présence d'*A. p. italicus* et en Espagne d'*A. p. lusitanicus.* Ces trois variétés présentent des différences morphologiques mineures.

Évolution historique et menaces. L'aire de répartition de cette espèce couvre la quasi-totalité du territoire, à l'exception de l'ouest et du nord de la France. En plaine et en vallée large, les peuplements semblent en régression du fait des pollutions chimiques et organiques et des rectifications de cours d'eau. L'introduction d'espèces non indigènes porteuses saines de maladies (écrevisses américaines, par exemple) est un danger supplémentaire pour la survie de cette espèce.

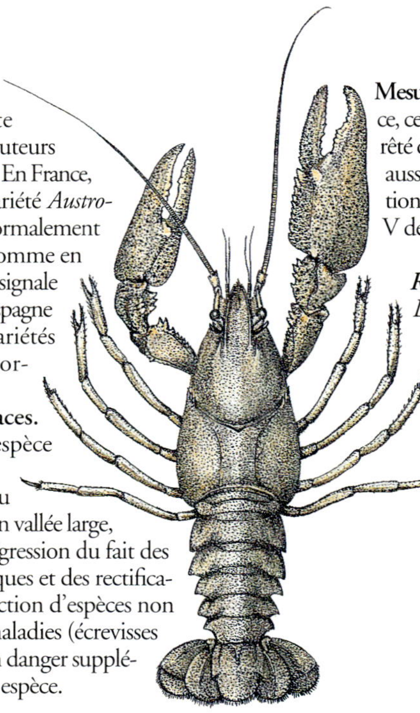

Mesures de conservation. En France, cette espèce est protégée par l'arrêté du 21 juillet 1983. Elle figure aussi à l'annexe III de la convention de Berne et aux annexes II et V de la directive Habitats.

Références bibliographiques.
Lachat et Laurent, 1987 ; Vigneux, Keith et Noël, 1993.

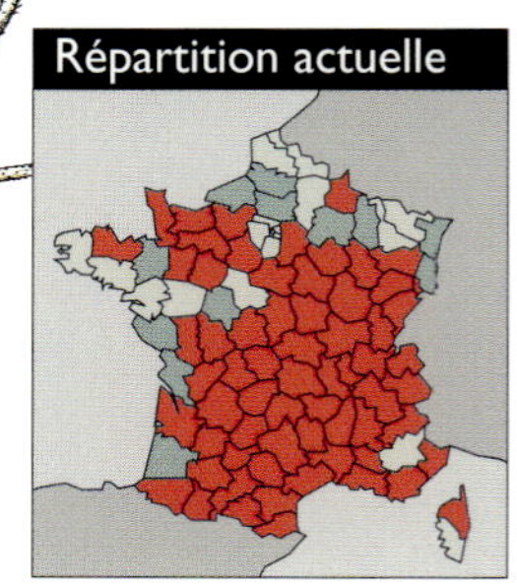

Grande Cigale de mer

Scyllarides latus (Latreille, 1802)

Cl. Crustacés

O. Décapodes

F. Scyllaridés

!

Courant, assez courant, parfois localisé

Rare, occasionnel ou à confirmer

Distribution actuelle. La Grande Cigale de mer est présente dans toute la Méditerranée (surtout dans le sud et l'est jusqu'à l'Adriatique) et dans l'Atlantique Est de 38° N à 15° N du Portugal aux îles du Cap-Vert, aux Açores, à Madère et aux Canaries. Elle se rencontre entre 0 et 100 m de profondeur sur des fonds rocheux et sableux et semble affectionner plus particulièrement les herbiers de posidonies et les grottes, où elle se nourrit de mollusques.

Évolution historique et menaces. La Grande Cigale de mer, espèce appréciée pour la bouillabaisse, était vendue sur les marchés du littoral français méditerranéen, fraîche ou congelée. L'espèce s'est considérablement raréfiée depuis une vingtaine d'années, à cause de la pêche et de la surexploitation des stocks (chaluts, casiers, nasses, chasse sous-marine), mais aussi en raison de la régression des herbiers de posidonies. Elle aurait presque disparu du golfe du Lion et de la région Provence-Côte d'Azur, mais elle est encore fréquente localement en Corse.

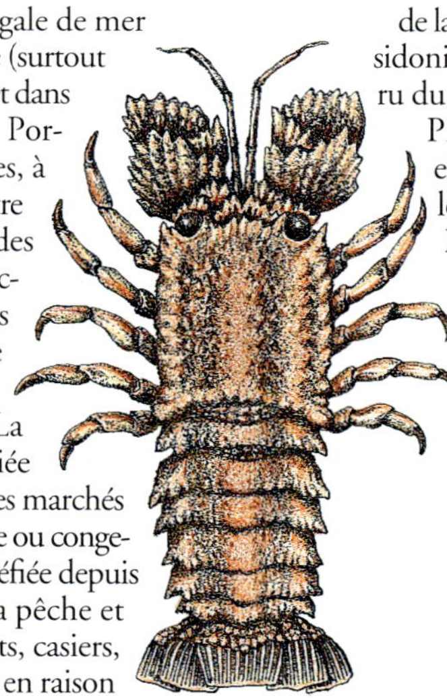

Mesures de conservation. La Grande Cigale de mer jouit

d'une protection intégrale en France depuis l'arrêté du 26 novembre 1992. En Israël, où des études importantes sont réalisées pour restaurer l'espèce, la Grande Cigale colonise des récifs artificiels mis à sa disposition.

Références bibliographiques.
Baghdiguian et al., *1987 ; Spanier* et al., *1989.*

Oursin diadème

Centrostephanus longispinus (Pet)

E. Échinodermes

Cl. Échinides

F. Centrechinidés

Distribution actuelle. L'Oursin diadème fréquente la Méditerranée, y compris l'Adriatique et la région d'Istanbul. Il est pratiquement inconnu en Méditerranée nord-occidentale. Quelques sites sont connus au large de l'Italie et dans le sud de la Méditerranée (Algérie, Tunisie) où l'espèce vit entre 10 et 200 mètres de profondeur sur fond meuble.

Évolution historique et menaces. Déjà peu communes dans nos eaux méditerranéennes, les colonies existantes ont été soumises à des dragages importants et à une prédation par la chasse sous-marine qui ont conduit les populations au bord de l'extinction. Il est possible que les variations de la qualité des eaux (pollutions côtières…) aient aussi des conséquences sur les peuplements.

Mesures de conservation. L'Oursin diadème jouit d'une protection intégrale en France depuis l'arrêté du 26 novembre 1992. La protection de biotopes précis permettrait le maintien des dernières populations.

Références bibliographiques.
Baghdiguian et al., *1987.*

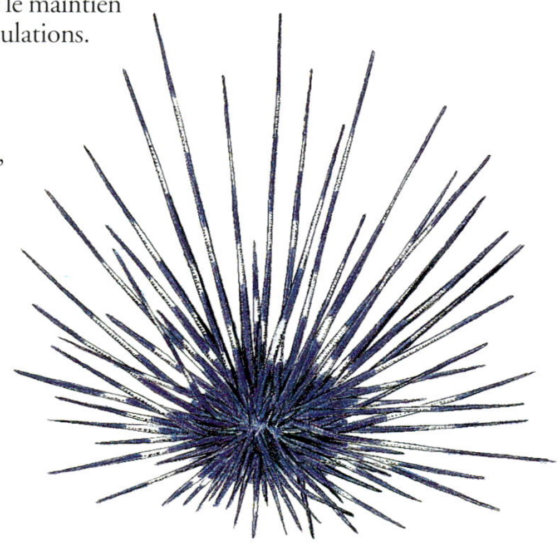

Conclusion

Comme l'*Inventaire de la faune de France*, l'*Inventaire de la faune menacée en France* est l'aboutissement du travail de longue haleine qui a été initié dans les années 1970. La politique d'inventaires de terrain, impulsée à cette époque par le ministère de l'Environnement avec le soutien actif des associations de naturalistes a atteint les objectifs qu'elle s'était fixés : fournir des états de référence – atlas, livres rouges, bibliographies – sur la faune de France, en portant un intérêt tout particulier aux espèces les plus menacées. Mais, malgré ces efforts, l'état des connaissances reste encore très variable selon les groupes : bon chez les Oiseaux, assez bon chez les Mammifères non marins, encore incomplet pour certaines espèces de Reptiles non marins, d'Amphibiens et de Poissons d'eau douce ; pour les Poissons de mer, ainsi que les Mammifères et les Reptiles marins, les connaissances disponibles restent encore insuffisantes pour permettre un suivi patrimonial fondé sur les grandes tendances d'évolution des populations.

Un premier bilan patrimonial des Vertébrés

La parution, en 1994, d'un *Nouvel Atlas des Oiseaux nicheurs de France* (Société ornithologique de France) a constitué un événement important. Pour la première fois en effet, deux états cartographiques complets de l'ensemble des espèces de la classe des Vertébrés la mieux connue, celle des Oiseaux, ont été comparés. Grâce à un état ancien (1970-1975) et un état récent (1985 -1989), l'évolution globale – ou espèce par espèce – de l'avifaune française peut être analysée et ses principales tendances chiffrées. Il est ainsi possible de tirer des enseignements précieux pour évaluer l'impact global sur les populations d'oiseaux de la loi de 1976, relative à la protection de la nature – avec ses décrets d'application de 1981 – qui a instauré les premières listes nationales d'espèces protégées. Ce mode d'évaluation, par comparaison d'états cartographiques, ouvre la voie à une nouvelle génération d'atlas évolutifs. Il sera étendu à terme aux autres classes de Vertébrés.
La faune française évolue en effet dans le temps : certaines espèces, d'abord menacées, finissent par disparaître, alors que d'autres apparaissent. Le statut de menace des espèces n'a donc de sens que s'il est replacé dans le contexte dynamique des variations globales observées par les spécialistes. Une première image de cette dynamique peut être fournie par le tableau des pages 162 et 163, qui fait la synthèse des connaissances actuellement disponibles sur l'évolution historique des espèces reproductrices de Vertébrés en France métropolitaine (eaux marines comprises). Les espèces sont regroupées selon diverses catégories : les disparitions définitives

ou temporaires, les réintroductions, les apparitions naturelles et les introductions par l'homme.
Pour plus de rigueur, l'analyse qui suit ne prend pas en compte les espèces dont la reproduction en France – dans le passé comme actuellement – est occasionnelle, non totalement prouvée ou très localisée (espèces entre parenthèses ou crochets dans le tableau).
Depuis le milieu du XIXe siècle, 8 espèces ont totalement disparu. Sans remonter aux temps préhistoriques, ce nombre peut être élevé à 14 pour la période historique, en s'appuyant sur la littérature ancienne et les données archéologiques. La chasse, d'abord alimentaire puis devenue rapidement activité de loisirs, est responsable des premières disparitions de grands Mammifères (Cheval sauvage, Aurochs, Bison, Baleine des Basques, Bouquetin des Pyrénées...) et Oiseaux (Grande Outarde, Pygargue à queue blanche...). Mais la sagesse humaine, par le biais des actions de protection et de sensibilisation, a permis à 5 autres espèces (des Mammifères), qui avaient également disparu avant le XXe siècle, de se réimplanter récemment de façon naturelle. Il faut noter également qu'un certain nombre d'Oiseaux sont actuellement en voie de réimplantation naturelle ; ils représentent cependant des cas de reproduction encore trop ponctuels ou occasionnels pour être pris en compte dans ce bilan.
Dans le même temps, il a été possible de mettre en évidence l'apparition naturelle, à partir des pays proches, de 17 nouvelles espèces qui se sont acclimatées en France (essentiellement des Oiseaux). Ces espèces ont d'abord fréquenté de manière occasionnelle le territoire métropolitain, puis s'y sont reproduits régulièrement. L'importance de ce nombre doit être explicitée. Elle trouve d'abord son origine dans le fait que les faunes, et principalement les avifaunes qui comptent de nombreuses espèces très mobiles, évoluent rapidement de façon naturelle; certaines espèces, ou certains groupes, ont tendance à étendre leur aire de répartition, d'autres à régresser. Il faut également tenir compte de l'amélioration, en qualité comme en quantité, des connaissances depuis le deuxième tiers du XXe siècle. Grâce à la « veille naturaliste » que les associations de protection de la nature exercent en permanence, il est devenu très improbable, contrairement au début du siècle, qu'une nouvelle espèce puisse s'implanter durablement en France (métropolitaine), sans avoir été rapidement identifiée et localisée. Cependant, les apparitions naturelles d'espèces nouvelles, qui ont été surtout observés dans les années 1950-1960, ont nettement diminué depuis vingt ans, en raison de la régression générale des habitats favorables à la faune sauvage.
C'est à partir des années 1980 que les efforts de réintroductions d'espèces, sous forme de restaurations de populations disparues régionalement, se sont développés. Mais il faut préciser à ce sujet que les associations et le ministère de l'Environnement n'ont encore procédé à aucune réintroduction d'espèce totalement disparue, même si quelques projets sont en cours (tableau pages suivantes). Le cas du Lynx est très particulier ; il a disparu des Alpes et est devenu occasionnel dans les Pyrénées, mais ne peut toutefois être considéré comme réintroduit totalement en France (Vosges), car il a réapparu dans le même temps, de façon naturelle, à partir de la Suisse (Jura).
Le problème des introductions d'espèces nouvelles est, quant à lui, tout autre. Ce ne sont pas moins de 35 espèces de Vertébrés qui ont été introduites, et se sont naturalisées, en France métropolitaine, dont 13 depuis le milieu du XIXe siècle (surtout des Poissons et des Mammifères). Quelques espèces acclimatées, mais restées géographiquement trop localisées ou trop occasionnelles (entre crochets ou parenthèses dans le tableau), ne sont pas prises en compte dans ce bilan. Si l'on exclut les Rongeurs commensaux de l'homme, les Mammifères ont surtout été introduits pour leur fourrure ou pour la chasse. La chasse et l'agrément ont également été à l'origine de l'introduction des espèces d'Oiseaux. Dans le cas des Poissons, les pisciculteurs et les particuliers, soutenus au XIXe siècle par une certaine mode d'enrichissement systématique des faunes locales, sont à l'origine des très nombreuses introductions. Il faut par ailleurs regretter que l'on assiste actuellement à des lâchers massifs dans la nature d'animaux de compagnie, « jouets vivants » qui ont cessé de plaire (Tortues et Écureuils divers, etc.).

Évolution historique des espèces reproductrices de Vertébrés en France métropolitaine

Espèces disparues définitivement ou temporairement en tant que reproducteur dans le territoire métropolitain (eaux marines comprises)			Espèces apparues naturellement à partir des pays proches	Espèces introduites par l'homme
Disparition définitive	Disparition temporaire (réapparition naturelle , à partir des pays proches)	*Réintroduction par l'homme*		
Mammifères				
Aurochs disparu prob. au VIe s.			(Chien viverrin)	Souris domestique prob. VIIe s. av. J.-C. Rat noir, prob. IVe s. av. J.-C. Daim , à l'époque romaine Rat surmulot au XVIIIe s. Cerf sika, après 1913 Ragondin, avant 1914 Vison d'Amérique, après 1926 Rat musqué, après 1928 Lapin de Floride, en 1953 Raton laveur, en 1960 [Hydropote, vers 1960] [Écureuil de Corée, vers 1970] [Écureuil à ventre rouge vers 1980] [Castor américain en1975, éliminé par la suite]
Bison d'Europe disparu prob. au VIIIe s.		*uniquement en enclos*		
Cheval sauvage disparu prob. au XVIIIe s.				
Pika de Corse disparu prob. au XVIIIe s.				
Baleine des Basques disparu prob. au milieu du XIXe s.				
	Bouquetin des Alpes disparu au début XIXe siècle, réapparu dans les Alpes, vers 1950.	*à partir de 1972*		
Bouquetin des Pyrénées disparu à la fin du XIXe s, occasionnel jusqu'au début du XXe s, disparu complètement par la suite.		*en projet*		
	Phoque gris disparu fin du XVIIIe s. occasionnel par la suite, réapparu en Bretagne, vers 1960.			
	Lynx disparu en 1910 dans les Alpes, occasionnel dans les Pyrénées à partir de 1957 réapparu dans le Jura, vers 1984.	*Vosges, 1983*		
	Phoque veau marin disparu vers 1930, occasionnel par la suite, réapparu en Baie de Somme, en1991			
	Loup disparu vers 1930, réapparu dans le Mercantour en 1992,			
Phoque moine disparu vers 1973, très occasionnel par la suite.		*projet d'élevage en captivité*		
Oiseaux				
Sterne caspienne disparue au début du XIXe s. Grande Outarde,disparue au XIXe s. Pygargue à queue blanche disparu vers 1953 Érismature à tête blanche disparue vers 1964 (Guifette leucoptère sans doute reproduction occasionnelle jusqu'au XIXe s.) (Sarcelle marbrée sans doute reproduction rare jusqu'en 1926).			Fou de bassan, en 1939 Coucou geai, en 1943 Grive litorne, en 1955 Fuligule morillon, en 1952 Tourterelle turque, en 1952 Fulmar boréal, en 1960 Hirondelle rousseline, en 1962 Mouette mélanocéphale en 1965 Héron gardebœufs, en 1966 Goéland cendré, en 1966 Goéland railleur, en 1972 Cigogne noire, en 1974 Spatule blanche, en 981 Élanion blanc, en 1990 Roselin cramoisi, en 1993 [Grue cendrée, en 1985] [Faucon kobez, en 1993] [Harle huppé, en 1993] (Grèbe jougris) (Ibis falcinelle) (Canard siffleur) (Sterne arctique) (Phragmite aquatique) (Agrobate roux)	Faisan de colchide, prob. époque romaine Faisan vénéré, en 1955 Colin de Virginie, en 1955 Colin de Californie, en 1960 Bernache du Canada, en 1970 Oie cendrée, en 1970 [Ibis sacré, en 1993] (Canard mandarin) (Érismature rousse)

Espèces disparues définitivement ou temporairement en tant que reproducteur dans le territoire métropolitain (eaux marines comprises)			Espèces apparues naturellement à partir des pays proches	Espèces introduites par l'homme
Disparition définitive	Disparition temporaire (réapparition naturelle, à partir des pays proches)	*Réintroduction par l'homme*		
Reptiles Tortue caouanne, disparue prob. vers 1940, occasionnelle par la suite.				Lézard des ruines, prob. XIXe s. (Tortue grecque) (Tortue de Floride) (Tortue hargneuse)
Amphibiens				Discoglosse peint, vers 1906 Grenouille rieuse prob. vers 1960 Grenouille taureau, en 1990
Poissons d'eau douce Aphanius d'Espagne disparu prob. avant 1951, peut-être introduit à l'origine. Cyprinodonte de Valence disparu prob. avant 1957, peut-être introduit à l'origine.			Aspe, en 1989 Vimbe, en 1989	Carpe commune prob. époque romaine Carassin doré, au XVIIIe s. Hotu, en 1850 Silure glane, en 1857 Poisson chat, en 1871 Perche soleil, en 1877 Sandre, en 1888 Black bass à grande bouche en 1890 Omble de fontaine, en 1904 Crapet de roche, en 1904 Umbre pygmée, en 1913 Gambusie, en 1924 Ide mélanote, prob. av. 1950 Pseudorasbora, en 1978 Tête de boule, vers 1980 (Esturgeon de Sibérie) (Saumon chinook) (Christivomer) (Truite arc en ciel) (Huchon) (Carpe amour) (Carpe argentée) (Carpe à grosse tête) (Black bass à petite bouche)

[ ] Reproduction non occasionnelle mais très localisée. ( ) Reproduction ancienne ou récente occasionnelle ou non totalement prouvée. NB : Les espèces (sauf espèces entre parenthèses) sont classées chronologiquement.

Une richesse faunistique toute relative

Il est possible, à partir d'une telle évaluation, de réaliser un premier bilan patrimonial de l'évolution du nombre d'espèces depuis le XIXe siècle (voir tableau page 164). Une lecture trop superficielle de ce bilan, qui fait apparaître une augmentation du nombre de ces espèces, pourrait provoquer chez le lecteur un sentiment d'étonnement. Pourquoi faire un *Inventaire de la faune menacée en France* si, pour les Vertébrés, la faune française semble de plus en plus riche ? Au-delà des chiffres, il est essentiel de préciser que cette richesse est à la fois relative, apparente et artificielle. Relative, car la disparition de 14 espèces ne peut en aucun cas être compensée, tant au plan écologique que génétique, par l'apparition – même naturelle – de 17 autres. Mais cet accroissement de la faune n'est également qu'apparent ; en effet, si l'on n'y prend garde, les espèces « strictement menacées » présentées dans cet ouvrage risquent fort de disparaître rapidement. Les efforts pour les protéger, et leur créer des habitats protégés, portent leurs fruits. Mais l'érosion permanente et le mitage des milieux naturels, l'uniformisation des paysages induits par le développement des activités économiques et des loisirs – nécessaires mais insuffisamment raisonnées –, rongent rapidement les espaces naturels non protégés. L'établissement de bilans régionaux, sur le modèle national présenté ici, permet

Bilan patrimonial de l'évolution du nombre d'espèces de vertébrés en France NB : Hors espèces à la reproduction non prouvée, occasionnelle ou très localisée	Disparitions définitives		Disparitions temporaires		Réintroductions totales*	Apparitions naturelles	Introductions par l'homme	
	avant le milieu du XIXe s.	2e moitié du XIXe et XXe s.	avant le XXe s.	réapparition naturelle au XXe s.			avant le milieu du XIXe s.	2e moitié du XIXe et XXe s.
Mammifères	- 4	- 3	- 5	+5	0	0	+ 4	+ 6
Oiseaux	- 2	- 2	0	0	0	+ 15	+ 1	+ 5
Reptiles	0	- 1	0	0	0	0	+ 1	0
Amphibiens	0	0	0	0	0	0	0	+ 3
Poissons d'eau douce	0	- 2	0	0	0	+ 2	+ 2	+ 13
Sous total	- 6	- 8	- 5	+ 5	0	+ 17	+ 8	+27
Total du nombre de vertébrés	- 14		0		0	+ 17	+ 35	

* Concernerait des espèces ayant disparu de la faune de France, non réapparues naturellement, mais réimplantées par l'homme de façon durable à l'état sauvage.

de mettre en évidence bon nombre de disparitions locales, masquées par l'agrégation des chiffres au niveau national. La richesse faunistique de la France est enfin artificielle, dans la mesure ou son augmentation repose essentiellement sur des espèces introduites par l'homme à partir de faunes exogènes. Or la communauté scientifique est maintenant unanime pour souligner les dangers que représentent de telles introductions pour les faunes locales et l'homme, tant au plan écologique (déséquilibres) que sanitaire (épidémies) ou économique (dégâts). Il serait urgent de proposer à ce sujet une réglementation efficace, afin de faire cesser les excès actuels (Lapin de Floride, Grenouille taureau, et autres Piranhas...).

Et les Invertébrés ?

Dans l'état actuel des connaissances, il est impossible de dresser un tel bilan patrimonial pour l'essentiel des groupes d'Invertébrés, et leurs espèces au moins 100 fois supérieures en nombre à celles des Vertébrés. La valorisation de tout le patrimoine scientifique existant (collections, littérature...), source de données historiques, représente un travail énorme, en particulier du fait de la diminution constante du nombre de spécialistes capables de déterminer avec sûreté les espèces. Comme cela a été le cas pour les Vertébrés, la communauté des naturalistes amateurs (entomologistes, malacologistes, etc.) doit œuvrer en concertation avec les chercheurs. Historiquement, les « amateurs éclairés » ont toujours joué un rôle important dans l'amélioration de la connaissance ; il faut maintenant qu'ils renforcent leur mobilisation autour de la conservation des espèces menacées et protégées, ainsi que des milieux naturels, habitats de ces espèces. Par ailleurs, une certaine prise de conscience de la spécificité des problèmes posés par ces groupes, ainsi que la reconnaissance par les autorités de tutelle du caractère prioritaire de ces thématiques (faunistique, systématique, biologie de la conservation...) – délaissées par les courants en vogue dans la recherche française –, paraissent indispensables et urgents dans le contexte actuel.

Protection des espèces, protection des habitats

C'est la loi de 1976 relative à la protection de la nature – intégrée au livre V du code rural – qui a fixé les principes d'une politique de protection de la faune en France. Ses arrêtés de portée nationale ou régionale ont permis de protéger efficacement de nombreuses espèces, tant en métropole que dans les départements d'outre-mer (tableau page 165). La protection des espèces françaises est renforcée par les mesures prises au niveau européen : directive « Oiseaux » (1979), directive « Faune-Flore-Habitats » (1992) de l'Union européenne, auxquelles il faut ajouter diverses conventions internationales (tableau , page 14). Mais la régression croissante des habitats des espèces sous la pression humaine constitue ac-

tuellement la menace la plus sérieuse qui pèse sur notre patrimoine naturel. Il est donc essentiel de croiser les mesures de protection entre espèces et espaces. C'est un des rôles des nombreux types d'espaces protégés existants : parcs nationaux, réserves naturelles de tous types, arrêtés de biotopes, etc. Compte tenu de la multiplication de ces modes de protection (25 types recensés), le ministère de l'Environnement et l'Institut français de l'environnement ont chargé le SFF d'en réaliser un inventaire cartographique et informatique complet.
Agir à la fois sur les espèces et sur leurs habitats constitue également l'objectif principal de la directive communautaire « Faune-Flore-Habitats » qui doit « contribuer à assurer la biodiversité par la conservation des habitats naturels ainsi que de leur faune et leur flore sauvages sur le territoire européen... tout en tenant compte des exigences économiques, sociales, culturelles et régionales ». Sa mise en place nécessite un travail d'inventaire important qui débouchera sur le futur réseau Natura 2000, en mobilisant la communauté scientifique et naturaliste, ainsi que les Directions régionales de l'environnement, jusqu'en 2004. Des réunions d'information et de consultation associant tous les protecteurs et utilisateurs de la nature seront organisées dans les régions et les départements.

Quel avenir pour la faune menacée ?

Conserver un équilibre satisfaisant entre le maintien de la biodiversité et le développement des activités humaines peut sembler relever de la pure utopie. Dans les prochaines décennies,, certains facteurs défavorables à la faune vont exercer une pression croissante. C'est le cas de l'augmentation des loisirs, en particulier sur la côte méditerranéenne, en montagne et à proximité des centres urbains. D'autres évolutions sont probables, aussi diverses que les changements climatiques à l'échelle planétaire ou les conséquences du gel des terres, sans qu'il soit possible de prévoir leur impact exact sur chacune des composantes du patrimoine naturel.
Une course de vitesse est donc engagée afin d'améliorer et tenir à jour en permanence les connaissances, développer des opérations de gestion patrimoniale pour les espèces « sous surveillance biologique », et orienter les mesures de protection vers les priorités mises en évidence par les chercheurs. Les actions à mener devront concerner en particulier la restauration des espèces disparues et des milieux dégradés. Mais, pour donner à ces mesures leur maximum d'efficacité, il sera nécessaire de développer trois directions de travail privilégiées. La première concerne l'utilisation de nouvelles méthodes, issues de la biologie de la conservation, du génie écologique, voire du génie génétique. La deuxième consiste à dépasser le cadre administratif et politique de nos frontières, pour aborder systématiquement les problèmes à l'échelle biogéographique la plus vaste possible. C'est l'objectif de programmes de recherche mondiaux sur la diversité biologique et la systématique comme « Diversitas » ou « Systematique Agenda 2000 ». C'est également celui de divers programmes coordonnées à l'échelle de l'Europe par la Commission européenne, le Conseil de l'Europe, les associations scientifiques ou autres organisations non gouvernementales (WWF, UICN...) : atlas de répartition, dénombrement hivernaux d'avifaune migratrice, actions de conservation de groupes d'espèces très menacées, etc. Le troisième élément clef repose sur la mise en place en Europe d'un réseau de centres nationaux de traitement de données patrimoniales – comme le SFF et le Réseau national faune-flore en France – qui utilisent l'informatique et la cartographie automatique pour valoriser et organiser les connaissances disponibles, avec pour objectif une meilleure gestion des espaces et des espèces.
Mais ces outils scientifiques et techniques ne seraient rien sans la force motrice des naturalistes passionnés, et sans la prise de conscience de plus en plus forte de l'opinion publique – c'est-à-dire de vous-mêmes, lecteurs de cet ouvrage – qui restent encore les meilleures raisons d'espérer dans l'avenir.

Hervé Maurin

Nombre d'espèces protégées dans la faune de France		
Espèces protégées au niveau national (totalement ou partiellement)		
Mollusques		62
Crustacés		4
Échinoderme		1
Insectes		115
Nombre total des Invertébrés		**182**
Cyclostomes et Poissons	24	
Amphibiens	32	(33)*
Reptiles	37	(40)*
Oiseaux	251	(317)*
Mammifères	60	(73)*
Nombre total des Vertébrés	**404**	**(487)***
Espèces protégées au niveau régional Métropole		
Insectes		104
Nombre total des Invertébrés		**104**
Oiseau		1
Nombre total des Vertébrés		**1**
Hors métropole, Guyane exclue (nombre à préciser)		
Insectes		2
Nombre total des Invertébrés		**2**
Amphibiens		4
Reptiles		31
Oiseaux		372
Mammifères		21
Nombre total des Vertébrés		**428**

* les chiffres sans parenthèses correspondent au total des espèces hors occasionnelles ; les chiffres entre parenthèses incluent les espèces occasionnelles.

Références bibliographiques des Mammifères

AELLEN, V. (1962). Le baguement des chauves-souris au col de Bretolet (Valais). *Archives des sciences*, 14(3) : 365-392.

AELLEN, V. (1966). Notes sur *Tadarida teniotis* (Raf) (Mammalia, Chiroptera); I- Systématique, paléontologie et peuplement, répartition géographique. *Revue suisse de zoologie*, 73 (6) : 119-159.

BARON, X., BOUCHARDY, C., LABRID, M., LIBOIS, R. et ROSOUX, R. (1993). Bibliographie descriptive sur la Loutre *(Lutra lutra)* en Europe et les Lutrinés dans le monde. Coll. Patrimoines naturels, vol. 15, Secrétariat faune-flore / MNHN, Paris.

BEAUCOURNU, J.-C. (1955). Note sur la présence de *Rhinolophus euryale* dans la Mayenne. *Mammalia*, 19 : 478-481.

BEAUCOURNU, J.-C. (1957). Note sur la répartition de *Rhinolophus euryale* (Blasius) dans l'ouest de la France. *Mammalia*, 21 : 90-95.

BEAUFORT, F. de (1987). Le Loup en France : éléments d'écologie historique. *Encyclopédie des Carnivores de France*, SFEPM, Paris.

BENMERGUI, M., REITZ, F. et FIECHTER, A. (1990). Taux de reprise et dispersion de Lièvres *(Lepus europeaeus)* sauvages d'Europe centrale relâchés dans l'est de la France. *Gibier Faune Sauv.*, 7(3) : 255-274.

BENEDEN, P. van (1886). Histoire naturelle de la Baleine des Basques, *Balaena biscayensis. Mem. Acad. Roy. Belgique*, 38.

BERTRAND, A. (1993). Répartition géographique du Desman des Pyrénées en France. *Arvicola*, 5 (1-2) : 11-12.

BERTRAND, A. (1993). Répartition géographique du Desman des Pyrénées *Galemys pyrenaicus* dans les Pyrénées françaises. Meeting on the Pyrenean Desman. Mus. Nac. Mus. Bocage, Lisboa, 41-52.

BOUCHARDY, C. (1986). *La Loutre*. Sang de la terre, Paris.

BOUCHARDY, C. (1988). La Loutre. *Bull. mens. ONC* 122, fiche 43.

BOUCHARDY, C. et DELATTRE, P. (1986). L'Hermine. *Bull. ONC*, fiche 29.

BOUCHE, M. (1989). Le Lièvre variable dans le massif des Écrins. Documents scientifiques du parc national des Écrins, n° 2.

BRIEN, Y. et PRIEUR, D. (1973). Les Phoques de Bretagne. *Penn Ar Bed*, 9(74) : 175-184.

BROSSET, A. (1974). *Mammifères sauvages de France et d'Europe de l'Ouest*. Nathan, Paris.

BUDKER, P. et ROUX, C. (1965). Le Petit rorqual ou « Minke » *(Balaenoptera acutorostrata* Lacép.*)* sur les côtes de Bretagne sud, avec description d'un foetus. *Mammalia*, 29 : 250-257.

CAMBY, A. (1990). Le Vison d'Europe (*Mustela lutreola* Linnaeus, 1761). *Encyclopédie des Carnivores de France*, SFEPM, Paris.

CAUSSIMONT, G. (1992). La population d'Ours brun des Pyrénées françaises et espagnoles, historique d'un déclin : l'exemple des Pyrénées occidentales. *Actes du XVIe colloque de la SFEPM*, Grenoble 17-18 octobre 1992 : 94-100.

CHAZEL, L. (1992). Le Lynx dans les Pyrénées françaises ; synthèse actuelle. *La situation, la protection et la réintroduction du Lynx en Europe*. Rencontres Environnement, n° 11, Conseil de l'Europe, Strasbourg : 74-76.

CLOUET, M. et PFEFFER, P. (1979). Le Bouquetin d'Espagne : systématique et projet de réintroduction. *Bull. Mens. ONC*, 25 : 12-17.

COLLECTIF, (1989). *Les Mammifères sauvages de Normandie. Statut et répartition.* Groupe mammalogique normand, Rouen.

COLLET, A. (1981). Biologie du Dauphin commun *Delphinus delphis* L., Atlantique nord-est. Thèse 3e cycle, Biologie animale, Université de Poitiers, n° 809.

COURTOIS, J.-Y., FAGGIO, et SALOTTI, M. (1992). *Chiroptères de Corse ; actualisation des cartes de répartition et révision du statut des espèces troglophiles.* DIREN Corse, Groupe Chiroptères Corse, Ajaccio.

COUTURIER, M. (1962). *Le Bouquetin des Alpes*, Grenoble.

CRAMPE, J.-P. (1991). Projet de réintroduction du Bouquetin ibérique au versant nord des Pyrénées occidentales. *Travaux du parc national des Pyrénées*. PNPO, Pau.

DESMET, J.-F. (1981). Données récentes sur la Musaraigne alpine, *Sorex alpinus* (Schinz, 1837), dans les Alpes françaises. *Bièvre*, 3 : 85-88.

DHERMAIN, F., BOMPAR, J.-M., CHAPPUIS, G., FOLACCI, M. et POITEVIN, F. (1994). Epizootie à morbillivirus chez les Dauphins bleu et blanc *Stenella coeruleoalba* en Méditerranée. *Rec. Méd. Vét.*, 170(2/3) : 85-92.

DUGUY, R. (1980). Les Phoques des côtes de France ; II- Le Phoque veau marin, *Phoca vitulina* Linnaeus, 1758. *Mammalia*, 44 : 305-313.

DUGUY, R. (1983). Les Cétacés des côtes de France. *Ann. Soc. Sc. Nat. Charente-Maritime*, suppl. mars.

DUGUY, R. et BABIN P., (1976). Intoxication aiguë par les hydrocarbures observée chez un Phoque veau marin *(Phoca vitulina). Ann. Soc. Sc. Nat. Charente-Maritime*, 6 : 194-196.

DUGUY, R. et CHEYLAN, G. (1980). Les Phoques des côtes de France ; I- Le Phoque moine, *Monachus monachus* (Hermann, 1779). *Mammalia*, 44 : 203-209.

ESCHRICHT, M. (1860). Sur les Baleines franches du golfe de Biscaye. *C. R. Acad. Sci.*, 50 : 924-929.

FAUGIER, C. (1981). *Evolution des populations de chauves-souris en fonction d'une zone et d'une période limitée.* Groupe vivarois d'études et de recherches sur les Vertébrés.

FIECHTER, A. et BENMERGUI, M. (1986). Le prélèvement cynégétique de Lièvres en France; saison 1983-1984. *Bull. Mens. ONC*, 108 : 33-39.

FISHER, P. (1871). Sur la Baleine des Basques *(Balaena biscayensis). C. R. Acad. Sci.*, 72 : 298-300.

FISHER, P. (1872). Documents pour servir à l'histoire de la Baleine des Basques *(Balaena biscayensis). Ann. Sci. Nat. Zool.*, 15(3) : 1-20.

GRULICH, I. (1971). *Talpa caeca dobyi* subsp. nova in den Alpes maritimes Frankreich (Talpinae, Insectivora), *Zoolo. Listy*, 20 : 111-129 .

HAMON, B. (1991). Note sur la répartition et le statut du Vespertillion à oreilles échancrées *(Myotis emarginatus* Geoffroy, 1806), en Franche Comté. *Bull. Soc. Nat. Pays Montbéliard*, 177-188.

HEIM DE BALSAC, H. et BEAUFORT, F. de (1968). Le statut des Noctules *(Nyctalus)* en France. *Mammalia*, 32 : 204-206.

HERRENSCHMIDT, V. (1990). Le Lynx : un cas de réintroduction de super prédateur. *In* : LECOMTE, J., BIGAN, M. et BARRE, V., Réintroductions et renforcements de populations animales en France. *Rev. Ecol. (Terre Vie)*, suppl. 5 : 159-174.

HERRENSCHMIDT, V. et LEGER, F. (1990). Le Lynx : le point sur la colonisation naturelle du Jura et les premiers résultats scientifiques du suivi des animaux réintroduits dans les Vosges. *Falco*, 23(2) : 188-208.

HOUARD, T. et LEQUETTE, B. (1994). Le retour des Loups dans le Mercantour. *Riviera scientifique* : 61-66.

ISRAEL, L.D.E., (1992). Thirty Years of Mediterranean Monk Seal Protection, a Review Nederlandsche Commissie voor Internationale Natuur Bescherming. Mededel 28 : 65.

KAHMANN, H. et HAEDRICH, B. (1957). Eine Untersuchung an *Rattus rattus* Linnaeus, 1758 (Mamm. Rod.) auf der Insel Korsika. *Zool. Anz.*, 233-257.

L'HARDY, J.-P. (1964). Notes sur les Cétacés des côtes bretonnes ; à propos d'une observation récente de *Balaenoptera rostrata* (Mysticète, *Balaenopteridae*) échoué sur les côtes de l'île de Batz (Finistère). *Penn Ar Bed*, 4 (39) : 241-246.

L'HARDY, J.-P. (1969). Notes sur les Cétacés des côtes bretonnes. Un échouage de Globicéphales (Odontocètes, delphinide) sur les côtes du Tregor. *Penn Ar Bed*, t. 56.

LAAR, V. van (1983). A Record of *Neomys Anomalus* Cabrera, 1907 from the Vosges. *Mammalia*, 47 :123-125.

LAAR, V. van et DAAN, N. (1976). *Neomys anomalus* Cabrera, 1907, observé dans les Ardennes françaises. *Lutra*, 18 : 44-51

LIBOIS, R. et VRANKEN, M. (1981). *Myotis bechsteini* en Corse. *Mammalia*, 45 : 380-381.

LIVET, F. et ROEDER, J.-J. (1987). La Genette (*Genetta genetta*, Linnaeus 1758). *Encyclopédie des Carnivores de France*, 16, SFEPM, Paris.

LUCAS, A. (1960). Les captures de Phoques en Bretagne. *Penn Ar Bed*, 7(2) : 184-190.

MEDARD, P. et GUIBERT, E. (1993). Données préliminaires sur l'écologie du Vespertillion de Capaccini, *Myotis capaccini*, en Languedoc-Roussillon. *Actes du XVIe colloque de la SFEPM*, Mus. Hist. Nat., Grenoble : 16-29.

MENU, H. (1965). Répartition occidentale de *Myotis dasycneme* (Boie, 1825). Présence de l'espèce en France dans la vallée de l'Aisne. *Mammalia*, 29 : 478-488.

NOBLET, J.-F. (1987). *Les Chauve-souris.* Atlas visuel, Payot, Lausanne.

OLIVER, G. (1990). Présence de *Grampus griseus* (Cuvier, 1812) et *Ziphius cavirostris* (Cuvier, 1823) (Cetacea, Odontoceti) sur la côte du Roussillon (France). *Ann. Soc. Sci. Nat. Charente-Maritime*, 7(9) : 1049-1052.

PARDE, J.-M. (1992). Mortalité de l'Ours brun dans les Pyrénées garonnaises entre 1890 et 1990. *Actes du XVIe colloque de la SFEPM*, Grenoble, 17-18 octobre 1992 : 100-106.

PARDE, J.-M. et CAMARRA, J.-J. (1992). L'Ours (*Ursus arctos* Linnaeus, 1758). *Encyclopédie des Carnivores de France*, 5, SFEPM, Paris.

PAULUS, M. (1966). Les Balénoptères de la Méditerranée ; Balénoptère commun (*Balaenoptera physalus* L.) échoué aux Saintes-Maries-de-la-Mer en 1963 ; échouement et captures de Balénoptères communs en Méditerranée. *Bull. Mus. Hist. Nat. Marseille*, 26 : 117-139.

PEYRE, A. (1956). Ecologie et biogéographie du Desman (*Galemys pyrenaicus* G.) dans les Pyrénées françaises. *Mammalia*, 20 : 405-418.

PIMLOTT, R.H. (1975). The Wolf in Europe in 1973. *Publicat* : 17-28.

PRAROND, M. (1858). *Les Chasses de la Somme III ; le Phoque ou la baie.* Bouchard-Huzard, Paris : 24-30.

PRIEUR, D. et DUGUY, R. (1981). Les Phoques des côtes de France ; III- Le Phoque gris *Halichoerus grypus* (Fabricius). *Mammalia*, 45 : 83-98.

REMY, P. (1928). Le Hamster *(Cricetus cricetus)* est-il fixé en Champagne ? *C. R. Soc. Biogéographie*, 5 : 40-43.

RICHARD, P.-B. (1976). Extension en France du Desman des Pyrénées (*Galemys pyrenaicus*) et son environnement. *Bull. Ecol.*, 7 : 327-334.

RICHARD, P.-B. (1986). *Le Desman des Pyrénées.* Sciences et Découvertes, Le Rocher, Paris.

ROBERT, J.-C. et BELLARD, J. (1979). Le Phoque veau marin *(Phoca vitulina)* en baie de Somme. *Documents zoologiques*, 2 : 29-40.

RODE, P. et CANTUEL, P. (1945). Les Crossopes d'Europe occidentale ; contribution à la systématique du genre *Neomys* Kaup. *Mammalia*, 9 : 20-30.

ROER, H. (1975). Zur Verbreitung und Oekologie der grossen Bartfledermaus, *Myotis brandti* (Evermann, 1845) in mitteleuropaïschen Raum. *Saugetierk. Mitt.*, 23 : 138-143.

ROGER, M., DELATTRE, P. et HERRENSCHMIDT, V. (1988). Le Putois (*Mustela putorius* Linnaeus, 1758). *Encyclopédie des Carnivores de France*, 15, SFEPM, Paris.

SAINT GIRONS, M.-C. (1991). Le Vison sauvage *(Mustela lutreola)* en Europe. *Sauvegarde de la Nature*, 54, Conseil de l'Europe, Strasbourg.

SAINT GIRONS, M.-C., MOURIK, R. van et BREE, P.J.H. van (1968). La croissance pondérale et le cycle annuel du Hamster (*Cricetus cricetus canescens* Nehring, 1899) en captivité. *Mammalia*, 32 : 577-602.

SCHAUENBERG, P. (1966). La Genette vulgaire (*Genetta genetta* L.). Répartition géographique en Europe. *Mammalia*, 30 : 371-396.

SPITZENBERGER, F. (1978). Die Alpenspitzmaus (*Sorex alpinus* Schinz) *Mammalia Austriaca*, 6. *Mitt. Abt. Zool.*, Landesmus, Joanneum, 7 : 145-162.

STRINATI, P. (1958). Confirmation de la présence de *Rhinolophus meheleyi* Matschie, dans le sud de la France. *Mammalia*, 22 : 527-536.

TUPINIER, Y. et AELLEN, V. (1978). Présence de *Myotis brandti* (Eversmann, 1845) en France et en Suisse. *Revue suisse de zoologie*, 85 : 449-456.

VALLON, D., GUIDO, C. et DUGUY, R. (1976). Le Globicéphale noir, *Globicephala melaena* (Traill, 1809) en Méditerranée occidentale. Comité des Vertébrés marins et Céphalopodes.

VENTURA, J., GOSALBEZ, J. et LOPEZ-FUSTER, M.J. (1989). Trophic Ecology of *Arvicola sapidus* Miller, 1908 (Rodentia, Arvicolidae) in the Ebro Delta. *Zool. Anz.*, 223(5) : 283-290.

VIALE, D. et FRONTIER, S. (1989). Structure de tailles des échouages du Dauphin *Stenella coeruleoalba* (Meyen, 1833) sur les côtes françaises de Méditerranée. *Acta Oecol., Oecol. Gener.*, 10(3) : 295-307.

WALLING, J.J. (1957). Présence de la Barbastelle en Bretagne. *Mammalia*, 21 : 455.

Références bibliographiques des Oiseaux

AFFRE, G. et AFFRE, L. (1981). Les Alouettes du Languedoc et du Roussillon ; distribution, habitat. *Bull. de l'AROMP*, 5 : 5-9.

ALEMAN, Y. (1984). Notes sur la reproduction de la Mésange rémiz en Roussillon. *La Mélanocéphale*, 2 : 9-12.

ANSTEY, S. (1989). The Status and Conservation of the White-headed Duck *Oxyura leucocephala*. Rapport spécial n° 10, BIROE, Slimbridge.

BAGNOLINI, C. (1994). Vautour percnoptère. *In* YEATMAN-BERTHELOT, D. et JARRY, G., *Nouvel Atlas des Oiseaux nicheurs de France.* SOF, Paris.

BEAUDOIN, J.-C. et BIZIEN, D. (1981). Un cas de reproduction du Canard pilet, *Anas acuta* (L.), en Maine-et-Loire. *Bull. du GAEO*, 31 : 38-41.

BERGIER, P. et CHEYLAN, G. (1980). Statut, succès de reproduction et alimentation du Vautour percnoptère *(Neophron percnopterus)* en France méditerranéenne. *Alauda*, 48 : 75-97.

BERNARD, A. et BROYER, J. (1994). Barge à queue noire. *In* YEATMAN-BERTHELOT, D. et JARRY, G., *Nouvel Atlas des Oiseaux nicheurs de France*. SOF, Paris.

BETEILLE, G. (1984). Nidification du Chevalier combattant au Marais du Hode (Seine-Maritime). *Le Cormoran*, 5 : 133.

BOMPAR, J.-M. (1987). Observation du Ganga cata *Pterocles alchata* à la limite du Gard et de l'Hérault. *Le Guêpier*, 5 : 87.

BOUTIN, J. (1994). Nette rousse. *In* YEATMAN-BERTHELOT, D. et JARRY, G., *Nouvel Atlas des Oiseaux nicheurs de France*. SOF, Paris.

BOUVET, F. (1985). The Status of the Bearded Vulture in Corsica. *Conservation Studies on Raptors, ICBP*, technical publication : 129-130.

BRAILLON, B. (1987). La nidification du Vautour percnoptère *Neophron percnopterus* sur le versant nord des Pyrénées, un suivi d'ensemble commencé il y a 27 ans. *Acta Biologica Montana*, 7 : 101-113.

BROOKE, M. (1990). *The Manx Shearwater*. Poyser, London.

BROYER, J. et ROCAMORA, G. (1994). Enquête nationale Râle de genêts 1991-92 : principaux résultats. *Ornithos*, 1 : 55-56.

BROYER, J. (1985). *Le Râle de genêts en France*. UNAO/CORA, Lyon.

BROYER, J. (1991). Râle de genêts. *In* YEATMAN-BERTHELOT, D. et JARRY, G., *Atlas des Oiseaux de France en hiver*. SOF, Paris : 541-542.

BROYER, J. (1994). Râle de genêts. *In* YEATMAN-BERTHELOT, D. et JARRY, G., *Nouvel Atlas des Oiseaux nicheurs de France*. SOF, Paris.

BRUN, L. et CHEYLAN, G. (1994). Faucon crécerellette. *In* YEATMAN-BERTHELOT, D. et JARRY, G., *Nouvel Atlas des Oiseaux nicheurs de France*. SOF, Paris.

CARLINO, J., GENARD, M. et LESCOURRET, F. (1984). Nouvelle observation de la nidification du Pluvier guignard (*Charadrius morinellus* L.) dans les Pyrénées orientales françaises. *L'Oiseau et RFO*, 54 : 87-90.

CHAPPUIS, C. (1991). Marouette poussin. *In* YEATMAN-BERTHELOT, D. et JARRY, G., *Atlas des Oiseaux de France en hiver*. SOF, Paris : 542.

CHAPPUIS, C. (1994). Marouette de Baillon. *In* YEATMAN-BERTHELOT, D. et JARRY, G., *Nouvel Atlas des Oiseaux nicheurs de France*. SOF, Paris.

CHEYLAN, G. (1977). La place trophique de l'Aigle de Bonelli dans les biocénoses méditerranéennes. *Alauda*, 45 : 1-17.

CHEYLAN, G. (1981). Sur le rôle déterminant de l'alimentation dans le succès de reproduction de l'Aigle de Bonelli en Provence. *In Rapaces méditerranéens. Annales du CROP*, n° 1, Aix-en-Provence : 95-99.

CHEYLAN, G. (1985). La prédation exercée par le Rat noir *Rattus rattus* sur les Oiseaux de mer nicheurs dans les îles méditerranéennes. *In Oiseaux marins nicheurs du Midi et de la Corse. Annales du CROP*, n° 2, Aix-en-Provence : 27-29.

CHEYLAN, G. (1990). Le statut du Ganga cata *Pterocles alchata* en France. *Alauda*, 58 : 9-15.

CHEYLAN, G. (1991). Le Faucon crécerellette *Falco naumanni* en France : statut actuel et régression. *Faune de Provence*, 12 : 45-49.

CHEYLAN, G. (1994a). Aigle de Bonelli. *In* YEATMAN-BERTHELOT, D. et JARRY, G., *Nouvel Atlas des Oiseaux nicheurs de France*. SOF, Paris.

CHEYLAN, G. (1994b). Ganga cata. *In* YEATMAN-BERTHELOT, D. et JARRY, G., *Nouvel Atlas des Oiseaux nicheurs de France*. SOF, Paris.

COGard (1994a). Coucou geai. *In* YEATMAN-BERTHELOT, D. et JARRY, G., *Nouvel Atlas des Oiseaux nicheurs de France*. SOF, Paris.

COGard (1994b). Alouette calandre. *In* YEATMAN-BERTHELOT, D. et JARRY, G., *Nouvel Atlas des Oiseaux nicheurs de France*. SOF, Paris.

CORMIER, J.-P. et VATAN, P. (1981). La reproduction de la Cigogne noire *Ciconia nigra* dans le centre-ouest de la France. *L'Oiseau et RFO*, 51 : 167.

CUILLANDRE, J.-P., BARGAIN, B., BIORET, F., FICHAUT, B., HAMON, J. et HENRY, J. (1989). Le Pétrel tempête à Banneg. *Penn Ar Bed*, 135 : 19-33.

CZAJKOWSKI, A. et DUQUET, M. (1992). La migration de la Cigogne noire *Ciconia nigra* en France ; premiers éléments. *In Actes du colloque international « Les Cigognes d'Europe »*. Institut européen d'écologie, Metz 1991 : 251 - 256.

DEBOUT, M. (1994). Canard pilet. *In* YEATMAN-BERTHELOT, D. et JARRY, G., *Nouvel Atlas des Oiseaux nicheurs de France*. SOF, Paris.

DESMET, J.-F. (1994). Pic tridactyle. *In* YEATMAN-BERTHELOT, D., et JARRY, G., *Nouvel Atlas des Oiseaux nicheurs de France*. SOF, Paris.

DU PLESSIX, H. (1990). Les déplacements de mue du Harle bièvre *(Mergus merganser)* ; exemple de la population nicheuse du Léman. *Alauda*, 58 : 45-46.

DUHAUTOIS, L. (1983). *Hérons paludicoles*. SNPN, Paris.

DUHAUTOIS, L. (1984). Hérons paludicoles de France : statut 1983. Rapport SNPN / Ministère de l'Environnement.

DUPUICH, H., GEROUDET, P. et SUEUR, F. (1994). Goéland cendré. *In* YEATMAN-BERTHELOT, D. et JARRY, G., *Nouvel Atlas des oiseaux nicheurs de France*. SOF, Paris.

DUQUET, M. (1990a). Statut de la Cigogne blanche *(Ciconia ciconia)* et de la Cigogne noire *(Ciconia nigra)* en France. Rapport LPO / DPN, Paris.

DUQUET, M. (1990b). Impact du réseau électrique aérien sur la Cigogne blanche *Ciconia ciconia* en France. Rapport LPO / EDF, Paris.

DUQUET, M. (1992a). Marouette poussin. *In* DUBOIS, P. J. et YESOU, P., *Les Oiseaux rares en France*. Chabaud, Bayonne : 121-123.

DUQUET, M. (1992b). Marouette de Baillon. *In* DUBOIS, P J. et YESOU, P. *Les Oiseaux rares en France*. Chabaud, Bayonne : 124-126.

DUQUET, M. (1994a). Cigogne blanche. *In* YEATMAN-BERTHELOT, D. et JARRY, G., *Nouvel Atlas des Oiseaux nicheurs de France*. SOF, Paris.

DUQUET, M. (1994b). Cigogne noire. *In* YEATMAN-BERTHELOT, D. et JARRY, G., *Nouvel Atlas des Oiseaux nicheurs de France*. SOF, Paris.

ELOSEGI, I. (1989). Percnoptère d'Egypte *(Neophron percnopterus)* ; synthèse bibliograpique et recherches. *Acta Biologica Montana*, 3 : 175-219.

FALTA, E. (1988). La Mésange rémiz nicheuse en région toulousaine. *Le Pistrac*, 11 : 41-42.

FASCE, P. et FASCE, L. (1987). *Le Gypaète barbu en Corse*. Fonds d'intervention pour les Rapaces, 13 : 44.

FERRY, C. (1992). Installation de la Cigogne noire en Bourgogne. *In Actes du colloque international « Les Cigognes d'Europe »*. Institut européen d'écologie, Metz 1991 : 245-246.

FRIER, J. (1968). Le Percnoptère *(Neophron percnopterus)* en Ardèche. *07 Nature*, 4 : 30.

GAILLARDIN, C. (1991). *La reproduction de la Nette rousse en Camargue*. BEPA cynégétique, Vendôme (Doc. dactylographié).

GEROUDET, P. (1964). Rétrospective sur le Percnoptère d'Egypte dans le haut bassin rhôdanien. *Nos Oiseaux*, 27 : 335-338.

GEROUDET, P. (1985). Essai de synthèse sur l'évolution du Harle bièvre, *Mergus merganser*, dans le bassin du Léman. *Nos Oiseaux*, 38 : 1-18.

GEROUDET, P. (1987). A propos du Pic tridactyle dans les forêts jurassiennes. *Nos Oiseaux*, 39 : 5-12.

GEROUDET, P. (1994). Harle bièvre. *In* YEATMAN-BERTHELOT, D. et JARRY, G., *Nouvel Atlas des Oiseaux nicheurs de France*. SOF, Paris.

GIRARD, O. (1994a). Sarcelle d'été. *In* YEATMAN-BERTHELOT, D. et JARRY, G., *Nouvel Atlas des Oiseaux nicheurs de France*. SOF, Paris.

GIRARD, O. (1994b). Combattant varié. *In* YEATMAN-BERTHELOT, D. et JARRY, G., *Nouvel Atlas des Oiseaux nicheurs de France*. SOF, Paris.

GOUTNER, V. et ISENMANN, P. (sous presse). Breeding Status of the Mediterranean Gull *(Larus melanocephalus)* in the Mediterranean Basin. *Proc. II Medmaravis Symposium, Calvià 1992 (Espagne)*.

GRANGE, J-L. (1991). Observation d'un Elanion blanc *(Elanus caeruleus)* dans les Hautes-Pyrénées et mise au point sur l'évolution récente de l'espèce en France. *L'Oiseau et RFO*, 61 : 151-154.

GUYOT, A. (1990). Première nidification réussie en France de l'Elanion blanc *Elanus caeruleus*. *Nos Oiseaux*, 40 : 465-477.

GUYOT, A. (1994). Elanion blanc. *In* YEATMAN-BERTHELOT, D. et JARRY, G., *Nouvel Atlas des Oiseaux nicheurs de France*. SOF, Paris.

GUYOT, I., LUNAIS, G. et VIDAL, P. (1985). Oiseaux de mer nicheurs du Midi de la France et de la Corse : évolution et importance des effectifs. *In Oiseaux marins nicheurs du Midi et de la Corse. Annales du CROP* n° 2, Aix-en-Provence : 31-47.

HAFNER, H. (1994). Crabier chevelu. *In* YEATMAN-BERTHELOT, D. et JARRY, G., *Nouvel Atlas des Oiseaux nicheurs de France*. SOF, Paris.

HAFNER, H. (1980). Etude écologique des colonies de Hérons arboricoles (*Egretta g. garzetta* L., *Ardeola r. ralloides* Scop., *Ardeola i. ibis* L., *Nycticorax n. nycticorax* L.) en Camargue. *Bonn. Zool. Beitr.*, 31 : 249-287.

HEMERY, G. (1994). Pétrel tempête. *In* YEATMAN-BERTHELOT, D. et JARRY, G., *Nouvel Atlas des Oiseaux nicheurs de France*. SOF, Paris.

HEMERY, G., D'ELBEE, E. et TERRASSE, J.-F. (1986). Régulation d'une population de Pétrel tempête par reproduction intermittente. *C. R. Acad. Sc. Paris*, t. 303, série III, n° 9 : 353-356.

IBANEZ, F. (1990). Le Pluvier guignard *Eudromias morinellus* nicheur régulier dans les Pyrénées. *L'Oiseau et RFO*, 60 : 303-306.

IBANEZ, F. (1994). Pluvier guignard. *In* YEATMAN-BERTHELOT, D. et JARRY, G., *Nouvel Atlas des Oiseaux nicheurs de France*. SOF, Paris.

IRION, M. (1979). Nidification de la Mésange rémiz *(Remiz pendulinus)* en Alsace. *Ciconia*, 3 : 179-181.

ISENMANN, P. (1994a). Mouette mélanocéphale. *In* YEATMAN-BERTHELOT, D. et JARRY, G., *Nouvel Atlas des Oiseaux nicheurs de France*. SOF, Paris.

ISENMANN, P. (1994b). Fauvette à lunettes. *In* YEATMAN-BERTHELOT, D. et JARRY, G., *Nouvel Atlas des Oiseaux nicheurs de France*. SOF, Paris.

ISENMANN, P. et NICOLAU-GUILLAUMET, P. (1992). Les observations d'Hirondelles rousselines *Hirundo daurica* en France de 1981 à 1990. *Alauda*, 60 : 9-12.

JOUARD, H. (1935). Sur la nidification d'une Oie cendrée *Anser anser* dans notre département des Vosges. *Alauda*, 3 : 423-425

KAPPS, C., LANG, B., MOREAU, G. et MOREAU, J. (1983). La Barge à queue noire et le Canard pilet nichent en Normandie. *Le Cormoran*, 5(26) : 131-133.

KERAUTRET, L. (1994). Hibou des marais. *In* YEATMAN-BERTHELOT, D. et JARRY, G., *Nouvel Atlas des Oiseaux nicheurs de France*. SOF, Paris.

KOENIG, P. (1994). Rousserolle turdoïde. *In* YEATMAN-BERTHELOT, D. et JARRY, G., *Nouvel Atlas des Oiseaux nicheurs de France*. SOF, Paris.

LEFRANC, N. (1978). La Pie-grièche à poitrine rose *(Lanius minor)* en France. *Alauda*, 46 : 193-208.

LEFRANC, N. (1993). Les Pies-grièche d'Europe, d'Afrique du Nord et du Moyen-Orient. Delachaux et Niestlé, Lausanne.

LEFRANC, N. (1994). Pie-grièche à poitrine rose. *In* YEATMAN-BERTHELOT, D. et JARRY, G., *Nouvel Atlas des Oiseaux nicheurs de France*. SOF, Paris.

LE MAO, P. (1991). Nidification de l'Eider à duvet *Somateria mollissima* en Ille-et-Vilaine. *L'Oiseau et RFO*, 61 : 149-150.

LERAY, G. et YESOU, P. (1988). Incubation d'une ponte d'Eider à duvet *Somateria mollissima* par un Goéland argenté *Larus argentatus*. *L'Oiseau et RFO*, 58 : 351-352.

LESCOURRET, F. et GENARD, M. (1982). Première nidification prouvée du Pluvier guignard *(Eudromias morinellus)* dans les Pyrénées françaises. *L'Oiseau et RFO*, 52 : 367.

LOISEAU, A.-J. (1977). Nidification de la Cigogne noire *Ciconia nigra* en Franche-Comté : première donnée française. *Alauda*, 45 : 335-346.

LOVATY, F. (1990). Sur la présence de la Fauvette à lunettes *(Sylvia conspicillata)* en Lozère (France). *Nos Oiseaux*, 40 : 285-288.

LUCCHESI, J.-L., PAMBOUR, B. et PINEAU, O. (1991). Mésange rémiz. *In* YEATMAN-BERTHELOT, D. et JARRY, G., *Atlas des Oiseaux de France en hiver*. SOF, Paris : 432-433.

LUTZ, A. (1988). Nouvelle nidification de la Mésange rémiz *(Remiz pendulinus)* en Alsace. *Ciconia*, 12 : 175-176.

MAHEO, R. (1991a). Chevalier combattant. *In* YEATMAN-BERTHELOT, D. et JARRY, G., *Atlas des Oiseaux de France en hiver*. SOF, Paris : 262-263.

MAHEO, R. (1991b). Grand Gravelot. *In* YEATMAN-BERTHELOT, D. et JARRY, G., *Atlas des Oiseaux de France en hiver*. SOF : 224-225.

MARION, L. (1983). Le Blongios nain. *In* BEAUFORT, F. de (dir.), *Livre rouge des espèces menacées en France*. tome 1 : vertébrés. Coll. Inventaires de faune et de flore, fasc. 19 à 23. Secrétariat faune-flore / MNHN, Paris : 101.

MARION, L. (1987). Carnet de bord de la réserve de Grand-Lieu : la Spatule blanche niche à nouveau. *Le Courrier de la Nature*, 109 : 13.

MARION, L. (1991a). Inventaire national des héronnières de France 1989 ; Héron cendré, Héron bihoreau, Héron garde-bœuf, Héron crabier, Aigrette garzette. LESNM / SNPN / Ministère de l' environnement.

MARION, L. (1991b). Spatule blanche. *In* YEATMAN-

BERTHELOT, D. et JARRY, G., *Atlas des Oiseaux de France en hiver*. SOF, Paris : 82-83.

MARION, L. (1994). Blongios nain. *In* YEATMAN-BERTHELOT, D. et JARRY, G., *Nouvel Atlas des Oiseaux nicheurs de France*. SOF, Paris.

MARION, L. et MARION, P. (1982). La Spatule blanche (*Platalea leucorodia* L.) niche au lac de Grand-Lieu. *Alauda*, 50 : 241-249.

MARION, L. et MARION, P. (1994). Spatule blanche. *In* YEATMAN-BERTHELOT, D. et JARRY, G., *Nouvel Atlas des Oiseaux nicheurs de France*. SOF, Paris.

MAYAUD, N. (1966). Contribution à l'histoire de la Nette rousse (*Netta rufina* P.) en Europe occidentale. *Alauda*, 34 : 145-154.

MONNAT, J.-Y. (1973). Statut actuel des oiseaux marins nicheurs en Bretagne ; IX, Procellariiformes. *Ar. Vran.*, 6 : 1-10.

MONNAT, J.-Y. (1994). Pingouin torda. *In* YEATMAN-BERTHELOT, D. et JARRY, G., *Nouvel Atlas des Oiseaux nicheurs de France*. SOF, Paris.

MOREAU, G. (1990). Une nouvelle espèce nicheuse pour la France : la Grue cendrée *Grus grus*. *Alauda*, 58 : 244.

MOREAU, G. (1994). Grue cendrée. *In* YEATMAN-BERTHELOT, D. et JARRY, G., *Nouvel Atlas des Oiseaux nicheurs de France*. SOF, Paris.

NICOLAU-GUILLAUMET, P. et PRODON, R. (1994). Hirondelle rousseline. *In* YEATMAN-BERTHELOT, D. et JARRY, G., *Nouvel Atlas des Oiseaux nicheurs de France*. SOF, Paris.

OLIOSO, G. (1994). Rémiz penduline. *In* YEATMAN-BERTHELOT, D. et JARRY, G., *Nouvel Atlas des Oiseaux nicheurs de France*. SOF, Paris.

OLIOSO, G. et CHEYLAN, G. (1991). Outarde canepetière. *In* YEATMAN-BERTHELOT, D. et JARRY, G., *Atlas des Oiseaux de France en hiver*. SOF, Paris : 210-211.

PASQUET, E. (1981). Premier recensement du Puffin des Anglais aux Sept-Iles. *L'Oiseau et RFO*, 51 : 248-249.

PASQUET, E. et MONNAT, J.-Y. (1994). Puffin des Anglais *Puffinus puffinus*. *In Evolution des populations d'oiseaux marins nicheurs en France (Manche, Atlantique, Méditerranée)*. GISOM, Paris.

PATRIMONIO, O. (1994a). Goéland d'Audouin. *In* YEATMAN-BERTHELOT, D. et JARRY, G., *Nouvel Atlas des Oiseaux nicheurs de France*. SOF, Paris.

PATRIMONIO, O. (1994b). Pigeon biset. *In* YEATMAN-BERTHELOT, D. et JARRY, G., *Nouvel Atlas des Oiseaux nicheurs de France*. SOF, Paris.

PATRIMONIO, O. et TARIEL, Y. (1994). Balbuzard pêcheur. *In* YEATMAN-BERTHELOT, D. et JARRY, G., *Nouvel Atlas des Oiseaux nicheurs de France*. SOF, Paris.

PENICAUD, P. (1979). Nidification du Puffin des Anglais *Puffinus puffinus* aux Sept-Iles. *Alauda*, 47 : 112-113.

PIERNE, A. et VAGNER, P. (1986). La Mésange rémiz *(Remiz pendulinus)*, une nouvelle espèce nicheuse en Lorraine, son statut actuel dans le contexte d'expansion de l'espèce. *Ciconia*, 12 : 121-134.

PRODON, R. (1991). Traquet rieur. *In* YEATMAN-BERTHELOT, D. et JARRY, G., *Atlas des Oiseaux de France en hiver*. SOF, Paris : 392-393.

PRODON, R. (1994a). Cochevis de Thékla. *In* YEATMAN-BERTHELOT, D. et JARRY, G., *Nouvel Atlas des Oiseaux nicheurs de France*. SOF, Paris.

PRODON, R. (1994b). Traquet rieur. *In* YEATMAN-BERTHELOT, D. et JARRY, G., *Nouvel Atlas des Oiseaux nicheurs de France*. SOF, Paris.

RIOLS, C. (1991a). Pygargue à queue blanche. *In* YEATMAN-BERTHELOT, D. et JARRY, G., *Atlas des Oiseaux de France en hiver*. SOF, Paris : 148-149.

RIOLS, C. (1991b). Grue cendrée. *In* YEATMAN-BERTHELOT, D. et JARRY, G., *Atlas des Oiseaux de France en hiver*, SOF., Paris : 200-201.

RIOLS, C. (1994). Oie cendrée. *In* YEATMAN-BERTHELOT, D. et JARRY, G., *Nouvel Atlas des Oiseaux nicheurs de France*. SOF, Paris.

ROBERT, J-C. (1994). Grand Gravelot. *In* YEATMAN-BERTHELOT, D. et JARRY, G., *Nouvel Atlas des Oiseaux nicheurs de France*. SOF, Paris.

SALVI, A. (1991). Les Grues cendrées en Europe ; situation et mesures de conservation. *Espaces naturels SOS*, 6 : 156-164.

SCHIERER, A. (1986). Quarante années d'observations et de recherches sur la Cigogne blanche *(Ciconia ciconia)* en Alsace. *Ciconia*, 10 : 1-12.

SCHIERER, A. (1991). Cigogne blanche. *In* YEATMAN-BERTHELOT, D. et JARRY, G., *Atlas des Oiseaux de France en hiver*. SOF, Paris : 533-534.

TERRASSE, J.-F. (1980). Recensement, succès de reproduction et alimentation du Gypaète dans les Pyrénées françaises. Colloque d'Evisa (Corse), *Rapaces méditerranéens, CROP*.

TERRASSE, J.-F. et TERRASSE, M. (1991). Gypaète barbu. *In* YEATMAN-BERTHELOT, D. et JARRY, G., *Atlas des Oiseaux de France en hiver*. SOF, Paris : 533-534.

THAURONT, M. et DUQUET, M. (1991). Distribution et conditions d'hivernage de la Cigogne blanche *Ciconia ciconia* au Mali. *Alauda*, 59 : 101-110.

THIBAULT, J.-C. (1983). *Les Oiseaux de la Corse*. Parc naturel régional de la Corse, Ajaccio.

THIBAULT, J.-C. et GUYOT, I. (1989). Le Goéland d'Audouin en Corse : synthèse pour la gestion d'une espèce menacée. *Trav. Sci. Parc Nat. Reg. et Rés. Nat. de Corse*, 24 : 89-117.

THIBAULT, J.-C. et PATRIMONIO, O. (1990). La conservation du Balbuzard pêcheur en Corse. *Trav. Sci. Parc Nat. Rég. et Rés. Nat. de Corse*, 27 : 63-83.

THIBAULT, J.-C., DAYCARD, L. et GUYOT, I. (1990). La reproduction du Pigeon biset *Columba livia* sur les îlots de Corse. *L'Oiseau et RFO*, 60 : 110-117

THOMAS, A. (1988). L'énigme des Eiders bretons. *Penn Ar Bed*, 125 : 73-76.

THOMAS, A. (1994). Sterne de Dougall. *In* YEATMAN-BERTHELOT, D. et JARRY, G., *Nouvel Atlas des Oiseaux nicheurs de France*. SOF, Paris.

TROLLIET, B. (1994). Chevalier gambette. *In* YEATMAN-BERTHELOT, D. et JARRY, G., *Nouvel Atlas des Oiseaux nicheurs de France*. SOF, Paris.

TROLLIET, B. et IBANEZ, F. (1994). Bécassine des marais. *In* YEATMAN-BERTHELOT, D. et JARRY, G., *Nouvel Atlas des Oiseaux nicheurs de France*. SOF, Paris.

TROTIGNON, J. (1993). L'année des Guifettes. *L'Oiseau magazine*, 31 : 30-31.

TROTIGNON, J. (1994). Statut récent des Guifettes nichant en France. *Ornithos*, 1 : 53-55.

VINCENT, T. (1987). Le Canard pilet nicheur dans l'estuaire de la Seine. *Le Cormoran*, 27 : 257.

VOISIN, C. (1994). Butor étoilé. *In* YEATMAN-BERTHELOT, D. et JARRY, G., *Nouvel Atlas des Oiseaux nicheurs de France*. SOF, Paris.

WALMSLEY, J. (1986). The Status of Breeding Storm Petrel (*Hydrobates pelagicus*) on the Mediterranean Coast of France. *In* MEDMARAVIS et MONBAILLU (éd), *Mediterranean Marine Avifauna*. NATO-ASI Series, vol. G 12. Springer Verlag, Berlin, Heidelberg : 153-162.

WALMSLEY, J.-G. (1994). Glaréole à collier. *In* YEATMAN-BERTHELOT, D. et JARRY, G., *Nouvel Atlas des Oiseaux nicheurs de France*. SOF, Paris.

YESOU, P. (1986). Un nouveau cas de reproduction du Canard pilet *(Anas acuta)* en Dombes. *Le Bièvre*, 8 : 59.

YESOU, P. (1991). Puffin des Anglais. *In* YEATMAN-BERTHELOT, D. et JARRY, G., *Atlas des Oiseaux de France en hiver*. SOF, Paris : 58-59.

YESOU, P. (1994). Puffin des Anglais. *In* YEATMAN-BERTHELOT, D. et JARRY, G., *Nouvel Atlas des Oiseaux nicheurs de France*. SOF, Paris.

YESOU, P. et LERAY, G. (1994). Eider à duvet. *In* YEATMAN-BERTHELOT, D. et JARRY, G., *Nouvel Atlas des Oiseaux nicheurs de France*. SOF, Paris.

YEATMAN-BERTHELOT, D. et JARRY, G. (éd.) (1991). *Atlas des Oiseaux de France en hiver*. Société ornithologique de France, Paris.

YEATMAN-BERTHELOT, D. et JARRY, G. (éd.) (1994). Nouvel *Atlas des Oiseaux nicheurs de France*. Société ornithologique de France, Paris.

Références bibliographiques des Reptiles et Amphibiens

ALCHER, M. (1992). L'Euprocte de Corse. *In* DELAUGERRE, M. et CHEYLAN, M., *Atlas de répartition des Batraciens et Reptiles de Corse*. Parc naturel régional de Corse, Ecole pratique des Hautes Etudes, Ajaccio : 21-23.

ANDREONE, F., CAPULA, M., NASCETTI, G. et BULINI, L. (1989). Studi genetici e morfologici su *Salamandra atra, S. lazai* e *S. salamandra* (Amphibia, Urodela, Salamandridae). *In Atti del VI Convegno nazionale dell' Assoziazion Allessandro Ghigi per la Biologia dei Vertebri (Torino, 22-24 jiugno 1989)*. Museo Reg. Sci. Nat., Torino : 155-159.

BARON, J.-P. (1989). *Vipera ursinii*. *In* CASTANET, J. et GUYETANT, R. (coord.), *Atlas de répartition des Amphibiens et Reptiles de France*. SHF, Paris : 171.

BARON, J.-P., FERRIERE, R. et SAINT GIRONS, H. (1993). Différenciation morphologique de quatre populations françaises de *Vipera ursinii ursinii* Bonaparte, 1835 (Reptilia, Viperidae). *Revue suisse de zoologie*, 100 (1) : 187-196.

BAUMGART, G. (1994). Actions de protection du Crapaud vert *(Bufo viridis)* en Alsace. *In* CARSIGNOL, J. (ed.), *Actes des journées techniques de l'AFIE « Gestion et protection des Amphibiens: de la connaissance aux aménagements » (Mulhouse, 22-23 octobre 1992)*. AFIE, Paris : 23-30.

BERTRAND, A. et CROCHET, P-A. (1992). Amphibiens et Reptiles d'Ariège. *Association des naturalistes de l'Ariège*, Clermont .

BOUR, R. (1989). *Mauremys leprosa*. *In* CASTANET, J. et GUYETANT, R. (coord.), *Atlas de répartition des Amphibiens et Reptiles de France*. SHF, Paris : 109.

BOUR, R. (1989). *Testudo hermanni*. *In* CASTANET, J. et GUYETANT, R. (coord.), *Atlas de répartition des Amphibiens et Reptiles de France*. SHF, Paris : 111.

BREUIL, M. et JULLIEN, F. (1984). Sur la présence de *Bombina variegata* dans le département du Vaucluse. *Alytes*, 3 (1) : 37-38.

CASTANET, J. (1989). *Lacerta agilis*. *In* CASTANET, J. et GUYETANT, R. (coord.), *Atlas de répartition des Amphibiens et Reptiles de France*. SHF, Paris : 127.

CHEYLAN, M. (1992). La Tortue cistude. *In* DELAUGERRE, M. et CHEYLAN, M., *Atlas de répartition des Batraciens et Reptiles de Corse*. Parc naturel régional de Corse, Ecole pratique des Hautes Etudes, Ajaccio : 47-49.

CHEYLAN, M. (1992). La Tortue d'Hermann. *In* DELAUGERRE, M. et CHEYLAN, M., *Atlas de répartition des Batraciens et Reptiles de Corse*. Parc naturel régional de Corse, Ecole pratique des Hautes Etudes, Ajaccio : 43-46.

DELAUGERRE, M. (1992). Les Tortues marines. *In* DELAUGERRE, M. et CHEYLAN, M., *Atlas de répartition des Batraciens et Reptiles de Corse*. Parc naturel régional de Corse, Ecole pratique des Hautes Etudes, Ajaccio : 50-53.

DELAUGERRE, M. (1992). L'Hémidactyle. *In* DELAUGERRE, M. et CHEYLAN, M., *Atlas de répartition des Batraciens et Reptiles de Corse*. Parc naturel régional de Corse, Ecole pratique des Hautes Etudes, Ajaccio : 57-59.

DELAUGERRE, M. (1992). L'Algyroïde de Fitzinger. *In* DELAUGERRE, M. et CHEYLAN, M., *Atlas de répartition des Batraciens et Reptiles de Corse*. Parc naturel régional de Corse, Ecole pratique des Hautes Etudes, Ajaccio : 64-66.

DEVAUX, B. (1988). *La Tortue sauvage*. Sang de la terre, Paris.

DEVAUX, B. (1990). Réintroduction de Tortues d'Hermann *(Testudo hermanni)* dans le massif des Maures. *Rev. Ecol. (Terre Vie)*, Suppl. 5 : 291-297.

DUBOIS, A. (1984). *Pelobates fuscus* dans le département de l'Indre. *Alytes*, 3 (4) : 137-138.

DUGUY, R. et SAINT GIRONS, H. (1989). *Vipera berus* en Vendée. *Ann. Soc. Sc. Nat. Charente-Maritime*, 7 (8) : 1005-1007.

EWALD, P. (1989). *Speleomantes ambrosii*. *In* CASTANET, J. et GUYETANT, R. (coord.), *Atlas de répartition des Amphibiens et Reptiles de France*. SHF, Paris : 55.

EWALD, P. (1989). *Lacerta lepida*. *In* CASTANET, J. et GUYETANT, R. (coord.), *Atlas de répartition des Amphibiens et Reptiles de France*. SHF, Paris : 131.

FRETEY, J. (1987). Guide des Reptiles de France. Hatier, Paris.

GENIEZ, P. (1989). *Hemidactylus turcicus*. *In* CASTANET, J. et GUYETANT, R. (coord.), *Atlas de répartition des Amphibiens et Reptiles de France*. SHF, Paris : 113.

GENIEZ, P. et GRILLET, P. (1990). *Les Salamandres et les Tritons*. Payot, Lausanne.

GRANGE, P. (1989). *Bombina variegata*. *In* CASTANET, J. et GUYETANT, R. (coord.), *Atlas de répartition des Amphibiens et Reptiles de France*. SHF, Paris : 59.

GROOMBRIDGE, B. (1990). Les Tortues marines en Méditerranée : distribution, population, protection. Conseil de l'Europe, Strasbourg.

GROSSENBACHER, K. (1988). *Atlas de distribution des Amphibiens de Suisse*. Ligue suisse pour la protection de la nature, Bâle.

GUYETANT, R. (1989). *Alytes obstetricans*. *In* CASTANET, J. et GUYETANT, R. (coord.), *Atlas de répartition des Amphibiens et Reptiles de France*. SHF, Paris : 57.

GUYETANT, R. (1989). *Bufo viridis*. *In* CASTANET, J. et GUYETANT, R. (coord.), *Atlas de répartition des Amphibiens et Reptiles de France*. SHF, Paris : 77.

GUYETANT, R. (1989). *Rana arvalis*. *In* CASTANET, J. et GUYETANT, R. (coord.), *Atlas de répartition des Amphibiens et Reptiles de France*. SHF, Paris : 83.

HEROLD, E. (1990). Aperçu sur la faune batrachologique d'Alsace. *Bulletin de la société industrielle de Mulhouse*, 817 : 71-77.

JOLY, P. (1989). *Triturus alpestris*. *In* CASTANET, J. et GUYETANT, R. (coord.), *Atlas de répartition des Amphibiens et Reptiles de France*. SHF, Paris : 43.

KEYMAR, P.F. (1988). *Algyroides fitzingeri* (Wiegmann, 1834) (Reptilia, Lacertidae) : Habitat Qualities and Distribution. *Bull. Ecol.*, 19 (2-3) : 349-355.

LANZA, B., VANNI, S. et BRIZZI, R. (1992). Le Discoglosse corse. *In* DELAUGERRE, M. et CHEYLAN, M., *Atlas de répartition des Batraciens et Reptiles de Corse.* Parc naturel régional de Corse, Ecole pratique des Hautes Etudes, Ajaccio : 31-32.

LANZA, B., VANNI, S. et BRIZZI, R. (1992). Le Discoglosse sarde. *In* DELAUGERRE, M. et CHEYLAN, M., *Atlas de répartition des Batraciens et Reptiles de Corse.* Parc naturel régional de Corse, Ecole pratique des Hautes Etudes, Ajaccio : 29-30.

LAURENT, L. (1991). Les Tortues marines des côtes françaises méditerranéennes continentales. *Faune de Provence*, CEEP, 12 : 76-90.

LE GARFF, B. (1989). *Pelodytes punctatus. In* CASTANET, J. et GUYETANT, R. (coord.), *Atlas de répartition des Amphibiens et Reptiles de France.* SHF, Paris : 71.

LESCURE, J. (1984). La répartition actuelle et passée des Pélobates (Amphibiens, Anoures) en France. *Bull. Soc. Herp. Fr.*, 29 : 45-59.

LESCURE, J. (1989). *Pelobates cultripes. In* CASTANET, J. et GUYETANT, R. (coord.), *Atlas de répartition des Amphibiens et Reptiles de France.* SHF, Paris : 67.

LESCURE, J. (1989). *Pelobates fuscus. In* CASTANET, J. et GUYETANT, R. (coord.), *Atlas de répartition des Amphibiens et Reptiles de France.* SHF, Paris : 69.

MARTINEZ RICA, J.-P. (1989). *Euproctus asper. In* CASTANET, J. et GUYETANT, R. (coord.), *Atlas de répartition des Amphibiens et Reptiles de France.* SHF, Paris : 35.

MICHELOT, M. (1992). Le Lézard de Bedriaga. *In* DELAUGERRE, M. et CHEYLAN, M., *Atlas de répartition des Batraciens et Reptiles de Corse.* Parc naturel régional de Corse, Ecole pratique des Hautes Etudes, Ajaccio : 67-70.

MICHELOT, M. et MARTINEZ RICA, J.-P. (1989). *Archeolacerta monticola. In* CASTANET, J. et GUYETANT, R. (coord.), *Atlas de répartition des Amphibiens et Reptiles de France.* SHF, Paris : 125.

NICOL, A. (1990). L'Euprocte des Pyrénées. Publié par l'auteur, Pau.

ORSINI, P. et Y. (1992). Découverte de la Vipère d'Orsini *Vipera ursinii* dans le département du Var. *Faune de Provence*, CEEP, 13 : 73-76.

PAILLETTE, M. (1989). *Hyla arborea. In* CASTANET, J. et GUYETANT, R. (coord.), *Atlas de répartition des Amphibiens et Reptiles de France.* SHF, Paris : 79.

PARENT, G.-H. (1983). Le projet de réintroduction de la Cistude d'Europe (*Emys orbicularis* L.) en Haute-Savoie. Méthodologie de l'enquête préalable. *Bull. Soc. Herp. Fr.*, 25 : 15-24.

PARENT, G.-H. (1985). Précision sur la répartition du Pélobate brun, *Pelobates fuscus* (Laurenti, 1768), en France. *Alytes*, 4 (2) : 52-60.

PODLOUCKY, R. (1994). Recovery Plans of *Natrix tessellata* and *Bombina variegata*. *In Rapport du séminaire sur les projets de rétablissement d'espèces d'Amphibiens et de Reptiles (El Hierro, Iles Canaries, Espagne, 11-14 octobre 1993).* Rencontre Environnement n°19. Conseil de l'Europe, Strasbourg : 52-54.

RAFFAELLI, J. (1983). Confirmation de la présence d'Hydromantes *(Hydromantes italicus)* dans l'arrière pays niçois. *Bull. Soc. Herp. Fr.*, 27 : 43-44.

SAINT GIRONS, H. (1983).Vipère d'Orsini. *In* BEAUFORT F. de (dir.), *Livre rouge des espèces menacées en France.* tome 1. Vertébrés. Coll. Inventaires de faune et de flore, fasc. 19 à 23. Secrétariat faune-flore / MNHN, Paris : 176-179.

SAINT GIRONS, H. (1989). *Vipera berus. In* CASTANET, J. et GUYETANT, R. (coord.), *Atlas de répartition des Amphibiens et Reptiles de France.* SHF, Paris : 167.

SAINT GIRONS, H. (1989). *Vipera seoanei. In* CASTANET, J. et GUYETANT, R. (coord.), *Atlas de répartition des Amphibiens et Reptiles de France.* SHF, Paris : 169.

SERVAN, J. (1988). La Cistude d'Europe, *Emys orbicularis*, dans les étangs de Brenne, France. *Mésogée*, 48 : 91-95.

SERVAN, J. (1989). *Emys orbicularis. In* CASTANET, J. et GUYETANT, R. (coord.), *Atlas de répartition des Amphibiens et Reptiles de France.* SHF, Paris : 107.

STUBBS, D. (1991). Population Census of Hermann's Tortoise in France 1987-1990. *Herpetofauna News*, 2 (5) : 9-10.

STUMPEL, A. (1994). Recovery Plans of *Podarcis muralis*, *Bombina variegata* and *Hyla arborea* in the Netherlands. *In Rapport du séminaire sur les projets de rétablissement d'espèces d'Amphibiens et de Reptiles (El Hierro, Iles Canaries, Espagne, 11-14 octobre 1993).* Rencontre Environnement n°19, Conseil de l'Europe, Strasbourg : 52-55.

STUMPEL, A., PODLOUCKY, R., CORBETT, K., ANDREN, C., BEA, A., NILSON, G. et OLIVEIRA, M.A. (1992). Threatened Reptiles in Europe Requiring Special Conservation Measures. *In* KORSOS, Z. et KISS, I. (éd.), *Proc. Sixth Ord. Gen. Meet. SEH, Budapest 1991* : 25-34.

THIBAULT, J.-C., DELAUGERRE, M. et NOBLET, J.-F. (1984). *Livre rouge des Vertébrés menacés de Corse.* Parc naturel régional de Corse, Ajaccio.

ZUIDERWIJK, A. (1989). *Triturus cristatus. In* CASTANET, J. et GUYETANT, R. (coord.), *Atlas de répartition des Amphibiens et Reptiles de France.* SHF, Paris : 45.

ZUIDERWIJK, A. (1989). *Triturus marmoratus. In* CASTANET, J. et GUYETANT, R. (coord.), *Atlas de répartition des Amphibiens et Reptiles de France.* SHF, Paris : 47.

Références bibliographiques des Poissons

ALLARDI, J. et KEITH, P. (coord.) (1991). *Atlas préliminaire des Poissons d'eau douce de France.* Coll. Patrimoines naturels, vol. 4, Secrétariat faune-flore / MNHN, Paris.

ARNOULT, J. (1957). Sur quelques Poissons rares et peu connus dans les eaux douces de France. *Bull. Mus. Hist. nat.*, 6 : 464-466.

AUBENTON, F. d' et SPILLMANN, C.-J. (1977). L'Able de Heckel. *Piscic. Fr.*, 49 : 17-18.

AUBENTON, F. d' et SPILLMANN, C.-J. (1979). L'Omble chevalier. *Piscic. Fr.*, 58 : 37-38.

AUBENTON, F. d', DAGET, J. et SPILLMANN, C.-J. (1971). Classification numérique des Blageons *Leuciscus (Telestes) soufia* (Pisces, Cyprinidae) (8e note). *Bull. Mus. Hist. nat.*, 42 (5) : 839-848.

BAGLINIERE, J.-L., THIBAULT, M. et DUMAS J. (1990). Réintroductions et soutiens de populations du Saumon atlantique (*Salmo salar* L.) en France. *Rev. Ecol. (Terre Vie)*, Suppl. 5 : 299-323.

BOUTITIE, F. (1984). L'Apron *Zingel asper* (Linné), Percidae ; Poisson rare menacé de disparition ; biologie-répartition-habitat. DEA, Univ. Lyon I.

CASSOU, A.-I. et LE LOUARN, H. (1991). Etude de la reproduction de l'Able de Heckel *(Leucaspius delineatus)* dans un étang breton. *Bull. Fr. Pêche Piscic.*, 322 : 109-120.

COMPANO, L.J.V. (1984). FAO Species Catalogue. Sharks of the World. Part 1 : Hexanchiformes to Lamniformes. *FAO Fish Synop.*, 125 (4).

DUCASSE, J. et LEPRINCE Y. (1980). Etude préliminaire de la biologie des Lamproies dans les bassins de la Garonne et de la Dordogne. Rap. ENITEF, CTGREF, Div. ALA.

ELIE, P., BOIGONTIER, B. et ROCHARD, E. (1988). Etude du suivi halieutique de l'estuaire de la Gironde. Rap. CEMAGREF, Div. ALA, Bordeaux.

GASCUEL, D. (1985). La Civelle d'Anguille dans l'estuaire de la Sèvre niortaise : biologie, écologie, exploitation. Rap. contrat PNR du Marais poitevin, Lab. Biol. Hal. ENSAR.

KEITH, P., ALLARDI, J. et MOUTOU, B. (1992). *Livre rouge des espèces menacées de Poissons d'eau douce de France et bilan des introductions.* Coll. Patrimoines naturels, vol. 10. Secrétariat de la faune et de la flore / MNHN, CSP, CEMAGREF, ministère de l'Environnement, Paris.

MACHINO, Y. (1991). Répartition géographique de l'Omble chevalier (Poisson, Salmonidae, *Salvelinus alpinus*) en France. DSR, Univ. Grenoble I.

MENNESSON-BOISNEAU, C., BOISNEAU, P. (1990). Recherche sur les Aloses (Alosa sp) dans le bassin de la Loire. Thèse Doct. Univ. Rennes-Paris XII.

MORRUZZI, P. (1975). Le Brochet : éléments de biologie, élevage. Thèse Doct. Vétérinaire Univ. Créteil.

PERRIN, J.-F. (1988). Maintien en aquarium de l'Apron du Rhône, *Zingel asper* (L.), espèce menacée d'extinction. *Revue fr. Aquariol.*, 15(1) : 17-20.

PERSAT, H. (1976). Principaux aspects de l'écologie de l'Ombre commun *Thymallus thymallus* (L. 1758) (Poissons Salmonidés). Thèse 3e cycle, Univ. Cl. Bernard Lyon I.

PERSAT, H., BERREBI, P. (1990). Relative Ages of Present Populations of *Barbus barbus* and *Barbus meridionalis* (Cyprinidae) in Southern France : Preliminary Considerations. *Aquat. Living Resour.*, 3 : 253-263.

QUERO, J.-C. (1984). *Les Poissons de mer des pêches françaises.* J. Grancher, Paris.

QUERO, J.-C., ALLARDI, J., DAGET, J., ELIE, P. et HARMELIN-VIVIEN, M. (1987). Les Poissons. *In* BEAUFORT, F. de, *Livre rouge des espèces menacées en France, tome 2 : espèces marines et littorales menacées.* Coll. Inventaires de faune et de flore, fasc. 43 à 49, Secrétariat faune-flore / MNHN, Paris : 31-53.

ROCHARD, E., CASTELNAUD, G. et LEPAGE, M. (1990). Sturgeons (Pisces, Acipenseridae) ; Threats and Prospects. *J. Fish Biol.*, 37 : 123-132.

SPILLMANN, C.-J. (1961). Poissons d'eau douce. *Faune de France*, n°65, Paul Lechevalier, Paris.

TAVERNY, C. et ELIE, P. (1988). Mortalités engendrées par l'industrie et la pêche. Le cas des juvéniles d'*Alosa alosa* et *Alosa fallax* dans l'estuaire de la Gironde en 1986. Rap. contrat DPN-SRETIE, CEMAGREF. Div. ALA.

THIBAULT, M., (1987). Eléments de problèmatique du Saumon atlantique en France. *In* THIBAULT M. et BILLARD R. (éd), *Restauration des rivières à saumon. Hydrobiologie et Aquaculture.* INRA, Paris : 413-425.

THIBAULT, J.-C., DELAUGERRE, M. et NOBLET, J-.F. (1984). *Livre rouge des Vertébrés menacés de la Corse (espèces non exclusivement marines).* PNR de la Corse, Ajaccio.

WILLIOT, P. (1991). Biologie et production de l'Esturgeon. Rap. CEMAGREF Div. ALA-DICOVA.

Références bibliographiques des Insectes

Orthoptères

BALAZUC, J. et REVEILLET, P. (1968). Nouvelles captures de *Saga pedo* Pall. (= *serrata* f.) dans le bassin du Rhône. *L'Entomologiste*, tome 24, n°1.

CHINERY, M. (1988). *Insectes d'Europe Occidentale.* Arthaud, Paris.

CHOPARD, L. (1922). Orthoptères et Dermaptères. *Faune de France*, n° 3, Paul Lechevalier, Paris.

CHOPARD, L. (1938). *La Biologie des Orthoptères.* Paul Lechevalier, Paris.

CHOPARD, L. (1951). Orthoptéroïdes. *Faune de France*, n° 56, Paul Lechevalier, Paris.

COLLINS, N.-M. et WELLS, S. (1987). *Invertébrés ayant besoin d'une protection spéciale en Europe.* Comité européen pour la sauvegarde de la nature et des ressources naturelles, Strasbourg.

FOUCART, A. (1994). Etude bioécologique de deux Acridiens de la plaine de Crau (France), *Dociostaurus maroccanus* (Thunberg,1815) et *Prionotropis rhodanica* (Uvarov, 1923). Mémoire Ecole pratique des Hautes Etudes, Montpellier.

QUIDET, P. (1988). *Saga pedo* Pallas, une sauterelle qui pose des problèmes aux entomologistes. *Bull. de la Soc. des Sciences Nat. de Nîmes et du Gard*, tome 58.

UVAROV, B.-P. (1921). Sur les races géographiques du *Prionotropis hystrix* Germ. *Annales de la société entomologique de France.*

VOISIN, J.-F. (1992). *Atlas des Orthoptères de France : état d'avancement au 31-12-1991.* Secrétariat faune-flore / MNHN, Paris.

Odonates

AGUILAR, J. d', DOMMANGET, J.-L. et PRECHAC, R. (1985). *Guide des Libellules d'Europe et d'Afrique du Nord.* Delachaux et Niestlé, Neuchâtel.

BOUDIER, F. et LEVASSEUR, M. (1990). Les Odonates du bassin versant de la Claise tourangelle (France : Indre et Loire). *Martinia*, (n° hors série).

BOUDOT, J.-P., GOUTET, P. et JACQUEMIN, G. (1990). Note sur quelques Odonates peu communs observés en France. *Martinia*, 6 (1).

COLLINS, N.-M. et WELLS, S. (1987). *Invertébrés ayant besoin d'une protection spéciale en Europe.* Comité européen pour la sauvegarde de la nature et des ressources naturelles, Strasbourg.

COPPA, G. (1990). *Eléments cartographiques et écologiques sur les Odonates (imagos) de Champagne-Ardennes.* Association de gestion de l'unité de recherche sur la nature, Troyes.

DOMMANGET, J.-L. (1987). *Etude faunistique et bibliographique des Odonates de France.* Coll. Inventaires de faune et de flore, fasc. 36, Secrétariat faune-flore / MNHN, Paris.

DOMMANGET, J.-L. (1994). *Atlas préliminaire des Odonates de France ; état d'avancement au 31-12-93.* Coll. Patrimoines naturels, vol. 15, Secrétariat faune-flore / MNHN, Paris.

GRAND, D. (1989). Sur les traces de *Macromia splendens* (Pictet, 1843) en France méditerranéenne. *Martinia*, 5 (1).

GRAND, D. (1993). A propos de *Leucorrhinia albifrons* (Burmeister, 1839) et d'*Aeshna subarctica elisabethae* (Walker, 1908) dans les monts du Jura. *Martinia*, 9 (1).

JACQUEMIN, G. et BOUDOT, J.-P. (1991). *Ophiogomphus cecilia* (Fourcroy, 1785) dans les Vosges du nord. *Martinia*, 7 (4).

JURZITZA, G. (1993). *Libellules d'Europe (Europe centrale et méridionale).* Delachaux et Niestlé, Neuchâtel.

LANDEMAINE, D. (1991). Observation d'*Oxygastra curtisii* (Dale) dans le département de la Mayenne (Odonata : Corduliidae). *Martinia*, 7 (2).

LETT, J.-M. (1988). Sur la présence d'*Ophiogomphus cecilia* (Fourcroy, 1785) dans le Loire-et-Cher et dans l'Allier. *Martinia*, 4 (1).

MAIBACH, A. et MEIER, C. (1987). *Atlas de distribution des Libellules de Suisse (Odonata)*. Centre suisse de cartographie de la faune et ligue suisse pour la protection de la nature, Neuchâtel.

ROBERT, P.-A. (1958). *Les Beautés de la nature, les Libellules*. Delachaux et Niestlé, Neuchâtel.

Coléoptères

BŒUF, G. (1977). Les Carabidae de Bretagne. *Penn Ar Bed*, 11 (4).

BŒUF, G. et TIBERGHIEN, G. (1985). Le Carabe à reflets d'or dans le Massif Armoricain. *Penn Ar Bed*, 15 (3).

BONADONA, P. (1973). Nouvelle contribution à la connaissance des races françaises de *Chrysocarabus solierii* (Col., carabidae). *Ann. Soc. Ent. Fr.*, (NS), 9 (4).

CALLOT, J. (1990). *Catalogue et atlas des Coléoptères d'Alsace, 2 ; Hydradephaga Dysticidae, Haliplidae, Gyrinidae*. Société alsacienne d'entomologie.

CASALE, A. et LANEYRIE, R. (1982). Trechodinae et Trechinae du monde. *Mem. Biospéol.*, 9 : 1-226.

CHATENAY, G. du, (1986). *Guide des Coléoptères d'Europe*. Delachaux et Niestlé, Neuchâtel.

COCQUEMPOT, C. (1988). Deuxième addition aux Cerambycidae d'Indre-et-Loire. *L'Entomologiste*.

COIFFAIT, H. (1958). Notes sur les Trechitae cavernicoles et endogés de la région pyrénéenne. *Notes Biospéol.*, 13 : 7-23.

COLAS, G. (1936). Une race nouvelle de *Carabus solieri* dans l'Estérel. *Bull. Soc. Ent. Fr.*, 10.

COLAS, G. (1962). Le *Carabus auratus* L. dans le sud-est de la France et sa présence dans le Var. *L'Entomologiste*, 18.

COLLINS, N.-M.,WELLS, S. (1987). *Invertébrés ayant besoin d'une protection spéciale en Europe*. Comité européen pour la sauvegarde de la nature et des ressources naturelles, Strasbourg.

FOUILLET, P.-H. (1992). Etude des populations de *Chrysocarabus auronitens cupreonitens* Chevrolat de la forêt de Cerisy (Calvados). Rapport. DIREN, Caen.

GUIGNOT, F. (1947). Coléoptères Hydrocanthares. *Faune de France*, n°48, Paul Lechevalier, Paris.

JEANNEL, R. (1928). Monographie des Trechinae. *L'Abeille*, 35.

JEANNEL, R. (1942). Coléoptères Carabiques. *Faune de France*, n°39 et 40, Paul Lechevalier, Paris.

LANEYRIE, R. (1966). Le *Carabus auratus* L. de la Combe de Malcor (montagne de Lure, Basse-Alpes). *Entomops*, 4.

MALAUSA, J.-C. (1975). Quelques points importants de la biologie des Carabes et leur application en élevage. *Cahiers de Liaison / OPIE*, n°16, La Minière.

MALAUSA, J.-C. (1980). *Connaître les Insectes protégés : Le Carabe*. OPIE, La Minière.

PAULIAN, R. et BARAUD, J. (1982). Faune des Coléoptères de France, II Lucanoidea et Scarabaeoidea. Encyclopédie entomologique, XLIII, Paul Lechevalier, Paris.

VILLIERS, A. (1978). Faune des Coléoptères de France, I Cerambycidae. *Encyclopédie entomologique*, XLII, Paul Lechevalier, Paris.

Lépidoptères

ADGE, M. (1978). Observation de quelques espèces intéressantes du Jura (Lép. Arctiidae, Géométridae, Lasiocampidae, Lycaenidae). *Alexanor*, 10 (7).

BEAUFORT, F. de et MAURIN, H. (édts) (1989). *Utilisation des inventaires d'Invertébrés pour l'identification et la surveillance d'espaces de grand intérêt faunistique*. Coll. Inventaires de faune et de flore, fasc. 53, Secrétariat faune-flore / MNHN, Paris.

BERNARDI, G. (1993). Carthographie des Rhopalocirés menacés en France. *In* LHONORE, J. *et al.*, *Inventaire et Carthographie des Invertébrés comme contribution à la gestion des milieux naturels français (actes de séminaire, Le Mans, 1992)*. Coll. Patrimoines naturels vol. 13, Secrétariat faune-flore / MNHN, Paris.

BETZ, J.-T.-H. (1985). Recherche et élevage d'*Hyles hippophaes* Esper (Lép. Sphingidae). *Alexanor*, 13 (7).

BIGOT, L. (1961). Chasse aux papillons dans les biotopes de la Sainte-Baume. *Alexanor*, 2.

BRICOUX, F. (1975). Le genre *Zerynthia* Ochenenheimer, 1816. (Lép. Papilionidae en Provence). *Sciences Nat.*, Paris.

COUTIN, R. (1980). *Connaître les insectes protégés ; l'Isabelle de France*. OPIE, Guyancourt.

CROSSON DU CORMIER, A. (1961). Les espèces du genre *Boloria* en France. *Alexanor*, 2.

CROSSON DU CORMIER, A. (1964). Remarques à propos de *Lycaena dispar* Haw (Lycaenidae). *Alexanor*, 3.

CUPEDO, D.-F. (1988). *Erebia sudetica* Stgr. dans l'Isère et en Savoie (Lép. Nymphalidae Satyrinae). *Alexanor*, 15 (3).

DENIZE, G. (1977). Les Satyrides dans le nord-est de la France et en Belgique (Lepidoptera Satyridae). *Linneana belgica*, 7 (3).

DENIZE, G. (1984). Juillet en Chautagne. *Alexanor*, 13 (5).

DESCIMON, H. (1964). Note préliminaire sur l'écologie de *Pieris ergane* Geyer ; indication de sa plante nourricière dans les Hautes-Alpes. *Alexanor*, 3 (8).

DESCIMON, H. (1966). A propos de la plante nourricière de *Piersi ergane* Geyer. *Alexanor*, 4 (5).

DESCIMON, H. (1992). Deux papillons « reliques glaciaires » en France : *Lycaena helle* (Lycaenidae) et *Proclossiana eunomia* (Nymphalidae) ; biogéographie, génétique et conservation. *Insectes*, 87.

DESCIMON, H. (1993). La conservation des *Parnassius* en France : aspects zoogéographiques, écologiques, démographiques et génétiques. Rapport SRETIE, ministère de l'Environnement, Paris.

DESCIMON, H. (1993). La conservation des *Parnassius* en France : état des populations de 1990 à 1992. *Alexanor*, 18 (2).

DROUET, E. (1982). Observations et commentaires sur quelques localités nouvelles (Lép. Zygaenidae, Nymphalidae et Lycaenidae). *Alexanor*, 12 (9).

DUFAY, CL. (1965). La répartition géographique et l'habitat de *Zygaena vesubiana* en Haute-Provence. *Alexanor*, 4 (3).

DUMEZ, A. (1961). Captures intéressantes. *Alexanor*, 2 (2).

ESSAYAN, R. (1984). Contribution lépidoptérique française à la cartographie des Invertébrés européens (CIE) ; XIV cartographie provisoire des Satyrines de France (Lép. Nymphalidae), *Alexanor*, 13 (7).

ESSAYAN, R. (1989). Découverte de *Coenonympha tullia* Müller, 1764, en Haute-Marne (Lepidoptera Nymphalidae Satyrinae). *Alexanor*, 16 (1).

ESSAYAN, R. (1990). Contribution lépidoptérique française à la cartographie des Invertébrés européens (CIE) ; XVII cartographie des Satyrines de France (*Erebia* non compris) (Lep. nymphalidae Satyrinae). *Alexanor*, 16 (5).

FREINA, J.-J. de et WITT, T.H. J. (1987). *Die Bombyces und Sphinges der Westpalaearktis*, 1. Forschung und Wissenschaft Verlag Gmbh, Munich.

GEIGER, W. *et al.* (1987). *Les Papillons de jours et leurs biotopes*. Ligue suisse pour la protection de la nature, Bâle.

GUYOT, H. (1990). Sur la présence en Corse de *Proserpinus proserpina* Pallas (Lép. sphingidae). *Alexanor*, 16 (7).

HEAT, J. (1981). *Rhopalocères (Papillons diurne) menacés en Europe*. Conseil de l'Europe, Strasbourg.

HERRENSCHMIDT, F. (1986). Contribution à la connaissance de la faune des Macrolépidoptères de la Drôme méridionale (Lepidoptera). *Alexanor*, 14 (8).

HIGGINS, L.-G. et RILEY, N.-D. (1988). *Guide des Papillons d'Europe*. Delachaux et Niestlé, Neuchâtel.

HIGGINS, L.-G., HARGREAVES, B. et LHONORE, J. (1991). *Guide complet des Papillons d'Europe et d'Afrique du Nord*. Delachaux et Niestlé, Neuchâtel.

LAJONQUIERE, Y. de (1966). A propos de l'*Euphydryas desfontainii* Godart et de ses sous-espèces (Nymphalidae). *Alexanor*, 4.

LECUYER, J. (1965). Capture de *Proserpinus proserpina* Pallas dans l'Oise (Sphingidae). *Alexanor*, 4 (1).

LEESTMANS, R. (1965). Etude biogéographique sur les Lépidoptères diurnes de la Corse. *Alexanor*, 4 (1 - 2 - 4).

LEESTMANS, R. (1970). Ekologische en biogeografische beschouwingen over een nieuwe soort voor de Belgische fauna : Rhyparioides metelkana Lederer, 1861 (Lepidoptera Arctiidae). *Linneana belgica*, 4 (6).

LERAULT, P. (1991). *Les Papillons dans leur milieu*. Bordas, Paris.

LEVEQUE, R. (1959). Sur quelques Lépidoptères du Marais poitevin (Deux-Sèvres). *Alexanor*, 1 (2).

LHOMME, L. (1932-1935). *Catalogue des Lépidoptères de France et de Belgique*. Lhomme, Douelle.

LHONORE, J. (1988). Notes sur *Proserpinus proserpina* Pallas, 1772 (Lép. Sphingidae). *Alexanor*, 15 (6).

LHONORE, J. (1992). Biogéographie, écologie et gestion d'habitats d'espèces de Lépidoptères Rhopalocères protégés (Lycènes, Satyridae). Rapport SRETIE, ministère de l'Environnement, Paris.

LUQUET, G. CHR. (1988). *Sauvons les Papillons*. Duculot, Paris et Gembloux.

LUQUET, G. CHR. (1994). Contribution à la connaissance du patrimoine naturel picard : synthèse de relevés lépidoptérologiques dans la Somme, l'Oise et l'Aisne (Lepidoptera Rhopalocera et Heterocera). *L'Entomologiste picard*, décembre 1993 : 2-54.

MALZAC, P. (1967). Nouvelles localités de *Lycaena dispar* Haw. *Alexanor*, 5.

MANZONI, G. (1981). Echos du Dauphiné (Lep. Lycaenidae, Hesperiidae, Satyridae, Nymphalidae et Arctiidae). *Alexanor*, 12 (1).

MANZONI, G. (1983). Echos du Dauphiné (2e note) (Lep. Papilionidae, Hesperiidae, Nymphalidae, Arctiidae et Zygaenidae). *Alexanor*, 12 (8).

MAURIN, H., LHONORE, J., GUILBOT, R. et KEITH, P. (éd.) (1993). *Inventaire et cartographie des Invertébrés comme contribution à la gestion des milieux naturels français*. Coll. Patrimoines naturels, vol. 13, Secrétariat faune-flore / MNHN, Paris.

MAZEL, R. (1979). Description d'une sous-espèce nouvelle de *Zygaena rhadamanthus* Esper dans les Pyrénées orientales et conséquences biogéographiques. *Entomops*, 48.

MAZEL, R. (1982). Intérêts biogéographiques et phylétiques de deux sous-espèces nouvelles d'*Eurodryas aurinia* Rott (Lép. Nymphalidae). *Alexanor*, 12 (7).

MOULIGNIER, F. (1990a). *Les Lépidoptères du parc naturel régional du Luberon*. Faculté des sciences de Marseille et parc naturel régional du Lubéron, Edit. Apt.

MOULIGNIER, F. (1990b). Contribution à la connaissance de l'aire de distribution de *Proserpinus proserpina* Pallas, 1772 (Lepidoptera, Sphingidae). *Alexanor*, 16 (3).

NEL, J. (1980). *Lopinga achine* Scopoli dans les Baronnies (Lepidoptera Satyridae). *Alexanor*, 11 (8).

NEL, J. (1982). Deux Rhopalocères nouveaux pour la Drôme (*Pieridae, Lycaenidae*). *Alexanor*, 12 (9).

NEL, J. et CHAULIAC, A. (1993). Nouvelle sous-espèce de *Papilio alexanor* Esper isolé dans la Provence méridionale (Lép. Papilonidae). *Alexanor*, 13 (1).

PIERRAT, V. (1992). *Maculinea nausithous* Bergsträsser 1779 dans les Vosges (Lep. Lycaeniae). *Bulletin de la Société entomologique de Mulhouse*.

PIERRON, M. (1992). Polypahagie de Papilio hospiton (Genè) ; influence du trophisme ; hybridations expérimentales. *Alexanor*, 17 (7).

REAL, P. (1984). Contribution lépidoptérique française à la cartographie des Invertébrés européens (CIE) ; XV, répartition en France de *Coenonympha tullia* Müller, 1764, sous-espèce *davus* F., 1777, espèce protégée au titre national (Lép. Nymphalidae Satyrinae). *Alexanor*, 13 (5).

REAL, P. (1989). *Erebia sudetica* Stgr. et *E. melampus* Fuesslin dans la chaîne de Belledonne (Lép. Nymphalidae Satyrinae). *Alexanor*, 15 (7).

RICCI, D. de. (1951). Notes complémentaires sur *Pericallia matronula*. *Revue française de lépidoptérologie*, 13 (1-2).

ROGUEMONT, A. et DUFAY, CL. (1990). Contribution à l'étude du peuplement en Lépidoptères du département de la Côte-d'Or (Macrolépidoptères). *Bulletin scientifique de Bourgogne*, 43 (1) : 1-52.

ROUGEOT, P.-C. et VIETTE P. (1978). *Guide des Papillons nocturnes d'Europe et d'Afrique du Nord. Hétérocères*. Delachaux et Niestlé, Neuchâtel et Paris.

SAVOURAY, M. (1990). *Erebia sudetica* Stgr. et *E. melampus* Fuesslin en Savoie : le point de leur répartition connu (fin 1989) (Lép. Nymphalidae satirynae). *Alexanor*, 16 (4).

THIBAUDEAU, N. (1976). A propos de quelques Lépidoptères disparus du Marais poitevin dans les Deux-Sèvres. *Bulletin de la société des lépidoptéristes français*, 1 (1).

VIGNAL, P. et VINTEJOUX, M. (1986). Liste des Macrolépidoptères de Corrèze (mise à jour au 1er octobre 1986). *Miscellanea entomologica*, 51 (1).

WILLIEN, P. (1990). Contribution lépidoptérique française à la cartographie des Invertébrés européens (CIE) ; XVI, le genre Erebia (Lépidoptères Nymphalidae Satyrinae). *Alexanor*, 16 (5).

Références bibliographiques des Mollusques

BOUCHET, P. (1990). La malacofaune française : endémisme, patrimoine naturel et protection. *Revue d'écologie*, 45 : 259-288.

DONEDDU, M. et MANUNZA, B. (1992). Valutazione dell' impatto antropico relativo alla balneazione estva su una popolazione di *Patella ferruginea* Gmelin, 1791, del litorale di Aglientu. *Bolletino malacologico*, 28 : 161-168.

LABOREL-DEGUEN, F. et LABOREL, J. (1990). Nouvelles données sur la patelle géante *Patella ferruginea* Gmelin en Méditerranée. I Statut, répartition et étude des populations. *Haliotis*, 20 : 41-54.

PRIETO, L.E. *et al.* (1988). Moluscos terrestres endemicos del Pais Vasco. Actas del Congreso de Biologia Ambiental [Bilbao, Universidad del Pais Vasco], 2 : 437-448.

REAL, G. et REAL-TESTUD, A.-M. (1988). La Malacofaune terrestre de l'île de Corse : historique et inventaire actualisé. *Haliotis*, 18 : 43-54.

VICENTE, N. (1990). Estudio ecologico y proteccion del Molusco lamelibranquio *Pinna nobilis* L., 1758 en la costa mediterranea. *Iberus*, 9 : 269-279.

WELLS, S. et CHATFIELD, J. (1992). Threatened Non-Marine Molluscs of Europe. *Nature and Environment*, 64. Conseil de l'Europe, Strasbourg.

Références bibliographiques des Crustacés et des Échinodermes

BAGHDIGUIAN, S., ESCOUTET, P., D'HONDT, J.-L., LABOREL-DEGUEN, F., RIVA, A. et VICENTE, N. (1987). Les Invertébrés. *Livre rouge des espèces menacées en France (tome 2 : Espèces marines et littorales menacées)*, Secrétariat faune-flore / MNHN, Paris : 207-232.

LACHAT, G. et LAURENT, P.J. (1987). The Habitats of *Astacus astacus* L. and *Austropotamobius pallipes* Lere *in the Morvan. International Symposium of Astacologie*, VII : 61-68.

SPANIER, E., FIELDER, U. et ALMOG-SHTAYER, G. (1989). The Mediterranean Slipper Lobster, *Scyllarides latus*. The Know and the Unknown. IV Colloquium Crustacea Decapoda Mediterranea Thessaloniki (Grèce), 25-28/4/89 : 8-10.

VIGNEUX, E., KEITH, P. et NOEL, P. (éd.), (1993). *Atlas préliminaire des Crustacés décapodes d'eau douce de France*. Coll. Patrimoines naturels, vol. 14, SFF, BIMM / MNHN, CSP, ministère de l' Environnement, Paris.

BIBLIOGRAPHIE GÉNÉRALE et autres références utiles

(tous groupes confondus)

AGUESSE, P. (1968). *Faune de l'Europe et du Bassin méditerranéen ; les Odonates de l'Europe occidentale, du nord de l'Afrique et des îles atlantiques*. Masson, Paris.

ALLARDI, J. et DAGET, J. (1983). Livre rouge des Poissons menacés en France. *In* BEAUFORT, F. de (dir.), *Livre rouge des espèces menacées en France, tome 1 : Vertébrés*. Coll. Inventaires de faune et de flore, fasc. 19 à 23, Secrétariat faune-flore / MNHN, Paris, 219 : 232.

ANGEL, F. (1946). Reptiles et Amphibiens. *Faune de France*, n° 45, Librairie de la faculté des sciences, Paris.

ANONYME, (1985). Le Mouflon de Corse. Acclimatation gestion des populations. *Bull. Office national de la chasse*, 27 : 1-4.

ANONYME, (1985). Le Mouflon de Corse. *Bull. Office national de la chasse*, 23 : 1-4 .

ANONYME, (1993). *A Framework for Herpetological Conservation in the UK : 1994-1999*. Joint Nature Conservation Committee, Peterborough.

ARNOLD, E.-N. et BURTON, J.-A. (1978). *Tous les Reptiles et Amphibiens d'Europe en couleurs*. Un multiguide nature, Elsevier Sequoia, Bruxelles.

ARTOIS, M. (1985). Utilisation de l'espace et du temps chez le Renard *(Vulpes vulpes)* et le Chat forestier *(Felis silvestris)* en Lorraine. *Gibier faune sauvage*, 3 : 33-57.

BAUCHOT, M.-L. et PRAS, A. (1980). *Guide des Poissons marins d'Europe*. Delachaux et Niestlé, Lausanne et Paris.

BAUMGART, G. (1992). Perspectives pour une politique de protection des Amphibiens. *Naturopa, nouvelles de l'environnement*, 92-5 : 27-30.

BEAUCOURNU, J.-C. (1965). Capture de *Myotis blythi oxygnathus* (Monticelli, 1885) en Anjou et en Touraine ; confirmation de sa présence en Corse. *Mammalia*, 29 : 54-60.

BEAUFORT, F. de (dir.) *et al.* (1983). *Livre rouge des espèces menacées en France, tome I : Vertébrés*. Coll. Inventaires de faune et de flore, fasc. 19 à 23, Secrétariat faune-flore / MNHN, Paris.

BEAUFORT, F. de (dir.) *et al.* (1987). *Livre rouge des espèces menacées en France, tome II : espèces marines et littorales*. Coll. Inventaires de faune et de flore, fasc. 43 à 49, Secrétariat faune-flore / MNHN, Paris.

BERTRAND, A. (1991). *Le Desman des Pyrénées en France ; statut, écologie et conservation*. Ministère de l'Environnement, DNP, Paris.

BLANDIN, P. (dir.) *et al* . (1991). *Le Grand Livre de la Nature en Europe*. Bordas, Paris.

BOUCHARDY, C. et MOUTOU, F. (1989). *Observer les Mammifères sauvages*. Bordas, Paris.

BOWLES, F.D. (1991). A Short Note on the Herpetofauna of Brittany's Canal Banks (or Verging on Disaster, a Cautionary Note on French Fauchage). *British Herpetological Society Bulletin*, 36 : 36-38.

BREE, P.J.H. van et SAINT GIRONS M.-C., (1956). Données sur la répartition et la taxonomie de *Mustela lutreola* (Linnaeus, 1761) en France. *Mammalia*, 30 : 270-291.

BREE, P.J.H. van., CHANUDET F., SAINT GIRONS M.-C., (1967). Nouvelle donnée faunistique concernant *Nyctalus leisleri* (Kuhl, 1918) en France. *Mammalia*, 31 : 165-166.

BRUGIERE, D. (1986). *Batraciens et Reptiles de l'Allier, du Puy-de-Dôme, de la Loire, de la Haute-Loire, du Cantal et de la Lozère*. Centre ornithologique Auvergne, Clermont-Ferrand.

BURTON, M. (1976). *Tous les Mammifères d'Europe*. Elsevier Sequoia, Bruxelles.

BUZAM, S. et GOLAY, N. (1994). La gravière, un habitat secondaire pour les associations pionnières alluviales et l'importance du Crapaud calamite *(Bufo calamita)* en tant que bio-indicateur de ce milieu. *In* CARSIGNOL, J. (éd.), *Actes des journées techniques de l'AFIE. « Gestion et protection des Amphibiens : de la connaissance aux aménagements » (Mulhouse, 22-23 octobre 1992)*. AFIE, Paris : 92-101.

CARTER, D.-J. et HARGREAVES, B. (1988). *Guide des Chenilles d'Europe*. Delachaux et Niestlé, Neuchâtel.

CASTANET, J. et GUYETANT, R. (coord.) (1989). *Atlas de répartition des Amphibiens et Reptiles de France*. Société herpétologique de France, Paris.

CHATENET, G. du (1990). *Guide des Coléoptères d'Europe*. Delachaux et Niestlé, Neuchâtel.

CHAUMETON, H. (dir.), LOUISY, P., MAITRE-ALLAIN, T. et MAGNAN, D. (1989). *Les Poissons d'Europe*. Solar, Paris.

CHEYLAN, M. (1984). The True Status and Future of Hermann's Tortoise *Testudo hermanni robertmertensi* Wermuth 1952 in Western Europe. *Amphibia-Reptilia*, 5 : 17-26.

CHEYLAN, M. (1988). Compte rendu de la table ronde du statut des Reptiles et Amphibiens dans les îles méditerranéennes. *Bull. Ecol.*,19 (2-3) : 473-476.

CHEYLAN, M. (1993). Directive Habitats. Eléments d'information relatifs aux Reptiles et Amphibiens de la région méditerranéenne (Provence, Languedoc-Roussillon, Corse). Rapport dactylographié.

CHINERY, M. (1976). *les Insectes d'Europe en couleurs*. Un multiguide nature, Elsevier Sequoia, Bruxelles.

CHINERY, M. (1993). *Insectes d'Europe occidentale*. Arthaud, Paris.

CHINERY, M. (dir.) *et al.* (1994). *Histoire Naturelle de France et d'Europe*. Arthaud, Paris.

COLLECTIF (1987). *Les Papillons de jour et leur biotope*. Groupe de travail des lépidoptéristes, ligue suisse, Fotorotar.

COLLECTIF (1989). *Guide des animaux des champs et des bois*. Sélection du Reader's Digest, Paris, Bruxelles, Montréal et Zurich.

COLLECTIF. (1993). *La Flore et la faune*. Encyclopédie de la Nature, Larousse, Paris.

CONDE, B. et SCHAUENBERG, P. (1974). Reproduction du Chat forestier (*Felis silvestris* Schreber) dans le nord-est de la France. *Revue suisse de zoologie*, 81 : 45-52.

CORBETT K.F. (1987). Conservation of Marine Turtles in Europe, with Special Reference to the Mediterranean Coasts. *In* VAN GELDER, J.J., STRIJBOSCH, H. et BERGERS, P.J.M., *Proc. Fourth Ord. Gen. Meet. SEH, Nijmegen* : 107-110.

CORBETT, K.F. (éd.) (1989). *Conservation of European Reptiles and Amphibians*. Christopher Helm, Kent .

CORBETT, K.F. (1993). Situation of Threatened Herpetofauna in Europe and the Mediterranean : Key Taxa in Need of Recovery Plans. *In Rapport du séminaire sur les projets de rétablissement d'espèces d'Amphibiens et de Reptiles (El Hierro, Iles Canaries, Espagne, 11-14 octobre 1993*, Rencontres Environnement, n° 19. Conseil de l'Europe, Strasbourg : 23-25.

CORBET, G. et OVENDEN, D. (1984). *Le Multiguide nature des Mammifères d'Europe* (éd. française sous la direction de SAINT GIRONS, M-C.). Bordas, Paris.

CRAMP, S. (éd.) (1985). *The Birds of the Western Palearctic*, vol. IV. Oxford University Press, Oxford.

CRAMP, S. (éd.) (1988). *The Birds of the Western Palearctic*, vol. V. Oxford University Press, Oxford.

CRAMP, S. (éd.) (1992). *The Birds of the Western Palearctic*, vol. VI. Oxford University Press, Oxford.

CRAMP, S. et PERRINS, C. M. (éd.) (1988). *The Birds of the Western Palearctic*, vol. VII. Oxford University Press, Oxford.

CRAMP, S. et SIMMONS, K. E. L. (éd.) (1977). *The Birds of the Western Palearctic*, vol. I. Oxford University Press, Oxford.

CRAMP, S. et SIMMONS, K. E. L. (éd.) (1982). *The Birds of the Western Palearctic*, vol. II. Oxford University Press, Oxford.

CRAMP, S. et SIMMONS, K. E. L. (éd.) (1985). *The Birds of the Western Palearctic*, vol. III. Oxford University Press, Oxford.

DELATTRE, P. (1984). Influence de la pression de prédation exercée par une population de Belettes (*Mustela nivalis* L.) sur un peuplement de microcidés. *Acta. Oecol. Oecol. Gener.*, 5 : 285-300.

DELATTRE, P. (1987). L'Hermine (*Mustela erminea* Linnaeus, 1758). *Encyclopédie des Carnivores de France*, 12, SFEPM, Paris : 37-71.

DELATTRE, P. (1987). La Belette (*Mustela nivalis*, Linnaeus, 1766). *Encyclopédie des Carnivores de France*, 11, SFEPM, Paris : 1-35.

DELAUGERRE, M. (1987). Statut des Tortues marines de la Corse (et de la Méditerranée). *Vie Milieu*, 37 (3/4) : 243-264.

DRONNEAU, C., MULLER, Y., ANDRES, C. et WASSMER, B. (1989). Livre rouge des Oiseaux nicheurs d'Alsace. CEOA, *Ciconia* 13, n° spécial.

DUBOIS, A. (1994). Les Amphibiens et la nécessité de leur protection. *In* CARSIGNOL, J. (éd.), *Actes des journées techniques de l'AFIE « Gestion et protection des Amphibiens : de la connaissance aux aménagements » (Mulhouse, 22-23 octobre 1992)*. AFIE, Paris : 12-22.

DUBOIS, P. J. et MAHEO, R. (1986). *Limicoles nicheurs de France*. Ministère de l'Environnement / LPO, Rochefort.

DUBOIS, P. J. et YESOU, P. (1992). *Les Oiseaux rares en France*. Chabaud, Bayonne.

DUGUY, R. et ROBINEAU, D. (1982). *Guide des Mammifères marins d'Europe*. Delachaux et Niestlé, Neuchâtel.

DUQUET, M. et MAURIN, H. (dir) (1992). *Inventaire de la faune de France ; Vertébrés et principaux Invertébrés*. Nathan / Muséum national d'histoire naturelle, Paris.

EPAIN-HENRY, (1994). Les aménagements pour Batraciens de l'autoroute A 71 en Sologne : l'avis du biologiste. *In* CARSIGNOL, J. (éd.), *Actes des journées techniques de l'AFIE « Gestion et protection des Amphibiens : de la connaissance aux aménagements » (Mulhouse, 22-23 octobre 1992)*. AFIE, Paris : 31-36.

ESCARON, J. (1994). Aménagement du TGV Atlantique : mesures en faveur des Amphibiens. *In* CARSIGNOL, J. (éd.), *Actes des journées techniques de l'AFIE « Gestion et protection des Amphibiens : de la connaissance aux aménagements » (Mulhouse, 22-23 octobre 1992)*. AFIE, Paris : 68-71.

FAYARD, A. (dir.) (1984). *Atlas des Mammifères sauvages de France*. Société française pour l'étude et la protection des Mammifères, Paris.

FISCHER, P. (1881). Cétacés du sud-ouest de la France. *Act. Soc. Linn. Bordeaux*, 35, 5 : 5-219.

FOLTZER, P. (1984). Les Batraciens dans le site du lac de Kruth-Wildenstein : de l'observation à la protection. *Ciconia*, 8 (1) : 53.

FRETEY, J. (1987). Les Tortues. *In* BEAUFORT, F. de (éd.), *Livre rouge des espèces menacées en France, tome 2 : espèces marines et littorales menacées*. Secrétariat faune-flore / MNHN, Paris : 55-106.

GASC, J.-P., HAFFNER, P. et MAURIN, H. (1994). L'Atlas des Amphibiens et Reptiles d'Europe : un outil pour la conservation. *In* CARSIGNOL, J. (éd.), *Actes des journées techniques de l'AFIE « Gestion et protection des Amphibiens : de la connaissance aux aménagements » (Mulhouse, 22-23 octobre 1992)*. AFIE, Paris : 72-86.

GENIEZ, P. et CHEYLAN, M. (coord.) (1987). *Atlas de distribution des Reptiles et Amphibiens du Languedoc-Roussillon*. Laboratoire de biogéographie et écologie des Vertébrés, groupe d'information sur les Vertébrés, Montpellier.

GENIEZ, P. et GRILLET, P. (1989). *Les Couleuvres et les Vipères*. Payot, Lausanne.

GENT, T. (1994). Conservation Plans for *Lacerta agilis*, *Bufo calamita* and *Coronella austriaca* in England. *In Rapport du séminaire sur les projets de rétablissement d'espèces d'Amphibiens et de Reptiles (El Hierro, Iles Canaries, Espagne, 11-14 octobre 1993)*. Rencontres Environnement, n° 19. Conseil de l'Europe, Strasbourg : 62-64.

GEROUDET, P. (1972). *Les Palmipèdes*. Delachaux et Niestlé, Neuchâtel.

GEROUDET, P. (1972). *Les Passereaux. III ; des Pouillots aux Moineaux*. Delachaux et Niestlé, Neuchâtel.

GEROUDET, P. (1973). *Les Passereaux. I ; du Coucou aux Corvidés*. Delachaux et Niestlé, Neuchâtel.

GEROUDET, P. (1974). *Les Passereaux. II ; des Mésanges aux Fauvettes*. Delachaux et Niestlé, Neuchâtel.

GEROUDET, P. (1978). *Grands Echassiers, Gallinacés et Râles d'Europe*. Delachaux et Niestlé, Neuchâtel.

GEROUDET, P. (1978). *Les Rapaces diurnes et nocturnes d'Europe*. Delachaux et Niestlé, Neuchâtel.

GEROUDET, P. (1982). *Limicoles, Gangas et Pigeons d'Europe*, vol I. Delachaux et Niestlé, Neuchâtel.

GEROUDET, P. (1983). *Limicoles, Gangas et Pigeons d'Europe*, vol. II. Delachaux et Niestlé, Neuchâtel.

GRUBER, U. (1992). *Guide des Serpents d'Europe, d'Afrique du Nord et du Moyen-Orient*. Delachaux et Niestlé, Neuchâtel.

GUYETANT, R. (1986). Les Amphibiens de France. *Revue Française d'aquariologie*, 13 (1-2) : 1-60,

GUYETANT, R. (1994). Diversité spécifique et occupation de l'espace chez les Amphibiens : intérêts des zones humides. *In* CARSIGNOL, J. (éd.), *Actes des journées techniques de l'AFIE « Gestion et protection des Amphibiens : de la connaissance aux aménagements » (Mulhouse, 22-23 octobre 1992)*. AFIE, Paris : 62-67.

HAINARD, R. (1989). *Mammifères sauvages d'Europe ; tome 1 : Insectivores, Cheiroptères, Carnivores*. Delachaux et Niestlé, Neuchâtel.

HAINARD, R. (1988). *Mammifères sauvages d'Europe ; tome 2 : Pinnipèdes, Ongulés, Rongeurs, Cétacés*. Delachaux et Niestlé, Neuchâtel.

HARMELIN-VIVIEN, M. et HARMELIN, J.-G. (1990). *Guide des Poissons de la Méditerranée*. Delachaux et Niestlé, Neuchâtel et Paris.

HAUPT, J. (1993). *Guide des Mille-pattes, Arachnides et Insectes de la région méditerranéenne*. Delachaux et Niesté, Lausanne et Paris.

HERBULOT, C. (1963). *Atlas des Lépidoptères : Rhopalocères*, tome 2. Boubée, Paris.

HERBULOT, C. (1963). *Atlas des Lépidoptères : Rhopalocères*, tome 3. Boubée, Paris.

HERBULOT, C. (1978). *Lépidoptères de France : Hétérocères*, tome 3 (fin). Boubée, Paris.

HERBULOT, C. (1990). *Lépidoptères de France : Hétérocères*, tome 2 (1re partie). Boubée, Paris.

HERRENSCHMIDT, V. (1990). *Le Lynx*. Vie sauvage, Encyclopédie Larousse, 23 : 1-25.

HOFMANN, H. (1988). *Mammifères d'Europe*. Gros Plan, Nathan, Paris.

HONEGGER, R-E. (1978). Amphibiens et Reptiles menacés en Europe. Conseil de l'Europe, Strasbourg.

JOLY, P. (1994). Hétérogénéité du paysage et métapopulation chez les Amphibiens. *In* CARSIGNOL, J. (éd.) *Actes des journées techniques de l'AFIE « Gestion et protection des Amphibiens : de la connaissance aux aménagements » (Mulhouse, 22-23 octobre 1992)*. AFIE, Paris : 102-110.

JONG, J.-M. de (1979). *Mammifères d'Europe*. Chantecler, Aatselaar.

KEMPF, C. (1987). *Le Retour des seigneurs de nos forêts d'Europe*. Sang de la Terre, Paris.

KEMPF, C., BALESTRERI, A., WOTSCHIKOWSKY, U. et FERNEX, M. (1979). *Chez nous, le Lynx, mythes et réalité*. Guide Gesta, Paris.

KERNEY, M.P. et CAMERON, R.A.D. (1979). *A Field Guide to the Land Snails of Britain and North-West Europe*. Collins, Glasgow.

KIENER, A. (1985). *Au fil de l'eau en pays méditerranéen ; milieux aquatiques, Poissons et pêche gestion*. Aubanel.

LAMBERT, M.R.K. (1984). Threats to Mediterranean (West Palearctic) Tortoises and their Effects on Wild Populations : an Overview. *Amphibia-Reptilia*, 5 : 5-15.

LE CERF, F. (1963). *Atlas des Lépidoptères : Rhopalocères*, tome 1. Boubée, Paris.

LE GARFF, B. (1988). Atlas des Amphibiens et Reptiles de Bretagne. *Penn Ar Bed*, 17 (3-4) : 1-180.

LELEK, A. (1987). Threatened Fishes of Europe. *In The Freshwater Fishes of Europe, vol. 9*. Aula-Verlag, Wiesbaden.

LE MARECHAL, P. et DUBOIS, P. J. (1993). *Liste LPO des Oiseaux de l'ouest paléarctique*. Ligue pour la protection des oiseaux, Rochefort.

LESCURE, J. (1992). La Convention de Berne, les Reptiles et les Amphibiens. *Bull. Soc. Herp. Fr.* 62 suppl. : 2-10.

LESCURE, J. et LAURENT, L. (1994). Pour une stratégie rationnelle de la conservation de *Caretta caretta* en Méditerranée. *In Séminaire sur les projets de rétablissement d'espèces d'Amphibiens et de Reptiles (El Hierro, Iles Canaries, Espagne, 11-14 octobre 1993)*. Rencontre Environnement n°19. Conseil de l'Europe, Strasbourg : 49-51.

LIBOIS, R. (1983). Découverte récente de *Nyctalus leisleri* en Corse. *Mammalia*, 45 : 425-426.

LIBOIS, R.-M. (1984). L'Hermine (*Mustela erminea* L. 1758). *Cahiers Ethol. appl.*, 4 : 279-314.

MAITLAND, F.-S. (1977). *Les Poissons des lacs et rivières d'Europe en couleurs*. Elsevier Sequoia, Bruxelles.

MARIANI, M. et BIANCHI, I. (1992). *Grand Livre des Poissons d'eau douce de France et d'Europe*. Ed. de Vecchi, Paris.

MARTENS, H. et VEITH, M. (1987). Considerations on Origin and Chorology of *Discoglossus pictus* Otth, 1837 in the Eastern Pyrenees. *In* VAN GELDER J.J., STRIJBOSCH, H. et BERGERS, P.J.M., *Proc. Fourth. Ord. Gen. Meet. SEH, Nijmegen* : 267-269.

MATZ, G. et WEBER, D. (1984). *Guide des Amphibiens et Reptiles d'Europe*. Delachaux et Niestlé, Neuchâtel.

MAYAUD, N., HEIM de BALSAC, H. et JOUARD, H. (1936). *Inventaire des Oiseaux de France*. Société d'étude ornithologique, Paris.

MONTORI, A., LLORENTE, G.A. et FELIX, J. (1994). Estado y gestion de las poblaciones de *Testudo hermanni hermanni* del nordeste de la Peninsula Iberica. *In Séminaire sur les projets de rétablissement d'espèces d'Amphibiens et de Reptiles (El Hierro, Iles Canaries, Espagne, 11-14 octobre 1993)*. Rencontres Environnement n°19. Conseil de l'Europe, Strasbourg : 71-82.

MORERE, J.-J. (1983). Des Rainettes, des pompiers et un comédien. *Alytes*, 2 (1) : 27-28.

MULLER, S. (1994). Aménagements et mesures de protection en faveur des Batraciens en Suisse. *In* CARSIGNOL, J. (éd.), *Actes des journées techniques de l'AFIE « Gestion et protection des Amphibiens : de la connaissance aux aménagements » (Mulhouse, 22-23 octobre 1992)*. AFIE, Paris : 45-51.

NAULLEAU, G. (1984). Les Serpents de France. *Revue française d'aquariologie*, 11 (3-4) : 1-56.

NAULLEAU, G. (1990). Les Lézards de France. *Revue française d'aquariologie*, 17 (3-4) : 65-128.

MOUTOU, F. et BOUCHARDY, C. (1992). *Les Mammifères dans leur milieu*. Bordas, Paris.

MULLER, Y. (1992). *Bibliographie d'ornithologique française ; 1945-1965*. Secrétariat faune-flore / MNHN, société d'étude ornithologique, société ornithologique de France, Paris.

MUUS, B.-J. et DAHLSTRÖM, P. (1991). *Guide des Poissons de mer et pêche ; biologie, pêche, importance économique*. Delachaux et Niestlé, Neuchâtel et Paris.

PFEFFER, P. (1967). Le Mouflon de Corse (*Ovis ammon musimon* Schreber, 1782) ; position systématique, écologie et éthologie comparées. *Mammalia*, 31, supplément.

PINSTON, H. (1990). Sauvegarde de l'intérêt herpétologique et esthétique des fontaines, abreuvoirs et lavoirs anciens en pierre. *Bull. Soc. Herp. Fr.*, 56 : 63-69.

QUERO, J.-C., DARDIGNAC, J. et VAYNE, J.-J. (1989). *Les Poissons du golfe de Gascogne*. IFREMER et le Secrétariat faune-flore / MNHN, Paris.

REAL, J. (1991). La regresión del Aguila perdicera : una cuestión de demografía. *Quercus*, 70 : 6-12.

REAL, J. et *al.* (1994). A Premilinary Demographic Approach to the Bonelli's Eagle Population Decrease in Spain and France. In *Actes du congrès international d'ornithologie, Berlin, mai 1992*.

RECK, F. (1994). Observations sur la migration et la protection périodique des Batraciens adultes pour les années 1990-1991-1992. *In* CARSIGNOL, J. (éd.), *Actes des journées techniques de l'AFIE « Gestion et protection des Amphibiens : de la connaissance aux aménagements » (Mulhouse, 22-23 octobre 1992)*. AFIE, Paris : 112-114.

REICHOLF, J. (1984). *Les Mammifères*. France Loisirs, Paris.

ROCAMORA, G. (1994). *Les Zones importantes pour la conservation des Oiseaux en France*. Ministère de l'Environnement, LPO, Rochefort.

ROSOUX, R. et TOURNEBIZE, T. (1994). Richesse herpétologique du Marais poitevin : quelques exemples de restauration d'habitats d'Amphibiens. *In* CARSIGNOL, J. (éd.), *Actes des journées techniques de l'AFIE « Gestion et protection des Amphibiens : de la connaissance aux aménagements » (Mulhouse, 22-23 octobre 1992)*. AFIE, Paris : 111.

SAINT GIRONS, M.-C. (1984). Impact du trafic routier sur les Vertébrés dans le bocage breton. *Bull. Ecol.*, 15 (3) : 175-183.

SAINT GIRONS, M.-C. (1986). *Bibliographie des Mammifères du Paleарctique occidental (1850-1980)*. Coll. Inventaires de faune et de flore, fasc. 28. Secrétariat faune-flore / MNHN, Paris.

SAINT GIRONS, M.-C. (1989). *Les Mammifères de France*. Sang de la Terre, la Manufacture.

SAINT GIRONS, M.-C., BERTRAND, A. et DUGUY, R. (1991). *Atlas des Mammifères de Charente-Maritime*. Coll. Patrimoines naturels vol. 6. Secrétariat faune-flore / MNHN, Paris.

SAINT GIRONS, M.-C., LODE, T. et NICOLAU-GUILLAUMET, P. (1988). *Atlas des Mammifères terrestres de Loire-atlantique*. Coll. Inventaires de faune et de flore, fasc. 50. Secrétariat faune-flore / MNHN, Paris.

SALOTTI, M. (1984). *Atlas régional des Mammifères sauvages de Corse*. DRAE.

SALOTTI, M. (1992). Carnivores sauvages actuels de Corse. *Encyclopédie des Carnivores de France*, hors série. SFEPM, Paris : 29-36.

SCHOBER, W. et GRIMMBERGER, E. (1991). *Guide des Chauves-souris d'Europe ; biologie, identification, protection*. Delachaux et Niestlé, Neuchâtel et Paris.

SCHWAAB, F., BRIOT, J.-P., ARTUIS, M., LEGER, F. et BERY-DEBEIRE, D. (1993). *Atlas des Mammifères sauvages de Lorraine*. Groupe d'étude des Mammifères de Lorraine, Editions de l'Est, Janville.

SCHWEBEL, L. (1994). Batraciens et routes dans le département du Haut-Rhin. *In* CARSIGNOL, J. (éd.), *Actes des journées techniques de l'AFIE « Gestion et protection des Amphibiens : de la connaissance aux aménagements » (Mulhouse, 22-23 octobre 1992)*. AFIE, Paris : 87-91.

SENOTIER, J.-L. (éd.) et *al.* (1992). *Introductions et réintroductions de Mammifères sauvages*. Actes du XIVe colloque francophone de mammalogie de la société française pour l'étude et la protection des Mammifères. Nature-Centre, annales biologiques du Centre, Saint-Jean de Braye.

STAHL, P. et LEGER, F. (1992). Le Chat sauvage d'Europe (*Felis silvestris* Schreber, 1777). *Encyclopédie des Carnivores de France*, 17. SFEPM, Paris.

TEROFAL, F. (1987). *Les Poissons d'eau douce*. Solar, Paris.

UICN (1990). *UICN Red List of Treatened Animals*. UICN, Gland, Switzerland and Cambridge, UK.

VENIZELOS, L. (1991). Tortues marines. *Naturopa*, 67 : 29.

VOLKAERT, J. (1994). Les aménagements pour Batraciens de l'autoroute A 71 en Sologne : l'avis de l'exploitant. *In* CARSIGNOL, J. (éd.), *Actes des journées techniques de l'AFIE « Gestion et protection des Amphibiens : de la connaissance aux aménagements » (Mulhouse, 22-23 octobre 1992)*. AFIE, Paris : 37-44.

VOLOT, A. (1978). *Je connais les Reptiles*. Coll. Agir et connaître, André Lebon, Paris.

VOOUS, K. H. (1973). List of Recent Holarctic Bird Species ; Non Passerines. *Ibis*, 115 : 612-638.

VOOUS, K. H. (1977). List of Recent Holarctic Bird Species ; Passerines I. *Ibis*, 119 : 223-250.

VOOUS, K. H. (1977). List of Recent Holarctic Bird Species ; Passerines II. *Ibis*, 119 : 376-406.

W.W.F. (1989). Les Batraciens : une double vie. *Panda*, 38 : 1-27.

YEATMAN, L. (1976). *Atlas des Oiseaux nicheurs de France*. Société ornithologique de France, Paris.

ZAHRADNIK, J. (1978). *Guide des insectes*. Hatier, Fribourg.

Remerciements

Cet ouvrage a été publié avec le soutien financier du WWF-France et le parrainage du ministère de l'Environnement, Direction de la nature et des paysages et Direction de l'eau.
Il a pu être réalisé grâce à la contribution de chercheurs du MNHN ainsi que de la communauté scientifique et naturaliste, et en particulier :

pour les Mammifères
les Dr P.J.H. Van Bree et R. Duguy ; MM. S. Aulagnier, D. Masson, P. Migot et tous les spécialistes œuvrant pour la protection des Mammifères, en particulier les chercheurs biologistes de la conservation, les membres de la SFEPM et des associations régionales et départementales de mammalogie et de protection de la nature, ainsi que les agents techniques de l'Office national de la chasse (ONC);

pour les Oiseaux
M. G. Rocamora de la LPO, représentant français de Birdlife International ; M. G. Jarry de la Société d'études ornithologique de France (SEOF) et du Centre de recherche sur la biologie des populations d'Oiseaux (CRBPO-MNHN); MM. P.-J. Dubois, J.-F. Hotte, F. Siorat ; les rédacteurs des textes du *Nouvel Atlas des Oiseaux nicheurs de France* (SOF, 1994) relatifs aux espèces menacées : Mme. D. Berthelot, MM. C. Bagnolini, A. Bernard, J. Broyer, L. Brun, Centre ornithologique du Gard, C. Chappuis, G. Cheylan, M. Debout, J.-F. Desmet, H. Dupuich, M. Duquet, P. Géroudet, O. Girard, A. Guyot, H. Hafner, G. Hemery, F. Ibanez, P. Isenmann, L. Kerautret, P. Koenig, N. Lefranc, G. Leray, L. Marion, P. Marion, J.-Y. Monnat, G. Moreau, P. Nicolau-Guillaumet, G. Olioso, O. Patrimonio, R. Prodon, C. Riols, F. Sueur, Y. Tariel, M. Terrasse, A. Thomas, B. Trolliet, C. Voisin, J.-G. Walmsley, P. Yésou ; tous les spécialistes œuvrant pour la protection des Oiseaux, en particulier les chercheurs biologistes de la conservation, les membres du Fonds d'intervention pour les Rapaces (FIR), de la LPO de la SEOF et des nombreuses associations régionales et départementales d'ornithologie, ainsi que les agents techniques de l'ONC ;

pour les Reptiles
MM. M. Cheylan, J. Lescure et H. Saint Girons ; Mlle P. Pellegrini et MM. R. Bour, M. Delaugere, J. Servan, et tous les spécialistes œuvrant pour la protection des Reptiles, en particulier les chercheurs biologistes de la conservation, les membres de la SHF et des associations régionales et départementales d'étude et de protection de la nature ;

pour les Amphibiens
MM. M. Cheylan, R. Guyetant, J. Lescure, Mlle P. Pellegrini et MM. M. Delaugere, M. Thireau et tous les spécialistes œuvrant pour la conservation des Amphibiens, en particulier les chercheurs biologistes de la conservation, les membres de la SHF et des associations régionales et départementales d'étude et de protection de la nature;

pour les Poissons
M. G. Tendron, Directeur général du CSP ; Mmes F. Fournel, A. Keith et C. Taverny et MM. J. Allardi, B. Barbier, M. Berdayes, T. Changeux, P. Elie, G. Euzenat, M. Holl, J.-Cl. Hureau, M. Kerloch, M. Lepage, P. Maire, J.-M. Ollivier, H. Persat, J.-P. Porcher et tous les spécialistes, associations, et organismes œuvrant pour la protection des Poissons, en particulier les chercheurs biologistes de la conservation, ainsi que les agents techniques du CSP et du Centre national du machinisme agricole du génie rural des eaux et forêts (CEMAGREF);

pour les Invertébrés
MM. G. Cochet, H. Descimon, Ch. Juberthie, J. Lhonoré, G. Luquet, P. Quéré, T. Ripken; Mmes A.-M. Réal, G. Ricou et MM. L. Bigot, A. Chauliac, G. Coppa, R. Coutin, J.-Y. Cretin, J.-L. Dommanget, A. Foucart, Ph. Fouillet, P. Leblanc, J. Lecomte, J.-C. Malausa, G. Moragues, P. Noël, M.-G. Réal, J.-Cl. Robert, E. Vigneux et tous les spécialistes, associations et organismes œuvrant pour la protection des Invertébrés, en particulier les chercheurs biologistes de la conservation, ainsi que les membres de l'OPIE et des associations régionales et départementales d'entomologie.
Que tous soient chaleureusement remerciés d'avoir accepté de prendre part à cette œuvre commune.

N° de projet :
10026200 - (II) - (11,5) - CSB-A-150°
Dépôt légal : mars 1995
Imprimé en Italie par G. Canale, Turin
ISBN : 2.09.278465-X